한국의
사회적경제

발전경로와 비교분석

한
상
일

SOCIAL ECONOMY

박영사

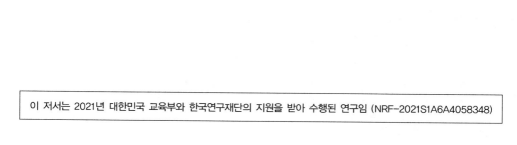

이 저서는 2021년 대한민국 교육부와 한국연구재단의 지원을 받아 수행된 연구임 (NRF-2021S1A6A4058348)

머리말

사회적경제를 처음 연구하기 시작한 대학원생이나 교수들이 지역사회 활동가를 인터뷰할 때 자주 묻는 말이 "이 일을 왜 하시는 거죠?"이다. 경제적 이익이 중요해지는 시대에 사회적경제 활동의 이유를 찾기 어려워진 것이 사실이다. 그러나 한국의 지역에는 자신이 만든 공동체에서 자족적인 경제활동을 하려는 사람들이 있고, 이들이 운영하는 사회적경제 조직의 수는 증가하고 있다.

지역에는 스스로 생산하거나 소비하는 공동체를 만들어 더 나은 삶을 살 수 있다는 꿈을 가진 작은 사람들이 있다. 이들은 고용된 직장에서 부당하게 대우받기보다 같은 뜻을 가진 사람들과 순수한 마음으로 함께 생산하고 분배하길 원한다. 그렇게 하면 열악한 환경을 개선하고 자신의 공정한 몫을 찾고, 모두가 행복한 지역을 만들 수 있을지 모른다고 생각한다. 이런 생각을 실행에 옮겼을 때 차가운 현실 속에서 실패하는 경우가 많지만 끈질긴 노력 끝에 여러 번의 시행착오를 거쳐 새로운 모델로 자리잡기도 한다.

한국에는 다양한 사회적경제가 있고 이들은 서로 다른 발전의 과정을 거쳤다. 사회적경제는 그들이 직면한 도전, 인적·물적 자산, 문화적 토대와 같은 특성에 따라 나름의 발전 경로를 지나 각자 독특한 혁신의 성과를 보여준다. 저자는 이 책에서 한국의 주민과 사회적 기업가가 만들어 낸 다양한 성취의 과정을 보여주고 싶었다. 이렇게 다양한 과정을 이해할 때 사회적경제의 어떤 특성과 노력이 새로운 의미와 성과를 만들 수 있는지 이해할 수 있기 때문이다.

2022년 7월 14일 저자는 연구진과 함께 캐나다 몬트리올에서 퀘벡 노동운동과 사회적경제의 산 증인인 라로즈(Gérald Larose) 데자르댕(Desjardins) 연대경제금고 부회장을 만났다. 그는 "사회적경제에서 제일 어려운 것은 정체성을 찾고 지키는 일"이라고 언급하며 대화를 마무리하였다. 사회적경제가 가장 역점을 두어야 할 일이 지역의 정체성을 찾고 비전을 공유하는 일이라는 의미이다. 이 책에서 발견한 한국 사회적경제 제도화의 시작은 학습이었다. 주민과 활동가가 함께 배우는 과정을 시작으로 지역의 정체성을 찾고 이를 기반으로 문화적 토대를 만들 때 사회적경제가 제도화되고 지속가능한 지역이 형성된다.

이 책은 학술서적으로 집필되었다. 그런데 한국에서 사회적경제를 강의할 때 사용될 만한 책이 부족하다는 점을 감안해서 교재로도 쓸 수 있게 내용을 구성하였다. 따라서 이 책에는 교재가 갖는 몇 가지 특징이 있다. 먼저 각 장을 사회적경제 관련 인용문으로 시작했다. 인용문은 각 장과 내용이 연결되는 문헌이나 인터뷰에서 추출하였다. 모든 장을 직관적인 설명이나 현장감 있는 증언으로 시작해서 독자가 주제에 친숙하게 접근하도록 유도하였다. 중요한 개념, 특징, 원칙은 박스로 강조하였다. 독자들은 시각적으로 강조된 박스를 통해 무엇을 이해해야 하는지를 쉽게 파악하고, 유사개념과의 차이는 무엇인지 생각해 볼 기회를 갖게 된다.

주목할 만한 사례나 연구 성과는 <들여다보기>라는 항목으로 구분해서 강조하였다. 본문에서 언급되는 한국, 스페인, 이탈리아, 독일, 프랑스, 캐나다, 미국 등 여러 나라의 사회적경제 관련 사례를 간략하게 요약해서 내용의 이해를 돕고자 하였다. 각 장이 마무리될 때는 그 장의 내용을 간결하게 요약해 두었다. 본문의 내용 중에서 반드시 기억해야 할 것을 정리해서 독자의 학습 편의를 도왔다. 제3장부터 제16장까지 각 장의 제일 마지막에는 <사례분석>을 배치하였다. 한국의 사회적경제를 학습할 때 알아두면 좋은 사례를 비교적 상세히 설명하여 독자의 더 많은 관심을 끌고 학습 의욕을 높이려고 하였다.

이 책은 2021년 선정 한국연구재단 저술출판지원사업의 지원으로 출판되었다. 그러나 저자는 오래전부터 사회적경제에 대한 관심을 두고 있었다. 저자는 비영리조직의 전통이 강한 미국에서 지역사회 조직 연구를 시작하였다. 한국에 돌아온 후 유사한 연구 대상을 저자가 재직 중인 연세대학교 미래캠퍼스가 위치한 원주시의 사회적경제 조직에서 찾았다. 본격적인 연구는 2010년에 착수한 한국연구재단 기초연구과제, "지역친화적 사회적 기업의 지속가능성 연구"에서 시작되었다. 그 후 연구책임을 맡은 한국연구재단 중견연구자지원, 토대연구지원, 공동연구지원 과제와 BK21 플러스 교육연구팀에서의 연구대상을 사회적경제로 확장했고 범위도 전국과 세계로 넓혔다.

저자가 이 책에서 표방하는 주된 생각은 2017년부터 5년 동안 진행한 한국연구재단 토대연구지원사업, "공동체, 기업가정신, 지역경제 활성화" 연구에서 주로 형성되었다. 한국의 공동체와 기업가정신에 대한 DB를 만들기 위해 연구진과 함께 전국 31개 지역을 둘러보고 활동가를 만나며 많은 것을 배웠다. 그때 했던 생각이 이 책의 곳곳에 스며들어 있고 활동가의 증언도 기록되어 있다. 저자를 만나주고 많은 자료와 함께 큰 교훈을 주신 31개 지역의 사회적경제 활동가에게 진심으로 감사의 마음을 전한다.

이 책이 집필되기까지 많은 분의 도움이 있었다. 저자의 지역사회 연구는 대학원 석사과정 때부터 배운 조직 민주주의에 대한 지적 호기심에서 촉발되었다. 관료제와 민주주의의 딜레마, 참여의 유형과 함의, 지역 자치공동체의 사례를 접하게 해 주신 지도교수님 연세대학교 안병영 명예교수님께 진심으로 감사드린다. 저자의 사회적경제 연구의 시작부터 지금까지 동행해 주고 계신 연세대학교 미래캠퍼스 정무권 명예교수님께도 감사드린다. 이 책을 쓰게 된 가장 중요한 계기였던 토대연구지원 사업에서 함께 토론하고 고민해 주신 유평준, 정무권, 장종익, 최무현, 임효상, 이현옥 교수님께도 감사드린다. 저자가 책임을 맡은 과제의 전임 연구 인력으로써 지원을 해 주신 고은주 박사님, 이재희 박사님, 박주희 교수님, 조미라 박사님, 유한나 교수님, 권소일 교수님께도 감사드린다. 특히 토대연구지원 사업부터 현재의 공동연구지원 사업까지 함께해 주고 계신 이경미 연구교수님께 감사드린다.

언제나 저자를 지지해 주시는 연세대학교 미래캠퍼스 글로벌행정학과의 모든 소속교수님께 감사드린다. 특히 이 책의 초고를 읽고 좋은 수정 의견을 주신 조인영 교수님께 감사드린다. 저자는 지난 1년 간 대학의 보직을 맡으며 집필을 마무리하느라 학교 일에 소홀하게 되지 않을지 걱정의 시간을 보냈다. 보직과 집필을 동시에 수행하는 동안 많은 격려를 해 주신 연세대학교 미래캠퍼스의 하연섭 부총장님을 비롯한 모든 구성원 여러분께 감사드린다. 마지막으로 언제나 가까운 곳에서 믿음을 주고 든든한 버팀목이 되어 주는 모든 가족 구성원에게 가장 깊은 감사와 사랑의 마음을 전한다.

2025년 2월
한상일

차례

제2부 | 이론적 · 역사적 논의

제4부 | 정책영역별 분석

제6부 ｜ 발전을 위한 과제와 전망

제1부

기초적 논의

제 1 장

사회적경제란 무엇인가?

> "이제 시대는 공생의 시대예요.
> 자연과도 공생해야 되지만 제대로 사는 것을 모르는 사람하고도 공생해야 된다 이거예요.
> 그런데 그 모르는 사람들에게는 우리가 가서 만나고 안아주고 그렇게 하고
> 그 사람들의 요구를 들어주고 그렇게 하는 속에서 연대가 되는 거예요."
>
> (장일순, 2016, 75)

20세기 후반부터 사회적경제를 중심으로 협력과 참여의 원리에 기반을 두고 지역과 세계의 전환을 추구하는 노력이 확산되고 있다(Evers & Laville, 1999; Borzaga & Defourny, 1999). 이러한 노력은 책임을 공유하고 누구도 소외하지 않는 세계관을 실천할 때 난제를 해결할 수 있고, 바람직한 미래를 구현할 수 있다는 관점에서 출발한다(United Nations, 1987; United Nations Conference on Environment and Development, 1992). 실제로 한국의 많은 지역에서 사회적경제를 중심으로 지역을 혁신하고 발전을 이루어나간 사례가 나타나고 있다.

이 장에서는 사회적경제가 강조되는 배경을 고려하면서 "사회적경제는 무엇이고, 왜 필요한가?"라는 질문에 답하고자 한다. 사회적경제를 강조하는 시각은 국가와 기업 중심의 경제성장을 강조하는 발전주의 시각과는 달리 공동체를 먼저 생각하고 여러 목표를 동시에 달성하려는 시도에서 시작한다. 첫 번째 장에서는 이러한 관점에 기반을 두고 사회적경제의 다양한 정의를 살펴본 후 한국 사회적경제의 현주소를 확인하고자 한다. 이를 통해 사회적경제가 갖는 의미를 확인하고 한국 사회적경제가 맞이한 기회, 위기, 그리고 미래 발전의 방향을 설명하고자 한다.

1 사회적경제의 개념

1) 사회적경제의 다양한 정의

지역마다 다른 모습으로 발전하는 사회적경제는 어떤 생각에서 시작되었고 어떤 역할을 하고 있을까? 사회적경제 논의에서 가장 먼저 시작되는 쟁점은 '인간은 이기적인가?', 아니면 '이타적인가?'이다. 인간이 이기적인 존재라면, 우리는 자신의 이익을 추구하면서 효율성을 극대화하려 할 것이다. 사회가 복잡해지고 문제가 심각해져도 각자 자기 이익을 추구하는 것이 문제해결의 중심이 되어야 한다는 뜻이다. 다른 사람을 배려하는 것은 오히려 세상을 비효율적으로 만든다는 주장이다. 아담 스미스는 "공공선을 추구한다는 사람들이 실제로 공공선에 얼마나 많은 기여를 했는지 모르겠다"라고 말한다(Buchholz, 2007, 10). 공공선을 추구하는 것보다 각자가 스스로의 이익을 추구하는 것이 전체 이익을 키운다는 생각이다.

그런데 인간이 서로 돕는 존재라면 어떨까? 자기 이익과 관계없이 기꺼이 지역의 자산을 나누어 가질 것이다. 서로 돕는 능력을 기르고 사회적 관계를 형성해 나갈 것이다. 문화생활을 나누고 공동체의 부를 키우기 위해 서로 도울 것이다. 협동조합의 시작으로 알려진 로치데일의 선구자도 그런 사람들이었으며[1] 이들은 어려운 상황에 있었지만, 산업화와 도시화가 유발한 문제를 힘을 합쳐 극복하고자 했던 사람들이었다.

인간의 이기적인 마음과 협력하는 마음이 서로 반대말이 아니라고 생각하는 관점도 있다. 「미국의 민주주의」(Democracy in America)를 쓴 알렉스 토크빌은 자신의 이익을 추구하지만, 그것을 올바르게 생각한다면 서로 돕고 협력하는 가운데 자신의 목표를 달성할 수 있다고 말한다(Tocqueville, 2000). 사회적경제는 이렇

---

[1] 1844년 영국 랭커셔 주 로치데일에서 28명의 직조공이 열악한 생활여건을 개선하고자 로치데일 공정선구자 협동조합을 설립했고 공정한 거래와 합려적인 가격으로 제품을 제공하였다 (Holyoake, 2009). 이 협동조합에서 '로치데일 원칙'으로 알려진 원칙이 유래하였고 현대 협동조합의 기본 원칙으로 전해지고 있다.

게 서로 돕는 마음과 협력하려는 마음이 인간의 내면에 있다는 생각에서 시작된다. 하지만 그런 생각이 이기심과 충돌하지 않고 함께 나타날 수 있다는 관점에 입각해서 사회적경제는 개념화된다.

이런 맥락에서 한국사회적기업진흥원은 사회적경제를 다음과 같이 정의한다.

> "구성원 간 협력, 자조를 바탕으로 재화, 용역의 생산 및 판매를 통해 사회적 가치를 창출하는 민간의 모든 경제적 활동"(한국사회적기업진흥원, 2022b)

이 정의는 구성원 간 협력을 중심으로 사회적 가치와 경제적 가치를 함께 창출하는 활동을 강조한다. 공동체가 함께 직면한 문제를 개인이 해결하기는 어렵다. 그러나 공동체 구성원이 협력하면 문제해결은 쉬워진다. 사회적경제의 활동은 경제적 활동이지만 사회적 가치를 함께 창출하는 경우가 많다. 이 관점에서는 사회적경제가 일자리 창출, 고용안정 등 경제적 기여를 하면서 양극화 해소, 안전망 강화, 공동체 복원과 같이 사회적으로 필요한 수요를 맞추는 역할을 할 것을 기대한다. 비슷한 개념을 국제적으로 사회적경제 연구를 주도하는 드푸르니라는 학자가 제시하였다. 그는 사회적경제를 다음과 같이 정의한다.

> "이윤창출보다 구성원이나 공공에 대한 공헌을 목적으로 경영의 자율성, 민주적 의사결정, 수익배분에 있어서 자본보다 사람과 노동을 중시하는 원칙을 따르는 주로 협동조합, 단체, 상호적 조직 등에 의해 이루어지는 모든 경제활동"(Defourny & Develtere, 1999, 16)

이 정의는 사회적경제의 공익 추구를 강조한다. 조직을 운영해서 투자한 사람을 위한 이익을 내고 배분하는 것보다 공동체에 속한 사람들에게 도움 되는 서비스를 제공하는 것이 사회적경제의 중요한 활동 목표이다. 그리고 사회적경제는 정부나 공공기관에서 독립되어 자유롭게 운영된다. 관료제 속에서 지시와 통제의 원리를 따라 작동하는 것이 아니라 자발적으로 모인 사람들이 스스로 결정하고 활동하는 영역이다. 지역의 사회적 기업가가 사회문제를 해결하기에 가장 좋은 위치에 있다는 오스트롬의 설명과 같이(Frank & Shockley, 2016), 사회적경제 조직은 지역의 수요를 가장 잘 파악하고, 가장 적절한 해결방안을 활용할 수 있는 위치에 있다. 따라서 사회적경제는 관료제의 영향력에서 벗어나 지역 중심의 대안을 자율적으로 모색하는 영역이다. 사회적경제는 지역의 모든 사람에게 혜택이 돌아가도록 함께 결정하는 민주적인 의사결정을 중시한다. 따라서 사회적경제 조직은 지역사회 구성원의 참여가 보장되는 의사결정 방식을 마련해야 한다. 지역사회와 관련된 사람이라면 누구나 참여해서 사회적경제에 기여할 수 있어야 한다. 주민뿐만 아니라 지역에 있는 학교의 학생도, 직장에 다니는 직장인도, 자산을 보유한 사람도 그들이 활동하는 지역의 문제해결에 참여할 수 있어야 하고 의사결정 권한을 가져야 한다는 생각이다. 그리고 그 과정은 조직에 투자한 액수만큼 의사결정 권한을 갖는 것이 아니고 한 사람의 이해관계자가 한 표의 의사결정 권한을 갖는 1인 1표 의사결정이다.

최근 국제기구에서도 사회적경제를 개념화하고 필요한 정책대안의 수립을 강조한다. OECD에서 제시한 사회적경제의 개념은 다음과 같다.

> "연대성의 가치, 자본보다 사람 중시, 민주적·참여적 거버넌스에 의해 추진되는 활동을 수행하는 단체, 협동조합, 상호 조직, 재단 등의 집합"(OECD, 2022)

이 정의도 사회적경제를 민주적 결정에 따라 공익을 추구하는 체제로 설명하며 특히 연대성의 가치를 가장 먼저 강조한다. 사회적경제는 연대성을 바탕으로 사회적 필요를 충족하고 나눔과 돌봄을 실천하는 경제체제이다. 이 개념은 칼 폴라니가 강조한 이중운동(double movement) 개념[2)]에 입각하여 상품을 거래하는 시

---

2) 칼 폴라니(Karl Polyani)의 이중운동은 유럽에서 자본주의가 전개되는 과정에서 나타난 이윤추구 동기를 바탕으로 한 수요와 공급에 의한 가격결정 메카니즘에 의한 자기조정적(self-regulating) 시장경제 체제가 사회적 문화적 관계를 상품화시킴에 따라 이를 극복할 자율과 연대를 바탕으로 한 안정, 통합, 회복, 혁신 등을 추구하는 움직임이 생기는 상황을 뜻한다(폴라니, 2009). 사회에서 가장 중요한 것은 사람, 자연, 화폐이며 시장경제에 배태된 상황을 극복하고 다시 사회로 회복하고자 하는 반작용이 모든 영역에서 일어난다는 것이다(김영진, 2004). 따라서 이중운동을 통해 경제활동과 사회적 보호와 안전이 균형을 유지할 수 있으며 사회적 가치와 경제활동의 지속가능성이 달성될 수 있다. 그런 의미에서 이중운동 개념은 사회적경제 이론에서 중요한 개념으로 인식되고 있다.

장이 근간이 되는 자본주의에서 국가와 시장의 실패를 연대에 기반을 둔 실천으로 해결할 수 있음을 강조한다.

2022년 국제노동기구(International Labour Organization: ILO)는 사회적연대경제 (Social and Solidarity Economy: SSE)라는[3] 용어를 사용하며 사회적경제를 다음과 같이 정의한다.

> "사회연대경제(SSE)는 집단 또는 일반 이익에 봉사하기 위해 경제, 사회 및 환경 관련 활동에 종사하는 기업, 단체 및 기타 기관을 포함한다. 이들은 자산과 잉여금, 이익의 분배 및 사용 과정에서 자본보다는 자발적 협력과 상호 원조, 민주적·참여적 거버넌스, 자율성과 독립성, 그리고 사람을 우선으로 하는 원칙에 기초한다. 사회연대경제 기업들은 장기적인 실행 가능성과 지속가능성, 비공식 경제를 공식 경제로 전환하는 일을 열망하며, 모든 경제 부문에서 운영된다. 그들은 자신의 기능과 본질적인 가치들을 실천에 옮기고, 사람과 지구를 돌보는 일, 평등과 공정성, 상호의존성, 자기관리, 투명성과 책임성, 그리고 양질의 일자리와 생계의 성취와 일치한다. 국가 상황에 따라 SSE는 협동조합, 협회, 상호 사회, 재단, 사회적 기업, 자조 단체 및 SSE의 가치와 원칙에 따라 운영되는 기타 단체를 포함한다."(ILO, 2022; 이로운넷, 2022에서 재인용).

이 정의는 사회적경제가 지향하는 다양한 가치, 조직유형, 활동분야 등을 체계적으로 설명한다. ILO가 강조하는 사회적연대경제는 복지국가의 황금기가 끝나가던 1980년대에 유럽과 남미에서 사회적경제만으로 해결하기 어려운 문제를 연대경제의 개념으로 접근하면서 나타난 개념이다. 특히 남미를 중심으로 환경보호, 여성참여, 인권보호 등 개도국이 직면한 과제를 연대성을 바탕으로 해결하는 활동이 나타나게 되었다(히로타 야스유키, 2020). 따라서 이 정의는 협력과 연대, 자율성, 사람 중심뿐만 아니라 지속가능성과 비공식 경제를 공식 경제로 전환하는 일을 강조한다.[4] 여기서 강조하는 지속가능성은 미래세대의 필요를 훼손하지 않으

---

3) 정무권(2020)에 따르면 사회적경제가 지역사회 생태계를 구성하는 조직의 특성에 초점을 맞추는 반면, 사회적연대경제는 연대성의 의미를 강조하며 보다 복합적인 경제체제로의 이행을 지향하는 의미가 있다고 설명한다. 현재 ILO, OECD, UNRISD 등 많은 국제기구에서 사회적연대경제 개념을 사용하는 반면 OECD와 EU에서 사회적경제를 보다 많이 사용하고 있다.

4) 사회적연대경제에서 비공식영역을 공식영역으로 전환하는 것은 비공식 경제 영역에 속해 있던 노동자들이 사회보장 제도의 혜택을 제공하고 교육과 기술훈련의 기회를 제공하며 협동조합이

면서 현재 세대가 필요로 하는 개발을 진행하는 것이다. 사회적경제는 기후변화와 같은 환경 문제를 포함해서 사회, 경제 등 모든 영역에서 글로벌 공동체의 발전을 장기적인 관점에서 바라보고 추구한다는 점에서 지속가능성과 밀접하게 연결된다. 여성의 참여도 사회적연대경제에서 강조된다. 개도국 여성은 가정에서의 돌봄과 소득창출 모두에서 중요한 역할을 하지만 주로 비공식적, 취약한 일자리에서 일하고 가정이나 지역사회에서 적절한 의사결정 권한을 갖지 못하는 경우가 많다. 이들이 공식 영역으로 진출하도록 지원하는 것도 사회적연대경제의 오랜 활동 영역이었다.

UN의 공식 사회적연대경제 조직인 UNTFSSE(UN Inter−agency Task Force on Social and Solidarity Economy)도 사회적연대경제의 개념을 다음과 같이 제시한다.

> "사회적연대경제는 경제적, 사회적(때로는 환경적) 목표들을 명백히 수행하는 조직과 기업들로 구성되면서, 노동자, 생산자, 소비자들 사이에 다양한 수준과 형태의 협력적이며, 결사체적 연대 관계를 형성하고 작업장 민주주의와 자주관리를 실천한다. 이를 구성하는 조직들로 전통적인 형태의 협동조합과 상호부조조직을 비롯하여, 여성자조집단(women's self-help groups), 마을산림집단(community forestry groups) 공동체조직, 사회서비스 조직 또는 근린서비스조직(proximity services), 공정무역조직, 비공식부문 노동자조직, 사회적 기업, 지역화폐와 대안적 금융조직들을 포함한다."(UNTFSSE, 2014)

이 정의는 작업장 민주주의와 자주 관리, 그리고 다양한 조직의 포용을 강조한다. 사회적연대경제의 대표적인 조직 형태인 협동조합은 1인 1표 원칙에 기반을 둔 민주적 의사결정 그리고 노동자와 지역사회의 필요를 반영한 목표를 수립할 것을 강조한다. 비공식 부문에 있는 노동자들이 자주 관리를 통해 경영에 직접 참여하고 조직의 운영과 관리를 스스로 책임질 때 자신의 삶을 통제할 수 있다는 점을 강조한다. 그런 의미에서 전통적으로 있어 왔던 마을 조직, 여성 자조집단, 공동체 조직 등을 포괄하고 이들이 협력, 결속, 학습을 통해 서로 돕는 과

나 사회적 기업을 통해서 조직화되도록 지원하는 시도와 연결된다. 이를 바탕으로 경쟁력을 높이고 사회적 포용, 평등, 지속가능성, 지역사회 삶의 질 향상 등을 추구한다(UNRISD, 2016; Utting, 2015).

정을 강조한다.

2) 사회적경제의 특징

사회적경제와 관련된 주요 기관이나 학자의 정의에서 나타난 특징을 일곱 가지로 요약할 수 있다. 첫째, 사회적경제는 민주적 의사결정 구조를 갖추어야 한다. 사회적경제 영역에서는 전체 구성원이 모여서 의사결정하고 민주적으로 선출된 대표자가 구성원의 의견을 수렴하여 개진하는 절차가 필요하다. 여기서 소외되는 사람이 없도록 충분히 배려하고 관련된 누구나 참여할 수 있는 열린 구조를 만드는 것이 중요하다. 따라서 사회적경제에서는 1인 1표, 작업장 민주주의, 자주관리 등의 제도화가 자주 발견된다. 공정하고 지속가능한 경제체제에서 개인이 각자의 삶을 책임 있게 스스로 만들기 위해 근로자들이 소유자이자 관리자가 되어 운영 과정을 직접 통제하는 이상을 지향하는 경우가 많다.

둘째, 사회적경제는 소유권이 구성원 모두에게 주어지는 사회적 소유 또는 집합적 소유(collective ownership)를 지향한다.[5] 사회적, 집합적 소유의 구조에서는 성공의 과실을 특정 인물이나 기관이 독점하지 않는다. 지역사회 구성원이 함께 소유하고 성공과 실패를 공유하기 위해 함께 결정하고 책임지는 구조를 갖는 것이다. 한국의 지역사회에서 성공적으로 자리 잡은 소비자 생활 협동조합, 의료복지사회적협동조합 또는 공동육아 협동조합 등의 사례에서 설립은 일부가 주도하지만, 의사결정은 전체가 함께하는 모습을 확인할 수 있다(한국사회적기업진흥원, 2019).

셋째, 사회적경제는 지속가능한 순환 경제 속에서 공동체의 이익을 실현한다. 지역의 공식적·비공식적 경제 주체가 협력하는 순환 경제는 외부 환경에 대한 의존을 줄일 수 있다는 점에서 상대적으로 지속가능하다. 사회적경제의 대표 사례로 불리는 스페인 몬드라곤이나 캐나다 퀘벡의 사회적경제는 글로벌경제위기에

---

5) 사회적경제에서 집합적 소유는 자본, 자원, 생산수단 등을 지역사회에서 공동으로 소유하고 관리하는 방식을 의미한다. 집합적 소유를 위해서는 지역사회 구성원들이 자원 활용, 조직관리, 이익 배분 등을 함께 결정하는 공동 의사결정이 필요하며, 책임을 공유하는 공동책임도 필요하다. 이를 바탕으로 사회적 목표 추구, 환경 보호, 공유 경제 모형의 개발, 지역사회의 발전 등을 지향할 수 있다(Kärrylä, 2021).

도 지역경제가 지속가능하게 유지된 것으로 잘 알려져 있다. 특히 사회적경제가 지역 주민을 사회적 기업, 협동조합, 지역 협력 프로젝트에 참여시키는 매개 역할을 함으로써 자연스럽게 순환 경제를 구현하고 공동체의 이익을 실현한다.

> **〈들여다보기〉 캐나다 퀘벡의 데자르댕과 샹띠에 그리고 사회적경제**
>
> 캐나다 사회적경제의 대표 모형은 퀘벡에서 찾을 수 있다. 퀘벡주는 캐나다에서 가장 넓고 두 번째로 인구가 많은 주이다. 세계 최고의 엔터테인먼트 기업으로 발전한 퀘벡의 태양의 서커스(Cirque du Soleil)는 거리의 공연자 20여명이 1984년에 데자르댕 연대경제 금고에서 대출을 하면서 시작되었다. 데자르댕은 1900년 대자르뎅 부부가 시작한 퀘벡의 작은 마을 레비에서 은행거래를 하기 어려웠던 농민을 위해 시작한 신용협동조합이었다. 데자르댕은 사회적경제를 지원하는 금융서비스로 데자르댕 연대경제 금고를 만들어 협동조합이나 비영리조직을 대상으로 자금지원을 해 준다. 퀘벡은 1980년대 석유파동으로 인한 글로벌경제위기에 직면하면서 캐나다 연방정부의 재정적자로 사회복지 혜택이 줄었을 때 자신들만의 방식으로 위기를 극복하였다. 지역주민들의 힘으로 지역경제를 개발하기 위한 법과 제도를 만들었다. 지역의 다양한 사회적 기업, 협동조합, 비영리조직, 민간기업 등이 참여해서 지역의 문제에 공동으로 대응하기 위한 사회적경제 조직의 연합체 샹띠에(Chantier)를 설립하였다. 경제, 보육, 주거, 환경, 복지, 문화 등 여러 분야에서 활동하는 사회적 기업과 협동조합의 설립을 적극적으로 지원하고 이들은 모두 샹티에의 체제 속에서 협력한다. 데자르댕과 샹띠에 그리고 분야별 협력 조직을 중심으로 퀘벡의 지역 조직들이 서로 협력하면서 그 이후에 찾아온 글로벌경제위기를 큰 어려움 없이 이겨낼 수 있었다. 이렇게 사회적경제는 지역의 특성에 따라 다양하게 발전하고 있으며 그 공통점은 지역별 문제를 주민들의 협력으로 해결해나가고자 하는 가치를 지향한다는 점이다.

넷째, 사회적경제는 정부, 시장, 공동체가 협력하거나 독립적으로 참여할 수 있는 영역이다. <그림 1-1>에서 국가, 시장, 공동체가 다양한 조합으로 협력해서 제3의 영역이 구성되듯 사회적경제는 정부, 시장, 민간이 결합하여 다양하게 나타난다. 한국에서 사회적경제가 중앙정부나 지방자치단체의 행정적, 재정적 지원과 지역사회 조직의 협력으로 형성되는 것이 일반적이지만 지역사회 조직들이 정부와 시장과는 무관하게 독립적으로 사회적경제를 형성할 수도 있다. 협동조합의 초기 모형으로 자주 인용되는 로치데일 공정선구자 협동조합은 산업혁명기 열악해진 도시 생활의 어려움을 극복하고자 조합원 스스로 출자하여 공동구매하고 공동 소비하는 활동에서 출발하였다. 독립성을 유지하며 서로 돕는 방식은 사회적경제가 갖는 가장 중요한 원리이다.

그림 1-1 ▸ **국가, 시장, 공동체 그리고 사회적경제**

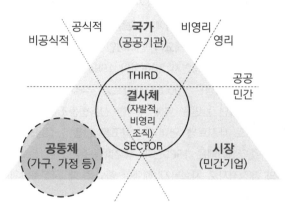

자료: Pestoff(2008)

다섯째, 사회적경제에 참여하는 개인과 조직의 협력, 연대, 그리고 신뢰가 중요하다. 협력, 연대, 신뢰를 바탕으로 지역에서 의미 있는 교류를 하며 취약계층을 배려하고 삶의 질을 높이는 노력을 함께 하는 것이 중요하다. 협력과 연대를 위해서는 서로 신뢰해야 하며 사회적 자본을 길러야 한다. 사회적 자본은 전체의 이익을 위해 사회에서 동원할 수 있는 자원이나 사회적 관계이다. 구성원이 서로 믿고, 규범과 규칙을 지키며, 연결망을 갖고 있을 때 협력할 수 있다. 신뢰, 규범, 규칙이 있을 때, 거래비용과 감시비용을 줄일 수 있고 사회적 관계의 효율성을 높일 수 있다(Woolcock, 1998; Sampson et al., 1999).

여섯째, 사회적경제는 사회적 목적과 경제적 목적을 동시에 추구한다. 사회적 경제는 지역사회에서 지속가능하게 발전해야 하며, 그러기 위해 지역 주민이 원하는 사회적 가치를 실현하면서 재정수익도 얻어야 한다. 이렇게 두 가지 중요한 목적을 동시에 달성하는 것을 더블 바텀라인(Double-bottom Line)이라고 한다. 사회적경제의 발전이 어려운 이유는 때로는 충돌하는 목적을 동시에 달성하기가 어렵기 때문이다. 그래서 사회적경제를 복합목적, 복합이해관계자, 복합자원의 특징에서 작동하는 어려운 영역이라고 개념화한다.

　일곱째, 사회적경제는 공식적·비공식적 영역을 포괄한다. 사회적경제는 지역사회에 속한 모든 조직이 다양한 형태로 협력하는 결사체적 연대관계를 가정한다. 소외되어 공식 영역에 편입되지 못한 영역을 공식 경제로 전환하는 포용을 지향한다. 그런 의미에서 지역 자조 조직, 지역화폐와 대안적 금융조직들이 사회적경제와 연결되는 경우가 많고 지역 순환경제의 구현에 기여하는 사례도 발견된다.

〈사회적경제의 일곱 가지 특징〉

① 민주적 의사결정을 통한 공동체의 형성

② 사회적·집합적 소유권의 지향

③ 지속가능한 순환경제 속에서 공동체의 이익 실현

④ 정부·시장·공동체가 협력 또는 독립적으로 참여

⑤ 협력·연대·신뢰가 중요

⑥ 사회적 목적과 경제적 목적의 동시 추구

⑦ 공식적·비공식적 영역을 포괄

2　사회적경제가 중요한 이유

　한국의 사회적경제는 짧은 시간 동안 빠르게 성장해서 규모도 커지고 다양성도 높아졌다. 사회적경제 영역이 성장하는 이유는 혁신, 호혜, 연대의 공동체를 만들고, 지속가능한 발전을 이루고, 새로운 사회 수요의 충족하는 데 중요하기 때문이다.

1) 혁신, 협력, 호혜의 공동체를 위하여

사회적경제가 강조하는 가치는 혁신, 협력, 호혜이다. 이 세 가지 원리가 상호 작용하면서 지역사회의 선순환을 만들고 이때 지역은 발전할 수 있다. 따라서 사회적경제와 지역의 발전은 혁신, 협력, 호혜의 가치를 통해서 연결된다. <그림 1-2>에 나타난 것처럼 사회적경제를 통해서 세 가지 원리가 활성화될 때 지역 발전이 이루어진다.

그림 1-2 ▸ **사회적경제와 지역의 발전**

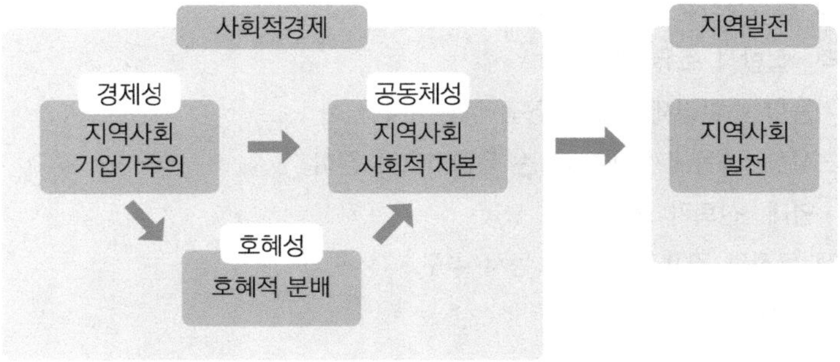

자료: 이해진(2015a, 93)

이 그림에서 혁신은 경제적인 것과 연결된다. 최근 들어서 청년층의 사회적 창업, 퇴직자의 새로운 경력설계, 기업과 시민사회 단체에서 나타나는 사회혁신 활동이 활발해지고 있다. 이런 활동이 지역에서의 사회적 기업가정신과 연결되면 스페인 빌바오의 도시재생 사례와 같이 지역경제가 활성화된다. 사회적경제가 도시에서 다양한 학습활동을 주도하면서 새로운 성장동력을 모색하고 농촌에서 지역 활성화를 위한 새로운 활동과 사업을 추진하면 새로운 부가가치 창출의 기회가 생겨난다.

〈들여다보기〉스페인 빌바오의 도시재생과 지역혁신

스페인의 바스크 지역의 빌바오는 1970년대 이전까지 부강한 철강 도시였지만 1980년대 이후 맞이한 경기침체와 함께 쇠락한 도시가 되었다. 하지만 1997년에 개관한 구겐하임 미술

관을 비롯한 아름다운 건축물을 중심으로 성공적인 도시재생을 해낸 것으로 잘 알려져 있다 (주희선·조정훈, 2018). 그 성과는 '빌바오 효과'라는 이름으로 널리 확산되었다. 그런데 실제로 이 도시가 변화하는 과정에서 가장 중요하게 생각했던 것은 이해관계자로서의 시민과 그들의 참여와 의견수렴이다. 시민들이 편리하게 이용하고 좋아하는 도시를 만들기 위해서 시민들이 손쉽게 참여할 수 있는 의사결정 구조를 만들었고 시민들의 의사를 반영한 도시재생을 진행하였다. 지금은 평화로운 강변에서, 많은 시민이 안락하게 도시의 공원과 다리, 자전거도로, 그리고 전차를 이용하고 즐기는 모습을 볼 수 있다. 이 과정은 공동체의 이익 실현을 위한 노력의 중요성을 잘 설명해 주며 사회적경제가 활동해서 만들어진 혜택도 전체 지역사회 구성원에게 돌아가도록 의사결정하고 집행해야 한다.

호혜의 원리는 공동체의 미덕을 추구하고 공정한 분배를 함으로써 공통의 목표를 달성하는 것과 관련된다. 지역의 자율성을 높이고, 독립된 사회적경제의 위상을 공고히 하면서, 지역화폐를 발행하고, 로컬푸드 체계를 수립하고, 지역순환경제를 형성해나가는 노력이 호혜의 영역에 해당한다. 지역 경제는 특정 개인이나 기업이 독점해서는 안 되고, 공통의 노력으로 함께 발전시켜야 한다는 생각이다. 이를 위해 공동의 자산을 늘려가고 보존하는 노력이 필요하다. 이를 토대로 사회적경제는 정부, 시장과 대등한 위상을 얻고 사회문제 해결에 기여할 수 있다.

협력은 사회적인 것이다. 일반적으로 사회적 자본이라는 이름으로 신뢰, 규범, 네트워크 등이 강조되며 서로 믿고 규범을 준수하여 연결망을 확대하고 강화할 때 협력이 활발해진다. 한국에서는 1980년대 이후 경제성장에서 뒤쳐진 지방도시와 대도시의 빈곤지역에서 주민운동이 전개되었고 신용협동조합, 소비자생활협동조합, 의료생활협동조합의 활동이 시작되었다. 이런 토대위에 만들어진 지역의 사회적 자본, 그리고 지역사회 거버넌스는 앞으로 지역의 발전을 위한 협력의 토대가 될 것이다.

모순된 것처럼 보이는 세 원리가 선순환의 구조를 만들때 사회적경제가 지역발전에 기여할 수 있다. 경제적인 것, 사회적인 것, 공통적인 것을 동시에 추구하며 사회경제적 발전을 이루고, 삶의 질을 향상해나가는 것, 그것이 바로 사회적경제가 추구하는 지역의 발전모형이다.

2) 지속가능한 발전을 위하여

브루틀란드 보고서로 더 잘 알려진 1987년에 「우리 공동의 미래」(Our Common Future)라는 이름으로 발간된 국제연합의 환경과 개발 세계 위원회(the World Commission on Environment and Development) 보고서는 지속가능한 발전을 "미래세대가 자신의 수요를 맞출 역량을 훼손하지 않고 현재 세대의 중요한 수요를 충족시키는 것"이라고 정의한다(United Nations, 1987, 15). 지속가능성과 지속가능한 발전이 논의된 지 오래되었지만 글로벌 공동체의 목표로 자리 잡은 것은 2015년 UN의 지속가능발전목표(Sustainable Development Goals: SDGs)가 채택된 이후이다. 지속가능한 발전은 경제, 사회, 환경을 비롯한 다양한 분야의 목표를 통합적으로 지향하고 사회구성원에 대한 포용적 접근을 보장할 때 이룰 수 있다. 지역사회 구성원이 새로운 발전목표를 위한 비전을 인식하고 의사결정 과정에 참여하면서 성장하는 과정이 중요해진 것이다.

지속가능한 발전은 다양한 영역에서 이루어져야 한다. 먼저 환경적 지속가능성의 관점에서 사회적경제 조직은 환경 부담을 최소화하고 생태환경을 보존하며 지속가능한 자원 사용을 지향한다는 점에서 미래세대를 위한 건강한 환경유지에 기여한다. 둘째, 사회적 영역에서의 지속가능성은 공정한 사회구조와 사회적 형평성과 연결된다. 사회적경제는 취약계층에게 고용기회를 제공하고 이를 바탕으로 지역사회 발전을 추구한다는 점에서 사회적 지속가능성과도 밀접하다. 셋째, 사회적경제는 무한한 성장을 지향하지 않고 지속가능한 자원배분을 강조한다는 점에서 경제적 지속가능성에도 기여한다. 이렇게 사회적경제는 지역에서 다양한 영역의 지속가능성을 지향한다는 점에서 지역의 잠재력을 활용하여 통합적이고 포용적인 발전을 촉진할 대안으로 인식되고 있다.

사회적경제는 지역의 개인과 기관이 참여하고 그들의 역량을 발굴하는 데 중요한 역할을 한다. 개인의 이익이 아닌 공동의 이익을 지향하며 민주적 의사결정과 집합적 소유권을 표방하는 사회적경제는 지역사회의 목표에 대한 토론을 주도하고 이 과정에서 자원의 공유와 역량 향상의 통로가 된다. 사회적경제는 이 과정에서 지역의 역량과 자산을 확인하며 공동의 목표를 위해서 이를 활용할 방안을 모색할 수 있다.

한국의 사회적경제

사회적경제는 지역의 소외된 사람을 배려하고 포용하는 데 중요한 역할을 한다. 사회적경제의 시작은 산업화와 세계화가 진행되는 가운데 정부와 시장이 충족하지 못하는 수요를 지역주민 스스로 충족하기 위한 노력이었고 지금은 공동체, 정부, 시장이 협력하는 영역으로 발전했다. 이 과정에서 그동안 소외되었던 사람들이 참여하면서 그들의 재능과 공동체 조직의 자원, 지역의 자산이 결합하여 발전하는 영역이 되었다. 따라서 소외된 사람들을 참여시키고 이들의 요구를 충족하는 것은 사회적경제의 중요한 미션이다. 따라서 사회적경제는 소외된 사람들과 함께 지역의 자원활용을 극대화하며 지속가능한 발전을 달성하는 데 중요한 영역이다.

3) 새로운 사회 수요의 충족을 위하여

최근 들어 지역에서 하나의 문제가 아닌 여러 가지 문제가 생기고 수요도 다양해지는 현상이 나타난다. 정부의 정책으로 달성하기 어려운 지역사회의 수요가 사회적경제의 호혜성과 공동체성에 기반을 둔 혁신적 대응으로 충족되는 경우가 많다. 사회적경제는 지역의 수요를 가장 잘 파악할 수 있으며 지역 주민의 재능과 지역사회 조직의 자산, 지역의 공간을 가장 잘 활용할 수 있는 위치에 있다. 자신들이 가진 역량과 자산을 활용해서 새로운 대응 방안을 제공할 때 사회적경제는 사회혁신의 주체가 된다. 지역사회가 직면한 돌봄, 교육, 일자리 제공, 경제활성화 등을 비롯한 다양한 문제가 사회적경제를 통해서 더 잘 해결될 수 있다.

한국 사회는 지역간 불균형이 심해지고 특히 농어촌 지역은 인구감소로 인해 지속가능한 발전이 어려운 상황에 직면하고 있다. 사회적경제는 지역의 특성을 반영한 맞춤형 모델을 설계하는데 유리하다. 따라서 주민 주도의 문제해결 노력을 통한 지역경제 활성화의 주역이 될 수 있다. 한국에서 고령화가 심해짐에 따라 다양한 사회 서비스 제공의 필요성이 높아진다. 사회적경제는 공공성과 포용성을 목표로 하는 바, 정부와 시장이 적절하게 제공하지 못했던 사회서비스를 효과적으로 확대할 수 있다.

한국 사회적경제의 비교분석과 발전경로 분석의 필요성

1) 비교분석의 필요성

한국의 지역은 사회문제의 심화와 다양화에 서로 비슷하게 때로는 다르게 대응하였다. 특히 사회적경제는 지역의 문제해결에 다양하게 기여했으며 양적으로 성장하였다. 한국사회적기업진흥원의 집계에 따르면 2013년 전국적으로 9,751개이던 사회적경제 조직의 수가 2022년 30,231개로 증가하였다. 이런 현상이 왜 나타나는지, 어느 정도로 확산하고 있는지, 어떤 경로로 발전하는지, 어떤 유형으로 구분되는지, 어떤 사회적 효과를 유발하는지에 대한 보편성과 다양화의 양식을 확인할 필요가 있다.

한국에서 산업화 시대의 사회적경제는 도시빈민을 위한 소비조합과 의료생활협동조합, 상호부조를 위한 신용협동조합이 중심이었다. 산업화 이후 50여 년의 시간이 흐른 지금, 한국의 사회적경제는 다양한 형태로 발전하고 있다. 사회적경제가 중시하는 가치, 주된 활동 영역, 지방자치단체의 지원방식, 구성원이 공유하는 공동체성 등이 다르게 발현되고 있다. 특히 최근의 사회적경제 조직은 주거의 위기, 환경의 위기, 이주와 인구구조 변화로 인한 지역의 위기, 안전의 위기, 양질의 교육 기회 부족 등 다양한 사회경제적 위기에 대응하고 있다. 이 과정에서 사회적경제는 지역별로 다른 발전경로를 거쳤고 조직화의 유형과 성과도 다르다는 점에서 한국 사회적경제의 다양성이 발견된다. 따라서 사회적경제의 이론적 분석틀에 입각한 비교연구를 통해 지역별 특수성과 보편성을 확인할 수 있다.

2000년대 중반 이후 한국에서 다양한 사회적경제 조직이 성장한 원인 중 하나는 중앙정부와 광역·기초지방자치단체의 지원이었다. 21세기 정부의 국정운영 패러다임이 협력적 거버넌스로 변화했고 지역사회 거버넌스에서 사회적경제의 역할이 커지고 있다(Ansell & Gash, 2008; Osborne, 2010). 지역사회 중심으로 발전한 유럽의 사회적경제와 달리 한국의 경우 정부와 사회적경제가 더 협력하는 새로운 발전양식을 보여주는 상황에서 지원 정책의 적절한 방향을 설정하는 것은 매우 중요하다. 현재 사회적경제 조직뿐만 아니라 지원센터와 중간지원조직이 활동하고 있지만, 이들이 지역의 지속가능성에 중요한 역할을 하기 위해서는 더 강화된 조직 역량과 공동체 역량이 필요하다. 사회적 성과와 경제적 성과를 동시에 달성하는 이중성과의 요구, 제도적 제약조건, 지역에 다가오는 사회경제적 위기 등을 극복하기 위해서는 사회적경제의 상호 학습과 정부의 효과적인 지원 정책이 필요하다. 그런 의미에서 이 책은 한국 사회적경제의 맥락화와 비교분석 과정에서 나타나는 성공사례 분석, 정책대안 제시를 함으로써 한국의 사회적경제 활성화를 위한 학습과 정책개발에 기여할 것이다.

2) 발전경로 분석의 필요성

한국에서 사회적경제의 제도화는 산업화, 민주화, 그리고 글로벌 위기 시대를 거치면서 지역의 요구를 반영하는 방식으로 진행되었다(김정원, 2015; 이해진, 2015; 김신양 외, 2016). 1960년대 이후 한국경제가 성장하는 과정에서 농어촌 공동화와 고령화가 심해졌고 도시지역의 빈곤과 불평등도 커졌다. 지역 간 불평등이 심화되고 열악한 주거 및 생활 여건에 놓인 도시빈민, 농민이 증가하였다. 이 시기 한국의 사회적경제는 지역사회의 조직화에서 시작된다. 정부나 기업이 해결하지 못하는 지역의 수요를 사회적경제가 주민들과 협력하여 먼저 파악하고 충족하였다. 이러한 제도화 방식을 자발적 '자발적 지역화'로 부를 수 있다.

1990년대 이후 세계화가 빠르게 진행되면서 주기적으로 발생한 글로벌경제위기는 경쟁의 심화, 고령인구의 소외, 빈곤 계층의 생활고 등 새로운 사회문제를 유발했다. 불평등의 심화는 취약계층의 배제, 공동체의 관계 분절, 사회적 지지체제의 붕괴를 유발했다. 이 시기의 한국 정부는 취약계층에 대한 일자리를 제공하고 사회서비스 시장을 확산하기 위한 정책을 수립한다. 자활사업, 사회적 기업 육성, 협동조합 설립의 법제적 제도화를 통해 정부가 지원에 나서는 '공식적 제도화'가 진행되었다.

21세기 이후에는 사회 전 분야에 시장 논리가 확산하고 기업가정신이 강조되었다. 사회적경제 조직에서 그리고 지역 차원에서 혁신이 확산하였다. 기업가정신과 사회혁신의 확산은 '혁신의 제도화'로 부를 수 있다. 이 세 가지 제도화 과정은 한국의 지역별로 다르게 수용되었으며 다양한 방식으로 결합하였다.

한국에서 이 세 가지의 사회적경제 제도화 양식은 지역별로 다르게 결합된
다. 어떤 지역은 지역화－공식화－혁신의 제도화의 경로를, 어떤 지역은 지역화
－혁신의 제도화의 경로를, 또 다른 지역은 공식화－혁신의 제도화를 거치는 방
식으로 발전경로의 다양성이 발견된다. 따라서 이 연구는 제도화의 다른 양식이
이떤 차이를 가져오는지를 검토하여 한국에서 사회적경제의 바람직한 발전 경로
가 무엇인지 발견하고자 한다.

〈이 책에서 주목하는 한국 사회적경제의 제도화 양식〉
① 자발적 지역화: 지역사회에 밀착하여 주민의 수요를 충족할 사회적경제의 조직화
② 공식적 제도화: 정부의 지역사회 조직화 또는 법제적 제도의 확산을 통한 제도화
③ 혁신의 제도화: 사회적 기업가정신과 사회혁신의 확산과 착근을 통한 제도화

4 책의 구성과 내용

1) 책의 단계별 목표

한국사회가 발전하는 과정에서 함께 성장한 사회적경제의 제도적 발전경로를
규명하고 유형별 비교분석을 위한 이 저술의 단계별 목표는 다음과 같다.

〈이 책의 단계별 목표〉
① 개념화: 사회적경제에 대한 기존 연구 분석을 통한 개념의 정립과 비교분석을 위한 이
   론 모형 구축
② 맥락화: 한국 사회적경제의 발전경로 분석을 통한 제도화 과정 분석
③ 유형화 및 비교분석: 62개 지역 대상으로 진행된 사회적경제 생태계 조사결과를 바탕

한국의 사회적경제

으로 한 구성요소, 정책영역, 조직유형별 유사성과 차이점 도출
④ 대안모색: 분석 결과를 바탕으로 지역사회와 지방자치단체의 사회적경제 발전의 정책대
안 도출

2) 저술에 활용되는 자료

이 저술에서 주로 활용하는 자료는 2020년 한국사회적기업진흥원에서 조사하고 구축한 한국의 62개 사회적경제 생태계 설문조사 자료(지역주민, 조직실무자, 공무원 대상)이다. 그뿐만 아니라 사회적 기업 및 협동조합 공시자료, 저자가 직접 참여하여 조사한 31개 한국 지역 공동체의 문헌자료와 면접조사 자료도 활용된다. 이처럼 포괄적인 자료를 바탕으로 제도비교분석, 계량분석, 질적자료 분석 등을 혼합한 분석결과가 저술에 포함된다.

3) 책의 내용

이 책은 총 6부로 구성되며 구체적인 내용은 다음과 같다:

(1) 제1부 기초적 논의: 개념과 현황

기초적 논의에서는 사회적경제의 개념과 현황을 살펴본다. 사회적경제가 협력과 호혜의 가치를 바탕으로 지역의 협력적 네트워크를 중심으로 문제에 대응하는 대안적 경제영역임은 널리 공유되어 있다. 그러나 사회적경제가 어떤 제도를 수단으로 어떤 가치를 지향하는 것이 좋은지에 대해 완전한 합의가 이루어지지는 못했다. 제1부에서 한국과 유럽의 다양한 기관에서 정의하는 사회적경제의 의미를 설명하면서 중시되는 가치와 역할을 설명한다. 예를 들어 국제기구인 OECD, EU, ILO, UN의 정의와 서울시사회적경제지원센터, 한국사회적기업진흥원 등 한국 공공기관의 정의를 소개한다. 유력한 해외학자인 Defourny & Develtere(1999), Evers & Laville(1999) 등의 정의를 포함하여 이해진(2015a) 등 국내 학자들의 개념화를 소개하고 본 저서에서의 정의를 제시한다. 아울러 한국 사회적경제의 전반적인 현황을 검토한다. 최근의 경향과 추세를 설명하면서 한국 사회적경제의

특성을 진단한다. 이 과정에서 한국 사회적경제의 다차원적 특성이 진단되며, 다양한 사회적 영향력도 분석된다.

(2) 제2부 이론적·역사적 논의: 분석틀의 구조화와 수렴과 확산의 역사적 맥락화

제2부에서는 사회적경제를 설명하는 이론적 구조와 한국 사회적경제의 역사적 발전을 설명한다. 비교분석을 위해서는 체계적인 이론이 반드시 필요하다. 제2부에서는 Pestoff(2008)의 제3섹터 연구에서 제시된 국가, 시장, 공동체의 연계에서 발생하는 사회적경제의 제도적 자리매김에 대한 연구와 이해진(2015a)의 경제성, 공동체성, 호혜성의 가치에 기반한 분석틀을 소개한다. 이 연구가 제시한 제도적 역학과 사회적경제의 기업가정신, 조직관리 역량, 공동체성, 사회적 자본 등을 주요 구성요소로 도출하였다.

한국에서 주민 스스로 참여하고 의사결정을 내리는 문제해결 방식의 역사적 기원을 설명한다. 약 100년 전 일제강점기에 설립된 경성소비조합, 목포소비조합 등을 소개하고 사회적경제 조직의 초기 모습을 설명한다. 1970년대 이후에 지역주민의 삶의 질 향상을 위한 지역사회 활동가, 종교지도자, 지역 농민들이 구성한 소비자 협동조합, 신용협동조합, 의료복지사회적협동조합 중심의 사회적경제 형성이 시작된다. 이 과정에서 나타난 제도적 수렴의 특성과 원인 그 결과를 진단한다. 1980년대 이후 한국사회의 민주화와 함께 시민사회조직이 수적으로 증가하고 1990년대 이후 지방자치제도의 도입과 글로벌 외환위기 이후 나타난 발전과정 또한 설명될 예정이다. 2000년대 이후 정부의 법안제정과 지원기관의 설립, 지자체 지원정책의 다양화는 사회적경제의 지역사회 활성화와 사회문제 해결에의 역할을 증대시켰다. 환경, 교육, 건강, 일자리 제공 등의 영역에서의 혁신적인 시도들이 사회적경제의 확산으로 이어지는 과정을 설명한다.

(3) 제3부 구성개념별 분석: 공동체성, 사회적 기업가정신, 관리 역량

제3부에서는 한국 사회적경제를 구성하는 주요개념을 공동체성, 사회적 기업가정신, 관리 역량 등으로 구분하여 분석한다. 먼저 공동체성이 분석의 기준으로 활용된다. 많은 사회적경제는 지역에 거주하는 주민의 유대에 기반을 두고 발전

한다. 그렇다면 사회적경제의 내적 유대와 외적 개방성은 어떤 차이를 가져오는 지가 중요하다. 사회적경제의 시작이 개인이나 조직의 기업가정신인 경우가 많다. 특히 한국에서 중앙정부 관료제가 주도하는 정책이 지역의 수요 충족과 공동체의 복원에는 미진한 경우가 많다. 반면, 지역의 구성원이 생산·소비·생활·문화를 통합적으로 고려하면서 적극적인 기회의 포착과 혁신을 통해 새로운 지역발전의 대안을 모색하는 사례도 확인된다. 이러한 사회적 기업가정신이 한국의 지역에서 어떤 모습으로 나타나고 있는지를 분석한다. 관리 역량 또한 사회적경제의 중요한 영역이다. 사회적경제가 직면한 토양은 척박하고 환경은 도전적이며 급변하는 경우가 많다. 환경이 어려울수록 조직관리 역량의 고도화가 중요하다. 이 세 가지 개념을 중심으로 한국 사회적경제의 유형을 구분하고 사회적 영향력과의 관계를 살펴보고자 한다.

(4) 제4부 정책영역별 분석: 의료·복지, 노동통합, 지역경제 활성화

21세기에 접어든 이후 한국의 지역사회는 다양한 환경변화에 직면하였다. 농어촌 공동체의 공동화, 저출산·고령화의 추세, 실업과 비정규직 일자리의 증가, 주거위기 등과 같은 환경의 도전에 많은 지역의 사회적경제가 다양하게 변용하면서 새로운 대안을 모색하였다. 이러한 변용은 지역사회의 혁신, 창업 등과 연계되어 지역의 다양성을 높인다. 특히 의료·복지, 노동통합, 지역경제 활성화 등의 분야에서 혁신적이고 체계적인 대응이 발생하는 공동체가 발견되고 있다. 제4부에서는 이처럼 혁신적 대응이 발생하는 영역에 대해 분석하면서 발전과정과 사례를 중심으로 설명하고자 한다.

(5) 제5부 조직유형별 분석: 사회적 기업, 협동조합, 마을기업, 자활기업

제5부에서는 한국 사회적경제를 구성하는 주된 법제적 유형인 사회적 기업, 협동조합, 마을기업, 자활기업 등을 살펴본다. 이 가운데 2007년 「사회적기업육성법」이 제정되고 한국사회적기업진흥원이 설립된 이후 사회적 기업이 가장 높은 증가율을 보인다. 사회적 기업의 유형은 일자리제공형, 사회서비스 제공형, 지역사회공헌형, 혼합형, 기타형으로 구분된다. 공동소유와 민주적 운영을 원칙으로 조합원의 권익향상과 지역사회에의 공헌을 목표로 하는 협동조합도 사회적경제의

중요한 유형이다. 구성원의 상호성에 입각해서 설립된 협동조합이 지역의 사회적 경제에서 어떤 기여를 하는지도 중요한 분석 주제가 된다. 마을기업과 자활기업도 사회적경제를 구성하는 중요한 조직유형에 속한다. 마을기업은 주민이 주도해서 지역의 자원을 활용한 수익사업을 진행하고 지역공동체 활성화에 기여하기 위한 목적으로 설립된다. 마을기업은 지역성을 강조하고 지역자산의 활용을 중요한 수단으로 삼는다는 점에서 큰 의미가 있다. 자활기업은 저소득층의 협력을 바탕으로 빈곤을 극복하기 위한 사업을 운영하는 기업이다. 지역에 따라서 자활기업이 사회적 기업의 모태가 되기도 하며 협동조합의 형태로 운영되는 경우가 있어 사회적경제 형성에 중요한 의미가 있다.

(6) 제6부 발전을 위한 과제와 전망

제6부에서는 한국 사회적경제의 과제와 발전방향을 제시하고자 한다. 공동체는 지역의 맥락과 특성에 따라 다양하게 발전한다. 다수의 한국 지역사회가 지속가능한 발전을 위해 리빙랩, 사회혁신 등을 시도하고 있다. 사회적경제는 국제개발협력 분야에서도 중요한 영역이 되었다. 국제개발협력 분야에서 사회적경제는 어떤 역할을 하는지 이론, 기법, 사례를 활용하여 설명한다. 마지막으로 저자의 관점에서 한국지역사회의 맥락과 특성에 부합하는 사회적경제의 발전방향을 제시한다.

제1장의 핵심 요약

✓ 사회적경제는 서로 도우려는 마음이 인간의 내면에 있고 그런 생각이 이기심과 충돌하지 않는다는 관점에서 개념화된다.

✓ 한국사회적기업진흥원은 사회적경제를 "구성원 간 협력, 자조를 바탕으로 재화, 용역의 생산 및 판매를 통해 사회적 가치를 창출하는 민간의 모든 경제적 활동"으로 정의한다.

✓ 사회적경제는 일곱 가지 특징이 있다:

1. 민주적 의사결정을 통한 공동체의 형성
2. 사회적·집합적 소유권의 지향

3. 지속가능한 순환경제 속에서 공동체의 이익 실현

4. 정부, 시장, 공동체가 협력 또는 독립적으로 참여

5. 협력, 연대, 신뢰가 중요

6. 사회적 목적과 경제적 목적의 동시 추구

7. 공식적 · 비공식적 영역을 포괄

✓ 사회적경제는 혁신 · 협력 · 호혜의 공동체를 만들고, 지속가능한 발전을 추구하고 새로운 사회 수요의 충족을 위해 중요하다.

✓ 한국 사회적경제의 제도화 양식은 자발적 지역화, 공식적 제도화, 혁신의 제도화로 구분할 수 있으며 지역별로 제도화 양식이 다르게 조합되어 다양한 발전양식을 보인다.

한국 사회적경제의 현황

"한국의 (사회적 기업 발전) 경험은 시민사회에서
시작된 상향식 접근과 공공부문의 하향식 접근의 흥미로운
조합과 긴장 관계를 보여준다."

(Bidet & Eum, 2015, 23)

한국의 사회적경제는 일제강점기부터 시작된 소비조합과 상호공제조합 등의 전통에 기반을 두고 발전했다. 현재는 협동조합, 자활기업, 마을기업, 사회적 기업 등 다양한 종류의 조직이 사회적경제를 구성한다. 사회적경제 조직은 글로벌 환경 변화, 한국 사회의 고령화와 지역 간 격차, 지역 내 문화적 다양성 증가 등이 유발한 기회와 위기에 대응하고 있다. 이러한 변화에 대응하는 한국 사회적경제 조직의 현황과 특성 그리고 주민과 공무원의 사회적경제에 대한 인식과 사회문제해결에 대한 인식을 살펴보고자 한다.

이 장에서는 한국 사회적경제의 양적 성장과 지역별 분포 등을 살펴본다. 객관적 현황 자료뿐만 아니라 한국사회적기업진흥원에서 2020년에 조사한 주관적 인식 조사 자료도 분석하였다. 객관적 자료 분석을 통해 주요 조직 유형별 입지계수를 바탕으로 지역별 분포를 확인하였다. 주관적 자료 분석 결과를 활용하여 한국 지역 주민과 사회적경제 조직의 사회문제에 대한 인식 차이, 공동체성을 분석한다. 한국 사회적경제의 특성 중 하나는 정부의 지원이 중요한 요소라는 점이다. 따라서 한국 사회적경제를 위한 정부의 지원, 정책환경 그리고 협력체계에 대한 공무원의 인식도 분석한다.

한국 사회적경제의 규모와 분포

1) 한국 사회적경제의 양적 성장

한국에서 사회적경제 조직의 공식적인 유형에 협동조합, 사회적 기업, 마을기업 그리고 자활기업이 포함된다.[1] 사회적경제는 공식적 영역에 머물지 않는다. 그러나 공식적 제도화의 결과로 정책 지원 대상으로 집계되는 조직은 <표 2-1>과 같이 네 가지 유형으로 파악된다. 각 유형은 서로 다른 부처가 수립한 정책과 사업의 지원을 받는다. 정부의 지원은 한국 사회적경제가 성장하는 계기가 되었지만 부처별로 다른 정책기조와 지원제도가 사회적경제 본연의 취지를 훼손하고 중복된 투자로 인한 비효율성을 유발한 것도 사실이다. 따라서 통합적 사회적경제 정책 추진 체계의 구축과 이를 법제화하는 노력이 필요하다.

표 2-1 ▸ **4대 사회적경제 조직의 개념과 근거 법령**

유형(시행)	개념	근거	관계 부처
사회적 기업 (2007년)	취약계층에게 사회서비스 또는 일자리를 제공하거나 지역사회에 공헌하여 지역주민의 삶의 질을 높이는 등 사회적 목적을 추구하면서 재화 및 서비스의 생산, 판매와 같은 영업활동을 하는 기업으로서 사회적기업육성법 제7조에 따라 고용노동부 장관이 인증한 기업	사회적기업 육성법	고용노동부
협동조합 (2012년)	조합원의 필요에 의해 자발적으로 결성되어 공동으로 소유되고 민주적으로 운영되는 사업체. 그 중 사회적협동조합은 조합의 목적 자체가 지역주민들의 권익 · 복리 증진과 관련된 사업을 수행하거나 취약계층에게 사회서비스 또는 일자리를 제공하기 위한 것으로, 영리활동을 목적으로 하지 않는 것이 특징	협동조합 기본법	기획재정부

---

1) 제1장에서 정의한 것처럼 사회적경제를 협력, 자조, 연대를 바탕으로 사회적 가치를 구현하는 영역으로 이해한다면, 이 영역을 구성하는 조직의 유형은 협동조합, 사회적 기업, 마을기업, 자활기업에 국한되지 않는다. 지역의 신용협동조합, 새마을금고, 농업협동조합, 작목반 등 다양한 유형이 포함될 수 있다. 그러나 이 장에서는 통계 수치 수집의 편의성 등을 고려하여 통상적인 4대 유형을 사회적경제의 주요 조직 형태로 판단한다.

마을기업 (2010년)	지역주민이 각종 지역자원을 활용한 수익사업을 통해 공동의 지역문제를 해결하고, 소득 및 일자리를 창출하여 지역공동체 이익을 효과적으로 실현하기 위해 설립·운영하는 마을단위의 기업	마을기업 육성사업 시행지침	행정안전부
자활기업 (2012년)	지역자활센터의 자활근로사업을 통해 습득된 기술을 바탕으로 1인 혹은 2인 이상의 수급자 또는 저소득층 주민들이 생산자협동조합이나 공동사업자 형태로 운영되는 기업	국민기초 생활보장법	보건복지부

자료: 한국사회적기업진흥원(2019, 8)

　　2007년 사회적 기업인증제도를 시작한 이후 연평균 170여 곳의 사회적 기업이 인증을 받아 높은 증가세를 보인다. 2022년 기준으로 협동조합은 23,915개, 사회적 기업은 3,534개, 마을기업과 자활기업은 각각 1,770개와 1,012개가 있다. <표 2-2>와 같이 2016년 이후 모든 영역에서 사회적경제 조직은 지속적으로 증가하는 추세이다.

표 2-2 ▸ 사회적경제 조직 현황

구분	조직 수(개)				
	사회적 기업	협동조합	마을기업	자활기업	합계(전년대비증가율)
2013년	1,012	3,197	1,119	1,344	6,672
2014년	1,251	6,010	1,249	1,241	9,751(46.1%)
2015년	1,506	8,476	1,342	1,339	12,663(29.9%)
2016년	1,713	10,640	1,377	1,186	14,916(17.8%)
2017년	1,877	12,540	1,442	1,092	16,951(13.6%)
2018년	2,122	14,550	1,514	1,211	19,397(14.4%)
2019년	2,435	16,869	1,592	1,176	22,036(13.6%)
2020년	2,777	19,492	1,652	1,062	24,983(13.4%)
2021년	3,063	22,132	1,697	997	27,889(11.6%)
2022년	3,534	23,915	1,770	1,012	30,231(8.4%)

자료: 한국사회적기업진흥원(2020, 2022, 2023). 한 손에 잡히는 사회적기업, 한국자활복지개발원,
　　　https://kdissw.or.kr/menu.es?mid=a10601070000, 기획재정부(2017), 제2차 협동조합 기본계획.

2) 한국 사회적경제의 지역별 분포

한국의 사회적경제의 핵심 유형인 사회적 기업의 2022년 기준 지역별 분포를
<표 2-3>에 제시하였다. 지역별 분포를 엄밀하게 살펴보기 위해 지역별 사회
적 기업 수의 전국 대비 비율을 대한민국 인구 대비 지역별 인구 비율과 대한민
국 전체 면적대비 지역별 면적으로 나누어 입지계수를 계산하였다.[2] 입지계수가
높을수록 인구나 면적에 비해 많은 사회적 기업이 활동하고 있음을 뜻한다.

사회적 기업의 인구 대비 입지계수가 가장 높은 지역은 강원도(1.95)와 제주
도(1.95)이며, 그다음으로 높은 지역이 전라북도(1.64)와 전라남도(1.56)이다. 면적대
비 입지계수는 인구밀도가 높은 대도시일수록 높은 것이 확인된다. 서울이 가장
높고(28.65), 그다음으로 광주(8.09), 부산(6.05), 인천(5.82), 대전(5.62) 등의 광역시
가 높은 것으로 나타났다.

표 2-3 ▸ **사회적 기업의 지역별 입지계수(2022년 6월 기준)**

지역	사회적 기업 수	비율	인구대비 입지계수	면적대비 입지계수
서울	577	17.4	0.94	28.65
부산	155	4.6	0.72	6.05
대구	123	3.7	0.80	4.18
인천	206	6.2	1.08	5.82
광주	135	4.0	1.46	8.09
대전	101	3.0	1.08	5.62
울산	112	3.4	1.55	3.17
경기	580	17.4	0.66	1.71
강원	192	5.7	1.95	0.34
충북	142	4.2	1.37	0.58
충남	135	4.0	0.98	0.49

---

2) 입지계수를 계산하는 공식으로 각각 (지역별 사회적 기업 수/전국 사회적 기업 수)/(지역별 총인
구/ 전국 총인구) 그리고 (지역별 사회적 기업 수/전국 사회적 기업 수)/(지역별 총면적/전국
총면적)을 활용하였다.

전북	189	5.7	1.64	0.70
전남	185	5.5	1.56	0.45
경북	227	6.8	1.34	0.36
경남	172	5.1	0.80	0.49
제주	86	2.6	1.95	1.40
세종	25	0.7	1.05	1.61
합계	3,342	100		

자료: 한국사회적기업진흥원(2022a), 2022년 06월 사회적 기업 인증현황.

<그림 2-1>은 지역별 인구 대비 입지계수와 면적대비 입지계수를 각각 가로축과 세로축에 배치한 결과를 보여준다. 영역을 구분하는 기준은 인구 및 면적의 비율과 사회적 기업 수의 비율이 일치하는 1로 설정했다. 인구와 면적대비 입지계수가 모두 높은 지역은 광주, 인천, 대전, 울산, 제주, 세종 등이며 모두 낮은 지역은 경남, 충남 등이다. 부산, 대구, 경기는 면적대비 입지계수는 높은 반면, 인구대비 입지계수는 낮으며 강원, 전북, 전남, 충북, 경북은 면적대비 입지계수는 낮은 반면, 인구대비 입지계수가 높은 지역으로 확인되었다.

그림 2-1 ▸ **한국 사회적 기업의 인구대비 입지계수와 면적대비 입지계수(2022년 기준)**

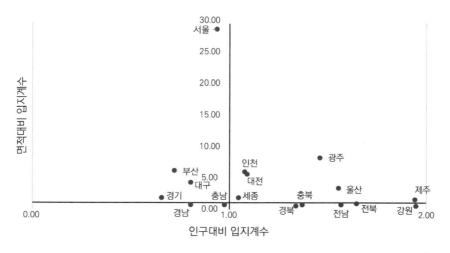

자료: 한국사회적기업진흥원(2022a), 2022년 06월 사회적 기업 인증현황을 바탕으로 저자가 재구성

2 한국 사회적경제의 현황: 조직, 주민, 공무원의 인식

1) 현황분석을 위한 자료

한국 사회적경제의 성장과 함께 연구도 발전하였다. 사회적경제 연구의 발전을 위해 현황에 대한 포괄적인 조사도 이루어졌다. 가장 범위가 넓은 조사는 한국사회적기업진흥원에서 "지역생태계 구축지원사업조사"라는 이름으로 진행된 조사이다. 이 조사는 전국 77개 지역에 대해 주민, 사회적경제 조직, 공무원 등 조사대상 유형을 구분하여 설문하였다. 이 자료는 가장 많은 지역을 대상으로 조사된 점, 공무원의 인식을 조사한 점에서 유효성이 높다.

그 외에 한국연구재단 인문사회 토대연구 지원사업의 지원으로 연세대학교 빈곤문제국제개발연구원에서 2017년부터 2022년까지 수행한 "공동체, 기업가정신, 지역경제활성화"조사 자료가 있다. 이 조사는 총 31개 지역에 대해서 5년 동안 설문조사, 면접조사, 문헌조사 자료를 수행하였다. 같은 지역에 대해서 설문조사와 면접조사 결과 그리고 문헌자료가 함께 취합되었다는 점에서 큰 의미가 있다. 이 두 조사가 사회문제에 대한 인식, 공동체성 등을 비롯하여 유사한 설문 문항을 사용했다는 점에서 향후 일반화 가능성이 높은 분석이 이루어질 것으로 기대된다.

〈한국연구재단 토대연구 지원사업 "공동체, 기업가정신, 지역경제 활성화"〉

한국연구재단의 지원으로 2017년에 시작된 토대연구 지원 사업 "공동체, 기업가정신, 지역경제 활성화"는 한국에서 사회적경제가 발전된 31개 지역을 대상으로 문헌자료, 양적자료, 질적자료를 수록한 DB를 "기초학문자료센터"에 제공하고 있다. 지역에서 사회적경제가 성장하는 과정에서 참여를 기반으로 한 심의 민주주의, 결사체 민주주의의 실현 사례, 주민과 활동가들이 지역문제를 논의하고, 지역조직을 설립하며, 포용적으로 참여하는 실체적 민주주의의 실현 사례를 폭넓게 다루기 위해 다양한 자료를 수집하여 제공하였다. 지역의 맥락과 현상을 이해하는 데 필요한 공동체성, 기업가정신, 사회혁신, 사회적경제 활동 등을 질문한 설

문조사 자료, 지역별 활동가를 대상으로 한 면접조사 자료, 지역 조직이 생산한 문헌 자료 등 다양한 자료가 공유되고 있다. 이 자료들은 지역의 인구, 사회, 경제 현황 수치와 결합된 DB 의 형태로 제공된다.

이 장에서는 한국사회적기업진흥원의 지역자원 조사자료를 활용하여 현황분석을 하였다. 이 조사는 2020년 10월 5일부터 11월13일 동안 전국 77개 기초지방자치단체의 (예비)사회적 기업, 마을기업, 협동조합, 자활기업을 대상으로 진행되었다. 조사 대상은 전체 5,030개 사회적경제 조직과 주민 31,519명, 공무원 1,701명이다.

조사 대상 조직의 특성은 <표 2-4>와 같다. 전체 조사 대상 5,030개 조직 중 가장 많은 조직이 서울시에 있으며 조직 대부분이 최근 5년 사이에 설립된 조직이었다. 법적 형태로 구분할 때 일반협동조합이 39%로 가장 높은 비율이었고 업종으로 구분할 때 교육·서비스업에 속한 조직이 15.6%로 가장 높은 비율을 차지한다.

표 2-4 ▸ 조사대상 조직의 특성

구분		빈도	백분율	N	구분	빈도	백분율	N
지역	수도권	1,861	37.0	5,030	농업,임업,어업	185	3.7	5,030
	영남권	924	18.4		광업	1	0.0	
	호남권	1,209	24.0		제조업	746	14.8	
	충청강원권	1,036	20.5		전기, 가스, 증기 등	31	0.6	
설립연도	2006년 이전	948	18.8	5,030	수도, 하수, 폐기물 등	20	0.4	
	2006-2010년	299	5.9		건설업	150	3.0	
	2011-2015년	1,403	27.9		도소매업	609	12.1	
	2016-2020년	2,380	47.3		운수창고업	71	1.4	
법적형태	민법상법인	144	2.9	5,030	숙박 및 음식점업	205	4.1	
	사회복지법인	28	0.6		정보통신업	68	1.4	
	비영리민간단체	46	0.9		금융보험업	640	12.7	

구분	빈도	백분율		구분	빈도	백분율
상법상회사	935	18.6		부동산업	29	0.6
농어업회사	48	1.0		과학기술서비스업	167	3.3
영농조합법인	77	1.5		사업시설관리 등	110	2.2
일반협동조합	1,964	39.0		교육 서비스업	787	15.6
사회적협동조합	715	14.2		보건, 복지 서비스	334	6.6
개별법상협동조합	911	18.1		예술, 스포츠, 여가	437	8.7
개인사업자	119	2.4		협회, 단체, 수리 등	164	3.3
기타	43	0.9		기타	276	5.5

조사 대상 주민의 구성은 <표 2-5>와 같다. 남성보다 여성의 응답이 약간 더 많고 주된 응답 계층은 60대 이상이었다. 거주기간은 10년 이하 거주자가 많았고 과반수 이상 응답자가 아파트 거주자였다.

표 2-5 ▸ 조사 대상 주민의 특성

구분		빈도	백분율	N	구분		빈도	백분율	N
성별	남성	15,034	47.7	31,519	거주 기간	10년 이하	13,897	44.1	31,519
	여성	16,485	52.3			11-20년	8,177	25.9	
나이	20대	4,810	15.3	31,519		21년이상	9,445	30.0	
	30대	5,897	18.7		주거 형태	아파트	18,724	59.4	31,519
	40대	6,553	20.8			단독주택	5,412	17.2	
	50대	7,128	22.6			연립, 다세대빌라	6,479	20.6	
	60대 이상	7,161	22.6			기타	904	2.9	

2) 한국 사회적경제에 대한 주민들의 인지도

<표 2-6>과 같이 전체 응답자 중 사회적경제를 알고 있다고 응답한 사람의 비율은 22.7%인 것으로 확인된다. 성별, 나이, 집단별로 구분하여 살펴보면, 여성은 24.2%가 인지하는 반면 남성은 21.0%가 아는 것으로 나타나 통계학적으

로 유의미하게 여성이 남성보다 더 많이 아는 것으로 확인되었다.[3] 연령별로 구분하여 살펴보면 50대의 28.9%가 알고 있지만 20대의 12.4%만이 알고 있는 것으로 응답하여 연령별로도 유의미한 차이가 있는 것으로 확인되었다. 거주기간이 10년 미만인 집단의 21.3%가 인지하고 있지만 30년 이상인 집단에서는 24.3%가 인지하고 있는 것이 확인되었다. 이 조사 결과 남성과 젊은 층, 그리고 거주기간이 짧은 집단의 인지도 제고 필요가 높다는 사실이 확인되었다.

표 2-6 ▸ 사회적경제에 대한 인지 여부

구분		알고 있다		모른다		유의도
		빈도	백분율	빈도	백분율	
성별	남성	3,164	21.0	11,870	79.0	.000
	여성	3,982	24.2	12,503	75.8	
나이	20대	597	12.4	4,213	87.6	.000
	30대	1,093	18.5	4,804	81.5	
	40대	1,599	24.4	4,954	75.6	
	50대	2,060	28.9	5,068	71.1	
	60대 이상	1,797	25.2	5,334	74.8	
거주기간	10년 이하	2,956	21.3	10,941	78.7	.000
	11-20년	1,892	23.1	6,285	76.9	
	21년 이상	2,298	24.3	7,147	75.7	
전체		7,146	22.7	24,373	77.3	.000

3) 사회적경제가 해결해야 할 사회문제에 대한 지역주민과 사회적경제 조직의 인식

이 조사는 사회적경제가 해결해야 할 사회문제가 무엇인지에 대해 사회적경제 조직, 지역주민을 대상으로 같은 질문을 하였다. 총 10가지 선택지 중 하나를

---

3) 통계학적 유의도는 교차분석의 카이제곱 검증을 통해 도출하였다.

고르는 방식으로 질문한 결과 <표 2-7>과 같은 사실이 확인되었다. 사회적경제 조직과 지역주민 모두에서 가장 중요한 사회문제 세 가지에 대한 인식이 일치하였다. 가장 중요한 사회문제로 소득 및 주거 불안을, 두 번째로 중요한 사회문제로 노동 불안정을, 세 번째로 중요한 사회문제로 삶의 질 저하를 선택하였다. 4순위부터 차이가 발생했는데, 지역주민은 환경오염과 기후변화를, 사회적경제 조직은 급격한 사회구조 변화를 선택하였다. 두 집단 모두 자원고갈과 자연재해가 해결 우선순위가 낮은 것으로 선택하였다. 이 결과는 소득, 고용, 주거 등 생활에 필수적인 요소를 사회적경제가 지원하거나 해결해야 한다는 생각에 공감대가 있음을 보여준다. 다음으로 중요한 요소로 환경오염과 기후변화 그리고 급격한 사회 구조 변화를 선택하였다.

표 2-7 ▸ 사회적경제가 해결해야 할 사회문제에 대한 인식

사회문제	사회적경제 조직		지역주민		선택비율 차이
	선택비율(%)	우선순위	선택비율(%)	우선순위	
소득 및 주거불안	33.3	1	30.3	1	3.0
노동 불안정	18.9	2	23.9	2	5.0
교육 불평등	5.9	6	3.4	8	2.5
삶의 질 저하	13.5	3	13.4	3	0.1
급격한 사회 구조 변화	10.5	4	8.4	5	2.1
사회통합 저해	5.0	7	5.7	6	0.7
안전 위협	3.1	8	4.1	7	1.0
환경오염과 기후변화	7.0	5	9.0	4	2.0
자원고갈	0.2	10	0.4	11	0.2
자연재해	0.2	10	0.6	10	0.4
기타	2.4	9	0.8	9	1.6

4) 한국 지역주민의 공동체성: 연대성, 공동체의식, 자원봉사

한국 지역주민의 공동체성을 연대성, 공동체의식, 자원봉사 정도로 구분하여

측정한 결과가 <표 2-8>에 제시되었다. 연대성은 이웃과의 친분, 지역구성원과의 친분, 아플 때 도움 요청 가능한 정도, 육아 돌봄 부탁 가능한 정도의 네 가지 측정항목으로 평가하였다. 공동체의식은 나와 지역의 연관성, 나와 이웃의 연관성 인식 그리고 지역사회 구성원 의식, 지역사회 소속감, 지역의 소중함 등 총 다섯 가지 항목으로 측정하였다. 자원봉사 정도는 공동체와 이웃을 위한 자원봉사의 정도, 자원봉사에 참여하지 않을 때 비난받거나 제재 받을 정도, 공동체 활동에 기여할 때의 공평성 등 총 3개 항목으로 측정하였다.

세 가지 영역 측정에 사용된 12개 항목 가운데 공동체 구성원 인식이 가장 높은 평균값(3.40)을 기록하였고 자원봉사 미참여시 비난 및 제재받는 정도(2.09)가 가장 낮은 평균값을 기록하였다. 이 조사의 결과는 공동체에 대해서 마음속으로 중요하게 생각하는 정도의 평균값은 높지만 자원봉사와 같이 실제로 행동에 나서는 정도의 평균값은 낮다는 것을 보여준다. 이는 지역 주민이 공동체를 중요하게 생각하는 만큼 행동으로 이어지지는 않는다는 사실을 나타내며 연구를 통해서 주민들이 지역사회 활동에 더 많이 참여하도록 유도하는 동기유발 요인이 무엇인지 찾는 연구가 필요함을 보여준다.

총 12개의 측정항목을 보다 간결하게 분석하기 위해서 탐색적 요인분석을 하였다. SPSS ver. 27 프로그램을 사용하여 주성분분석과 배리맥스 방식의 요인추출을 한 결과 각 항목별 요인적재치는 모두 0.6 이상이며 분산비율과 크론바하 알파도 모두 0.6 이상으로 기준값을 충족하여 타당성을 확보한 것으로 확인되었다. 총 3개의 요인은 <표 2-8>에서 제시된 것처럼 연대성, 공동체의식, 자원봉사로 구별된다.

표 2-8 ▸ 한국 지역 주민의 공동체성: 기초통계량과 탐색적 요인분석 결과

요인	측정변수	평균	표준편차	요인적재치	분산비율	크론바하 알파
연대성	이웃과의 친분	3.14	0.817	0.753	14.554	0.821
	지역구성원과의 친분	2.89	0.845	0.788		
	아플 때 도움 요청 가능성	2.79	1.097	0.789		
	육아 돌봄 요청 가능성	2.75	1.122	0.782		

공동체 의식	나와 지역의 관련성	3.27	0.906	0.839	45.379	0.926
	나와 이웃의 관련성	3.22	0.892	0.825		
	지역 사회 구성원 인식	3.40	0.836	0.896		
	지역 사회 소속감	3.36	0.848	0.873		
	지역이 소중한 정도	3.39	0.831	0.806		
자원 봉사	공동체와 이웃 위한 자원봉사	2.90	0.958	0.605	9.819	0.632
	자원봉사 미참여시 비난정도	2.09	0.825	0.815		
	공동체 활동 기여도 공평성	2.81	0.815	0.701		

주: 탐색적 요인분석의 유의도는 0.000, KMO측도는 0.859

연대성, 공동체의식, 자원봉사의 평균값 그리고 사회적경제 인지여부에 따른 집단 간 평균값을 <표 2-9>에 제시하였다. <표 2-8>에서 확인된 것과 같이 가장 평균값이 높은 영역은 공동체의식이었고, 자원봉사의 평균값이 낮았다. 독립표본 t-검정으로 평균값을 비교분석한 결과 세 영역 모두에서 사회적경제를 인지하고 있는 집단의 평균값이 통계학적으로 유의미하게 높았다. 사회적경제를 아는 주민이 지역에 더 밀착되어 있고 공동체의식을 느끼며 더 많이 봉사한다는 사실은 시사하는 바가 크다. 이 결과는 사회적경제가 확산되고 사회적경제의 취지를 이해하는 사람들이 많아지면 공동체성도 높아진다는 점을 의미한다. 그런 의미에서 사회적경제 인지도와 참여도에 대한 연구의 필요성이 높다.

표 2-9 ▸ 한국 지역주민의 연대성, 공동체의식, 자원봉사: 사회적경제 인지여부별 평균 비교

구분	전체		사회적경제 인지		사회적경제 모름		유의도
	평균	표준편차	평균	표준편차	평균	표준편차	
연대성	2.89	0.791	3.06	0.803	2.85	0.781	0.000
공동체의식	3.33	0.759	3.60	0.739	3.25	0.745	0.000
자원봉사	2.60	0.659	2.75	0.633	2.56	0.661	0.000

5) 한국 사회적경제 조직의 기관 간 협력과 거버넌스

<표 2-10>은 한국 사회적경제 조직이 다른 기관과 협력하는 정도를 보여준다. 사회적경제 조직 담당자를 대상으로 지역 내 기관과의 연계정도를 지방자치단체, 지역 시민단체, 지역 공공기관, 그리고 지역 민간기업으로 나누어 10점 척도로 질문하였다. 가장 활발한 연계가 발생하는 기관은 지방자치단체였으며 지역 공공기관과의 연계가 가장 낮았다.

협력적 거버넌스에 대해서는 "사회적경제 조직 및 시민사회 섹터와 행정기관은 지역발전을 위하여 지속 협력하고 있다." 그리고 "행정기관은 지역공동체 조직 및 시민사회 섹터를 지역 발전을 위해 중요 역할을 수행하며 공동으로 노력하는 협력 파트너로 인식하고 있다."의 두 문장에 동의하는 정도를 각각 질문하였다. 지역 내 사회적경제 지원환경은 "사회적경제 관련 조례 등 지원제도가 잘 정비되어 있다." 그리고 "정부의 사회적경제 활성화 의지를 반영해 다양한 사업모델과 지역에 기반한 사회적경제 기업을 발굴, 육성하려는 계획을 수립하고 있다." 등 두 문장을 사용하였다. 이 중에서 행정기관과의 협력이 가장 높은 평균값을 보였고 조례 등 지원제도가 가장 낮은 평균값을 보였다.

표 2-10 ▸ 한국 사회적경제 조직의 기관 간 연계 및 거버넌스

기관 간 연계	평균	표준편차	협력 거버넌스/지원환경	평균	표준편차
지방자치단체와 연계	5.71	2.895	행정기관과 지속협력	3.45	0.890
지역 시민단체와 연계	5.21	2.785	협력파트너로 인식	3.39	0.926
지역 공공기관과 연계	4.05	2.800	조례 등 지원제도	3.23	0.832
지역 민간기업과 연계	4.85	2.823	다양한 사업모델	3.29	0.852

사회적경제 조직의 기관 간 연계의 평균값을 조직 특성에 따라 일원배치 분산분석한 결과를 <표 2-11>에 제시하였다. 연계에 대한 모든 측정항목에서 통계학적으로 유의미한 집단 간 차이가 있음이 확인되었다. 설립연도로 구분할 때 2006-2010년에 설립된 조직이 지자체와 가장 긴밀한 연계를 갖는 반면 최근에

한국의 사회적경제

설립된 조직은 연계가 낮은 것이 확인되었다. 2006년 이전에 설립된 조직이 시민단체와 강한 연계를 갖고 있으며 2006−2010년에 설립된 기관들이 공공기관 및 민간기업과의 연계가 긴밀한 것으로 나타났다. 정부의 정책방향에 따라 2000년대에 본격적인 사회적경제 영역의 공식화가 진행되었다는 점에서 이 시기에 설립된 조직과 정부의 연계가 강한 근거를 찾을 수 있다. 그 이전에 설립된 조직들은 정부나 공공기관과의 연계가 아닌 지역사회와의 지속적인 연계에 초점을 맞추었다는 점에서 시민단체와 강한 연계를 갖는 것으로 이해할 수 있다.

기초지방자치단체 내에서 활동하는 조직이 지자체와 시민단체와 긴밀한 연계를 맺고 있으며 전국을 대상으로 활동하는 기관이 공공기관, 그리고 민간기업과 연계를 맺고 있음이 확인되었다. 법적 형태로 볼 때 사회복지법인이 지자체와의 연계가 강하고 비영리민간단체가 시민단체와의 연계가 강하다. 공공기관과는 사회복지법인의 연계가 강하고 민간기업과는 상법상회사의 연계가 강한 것으로 확인되었다.

표 2-11 ▸ 한국 사회적경제 조직의 기관 간 연계: 조직 특성에 따른 평균비교

구분		지자체와 연계			시민단체와 연계			공공기관과 연계			민간기업과 연계		
		평균	표준편차	유의도	평균	표준편차	유의도	평균	표준편차	유의도	평균	표준편차	유의도
설립연도	2006년 이전	5.80	2.60	0.03	5.51	2.56	0.00	4.12	2.57	0.00	4.93	2.55	0.02
	2006-2010년	6.12	2.90		5.21	2.77		4.67	2.90		5.13	2.65	
	2011-2015년	5.71	2.92		5.16	2.74		4.09	2.79		4.95	2.84	
	2016-2020년	5.62	2.99		5.12	2.89		3.92	2.87		4.73	2.93	
사업지역	기초지자체내	5.84	2.82	0.00	5.32	2.72	0.01	3.88	2.71	0.00	4.60	2.74	0.00
	광역지자체내	5.73	2.85		5.22	2.76		4.00	2.80		4.88	2.83	
	전국	5.49	3.04		5.03	2.91		4.36	2.91		5.21	2.81	
법적형태	민법상 법인	6.39	2.74	0.00	5.68	2.86	0.00	4.88	2.79	0.00	4.91	2.81	0.00
	사회복지법인	7.25	2.41		5.18	2.16		4.93	2.83		5.29	2.52	
	비영리민간단체	6.13	2.54		6.65	2.19		4.61	2.34		5.20	2.23	
	상법상회사	6.27	2.69		5.49	2.67		4.74	2.82		5.53	2.64	

농어업회사법인	6.69	2.70		5.25	1.97		4.48	2.30	5.15	2.67
영농조합법인	6.70	2.52		4.99	2.62		4.09	2.71	4.87	2.64
(일반)협동조합	5.22	3.04		4.89	2.89		3.73	2.86	4.59	2.94
사회적협동조합	5.95	2.98		5.67	2.81		3.93	2.81	4.69	2.91
개별법상 협동조합	5.64	2.60		5.30	2.60		4.03	2.55	4.93	2.59
개인사업자	5.97	2.86		4.04	2.81		3.45	2.72	3.95	2.80
기타	6.19	3.08		4.86	2.50		3.56	2.72	4.37	3.00

6) 한국 사회적경제를 위한 지원환경과 협력체계에 대한 공무원의 인식

한국 사회적경제를 위한 지원환경과 협력체계의 구성은 지방자치단체 소속 공무원에게 질문한 결과가 <표 2-12>와 같이 제시하였다. 조사 문항은 다음과 같다.

〈사회적경제 지원환경과 협력체계에 대한 공무원 대상 조사 문항〉

· 지원제도 정비: 사회적경제 관련 조례 등 지원제도가 잘 정비되어 있다.

· 육성계획: 정부의 사회적경제 활성화 의지를 반영해 다양한 사업모델과 지역에 기반한 사회적경제 기업을 발굴, 육성하려는 계획을 수립하고 있다.

· 지원계획 이행: 사회적경제 활성화를 위해 수립한 지원계획에 관한 이행이 잘 이루어지고 있다.

· 정책연계: 도시재생, 뉴딜 등 정책관련 사업과 사회적경제 영역과의 연계기회가 점차 늘어나고 있다.

· 기금조성 및 활용연계: 지역형 사횟경제 기금을 조성, 사회적경제 조직들이 필요시 활용할 수 있도록 연계해주고 있다.

· 위원회 설치: 사회적경제 정책의 책임있는 추진을 위해 관계부서간 협의할 수 있는 위원회가 설치되어 있다.

· 위원회 개최: 사회적경제 정책의책임 있는 추진을 위해 관계부서 간 협의할 수 있는 위원회가 정기적으로 개최되고 있다.

- 민관협의체 설치: 민관사이에 활발한 정보를 교류하고 상시 네트워크를 마련하기 위한 민관협의체가 설치되어 있다.
- 민관협의체 개최: 민관사이에 활발한 정보를 교류하고 상시 네트워크를 마련하기 위한 민관협의체가 정기적으로 개최되고 있다.
- 활성화 및 소통: 지역 내 사회적경제 활성화를 위해 광역-기초가 소통하며 지원방향을 모색한다.

조사결과에 따르면 지원환경의 평균값이 협력체계의 평균값보다 높은 것으로 확인되어 활발한 협력을 위한 소통과 제도개선이 필요하다. 지원제도와 육성계획의 평균값이 높았지만 기금 조성 및 연계의 평균값이 상대적으로 낮았다. 따라서 사회적경제 활성화를 위한 기금 조성 및 활용에 대한 다양한 방법에 대한 연구가 필요하다. 특히 설치된 위원회나 민관협의체의 개최에 대한 인식이 낮은 것으로 나타나 실질적인 협의가 계속해서 이루어지도록 지원할 필요가 있다. 지역별로 구분하여 분석하면 인천광역시의 수치가 전반적으로 높은 것으로 나타났으며 대전광역시, 서울특별시의 순서로 수치가 높은 것이 확인되어 도시지역 지자체의 제도 정비와 육성계획 그리고 그 계획의 이행이 원활하게 이루어지는 것으로 나타났다.

표 2-12 ▸ 한국 사회적경제를 위한 지원환경과 협력체계에 대한 공무원의 인식

	지원환경					협력체계				
	지원 제도 정비	육성 계획	지원 계획 이행	정책 연계	기금조 성활용 연계	위원회 설치	위원회 개최	민관협 의체 설치	민관협 의체 개최	활성화, 소통
전체	3.77	3.88	3.86	3.83	3.31	3.59	3.46	3.66	3.57	3.72
강원	3.74	3.73	3.77	3.92	3.26	3.56	3.40	3.73	3.57	3.75
경기	3.82	3.92	3.89	3.83	3.27	3.73	3.52	3.77	3.67	3.78
경남	3.60	3.64	3.86	3.75	2.71	3.19	2.88	3.20	2.99	3.49
경북	3.37	3.41	3.41	3.59	2.67	2.70	2.48	2.85	2.93	3.37
광주	3.82	3.97	3.93	3.88	3.25	3.82	3.68	3.90	3.80	3.77

대구	3.64	3.73	3.74	3.78	3.41	3.45	3.40	3.60	3.54	3.64
대전	3.94	3.99	3.98	3.94	3.30	3.52	3.38	3.59	3.54	3.73
부산	3.77	3.77	3.80	3.75	2.55	2.35	2.38	2.45	2.40	3.43
서울	3.84	3.96	3.92	3.82	3.50	3.74	3.60	3.85	3.72	3.80
인천	3.98	4.14	4.10	3.91	3.19	3.87	3.74	3.88	3.82	3.88
전북	3.74	3.88	3.84	3.83	3.60	3.69	3.60	3.71	3.64	3.74
충남	3.50	3.90	3.75	3.60	2.95	3.25	3.15	3.15	3.20	3.70
충북	3.50	3.94	3.81	3.69	3.13	3.06	2.94	2.94	3.00	3.56

제2장의 핵심 요약

✓ 한국의 사회적경제 조직에는 공식적으로 사회적 기업, 협동조합, 마을기업, 자활기업 등이 포함되지만 더 다양한 유형의 조직(신용협동조합, 새마을금고, 농업협동조합, 작목반 등)이 포함될 수 있다.

✓ 주민과 사회적경제 조직 모두 사회적경제가 해결해야 할 사회문제가 "소득 및 주거불안"과 "고용 불안정"이라고 생각한다.

✓ 연대성과 공동체의식이 높고 자원봉사를 많이 하는 주민들이 사회적경제를 더 잘 인식한다.

✓ 사회적경제 조직은 지방자치단체 또는 지방 공공기관과 많이 연계하고 있다.

한국의 사회적경제

이론적 · 역사적 논의

사회적경제의 이론과 연구 경향

"어떠한 품성도, 가장 훌륭한 것에서부터 가장 나쁜 것까지,
가장 무지한 것에서부터 가장 계몽된 것까지,
적절한 방법을 적용함으로써 공동체에서 만들어질 수 있다."

(Owen, 1816, 107-108)

　한국에서 사회적경제가 시작되고 발전할 때, 지역의 활동가들은 외국 사례와 이론에서 배우고 이를 자신의 상황에 맞게 적용하였다. 1920년대에 소비조합이 전국 각지에서 만들어질 때, 영국 로치데일의 협동조합 사례를 소개한 동아일보 기사가 많은 참고가 되었다. 비슷한 시기 YMCA가 주도한 농촌협동조합 운동에 덴마크 교육 운동과 협동조합 운동이 영향을 주었다(김형미 외, 2012). 1970년대 이후 홍동, 원주, 성남 등에서 다양한 지역사회 활동이 조직화될 때, 오언, 푸리에, 푸르동 등의 사상과 제안이 큰 영향을 주었다. 따라서 한국의 사회적경제 형성에 자주 참고되고 인용되는 외국 이론은 무엇이었는지 살펴보는 것은 중요한 의미가 있다.

　이 장에서는 사회적경제 이론의 발전 과정을 정리하고 이론별로 중요한 학자들이 남긴 견해와 업적을 정리한다. 초기 학자들의 사회적경제에 대한 관점을 결사체 사회주의, 연대주의, 기독 사회주의 그리고 자유주의의 순서로 설명한다. 다음으로 폴라니의 사회적경제 이론 그리고 정부·시장·공동체와 사회적경제의 역학을 검토한다. 그리고 한국에서는 사회적경제 연구가 어떻게 진행되어 왔는지를 설명한다.

1 사회적경제 이론의 계보

사회적경제가 학술용어로 사용되기 시작한 것은 뒤누아예가 저술한 「새로운 사회적경제 개론」(Nouveau Traité d'économie sociale)에서였으며 왈라스의 「사회적 경제 연구」(Etudes d'économie sociale) 등이었다고 알려지고 있다(김신양, 2016). 그러나 사회적경제라는 이름을 포함한 저술이 출판되기 전부터 다양한 이론적 논의와 현실에서의 실험이 진행되었다. 학자마다 다른 시각에서 발전된 이론은 논의가 진행된 지역과 이론적 계보에 따라 다른 방식으로 유형화할 수 있다.

사회적경제 이론은 사회가 발전할 때 발생하는 문제를 자본주의 시장경제의 자기조정이 아닌 사회구성원의 연대와 협력으로 해결하고자 하는 관점에서 시작한다. 빈곤, 불평등, 일자리 부족, 질병, 열악한 음식과 주거 등의 문제를 사회 구조의 문제로 인식하고 그 문제를 해결할 방식을 지역사회의 협력에서 찾는 관점에서 사회적경제 이론의 시작을 찾을 수 있다. 이런 시각은 개인의 자유와 시장경제에서의 경쟁을 강조하는 자유주의 관점부터 사회구조의 모순을 비판적으로 바라보는 관점까지 다양한 입장으로 나타난다. 그리고 이 다양한 입장은 서로 공존하고 융합하면서 현재의 사회적경제 이론으로 발전하였다. 이렇게 사회적경제에 대한 고민이 시작된 계기는 18세기 이후 산업혁명에서 찾을 수 있다. 산업혁명을 탄생시킨 자동화가 초래한 소규모 생산자와 노동자의 몰락, 대량생산 체제의 형성과 함께 진행된 도시지역 소비자의 삶의 질 하락, 그리고 생산수단을 가진 고용주와 피고용자 사이에서 발생한 구조적 불평등은 대안적 사회를 고민할 계기가 되었다.

대안적 지역사회 구성에 대한 논의는 국가별로 다르게 나타났으며 이를 초기 사회적경제 이론으로 이해할 수 있다. 초기 사회적경제 이론은 국가별로 다르게 발전하였다. 영국은 로버트 오언과 윌리엄 킹의 이론을 바탕으로 그리고 로치데일에서의 혁신적인 협동조합운동이 소비자 협동조합과 생산자 조합의 전통을 만들었다. 산업혁명이 만든 구조적 모순, 그리고 자본가와 노동자 관계를 고민한 프랑스 학자들은 대안적 공동체 형성의 구체적인 아이디어를 제시하였다. 특히 이들은 생산자 중심 공동체를 구상하였고 이는 생산협동조합, 공제조합 등의 전통으로 구체화된다. 18세기 독일에는 토지소유자의 봉건적 지배와 산업자본가의 결탁으로 고리채에 시달리던 농민들이 많았으며 농민이 만든 기금을 활용해서 서로 돕는 지역사회 신용기관을 바탕으로 공동체를 만들기 시작했다. 이 전통이 독일과 이탈리아의 여러 지역에서 발견된다.

사회적경제의 이론적 계보와 유산이 한국에서도 출판된 티에리 장테의 사회적경제 관련 저술인 「프랑스의 사회적경제: 효율성에 도전하는 연대」(Économie sociale: La solidarité au défi de l'efficacité)에 <그림 3-1>과 같이 정리되어 있다. 이 그림에서 영미계, 생산협동조합의 기초를 제공한 프랑스계 그리고 신용협동조합의 전통을 형성한 독일 및 이탈리아계로 구분한 이론적 계보가 제시되었다. 이 구분은 사회적경제의 이론적 토대가 된 초기 이론을 나열하고 이를 바탕으로 발전한 사회적경제 조직의 유형을 나열하였다는 의미가 있다.

그림 3-1 ▸ **사회적경제의 이론적 계보**

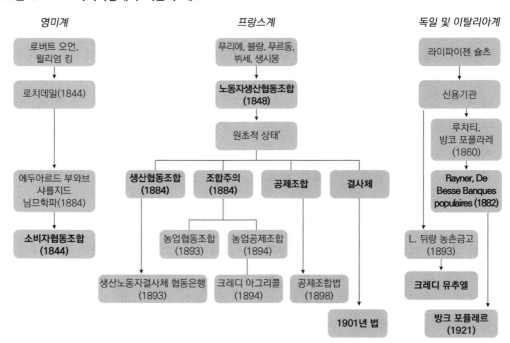

자료: 티에리 장테(2019, 35)

사회적경제의 이론에 대한 또 다른 구분은 Defourny & Develtere(1999)에서 찾을 수 있다. 이 연구는 사회적경제 학문의 흐름을 결사체 사회주의(associational socialism), 연대주의(solidarism), 기독 사회주의(social christianity), 자유주의(liberalism)로 구분한다. 한국에서 이 구분이 사회적경제의 이론적 배경을 논의할 때 자주 사용되었다(엄형식, 2008; 김신양, 2016). 엄형식(2008)에 따르면 프랑스에서는 결사체 사회주의와 연대주의의 영향이 컸고 독일과 이탈리아에서는 기독 사회주의의 영향이 컸으며 영국에서는 노동운동에 기반을 둔 상호주의 전통과 부르조아 계급과 교회 중심의 박애주의적 전통의 영향이 컸다. 이 장에서는 초기 사회적경제 이론을 결사체 사회주의, 연대주의, 기독 사회주의, 자유주의의 순서로 살펴본다.

2 초기 학자의 사회적경제에 대한 관점

초기 학자의 사회적경제에 대한 관점은 <표 3-1>과 같이 네 가지 관점으로 나뉜다. 이 관점들은 현대적 의미의 사회적경제 형성을 위한 모형과 지향점을 제시했다는 의미가 있다. 실제로 여러 분야의 학자들과 많은 지역의 활동가들이 이 학자들의 관점을 참고하여 연구와 실무를 진행하였다.

표 3-1 ▸ **사회적경제의 네 가지 초기 관점**

관점	결사체 사회주의	연대주의	기독 사회주의	자유주의
주요 인물	로버트 오언, 푸리에, 푸르동, 생시몽	샤를 지드	라이파이젠	존 스튜어트 밀
사회적경제에 대한 관점	산업혁명의 부조리를 대체할 대안공동체 및 체제 전환으로의 사회적경제	현실 자본주의의 문제를 보완적으로 해소하는 사회적경제	개인과 가족의 문제를 해결하는 결사체	공공문제 의식과 시민성을 키우는 교육의 장으로의 결사체
대안	조화와 협동을 위한 독립적, 자율적	협동조합을 중심으로 한 혁신과	호혜와 연대로 협력하는	정치제도의 우수성과 경제적

| 생산공동체 | 연대 | 신용협동조합 | 효율성을 높이는 결사체 |

1) 결사체 사회주의 관점

결사체 사회주의는 영국에서는 오언의 관점에서, 프랑스에서는 푸리에, 푸르동 그리고 생시몽의 관점에서 찾을 수 있다. 이 관점은 1839년에 제롬 블랑키라는 경제학자에 의해 유토피아 사회주의자(Utopian Socialists)라는 명칭으로 불리기 시작했으며 마르크스와 엥겔스가 1848년에 자신들의 저서 「공산당 선언」(Das Kommunistische Manifest)에서 재인용하면서 널리 알려지게 되었다(박주원, 2003; Cole, 1962). 이 명칭은 결사체 사회주의 관점이 현실성을 결여하고 있다는 비판을 함축한다. 그러나 이들이 제시한 개인과 공동체의 관계, 인간 본성에 대한 고찰, 대안적 지역사회에 대한 설계는 현대 사회적경제 생태계의 목표와 구조 설계에 풍부한 시사점을 준다.

(1) 로버트 오언(1771-1858)

오언은 실업과 빈곤이 영국의 심각한 사회문제가 되기 시작했던 19세기에 노동계급에게 지속가능한 일자리를 제공하기 위한 공동체를 건설함으로써 사회적 불평등을 해소할 수 있을 것으로 판단하였다(박양식, 1986). 오언의 생각은 영국에서의 뉴라나크(New Lanark) 그리고 미국에서의 뉴하모니(New Harmony) 공동체로 구현되었다. 이 공동체는 가난한 노동자에게 좋은 일자리를 제공해주기 위한 목적과 함께 모든 계층에 속한 사람들을 포용하여 자급자족하는 사회를 지향했다. 아리스토텔레스의 폴리스가 정치적 공동체로 형성되었다면 오언의 공동체는 경제적 공동체였다는 점에서 주목받을 만하다(Bronwski & Mazlish, 1975: 457).

1827년에 발행된 「협동조합잡지」(Cooperative Magazine)에서 사회주의라는 용어를 사용하기 시작하면서 오언을 추종하는 사람들도 1841년부터 공식적으로 '사회주의'라는 용어를 사용하며 자신들의 생각을 서술한다(박주원, 2003). 오언의 정체성을 잘 나타내는 '유토피아 사회주의'라는 용어는 1848년 「공산당 선언」에서 블랑키의 저서 「정치경제사」의 용어를 인용하면서 널리 사용되었다(김재기, 1993).

마르크스는 이 용어를 인용하면서 오언이 모든 계급이 화해할 수 있는 꼬뮨(commune)을 구상했다는 점에서 추상적이고 계몽적인 유토피아론을 제시했음을 비판적으로 설명하였다. 이처럼 오언은 협동조합의 정치와 자치공동체의 이념을 자신이 구상한 생산공동체에서 실천하고자 했다.

　　오언은 '조화와 협동의 마을'을 통해서 독립적, 자족적 공동체를 이루고자 했다는 점에서 그리고 공동체 협력의 이론적 토대를 바탕으로 실제 생산공동체를 만들었다는 점에서 사회적경제의 이념적 토대를 만드는 데 기여했다. 그리고 그의 대안은 실업과 빈곤이라는 사회문제 해결에 초점을 맞추었을 뿐만 아니라 다양한 영역에서 사회적경제 개념과 연결되어 있다. 먼저 오언은 개인의 본성은 환경의 산물이지만 개선될 수 있다고 판단하였다. 그가 설명한 인간 본성의 첫 번째 요소는 동물적 성향으로 식욕, 수면욕 등이며 두 번째 요소인 지적 능력은 여러 관점을 이해하고 이를 비교·발전시켜 일반원리를 도출할 능력이다. 마지막 요소인 도덕적 자질은 바람직한 행위에서 기쁨을 느끼는 성격이다. 이 세 가지 능력이 결합하여 사람의 성격을 구성한다는 것이다. 오언은 인간이 어떤 환경에 속하는가에 따라 성격이 개선될 수 있으며 이는 국가차원에서의 교육, 평등주의적 교육 그리고 세속주의적 교육에 의해 가능하다고 설명한다. 오언의 뉴하모니 계획은 윌리엄 킹의 다섯 가지 소비협동조합의 원칙으로 발전하여 로치데일 공정선구자 협동조합 등 여러 협동조합의 이론적 기초가 되었다.

(2) 윌리엄 킹(1786-1865)

　　오언과 킹은 비슷한 시기를 살면서 공동체를 형성하고 협동조합을 조직화했지만 서로 다른 관점을 표방하였다. 킹은 오언과 비교할 때 실질적이고 현실적인 대안을 제시했다. 그리고 그가 표방한 다섯 가지 소비협동조합의 원칙은 협동조합 경영의 선구적인 원리로 알려져 있다. 킹은 독실한 기독교인으로써 의학박사였다. 협동조합에 관여하기 전 영국의 브라이튼에서 의사로 활동하면서 유아학교와 직공학교[1]를 세워 교육과 학습에 관여하였다(김형미, 2013). 그는 「협동조합인」(The Co-operator)이라는 저널을 발간하면서 협동조합의 세 가지 원칙과 협동조합

---

1) 직공학교는 윌리엄 킹이 활동했던 브라이튼 지역에서 노동자의 자녀에게 지식과 기술을 교육했던 교육기관이었다.

경영의 다섯 가지 원칙을 다음과 같이 제시하였다(김형미, 2013; 오환종, 1996).

〈윌리엄 킹의 협동조합의 세 가지 원칙〉

① 빈곤에 대항해서 조합원들이 서로를 보호한다.

② 노동자들이 더 안락한 생활을 더 많이 영위한다.

③ 공동자본을 통한 노동자들의 독립을 달성한다.

〈윌리엄 킹의 협동조합 경영의 다섯 가지 원칙〉

① 조합원은 일정한 자격을 가진 노동자라야만 한다.

② 조합은 자금을 유익하게 이용하여야 한다.

③ 조합은 판매사업의 합리적 운영을 기하여야 한다.

④ 자금의 신속한 회전을 꾀함으로써 거래를 성공적으로 수행하여야 한다.

⑤ 회계장부의 기입을 정확하게 해야 한다.

킹은 협동조합 운동을 통해 지식, 단결, 회계관리, 근면, 덕행 등의 가치를 강조했다. 그는 직접 발행한 「협동조합인」과 설립한 교육기관을 통해 협동조합의 사상과 구체적인 경영 방법론을 강조했다. 조합원 서로를 돌보는 과정에서 공동자본을 통해 삶의 질을 높일 것을 강조하였다. 더 나은 경영을 위해 출자금과 이익을 관리하는 회계 방법론을 교육했을 뿐만 아니라 수익과 자본은 공동의 자산으로 모아 위험에 빠진 조합원을 돕고 공동체를 유지할 토대로 삼을 수 있음을 역설하였다.

(3) 샤를 푸리에(1772-1837)

푸리에는 프랑스의 브장송이라는 지역의 부유한 상인의 아들로 태어나 상인의 덕목을 익혔고, 부친의 유산을 얻어 리용에서 일했다. 프랑스 대혁명 기간 동안 상품을 징발당했고 체포와 석방을 반복하면서 파산하였다(변기찬, 2011). 낮에는 상인으로 일했고 밤에는 자본주의 경체체제에서 발생하는 기만과 부조리의 경험과 이를 극복할 방안에 대한 글을 썼던 것으로 알려져 있다(Beecher, 1986). 그는 사회적경제 개념의 근간이 되는 협동사회의 토대를 열정의 정치철학에서 찾았으며 주요 개념으로 열정과 열정인력의 법칙으로 규정한다(박주원, 2013). 푸리에는 근대 산업사회의 문제를 자본가와 프롤레타리아의 문제뿐만 아니라 인간의 욕구, 열정, 감성에 대한 억압의 문제를 보고 억압의 해방을 통해 즐거운 노동을 실현하기 위한 공동체를 지향하였다(하영진, 2009). 본성으로 충만한 조화로운 분권적 공동체가 인간의 삶의 과정을 유쾌하고 매력적으로 만든다는 것이다. 그런 의미에서 푸리에가 고안한 농업공동체가 팔랑쥬(phalange)라는 이름으로 제시되었으며 이는 사회적경제에서 중요한 인간의 본성, 욕구, 관계 그리고 공동체와 인간의 관계를 이해하는 데 많은 시사점을 준다.

팔랑쥬는 고대 마케도니아 군대의 진용인 팔랑크스에서 차용한 용어이며 인간의 열정에 따른 노동이 이루어질 수 있는 최적의 규모인 남녀 각각 810명, 총 1,620명으로 구성된 결사체로 구성되었다(신지은, 2016). 팔랑쥬 개념을 물리적으로 구현한 팔랑스테르는 중앙대로를 기준으로 거주지역과 작업지역이 나뉜다. 거주지역에 거주공간, 식당, 마차고가 있으며 작업지역은 토양의 특성과 산업수요에 따라서 밭, 과수원, 포도밭이 배치된다(박홍규, 2011). 팔랑스테르에서는 계급별 구분을 전제로 공간배치를 하였지만 특정 집단을 고립시키지 않고 상호 접촉과 교류를 장려하였다. 팔랑쥬 농업공동체는 19세기에 프랑스와 미국에서 실험되었다. 특히 1840년에서 1850년 사이에 미국에 41개의 공동체가 세워졌으며 프랑스의 기스 지역의 파밀리스테르는 20세기까지도 공동주택 또는 주택협동조합의 형태로 존속되었다(Benevolo, 1967; 박주원, 2013).

푸리에는 팔랑쥬에서의 자본과 노동, 열정과 이성, 그리고 협동과 경쟁이 서로 배타적인 것이 아니고 유기적으로 연계되어 서로 의존하는 것으로 이해하였다. 이처럼 개인의 욕구와 경험, 이성을 동시에 고려한 사회적 연합을 위한 협동적 연대를 추구했다는 점은 현대 사회적경제의 체계화에 시사점을 준다. 자유로운 농촌 노동 공동체를 형성함으로써 구성원이 자신의 노동을 결정하고 누리는 주체로써 이해했다는 점에서 공동체 논의의 새로운 방향을 제공한 것으로 이해할 수 있다.

(4) 피에르 조제프 푸르동(1809-1865)

푸르동2)도 푸리에와 같이 프랑스의 브장송이라는 도시에서 태어났으나 불우한 집안에서 경제적으로 어렵게 살았으며 학비가 없어 정규 교육을 포기하였다 (채형복, 2015). 가난했지만 인쇄소 식자공으로 일하며 책을 읽고 많은 지식을 쌓았으며 라틴어와 히브리어를 습득하고 신부들과 교류하며 신학에 정통하게 되었다(박기철, 2012). 그는 산업혁명의 진전과 함께 나타난 자본가의 경제적 지배와 사회적 갈등을 독재에 투쟁하는 반정부 정치활동을 통해 극복하려는 노력을 하였으며 그 결과로 체포와 투옥을 반복하였다.

푸르동은 무정부주의자로써 거친 투사의 이미지로 알려져 있다. 그러나 그는 나름대로의 변증법적 방법론을 주장하며 모순된 현상이나 이념의 상호 침투와 상호 작용 속에서 균형 상태에의 도달을 지향하는 통합 방법론을 발전시켰다(김영일, 2001). 특히 자유와 권위가 상호 작용하면서 균형과 조화가 이루어질 때 정치적 민주주의가 달성되며 이는 지역사회의 많은 다양한 경제적, 사회적 조직, 결사체 들이 구성하는 기초조직을 바탕으로 달성된다고 설명한다(이용재, 2006). 작업 조직, 노동조합, 직종별 연합체 등이 농업과 산업의 연방을 형성하며 이를 바탕으로 다층적 경제, 사회, 정치 행위의 질서로 발전한다는 것이다. 이러한 질서 속에서 개별 행위자는 자율성을 보장받고 분권적 질서의 실현이 가능해진다. 따라서 권력을 분산함으로써 강한 공동체를 만들고 집단의 자율성을 보장하며 자유와 평등의 원리의 긴장과 균형을 실현하고자 하였다.

이러한 지역사회의 다양한 결사체가 형성하는 새로운 사회경제적 질서는 인간의 자주적인 정체성을 확보하고 노동자의 생산활동을 서로 조정하고 조화하여 효율적인 체제를 형성하는 기초가 된다. 따라서 프루동은 생산조직을 5개로 구분하여 농업, 광업, 수공업, 상업 그리고 학문과 문화 영역으로 분류하였다. 이 영역별로 작은 결사체들이 자신의 고유한 규칙을 발전시키며 다른 기준으로 만들어진 다양한 소비자 집단과 연대하면서 동등한 균형의 상태를 유지하고자 하였다. 이러한 결사체의 구조를 농업과 산업의 연방으로 명명하면서 사회적 영역에서의

---

2) 푸르동은 초기 이론의 계보에서도 무정부주의로 구분되기도 한다. 그러나 많은 연구에서 푸르동의 이론을 결사체 사회주의에 위치하는 것으로 이해하는 바, 여기서도 결사체 사회주의에 속하는 하나의 시각으로 설명하고자 한다.

민주주의를 구현하고자 하였다.

푸르동은 산업혁명 이후의 문제를 지역 단위의 다양한 결사체가 만들어 내는 새로운 질서로 극복하고자 하였다. 특히 생산자의 영역을 나누고 이를 소비자 집단과 연대하는 방식으로 구조화하고자 했다는 점에서 사회적경제의 이론적 기초를 제공하는 데 기여하였다. 이를 바탕으로 자유, 권위, 평등의 가치를 변증법적으로 달성하고자 하였다.

(5) 앙리 생시몽(1760-1825)

프랑스의 사상가 생시몽은 귀족출신으로 미국 독립전쟁에 참여했으며 귀국하여 프랑스 혁명에 참여한 후 자발적으로 귀족작위를 버렸다. 자원을 독점한 지배계급과 피지배계급간의 갈등 속에서 계급투쟁으로 점철된 프랑스의 역사를 개선하기 위한 새로운 사회제도 설계를 강조한다. 그는 자신의 저서 「산업론」 그리고 「산업제도론」 등에서 과학기술, 산업, 정치가 발전하던 시대에 다양한 관점을 종합하여 새로운 사회전환을 모색하였다. 특히 프랑스 혁명 이후의 사회현상을 바탕으로 새로운 사회체제에서 변화와 혁신을 실천할 방법이 무엇인지 고민하였다. 양재혁(2015)에 따르면 생시몽은 오언이나 푸리에 등과 같이 이상적 공동체를 제시하고 실현하고자 함으로써 새로운 구조를 실천하기보다 사회 전체 시스템의 전환을 논의했다는 점이 다르다. 즉 생시몽은 기존의 봉건적 시스템을 새로운 산업 시스템으로 전환하고 이를 바탕으로 프랑스 혁명이 남긴 과제를 해결하고자 하였다.

생시몽은 농민, 제조업자, 상인이 사회 시스템에서 핵심적인 역할을 해야 한다고 설명한다. 즉 조직된 노동으로서의 산업적 노동이 정치권력과 경제 권력 간의 관계를 경제 권력에 호의적으로 전복시킬 수 있고 결사체를 통해 시민사회화가 가능하다고 생각했다. 산업화로 생산계급에게 최대한의 복지를 제공해야 하며 이를 사회적 행복이라고 명명하였다. 이를 위해 산업자와 지식인이 행정업무를 맡고 사회를 주도해야 한다고 설명하였다. 산업에 종사하는 사람들이 창조적인 활동을 보장받아야 하며 이를 위해 산업 활동에는 최소한의 영향력만을 행사해야 함을 강조하였다.

2) 연대주의

연대주의는 경제학자 샤를 지드(Charles Gide, 1847–1932)를 중심으로 구성된 님므 학파의 관점으로 대표된다. 이 관점을 주도한 학자들이 사회적경제라는 용어를 처음으로 사용하고 개념화를 시도했다는 점은 현재의 사회적경제 연구에 큰 의미를 갖는다. 이들은 소비자협동조합을 중심으로 한 협동조합 중심의 경제체제가 가능하다고 주장했으며 협동조합을 통해 사회통합과 혁신을 이루고자 하였다. 샤를 지드는 협동조합 공화국을 수단으로 노동자가 임금노동에서 벗어나 해방되는 것을 목표로 달성하고자 하였다. 이를 위해 필요한 것은 소비자들의 협동이었으며 이를 가능하게 하는 것이 협동조합이었다.

연대주의를 대표하는 학자 샤를 지드는 진보적인 입장을 가진 프랑스의 경제학자이며 다수의 논문과 저서를 출판한 당대에 가장 영향력 있는 학자였다(김신양, 2017). 그는 경제학을 순수경제학, 사회적경제학, 실용경제학으로 구분한 왈라스의 접근에 영향을 받아 순수경제학과 사회적경제학을 구분하였다. 지드는 사회적경제학을 부의 분배와 사회적 가치를 다루는 인간사회에 대한 과학으로 개념화하면서 현실 자본주의 경제의 윤리적·사회적 문제를 해결하는 보완적 역할을 하는 것으로 인식하였다.

샤를 지드는 1900년 파리 만국박람회에서 「사회적경제」 보고서를 발표함으로써 사회적경제 개념을 공식화했다. 그리고 시장경제의 문제를 해소할 대안으로 사회적경제에 주목했다. 그는 사회적경제의 정의와 구성개념을 다음과 같이 제시했다(임성은 외, 2018, 21; 신명호, 2014).

〈샤를 지드의 사회적경제의 정의와 구성개념〉
- 사회적경제의 정의: 인간의 삶의 질을 향상시키기 위한 모든 노력
- 사회적경제의 구성개념
  ① 협동조합 및 공제조합과 같은 단체
  ② 고용주의 사회적 공헌
  ③ 사회적 입법과 같은 공공의 규제

지드는 사회적경제의 구성요소를 통해서 시장경제가 유발할 이윤독점, 불평등을 해소하고 견제할 수 있다고 믿었다. 그리고 사회적경제 형성의 토대가 될 협동조합은 지역에서 시작된다고 생각하였다. 협동을 통해서 자산의 집합적 소유가 가능하고 이윤을 공유할 수 있다고 생각한 것이다. 그 이유는 지역의 협동조합이 이해관계 조정, 갈등해결, 연대형성의 토대가 되기 때문이다. 따라서 지역에서 형성된 협동조합 시스템은 국가와 세계를 변혁할 출발점으로 인식되었다.

샤를 지드를 중심으로 한 연대주의 이론은 자본주의 시장경제의 문제는 연대와 협동이라는 가치로 보완할 수 있다는 생각을 바탕으로 사회적경제 이론의 발전에 기여했다는 의미가 있다. 그것을 가능하게 할 대안은 바로 소비자협동조합을 중심으로 한 협동조합의 확산에 있다고 믿었다. 이 관점은 현재 사회적경제라는 용어를 처음 사용하고 그 가치와 구조를 제시했다는 점에서 큰 의미가 있다.

3) 기독 사회주의 관점

독일과 이탈리아와 같이 가톨릭의 영향력이 큰 국가에서는 공동체의 유대가 강조되었다. 공동체의 기초는 가족이고 가족은 노동분업의 원리에 따라 구성된 조직체와 연결된다. 따라서 이 관점에서 지역사회 결사체나 협동조합의 역할이 중요해진다. 개인과 가족의 문제를 이들 조직이 보완하고 국가는 다시 이 조직들의 문제를 해소하는 보충성의 개념으로 사회적 연대가 실현된다(엄형식, 2008).

기독 사회주의 관점을 대표하는 인물은 농촌형 신용협동조합을 창시한 독일의 라이파이젠(1818－1888)이다. 18세기의 독일에는 토지소유자의 봉건적 지배와 산업자본가의 결탁으로 고리채에 시달리던 농민들이 많았다. 독일의 바이어부쉬 지역에서 라이파이젠이라는 시장이 업무를 시작하면서 마을에 기금을 조성해서 농민들에게 곡식을 무이자로 나눠주기 시작하였다. 가난한 농민을 구제하기 위한 조합을 설립해서 농민들에게 가축을 구매할 자금도 빌려주었다. 조합원 60명이 모여서 자기 책임하에 돈을 빌리고 기금을 모으고, 그 기금으로 가축을 사서 기른 다음 5년 동안 나누어 갚는 방식으로 운영하였다. 이렇게 농민들이 서로 돕는 호혜의 정신과 서로 결속하는 연대의 정신으로 협력해서 세운 신용협동조합이 1862년에 라이파이젠 은행(Raiffeisenbank)으로 전환되었다. 이런 이유로 라이파이젠은 신용협동조합의 아버지로 불린다.

라이파이젠 은행은 마을금고의 형식으로 운영되고 본격적인 수익 모형을 추구하지 않기 때문에 시장에 상장되지 않고 외부투자를 유치하기도 어렵다. 그런데 조합원에 대한 배당을 하지 않고 수익을 차곡차곡 기금으로 쌓아 나가는 방식이 장점이 되고 있다. 수익모형은 없지만 지금과 같은 글로벌경제위기 시대에 큰 위기에 빠지지도 않는다. 독일에서는 라이파이젠 은행뿐만 아니라 다양한 협동조합이 지역경제를 굳건히 받히는 토대가 된다. 독일인구의 4분의 1이 협동조합의 조합원으로 활동한다. 협동조합은 조합원의 안전을 최고의 가치로 지켜나가면서 독일경제의 튼튼한 버팀목이 되고 있다고 알려져 있다.

4) 자유주의

자유주의 입장에서는 사회라는 개념이 별도로 존재하기보다 개인들의 집합이 사회이고 개인의 자유가 보장될 때 전체 이익이 극대화된다고 믿었다. 사회적경제와 관련된 논의를 했던 최초의 자유주의자는 뒤누와이에였으며 대표적인 학자로 밀(J. S, Mill)이 언급된다(김신양, 2017). 자유주의자들은 자유롭고 자발적인 결사체를 통해 시장경제에서 소외된 노동자와 하층민에 대한 지원과 통제가 가능하다고 믿었다(Demoustier & Rousseliere, 2004).

밀은 지역에서의 참여를 통한 교육적 효과를 강조한다. 지역사회에 참여하는 과정에서 공공문제에 대한 의식과 시민성을 키우고 타인의 협력을 이끌어 내는 능력을 배울 수 있기 때문이다. 시민들이 정치과정을 경험하면 상호작용 속에서 발전하고 이들이 결국 성숙한 공동체를 형성한다는 것이다. 밀은 시민들이 적극적이고 능동적으로 공공의 정신을 발전시키기 위해 정치적으로, 사회적으로 책임있는 행동을 할 때 공적 행위의 능력이 개발됨을 강조한다. 공적인 의사결정에 참여할 때 시민들은 인식의 지평이 넓어지고 공익을 고려할 수 있게 됨에 따라 지역의 공동체에서 그런 현상이 나타날 수 있음을 설명하였다. 밀은 권력을 소유한 사람의 사적 이익추구가 지역과 국가의 이익을 해치는 경우 그것을 효과적으로 제어할 때도 지역에서의 결사체가 중요한 역할을 할 수 있음을 강조한다. 그는 "지식, 선행, 실질적 행동, 효율성 등을 포괄한 공동체의 일반적인 정신적 능력을 향상시키는 정도"(Mill, 1920, 195)에 따라서 정치제도의 우수성을 판단할 수 있으며 이를 위해 개인의 올바른 품성을 끌어낼 제도의 수립이 중요하다고 강조하였다(Robson, 1968, 102).

이러한 관점은 개인의 자율성과 선택을 통해서 사회적경제가 형성되고 나아가서 사회적 가치를 창출할 수 있다는 주장으로 발전한다. 개인의 자율성을 바탕으로 지역의 결사체에 참여하는 과정은 이익의 침해를 방어하고 시민들의 발전을 촉진한다. 자발적으로 형성된 결사체가 상호협력해서 경제활동을 추진할 때 자발적으로 협력할 수 있고 사회적 가치를 창출할 수도 있다는 것이다. 따라서 사회적경제는 자유시장경제 속에서 그 원칙을 따라 작동하며 경제 시스템의 효율성을 높일뿐만 아니라 사회적가치를 창출할 수 있다는 입장을 취한다.

3 폴라니의 사회적경제 이론

19세기 후반 이후 자본주의 체제가 지배적인 경제체제로 자리잡고 제도화가 진행되면서 사회적경제는 이론적 발전이 위축된다(엄형식, 2008). 그 가운데 폴라니(1886–1964)는 자신의 저술 「거대한 전환: 우리시대의 정치·경제적 기원」(The Great transformation: The political economic origins of our time)에서 지역, 공동체, 결사체 그리고 국가의 관계, 시장경제와 사회적경제의 개념을 자신의 방식으로 설명하였다. 폴라니의 이론은 현재 중요한 과제로 다가온 공동체, 거버넌스, 민주주의의 개념화에 중요한 의미를 제공한다.

폴라니는 오스트리아에서 태어나 미국과 캐나다에서 생활했던 학자이다. 그는 1920–30년대 동안 영국의 길드 사회주의 운동의 실패 그리고 파시즘과 세계대전을 목격하며 자본주의 경제체제의 불안정성을 설명하였고, 이에 대응하기 위한 연대와 협력을 강조한다(임상헌, 2022). 그의 가장 유명한 저술은 「거대한 전환」이다. 이 책에서 시장경제의 확산이 왜 그리고 어떻게 사회적 불안을 초래하는지를 분석한다. 그는 이중운동 개념을 통해서 자본주의 시장경제의 자기조정적 시장이 확대될 때 생산에 필요한 요소인 노동, 토지, 화폐 등을 모두 상품화하고 이에 대한 정치적 개입을 배제하여 시장사회로 재구성한다고 설명한다(Polanyi, 2009). 많은 것들이 상품화될 때 시장경제의 부작용을 완화하고 사회적 안전망을 구축하기 위한 저항이 발생할 수밖에 없으며 이를 이중운동으로 명명한다. 이 과정에서 시장경제는 사회적경제와 상호작용할 수 있고 이를 바탕으로 시장경제가 유발하는 불안과 안전을 줄이고 사회적 가치와 안전을 유지할 수 있다고 주장하였다. 나아가서 사회적경제는 경제활동과 사회적 안전 사이의 균형을 유지하고 회복할 수 있도록 할 수 있으며, 이를 통해 지속가능성을 확보할 수 있다.

폴라니는 노동자, 농민, 그리고 사회적 약자가 시장경제에 대항하는 운동에 연대해야 하며 특히 노동자 계급은 자신의 이익 추구를 지양하고 시장경제에 대한 투쟁의 선도계급 역할을 할 것을 강조하였다. 능동적인 공동체가 필요한 이유도 조직의 규모가 커지고 집권화될 때 발생할 개인의 자유 침해에서 찾았다. 정치와 경제의 변화와 개혁은 개인에게 충격을 줄 수밖에 없으며 이 충격은 공동체에 의해서 완화할 수 있기 때문이다(임상헌, 2022).

사회적 가치와 안전을 추구하는 공동체의 능동적 역할은 다원적 경제(plural economy)와 재배태화(reembeddedness)의 개념으로 설명된다. 다원적 경제는 지역 단위에서 경제적, 사회적 수요와 이에 대한 시장에서의 생산을 교환과 호혜성의 원리로 충족시키는 경제이다. 다원적 경제는 시장 또는 교환의 원리, 재분배의 원리, 호혜성의 원리가 결합된 혼합경제로 폴라니는 이를 자본주의 역사의 발전과정에서 진화해 왔음을 설명한다. 이러한 다원적 경제는 인간적 경제를 형성하는 기반이 되며 네오 폴라니안 관점은 사회적경제가 다원적 경제의 한 축이 될 때 생산과 복지가 더 유기적으로 결합되며 새로운 형태의 복지 자본주의 체제를 형성할 수 있음을 주장한다(정무권, 2020). 다원적 경제는 사회적경제를 통해 상품화된 시장을 사회적인 것으로 재배태화시킬 수 있다. 지역에서 사회적경제를 통해 주민들이 참여하면서 자신의 문제를 함께 논의하는 공동생산(co-production) 및 공동구성(co-construction)하는 과정에서 정부와 다양한 정책을 협의하고 합의할 수 있다. 이 과정에서 시민들은 정부와 동등한 입장에서 결정에 참여하고 정책의 대상이나 수단이 아닌 협력의 파트너로 자리매김하게 된다(정무권, 2020).

칼 폴라니의 관점은 자기조정적 시장경제가 강화되는 신자유주의적 경제 질서에 사회적경제가 대응하는 과정에서 가져야할 지향점과 가치를 제시했다는 점에서 사회적경제의 개념화에 큰 영향을 주었다. 사회적경제가 민주적 거버넌스 속에서 정부와 공동체 협력의 핵심으로 자리 잡는 것이 바람직하며, 이를 바탕으로 공동체 형성을 통해 경제체제의 전환과정에서 발생하는 충격을 완화하는 데 기여할 수 있다. 나아가서 사회적경제의 핵심 가치는 연대와 협력에 있음을 강조함으로써 협치, 공동생산, 자발적, 참여적 지역 거버넌스 구축에 중요한 견해를 제시한다.

사회적경제 이론의 체계화: 정부 · 시장 · 공동체와 사회적경제의 역학

최근 논의되는 사회적경제의 개념은 1970년대 이후에 본격적으로 발전하였다. 이 시기에 시장경제의 한계와 문제점인 경제적 불평등, 사회적 격차가 심화되었고 이로 인한 사회적 배제와 차별, 계속된 개발로 인한 환경 파괴 등이 나타났다. 사회적경제가 이러한 문제를 해결할 대안으로 새롭게 주목받았다.[3] 1970년대 이후 사회적경제 이론이 발전하는 과정에서 폴라니의 이중운동이 중요한 토대를 제공하였다. 사회문제가 다양하게 나타난 만큼 관점도 다양해졌고, 협동조합, 사회적 기업, 상호공제조합 등 다양한 조직유형에 대한 고찰, 지역별 맥락화, 경제적 · 사회적 효과분석, 사회적 기업가정신 등에 대한 연구가 증가하였다.

---

3) 1970년대 이후 새롭게 주목받은 사회적경제의 중요성은 신사회적경제라는 이름으로 불린다. 신사회적경제는 제2차 세계대전 이후 복지국가 발전과 위기 가운데 새롭게 주목받은 사회적경제의 특성과 유형을 가리키며, 특히 1980년대 이후 독창적인 발전경로를 보이면서 주목받은 캐나다 퀘벡의 사회적경제를 지칭하기도 한다.

1) 사회적경제와 정부·시장·공동체의 역학에 대한 연구

자본주의 시장경제 체제는 20세기 후반부터 본격화된 신자유주의 이념과 함께 전세계적으로 확산된다. 경제활동은 자유로운 시장에서 이루어져야 하며 경제주체들은 개인적인 선택과 경쟁을 통해서 활동해야 한다는 입장이 확산된 반면 정부의 개입과 규제는 최소화하는 정책기조가 도입되었다. 반면 사회적경제는 사회적 불평등을 줄이고 공정한 분배를 추구하고 사회적 포용을 강화하는 데 초점을 맞추는 만큼 자본주의 시장경제가 유발하는 문제를 해결하는 중요한 수단으로 인식되었다. 이론적인 관점에 따라 정부, 시장, 공동체의 맥락에서 사회적경제는 어떤 역할을 수행하는지가 세 가지 관점으로 나누어 연구되었다(장원봉, 2006; 한상일·조인영, 2022).

(1) 대안적 관점

대안적 관점은 결사체 사회주의 또는 유토피아 사회주의 이론에서 구상한 것처럼 자본주의 체제의 한계에 주목하고 사회적경제를 새로운 사회문제 해결의 주체로 인식하는 관점이다(엄한진·권종희, 2014). 주민들이 지역사회 공동체를 만들고 그 안에서 서로 협력하며 생산, 구매, 소비를 스스로 해나갈 때 함께 의사결정하고 민주적인 참여 거버넌스를 만들 수 있다는 관점이다. 정부 관료제가 중심이 되어 내려진 결정을 집행하기만 하는 신공공관리론과는 배치되며 지역주민의 자율성, 협력, 연대 그리고 혁신을 실현하는 공동체 형성을 강조한다. 이 관점은 노동의 탈상품화, 소득의 분배 주체로써의 공동체를 강조한다는 점에서 결사체 사회주의를 계승한다. 현대 사회에서는 사회적경제를 중심으로 지역이 결속하면서 중앙 중심의 의사결정에서 탈피하고 지방자치를 강화하며 조직은 자주적으로 관리하고 자본주의 사회에 대응할 새로운 구조와 문화 형성을 지향한다. 이 관점에서는 국가와 시장은 모두 변혁의 대상이 된다. 그리고 이들의 역할과 권한을 축소하고 공동체의 역할을 확장하는 방식으로의 전환을 강조한다. 지나친 상품화를 지향하는 시장주의를 비판하고 국가의 권한은 공동체로 이전하는 전략을 추구한다.

(2) 신자유주의와 도구적 관점

국가, 시장, 사회적경제의 관계에 대한 첫 번째 관점은 도구적 관점이다. 이 관점은 신자유주의의 영향으로 발전한 신공공관리론에서 강조한 민영화, 민간위탁, 규제완화의 결과로 사회적경제 조직은 공공부문에 포섭되고 시민사회의 자율성, 민주성, 지역사회 공동체성은 상실되기 쉽다는 생각이다(김주환, 2016). 사회적경제 개념이 시작될 당시에 자본주의 시장경제체제가 발전했고 이러한 체제를 출발점으로 삼고 있는 신자유주의는 시장과 정부를 사회문제 해결의 주체로 인식한다. 사회적경제의 범위는 서비스 제공을 위한 집행자로써의 역할에 국한된다. 따라서 이 관점에서 사회적경제는 정부의 대리인이 되며 정부관료제의 집행수단으로 인식된다. 따라서 정부의 역할은 최소한으로 줄어들고 시장은 확대된다. 돌봄, 의료, 일자리 제공 등의 서비스를 사회적경제가 수행하지만 이는 결국 시장화되면서 정부의 역할이 줄어드는 결과로 귀결된다(김정원·남궁명희, 2021). 사회적경제 조직들은 정부가 수립한 정책기조에 의해서 발주된 사업을 집행하는 역할을 수행하는 것이 효율적이라고 설명한다. 따라서 사회적경제에 대한 경제적 효과분석이 강조되었고 사회적 가치와 목적에 대해서 우선순위를 결정하는 연구도 증가하였다.

(3) 신공공거버넌스와 협력적 관점

협력적 관점은 사회적경제를 국가와 시장이 협력하는 영역으로 이해하고 각 영역이 갖는 한계를 보완하기 위해 창출되는 영역으로 인식한다(유현종·정무권, 2020). 제1장에 소개된 <그림 1-1>은 국가, 시장, 공동체가 결합하여 어떤 유형의 조직이 만들어질 수 있는지를 설명한다. 국가, 시장, 공동체의 협력에 대한 초기 이론은 어떤 방식의 공식적 기관을 만들고 이들은 어떤 역할을 할 수 있는지 주로 설명하였다. 실제로 많은 사회적경제 관련 연구가 국가와 시장의 협력 그리고 이들 영역과 사회적경제의 협력을 위한 구조를 분석하였다. 그러나 이 세 영역의 협력이 본격화되면서 서로 어떤 관계를 형성하고, 협력을 위한 거버넌스는 어떤 방식으로 구축할 수 있는지에 대한 연구가 진행되었다. Osborne(2010)의 새로운 공공 거버넌스 개념은 국가, 시장, 시민사회는 각자의 영역에서 정책과정의 파트너로 참여하고 정책의 형성에서 집행에 이르는 전 과정에서 협력이 중요함을 설명한다. 이 과정에서 시민과 사회적경제 조직의 참여가 이루어지며 사회적 자본은 확충되어 국가와 시장이 갖는 한계를 보완할 수 있다(정무권, 2020).

사회적경제는 정부, 시장, 공동체와 각각 다른 관계를 형성한다. 정부가 어떻게 사회적경제를 공식화하여 지속적인 지원과 규제가 이루어질 수 있도록 제도화하는 역할을 할 수 있는지에 대한 연구가 진행되었다. 현대 국가는 규제와 지원을 통해서 사회적경제 조직의 활동을 지원한다. 사회적경제 조직들이 합법적으로 활동할 수 있도록 법률을 제정하고 규제를 할 수 있다. 이와 함께 사회적경제 조직들이 투명하고 윤리적으로 운영될 수 있도록 감시하는 역할을 수행할 수도 있다. 사회적경제에서 수행할 프로젝트를 발주하고 자금을 지원할 뿐만 아니라 세제 혜택을 지원함으로써 사회적경제의 성장과 발전을 지원하는 역할을 수행한다.

사회적경제는 시장 경제를 보완하는 역할을 할 수 있다. 사회적경제 조직들은 소비자들에게 추가적인 선택지를 제공함으로써 경제적 선택권의 다양성을 높이는 역할을 한다. 즉, 시민들이 사회적경제를 통해 생산과정에 참여함으로써 경제활동에 필요한 수요를 직접 충족시키는 역할을 할 수 있다. 이 과정에서 사회적경제는 사회적으로 취약한 집단에게 일자리와 교육기회를 제공함으로써 소외된 집단의 포용에도 기여한다.

사회적경제는 지역 공동체와는 가장 밀접한 협력관계를 갖는다. 지역에서 형성되는 협동조합이나 사회적 기업은 지역경제를 활성화할 수 있는 수단이 된다. 그리고 이들이 형성하는 사회적경제는 지역사회의 안정성을 높이고 불평등을 해소한다.[4] 사회적경제는 공동체 구성원의 연대를 촉진하는 역할을 한다. 사회적경제 조직이 구성원간 상호작용의 빈도를 높이고 이를 통해 공동체 의식을 강화하며 이는 지역사회에서 상호 도움과 협력을 활성화하는 기반이 된다. 무엇보다 사회적경제는 지역에서 발생하는 다양한 문제를 가장 정확하게 이해한다. 이를 바탕으로 최적 대안을 발굴하는 데 기여할 수 있다. 지역사회의 수요와 욕구를 파악하고 그에 맞는 프로그램과 서비스를 설계하고 제공함으로써 주민들의 삶의 질을 높이는 데 기여할 수 있다.

---

4) 캐나다 퀘벡의 사회적경제는 글로벌경제위기가 다가올 때마다 어떤 지역보다 안정적으로 경제적 지속가능성을 유지하는 모습을 보인다. 이러한 사례를 바탕으로 사회적경제가 형성하는 지역경제의 지속가능성을 입증하였다.

이 과정에서 중요한 역할을 하는 사회적 자본과 사회적경제에 대한 연구도 많이 진행되었다. 사회적 자본은 협력의 과정에서 반드시 필요한 규칙, 호혜성, 신뢰, 가치, 규범 등이 국가, 시장, 공동체, 사회적경제의 협력을 원활하게 만든다. 군건한 사회적 자본의 토대위에 형성된 사회적경제는 정부와 기업의 파트너로 활동할 수 있다. 바람직한 파트너십과 거버넌스가 형성되면 자연스럽게 공론의 장이 형성되고, 공공성을 훼손하는 가치를 차단하고 평등을 실현하기 위한 사회적경제의 역할이 강화된다(김기태, 2018; 전지훈·강현철, 2015). 현대 사회에는 해결하기 어려운 고질적 사회문제가 많이 나타난다. 사회문제 해결을 위해 주민, 기업, 정부, 사회적경제가 함께 의사결정하고 네트워크를 형성해서 집행하는 공동생산(co-production)과 공동수립(co-construction)을 강조하는 새로운 공공 거버넌스에서 사회적경제는 혁신적 대안 모색과 협력관계 형성의 주체가 된다. 이 관점은 복지의 책임은 국가에 있지만 사회적경제를 통해서 정부 관료제의 비효율성을 극복하고 시장에서의 상품화를 보완할 수 있다고 믿는다. 따라서 협력적 관점은 주민들의 활발한 사회적경제 참여와 사회적경제의 정부, 시장, 공동체와의 협력을 통해 합리적 정책수립, 체계적 집행을 통해 사회문제 해결에 기여할 수 있음을 강조한다.

〈공동생산(Co-production)과 공동구성(Co-construction)〉

- 공동생산은 정부나 사회적경제 조직과 같은 서비스 제공자와 지역 주민과 같은 서비스 수혜자가 협력하여 서비스를 함께 생산하고 전달하는 과정을 의미하며 서비스의 질과 효과를 높이기 위해서 이용자의 적극적인 참여가 중요하다(Ostrom, 1996).
- 공동구성은 정책, 제도, 서비스의 설계와 집행과정에서 이해관계자가 협력하여 함께 구조와 체계를 만들어 가는 것을 의미하며 전체 구조와 체계를 설계한다는 점에서 공동생산보다 한 단계 높은 수준의 협력을 의미한다(Brandsen & Pestoff, 2006)
- 공동생산과 공동구성의 비교

구분	공동생산	공동구성
목적	서비스의 공동 생산 및 제공	정책 및 구조의 공동설계 및 운영
범위	서비스의 이용자와 제공자	다양한 이해관계자(정부, 시민, 조직 등)
단계	실행 및 평가 단계	기획, 설계, 실행 전 과정

2) 사회적경제 국제비교 연구

21세기로 접어든 이후 사회적경제의 다양성이 높아지면서 국가별 사회적경제의 지형과 관련 제도에 대한 비교연구가 활성화되었다. 국가 간 비교연구로 가장 널리 알려진 것은 International Comparative Social Enterprise Models(ICSEM) 프로젝트이다(Defourny et. al., 2021). ICSEM 프로젝트는 두 단계로 구성되었다. 첫 단계에서 자발적으로 참여한 국가별 모든 연구자들이 자신의 국가에서의 사회적경제의 지형에 대해 국가별로 보고하였다. 이 연구자들은 국가 내에서 최대한 다양한 사회적경제 조직의 유형을 식별하고 유형화하였다. 이 과정에서 국가별로 사회적경제에 대한 정의를 제공하지 않았으며 "서비스 또는 재화를 제공하는 기업가적 역동성과 사회적 목표 추구의 특성을 결합한 조직"으로 설명되었다. 일반적인 정의를 제공하고 개별 국가의 특성이 최대한 반영되는 방식으로 진행하였다. 그리고 대부분의 연구는 국가별로 개인 연구자가 아닌 팀을 구성해서 수행되었고 이 과정에서 지역 및 국가 수준의 논의를 통해 합의와 동의에 기반을 둔 조사가 이루어지도록 하였다.

ICSEM의 두 번째 단계는 국제 비교분석을 위한 공통 설문지를 사용하여 사회적경제 조직에 대한 심층 정보를 수집하는 것이었다. ICSEM의 국가별 연구자들이 프로젝트의 첫 번째 단계에서 확인된 각 사회적경제 조직 유형을 대표하는 조직의 관리자를 면접조사하였으며 그 결과로 43개국의 721개 사회적경제 조직에 대해 세부 데이터를 수집할 수 있었다. 유럽의 19개 국가에서 328개 조직, 아시아 9개국에서 100개 조직, 남미 7개 국가에서 162개 조직, 북미와 오세아니아 4개국에서 45개 조직, 중동 2개 국에서 31개 조직, 아프리카 2개 국에서 55개 조직 등을 대상으로 포괄적인 조사가 진행되었다. 이 조사의 결과는 국가별 사회적경제의 지형을 완전히 대표할 수 있는 자료는 아니지만 국가 간 비교연구를 위한 출발점이 되었음은 분명하다. 이 연구를 통해 사회적 기업 모형, 사회적 협동조합 모형, 기업가적 비영리 모형 등 공통된 조직 모형이 도출되었고 국가별 차이도 드러났다. ICSEM 프로젝트의 결과를 바탕으로 Defourny et. al.(2021)은 <그림 3-2>와 같이 사회적경제 조직의 모형을 제시하였다.

그림 3-2 ▸ 사회적경제 조직의 모형과 제도구성의 논리

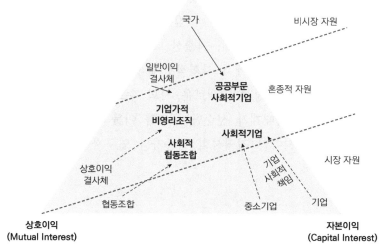

자료: Defourny & Nyssens(2017)

　　동아시아의 맥락에서 사회적경제의 지형을 파악하기 위한 다양한 연구가 진행되었다. 박준식·안동규(2014), 조상미·김진숙(2014), 김의영·미우라히로키(2015), 김종걸(2014), 강병노(2017) 등 국내에서도 다양한 동아시아 국가의 사회적경제를 비교하는 연구가 다수 출판되었다. 2010년대 이후에는 한국뿐만 아니라 동아시아 지역에 사회적경제 조직의 수가 크게 증가하였다. 한국을 포함한 동아시아 국가들은 세계화와 글로벌 금융위기, 환경의 위기, 이주와 인구구조의 변화로 인한 경제적·사회적 위기에 직면하였다(Radelet & Sachs, 1998; Grimes, 2009). 이들 국가는 공통적으로 경험하는 위기구조에 대한 대응으로 지속가능한 사회적경제 모형을 활용하고 있다(Kuan et al., 2011; Bidet & Eum, 2011; Bidet, 2012). 그런데 국가별 사회적경제는 서로 다른 발전경로를 거쳐 제도화되었고 성과도 달라서 다양성이 존재한다(Kerlin, 2006; Nyssens, 2006; Chan et al., 2011; 최나래·김의영, 2014). 따라서 동아시아 사회적경제의 비교연구를 통해 개별 국가의 사회적경제 발현 및 발전 맥락의 다양성과 한국적 특수성을 더 잘 이해할 수 있다는 취지로 국제비교연구가 진행되었다. 이러한 비교연구를 위해 심층적 사례연구 분석틀과 지속가능성, 사회

적 성과와 경제적 성과를 객관적으로 측정하기 위한 지표가 필요하게 되었다.

현재 동아시아 대부분의 국가에서 국제사회가 함께 직면한 위기에 대한 대안으로 사회적경제가 많은 주목을 받고 있다. 그러나 사회적경제가 최근의 위기에 대한 근본적인 대안이 되기 위해서는 더 깊은 연구와 정책대안이 필요하다. 글로벌경제체제와 제4차산업혁명의 도래, 저출산·고령화 사회로의 이행, 반복되는 글로벌 금융위기 등으로 동아시아에서 사회적경제의 역할은 앞으로 더욱 커질 것이다. 따라서 아시아의 사회적경제가 새로운 사회 수요를 충족시킬 만큼 다양하게 성장했는지, 사회적경제 생태계가 선순환 구조를 이룰 지속가능성을 갖추고 있는지를 분석하는 것은 아시아의 지역사회 활동가나 연구자들에게 중요한 연구주제이다.

5 한국 사회적경제 연구의 최근 경향

1) 한국 사회적경제 연구의 경향

한국 사회적경제 연구 경향 분석을 위한 자료를 얻기 위해 학술자료 검색엔진인 RISS에서 논문 제목에 '사회적경제'가 포함된 한국연구재단 등재 및 등재후보 학술지 논문의 목록을 작성하였다. 검색결과 확보한 논문 가운데 제목에 '사회적경제'를 포함하고 있지만 이 주제를 주된 논의의 대상으로 하지 않는 논문을 제외한 후 총 321편을 최종 분석 대상으로 선정하였다. 이 321편의 연도별·주제별 분포를 분석함으로써 최근 연구의 경향을 설명하고자 한다.

사회적경제를 제목에 포함한 논문 총 321편의 출판 연도를 정리한 결과는 <그림 3-3>과 같다. 사회적기업육성법이 제정·시행된 2007년을 즈음하여 2006년에 사회적경제의 개념과 유형을 설명한 첫 번째 논문 "사회적경제와 촉진지향적 기업, 사회적경제, 협동조합, 비영리조직의 공통분모를 어떻게 정의할 것인가?"가 「한국협동조합연구」에 출판되었다. 그 이후 2009년까지는 매년 1-2편의 소수의 논문이 출판되었다. 2012년에 시행된 협동조합기본법 제정과 관련된 논의가 활발하게 진행된 2010년 이후 출판 논문의 수가 급격히 증가하였다. 실제로 학계에서 사회적경제 관련 논의가 개념화와 유형화의 수준을 넘어 제도와 정책, 네트워크와 생태계, 조직관리와 성과제고 등 다양한 주제로 확산하기 시작한 시기가 2010년대 초반이었다.

출판 논문의 편수로 볼 때, 사회적경제기본법 논의가 본격화된 2015년에 33편으로 급격히 증가했다. 2017년 사회적경제 활성화 국정과제의 도입과 2018년 공공기관의 사회적 가치 평가 등 정부의 정책적 지원이 확대된 가운데 2019년에 42편으로 증가하였다. 그리고 코로나19의 대확산기를 지난 2022년에 45편이 게재되어 가장 많은 출판 건수를 기록한다. 2020년 이후에 한국사회적기업진흥원의 '지역자원자료조사' 및 연세대학교 미래캠퍼스의 빈곤문제국제개발연구원이 수행한 한국연구재단 토대연구지원사업에서 지역주민, 사회적경제 조직, 공무원을 대상으로 한 포괄적 설문조사 결과와 면접조사 결과가 공유되면서 논문집필에 용이한 환경이 조성된 것이 출판 논문 수 증가의 원인이 된 것으로 판단된다.

그림 3-3 ▸ **사회적경제를 제목에 포함한 한국연구재단 등재(후보) 논문집 논문 수(2006-2023)**

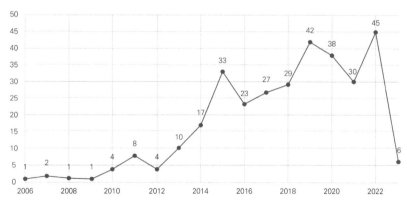

2006년부터 2023년까지 출판된 논문의 주제별 분류 결과는 <그림 3-4>와 같다. 가장 많은 주제의 연구는 조직관리와 성과연구(50편)이며 그다음으로 많은 주제는 제도와 정책(40편), 경향연구(34편), 개념과 연구방법(32편) 등이다. 사회적경제조직이 경제적 가치와 사회적 가치를 동시에 추구하는 딜레마에 직면한다는

점, 제도적 지원과 보완 과제가 많이 남아 있다는 점, 여전히 개념화와 현실 속에서의 변화 추세에 주목할 필요성이 높다는 점에서 이들 주제에 대한 연구가 많이 진행되었다.

그림 3-4 ▸ **사회적경제 연구 논문의 주제별 분류**

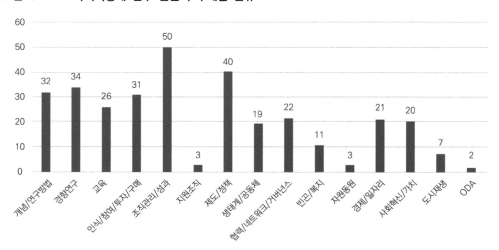

사회적경제 연구논문을 연도별, 주제별로 구분한 표를 <표 3－2>에 제시하였다. 사회적경제 연구가 시작된 2000년대 동안에는 개념·연구방법·경향연구가 주종을 이루었으며 이 주제들은 현재까지도 계속해서 연구되고 있다. 반면 2020년대를 지나면서 인식과 참여, 조직관리와 성과, 그리고 사회혁신과 가치에 관련된 주제들이 많이 다루어지고 있다. 공공 연구기관의 지원으로 사회적경제에 대한 시민들의 인지도와 인식, 참여에 영향을 주는 요인, 다차원적 성과 등 조직특성에 대한 설문조사가 진행·공개된 이후 많은 연구들이 출판되었다. 지역재생, 사회혁신 등 사회적경제와 밀접하게 연관된 개념에 대한 연구도 증가함으로써 사회적경제 연구는 더욱 발전된 단계로 이행하고 있음이 확인된다.

한국의 사회적경제

표 3-2 ▸ 연도별 주제별 사회적경제 연구 논문 건수(2006.1-2023.5)

주제＼연도	06	07	08	09	10	11	12	13	14	15	16	17	18	19	20	21	22	23
개념/연구방법	1	0	0	1	0	2	1	1	2	5	2	3	1	7	3	1	2	0
경향연구	0	1	0	0	0	1	0	1	2	5	3	6	2	4	0	1	2	0
교육	0	0	0	0	0	0	1	1	3	3	3	0	4	3	0	1	4	0
인식/참여/투자/구매	0	0	0	0	0	0	0	2	3	1	0	1	1	4	2	3	11	2
조직관리/성과	0	0	0	0	2	1	1	2	0	5	3	5	5	4	1	6	6	1
지원조직	0	0	0	0	0	0	0	0	0	0	0	0	1	1	0	1	0	0
제도/정책	0	0	0	0	1	2	0	1	1	7	5	4	4	2	0	5	4	0
생태계/공동체	0	0	0	0	0	1	0	0	2	3	1	2	3	2	0	0	3	0
협력/네트워크/거버넌스	0	0	0	0	0	0	0	1	4	2	3	0	1	3	2	4	1	2
빈곤/복지	0	1	0	0	0	0	0	0	0	1	1	1	1	2	0	2	0	0
자원동원	0	0	0	0	0	1	0	0	0	0	0	0	0	2	0	0	0	0
경제/일자리	0	0	0	0	1	0	1	0	1	1	3	1	3	0	4	4	0	0
사회혁신/가치	0	0	0	0	1	0	0	0	0	0	0	2	3	4	2	1	5	1
도시재생	0	0	1	0	0	0	0	0	0	0	0	0	1	1	0	0	3	0
ODA	0	0	0	0	0	0	0	0	0	0	1	0	1	0	0	0	0	0
합계	1	2	1	1	4	8	4	10	17	33	23	27	29	42	38	30	45	6

주: 이 표에 집계된 수치는 한국연구재단 등재지 또는 등재후보지에 게재된 논문 수이며, 2023년 수치는 이 책의 원고를 작성한 5월까지 출판된 논문 건수를 집계하였음.

　　연도별 연구 경향을 6년간의 연도별로 나누어 분석한 결과를 <표 3-3>에 제시하였다. 구간별로 가장 많이 연구된 분야를 음영으로 표기하였다. 이 표에서도 초기에는 개념연구 중심이었으나 최근에는 연구 주제가 다양해지고 있음을 알 수 있다. 그리고 인식과 참여 및 조직관리와 성과 연구의 비율이 높아졌다. 제도 및 정책 연구의 비중이 최근에 감소했지만 지속해서 높은 비율을 유지하고 있다. 최근 빠른 속도로 성장하고 있는 국제개발협력 관련한 연구는 분야의 성장세에 비추어 여전히 비중이 낮다.

표 3-3 ▸ **연도별 주제별 사회적경제 연구 논문 건수(6년 단위 분석)**

주제＼구간(연도)	건수			백분율		
	2006-2011	2012-2017	2018-2023	2006-2011	2012-2017	2018-2023
개념/연구방법	4	14	14	23.53%	12.28%	8.70%
경향연구	2	17	9	11.76%	14.91%	5.59%
교육	0	11	12	0.00%	9.65%	7.45%
인식/참여/투자/구매	0	7	23	0.00%	6.14%	14.29%
조직관리/성과	3	16	23	17.65%	14.04%	14.29%
지원조직	0	0	3	0.00%	0.00%	1.86%
제도/정책	3	18	15	17.65%	15.79%	9.32%
생태계/공동체	1	8	8	5.88%	7.02%	4.97%
협력/네트워크/거버넌스	0	10	13	0.00%	8.77%	8.07%
빈곤/복지	1	3	5	5.88%	2.63%	3.11%
자원동원	0	1	2	0.00%	0.88%	1.24%
경제/일자리	1	6	12	5.88%	5.26%	7.45%
사회혁신/가치	1	2	16	5.88%	1.75%	9.94%
도시재생	1	0	5	5.88%	0.00%	3.11%
ODA	0	1	1	0.00%	0.88%	0.62%

주: 연도 구간별로 가장 논문 수가 많고 비율이 높은 주제를 음영표기하였음.

6 한국 사회적경제 연구의 향후 과제

　　한국의 사회적경제가 빠른 성장을 한 만큼 한국의 사회적경제 연구도 비약적인 발전을 하였다. 초기에 부족했던 연구의 공백이 메워지고 충실한 이론적 검토, 새로운 자료 활용, 혁신적인 분석기법 도입으로 연구의 수월성이 높아지고 있다.

1) 한국 사회적경제 연구를 위해 활용될 수 있는 자료

최근 사회적경제 관련 전국적 자료조사가 진행되어 실증 분석의 다양성이 높아졌다. 한국사회적기업진흥원의 지역주민, 사회적경제 조직, 공무원 대상 포괄적 설문조사가 2020년에 진행되었다. 이 자료는 한국의 60곳 이상의 기초지방자치단체의 이해관계자를 대상으로 동시에 설문조사 했다는 점에서 활용도가 높다. 연세대학교 빈곤문제국제개발연구원의 인문사회분야 토대연구 지원사업 "공동체, 기업가정신, 지역경제 활성화"(2017 - 2022) 연구과제의 조사자료가 한국연구재단 기초학문자료센터에 탑재되었다. 토대연구 지원사업 자료는 한국 31개 지역에서 생산한 문헌자료, 설문조사자료, 면접조사 자료로 구성되어 보다 입체적인 분석이 가능하다. 이 자료 외에도 한국행정연구원의 사회통합 조사자료, 서울서베이 자료 등에서 사회적경제에 대한 인식과 참여 정도를 묻고 있어서 다른 측정 항목과 조합하여 다양한 실증분석이 가능하다. 앞으로 더욱 다양하고 포괄적인 조사가 진행될 것으로 예상되며 축적된 자료를 활용한 더 많은 양적·질적 분석이 진행될 것으로 예상된다.

2) 한국의 자료에 기반을 둔 한국적 이론의 개발

공동체는 지역의 맥락과 특성에 따라 다양하게 발전한다. 한국의 지역도 그 특성에 부합하는 방식으로 자생적인 발전 노력을 이어온 반면, 학계에서는 한국에서의 사회적경제 발전을 설명하는 이론모형을 적절하게 제시하지 못했다. 그동안 한국의 공동체와 사회적경제에 대한 다양한 연구가 미국과 유럽을 중심으로 발전된 공동체 발전 이론과 사회적경제 이론에 의거하여 진행되었다. 개인의 이익, 선호 그리고 선택을 강조하는 합리적 선택 관점, 공동체의 가치와 구성원의 덕성을 강조하는 공동체주의적 관점, 다양한 행위자의 관계 속에서 새롭게 생성되고 제도화되는 지역사회 구조 형성을 강조하는 상호작용 관점 등 서구에서 발전한 다양한 이론이 적용되었다. 그러나 이 저서의 연구내용을 포함하여 한국의 사회적경제의 맥락과 특성을 설명하는 연구가 더욱 다양하게 진행될 필요가 있다. 한국의 맥락과 환경에서 발전한 공동체의 가치 그리고 사회적경제와의 관계, 그 결과로써의 지역경제 활성화 등의 자료를 축적할 필요가 있다. 이러한 자료를 바탕으로 한국의 사회적경제를 설명하는 한국적 이론을 개발하고 한국의 실정에 부합하는 대안을 모색할 수 있을 것이다.

3) 다양한 사례분석 및 질적연구의 활성화

사회적경제가 자본주의 시장경제와 상호작용하는 다원적 경제로서의 가능성에 대하여 주로 이론적 분석을 중심으로 연구되고 있으며 사례분석과 연계한 연구는 충분히 진행되지 못했다. 인간적·다원적 경제는 어떻게 형성될 수 있으며 그 실현가능성은 얼마나 되며, 지속가능성은 있는 것인지에 대한 보다 풍부하고 다양한 사례분석이 진행될 필요가 있다. 다양한 사례를 통해서 새로운 경제의 조건, 생성과정, 제도화 과정을 이해할 수 있을 것이며 현재 한국의 사회적경제의 발전방향을 설정하는데 교훈을 얻을 수 있을 것이다. 그리고 한국에서 진행된 많은 공동체와 기업가정신에 대한 연구가 성공사례에 기반을 두고 있다. 그러나 실패사례는 다른 공동체가 발전하는 과정에서 중요한 교훈을 제공할 수 있으며 경우에 따라서 적실성 높은 대안으로 작용할 수 있다. 그런 의미에서 한국 공동체 발전의 성공사례와 실패사례를 동시에 공유하는 것이 중요하다. 성공사례는 모방을 쉽게 하는 데에는 용이하지만, 무엇이 문제인가를 보여주는 반면교사로서의 역할이 부족하다. 비교연구의 관점에서도 성공사례의 비교는 일반화와 특수성이라는 비교연구의 궁극적 목적을 달성하기에 부족하다는 점에서 실패사례의 분석도 필요할 것으로 사료된다.

4) 공동체 성과분석의 다차원성 추구: Triple Bottom Line

지금까지 공동체 발전에 관한 연구는 주로 수익성과 영업이익 등 경제적 지표의 분석을 중심으로 진행되었다. 그러나 double bottom line, 나아가서 triple bottom line을 강조하는 관점은 공동체의 성과가 경제적 영역뿐만 아니라 사회적, 환경적 영역을 포괄한 다차원적 지표로 평가되어야 한다고 강조한다. 실제로 주민들의 삶은 다양한 영역으로 구성되며 특히 사회적, 경제적, 생태적 영역의 상호 관계 속에서 정의된다. 따라서 사회적경제가 지역의 사회적 문제 해결, 생태적 조건형성, 경제적 성과의 달성을 통해 주민들의 삶의 질을 어떤 방식으로 높일 수 있는지 분석해야 할 것이다. 그런데 지금까지 다차원적 성과의 분석은 매우 어려운 것으로 인식되었고 적절하게 진행되지 못했다. 따라서 지역사회 전체 또는 사회적경제 조직의 다차원적 성과의 평가를 위한 적절한 측정 지표의 도출과 반복적 진단 및 분석이 필요하다.

제3장의 핵심 요약

- ✓ 사회적경제의 초기 관점은 결사체 사회주의, 연대주의, 기독 사회주의, 자유주의로 구분된다.
- ✓ 결사체 사회주의는 오언, 푸리에, 푸르동, 생시몽의 관점에서 찾을 수 있으며 모든 계층에 속한 사람을 포용하여 자급자족하는 공동체를 실현하고자 한다.
- ✓ 연대주의는 샤를 지드가 대표하며 사회적경제라는 용어를 처음으로 사용하여 자본주의 시장 경제의 문제를 연대와 협동이라는 가치로 보완하고자 한다.
- ✓ 기독사회주의 관점은 가톨릭의 영향력이 큰 독일과 이탈리아에서 지역사회 결사체나 협동조합을 중심으로 공동 자산을 기반으로 협동하고 결속하는 사회적 연대를 추구한다.
- ✓ 자유주의 관점은 뒤누와이에 또는 존 스튜어트 밀이 대표하며 개인의 자율성과 선택을 통해서 사회적경제를 형성하고 사회적 가치를 창출하는 관점을 표방한다.
- ✓ 폴라니는 자기조정적 시장경제에서 많은 것들이 상품화될 때 발생하는 불안정성은 사회적경제와의 상호작용을 통해 균형잡힐 수 있고 능동적 공동체가 필요함을 주장하였다.
- ✓ 최근 사회적경제는 정부·시장·공동체의 역학 속에서 연구되며 협력적 거버넌스 속에서의 공동생산, 공동구축을 지향한다.
- ✓ 사회적경제는 국가별로 다른 방식으로 제도화되기 때문에 국제비교 연구의 주제가 되며, ICSEM 프로젝트가 대표적인 사례이다.
- ✓ 한국에서 사회적경제 연구는 2015년 이후 급격히 늘었고 주로 조직관리, 성과관리, 제도와 정책연구가 주종을 이룬다.
- ✓ 한국 사회적경제 연구의 향후 과제는 자료의 확보, 한국적 이론의 개발, 다양한 사례분석과 질적연구의 활성화, 다차원적 성과 척도의 개발 등으로 요약된다.

사례분석: 원주시 사회적경제

원주시 사회적경제는 한국 사회적경제를 대표하는 사례이다. 이곳의 사회적경제는 지역의 자립과 협력을 바탕으로 경제적, 사회적, 환경적 지속가능성을 추구하며 발전하였다. 원주시는

1960년대 이후 급속한 산업화와 도시화의 영향으로 경제적 소외와 농촌의 침체를 경험하였다. 이 시기에 원주 사회적경제의 기틀이 두 명의 인물, 지학순 주교와 장일순 사회운동가의 주도로 마련된다. 이들은 지역의 자립과 협력을 강조하며, 1966년 밝음신협을 설립했다. 1970년대에는 환경친화적 유기농업과 소비자와 생산자의 연결을 통해 지역의 지속가능한 발전을 추구하였다. 1972년 남한강 홍수 이후, 지학순 주교는 국제기구 카리타스(CARITAS)와 독일(당시 서독) 정부로부터 총 291만 독일 마르크의 원조를 받아 협동조합 기반의 지원을 시작하였다. 이 자금을 바탕으로 밝음신협과 소비자협동조합, 의료협동조합 등이 설립되었고, 이 기관은 원주 사회적경제의 중요한 토대가 되었다.

1980년대는 원주시의 협동조합 운동이 체계화되는 시기로, 도시와 농촌을 연결하는 모델이 구축된다. 1986년 설립된 한살림은 소비자와 생산자가 직거래를 통해 신뢰를 구축하며 환경친화적 농산물 유통 모델을 확립하였다. 한살림의 성공은 농민과 소비자가 서로 이익을 추구하며 지역 경제의 안정성과 지속가능성을 증대하는 계기가 된다. 이 시기에는 민주화 운동의 영향으로 학생운동가와 사회운동가가 협동조합 활동에 적극적으로 참여하면서 지역사회가 조직화되고 관리 역량이 강화된다. 지역 조직이 단순히 경제적 이익만을 추구하지 않고, 지역의 문제를 해결하고 공동체 의식을 고취하는 역할을 맡게 되었다. 이를 통해 협동조합을 포함한 지역의 조직이 중요한 자산으로 자리 잡는다.

1997년 글로벌경제위기 이후, 원주시 사회적경제는 전환점을 맞이한다. 실업과 불평등이 심화되며 협동조합은 경제적 안전망을 제공하기 위해 노력한다. 이 시기에 원주의료복지사회적협동조합(2002년)과 노인생활협동조합(2006년)이 설립되며, 협동조합의 역할이 확대되었다. 다양한 사회적경제 조직이 상호 투자를 통해 네트워크를 형성하며, 협력적 생태계를 구축하였다. 이렇게, 원주시의 협동조합들은 자원을 공유하고 공동의 목표를 추구하며, 지역의 지속가능성을 높였다.

2009년 원주 사회적경제 네트워크가 설립되면서, 지역 내 협동조합과 사회적경제 조직 간의 협력이 공식화되었다. 이 네트워크가 공동 소유, 민주적 의사결정, 지역사회 기여, 협력 증진을 원칙으로 설정하며, 정보와 자원의 공유를 통해 조직 간 협력을 강화하였다. 원주시 사회적경제는 단순한 협동조합 운동을 넘어 지역사회의 포괄적인 문제 해결 플랫폼으로 발전했다. 의료협동조합과 유기농 생산-소비 연계 모델은 국내외에서 성공적인 사례로 평가받으며, 원주시 사회적경제의 성과를 국제적으로 알리게 된다.

사회적경제의 역사

> "3:0으로 지고 있던 팀이 9회말 투아웃에 모든 주자가 1, 2, 3,루에 포진해 있을 때,
> 타자가 기적적으로 홈런을 날리면 경기는 4:3으로 역전될 것이다. 그러나 만약 대타로
> 나온 선수가 비록 홈런을 날린다 해도 주자가 단지 두 명만 진출해 있었다면, 또는 1명만 진출해
> 있었다면 역전의 드라마는 일어나지 않을 것이다. 비록 그 선수가 친 공은 똑같이 담장을 넘었지만.
> 이대호 선수가 홈런을 그렇게 쳤건만 롯데는 우승하지 못하는 상황과 비슷하달까."
>
> (김신양, 2011, 11)

위 인용문은 사회적경제가 자본주의의 위기를 극복하기 위해서 호출된 대타와도 같은 존재였음을 설명하는 예시이다. 어떤 야구팀이 위기를 잘 넘기고 나아가서 위기에 빠지지 않기 위해서는 팀의 균형을 유지하는 것이 중요하다. 유명선수가 자기 역할을 하는 것도 필요하고 대타나 교체선수가 제 역할을 하는 것도 중요하다. 하지만 팀의 요소마다 높은 기량을 가진 선수들이 포진되어 전체가 협력하는 것이 강팀의 조건이다. 그것은 마치 9회말에 위기를 극복하고 역전하기 위해서는 홈런타자가 타석에 등장하기 전에 만루 상황을 만들어 낼 팀으로의 전략과 능력이 절실하다는 의미이다. 사회적경제가 자본주의의 위기를 극복하고 사회문제를 해결해서 지속가능한 발전의 주역이 되려면 지역 전체의 역량 강화와 협력체계의 구축이 필요하다.

그런데 사회적경제가 시작되고 발전한 환경은 항상 어려웠다. 사회적경제는 우리가 사는 자본주의 경제체제가 발전하는 과정에서 나타난 여러 문제와 함께 성장했기 때문이다. 사회적경제는 빈곤, 불평등, 실업, 돌봄과 같은 문제해결을 위한 지역사회의 협력체계로 구체화한다. 어떤 배경 속에서 이런 사회적 위기가 나타났고, 유럽과 한국에서 사회적경제는 어떤 역할을 요구받았는지 살펴보는 것

은 바람직한 미래 방향을 계획하는 데도 도움을 줄 것이다.

　19세기 말부터 싹트기 시작한 사회적경제는 지난 100년 동안의 글로벌경제위기와 전쟁이 유발한 사회적 위험을 극복할 대안으로 주목받았다. 대표적인 사례가 스페인의 몬드라곤, 이탈리아의 트렌토와 볼로냐, 그리고 캐나다의 퀘벡과 같은 지역에서 발견된다. 유럽뿐만 아니라 아시아와 아프리카의 여러 나라에서도 지역의 위기를 극복하기 위한 사회적경제는 확대되었다.

　최근에는 사회적경제에 창의적 커뮤니티라는 개념을 접목하기도 한다. 일상생활 속에서 나타나는 사회적 욕구를 자발적이고 창의적인 방법으로 해결하는 사례가 많이 나타난다는 점을 강조한 것이다. 유럽에서는 사회적경제 조직에 자원봉사자, 학생, 노년층, 실직자 등이 참여해서 안전한 주거환경, 건강한 먹거리, 편리한 운송수단을 제공한다. 개발도상국가에서도 지역사회 구성원이 스스로 발전의 주역이 되는 포용적 성장전략이 주목받고 있다. 2015년 국제연합이 지속가능한 발전목표를 새롭게 채택하면서 사회적 포용성을 높이고 다양한 영역의 통합 발전을 추구하는 방향으로 정책 기조 전환을 요구하고 있다. 지속가능성은 지역사회의 발전에도 중요한 가치가 되었다. 지역 공동체가 지속가능하게 발전하기 위해서 주민들이 더 적극적으로 참여하고 스스로 문제해결에 나서는 것이 중요하기 때문이다.

1 　유럽 사회적경제의 역사적 발전

　지역의 문제를 사회적경제를 중심으로 해결하려는 시도는 한국에서만 있었던 것이 아니다. 특히 유럽에서 여러 사회적경제 모형이 발전되었다. 유럽의 사회적경제는 19세기 산업혁명 이후 나타난 도시 빈곤 그리고 농촌경제 위기에 대응할 목적으로 시작되었다. 20세기에 있었던 대공황, 세계대전과 같은 큰 전쟁들, 글로벌경제위기가 유발한 지역의 위기를 극복하기 위해 유럽의 사회적경제가 확대되었다. 한국 사회적경제 형성에 기준이 된 유럽의 사회적경제는 어떤 역사를 갖고 있으며 어떤 경로를 거쳐 현재에 이르렀는지 살펴본다.

1) 18-19세기 유럽의 사회적경제

사회적경제를 "구성원의 협력과 자조를 바탕으로 재화 및 용역의 생산·판매를 통해 사회적 가치를 창출하는 민간의 모든 경제적 활동"이라고 정의할 때(관계부처합동, 2017), 협동조합은 사회적경제에서 가장 중요한 조직유형이 된다. 산업혁명 시기에 사회적경제는 협동조합을 중심으로 발전한다. 18세기 후반부터 19세기까지 유럽의 여러 지역에서 협동조합이 등장한다. 이들은 공동의 목적을 위해서 모인 노동자나 생산자로서 경제적 자립을 위해 협력하였다. 이 과정에서 노동자들은 노동조건과 권리를 보호받기 위해 노동조합을 결성했고 자신들의 안전과 복지를 위한 제도의 도입을 요구하였다. 생산자 조합, 소비자조합, 노동조합, 농업조합 등이 형성되어 이들이 자원 공유, 상호부조, 지역사회 발전을 주도하였다.

유럽에서의 협동조합의 시작을 1760년대 영국 북부 스코틀랜드 펜윅의 Fenwick Weavers' Society에서 찾을 수 있다. 그런데 본격적인 협동조합의 시작은 영국의 로치데일 공정선구자 협동조합인 것으로 알려지고 있다. 유럽의 장원경제 체제에서 영주는 자신이 살던 저택 주변에 넓은 경작지를 구획하여 관리하였다. 경작지는 영주를 위한 직영지, 그리고 주변의 농민들이 영주에게 조공을 바치며 경작했던 탁영지가 있었다. 그 외의 땅들은 주변의 농민이 함께 경작하기도 하고 가축을 방목하기도 했던 공유지였다. 그리고 여기서 실제로 농사를 지었던 사람들은 영주에게 예속된 농민들이었다.

〈들여다보기〉 영국 스코틀랜드의 Fenwick Weavers' Society

Fenwick Weavers' Society는 1761년 스코틀랜드의 작은 마을인 펜윅에서 설립된 최초의 현대적인 협동조합이다. 산업혁명이 시작된 18세기 중반 스코틀랜드의 직조공들은 불안정한 경제, 낮은 임금, 높은 생활비로 어려움을 겪었다. 이러한 어려움에 대응하기 위하여 조합원이 필요로 하는 물품을 공동구매하여 배분했다는 점에서 최초의 협동조합으로 알려져 있다. 처음에는 직물 구매를 위해 조합원들이 만든 조직으로 시작했으나, 시간이 지나 식료품과 도서의 공동구매를 하게 되었다. Fenwick Weavers' Society는 조합원의 이익을 보장하기 위해 공동 사업을 처음으로 시작했다는 점에서 첫 번째 협동조합으로 인정받고 있다.

18세기부터 영국에서 자본주의 시장이 확산되며 상황이 달라진다. 시장이 활성화되면서 영주는 농산물을 많이 팔 수 있게 되었다. 영주는 자급자족이 아니라 시장에서 농산물을 더 많이 팔기 위해 직영지를 늘렸고 관습적으로 주변의 농민들이 이용했던 땅에 울타리를 쳐서 자신의 농지에 편입시켰고 공동이용권도 배제하였다. 자신의 경작지와 일자리를 잃은 농민들은 일자리를 찾아 도시로 이주했다. 도시에 갑자기 많은 사람들이 이주한 결과 위생문제를 비롯한 다양한 사회문제가 발생했고 삶의 질도 낮아졌다.

18세기 맨체스터는 영국에서도 산업혁명이 가장 활발하게 진행된 곳이다. 증기기관을 이용한 산업혁명이 진행되면서 대규모 공장이 들어섰다. 식민지에서 들여온 값싼 면화를 면직물로 제조하는 공장이 있었고, 그곳에서는 수많은 노동자들이 낮은 임금을 받으며 일하고 있었다. 너무 많은 사람들이 도시에 모이자 먹을 것과 살 집을 구하기도 어려워졌다. 당시 상인중에는 폭발적으로 수요가 증가하자 질 낮은 우유와 밀가루를 비싼 가격에 판매하는 경우도 있었다고 알려진다.

이런 문제를 해결하기 위해서 1844년 맨체스터 근처의 작은 마을 토드레인에서 로치데일 공정선구자 협동조합이 만들어졌다. 하루에 17시간을 일해도 편히 먹고 자기 어려웠던 28명의 노동자들이 1주일에 2펜스씩 1년 간 1파운드를 모아서 1주일에 세 번, 밤에만 운영하는 가게를 창업하였다. 밀가루, 버터, 곡물가루, 설탕, 양초 등 다섯 가지를 맨체스터에서 직접 구입하고 운반해 와서 조합원에게 판매하였다. 초라한 점포였지만 제대로 된 제품을 합리적인 수량과 가격에 거래하기를 원했던 많은 노동자가 여러 지역에서 가게를 찾았고 전 세계 수많은 협동조합의 뿌리가 되었다.

로치데일 공정선구자 협동조합이 확산한 이유는 경제적 여건에 적합했던 협력과 연대를 기반으로 그 이전 협동조합의 실패 사례를 분석하고 나름대로 원칙을 정했기 때문이다. 차별하지 말 것, 자발적이고, 개방적일 것, 협력할 것, 서로 배울 것, 지역사회를 생각할 것이 그 원칙이었다. 무엇보다 자본주의와 산업화가 만들어 낸 부작용을 스스로 해결하겠다고 나선 가난한 조합원의 절실한 열망과 자발적인 노력이 핵심이었다.

한국의 사회적경제

로치데일 공정선구자 협동조합은 한국에서 협력과 연대에 기반을 둔 지역사회 활동에도 영향을 준다. 일제강점기였던 1922년 동아일보가 로치데일의 실험을 소개했으며 경성소비조합과 목포소비조합의 설립과 운영에 영향을 주었다고 알려진다. 로치데일에서 보여준 협력과 연대의 정신은 경제위기가 반복되고 건강한 먹거리와 안락한 주거환경을 갈망하는 오늘날 한국의 지역사회에도 유효하다. 한국의 지역에는 많은 문제들이 있으며 글로벌 위기는 심화하고 있다. 취약계층에 대한 돌봄의 문제, 환경오염의 문제, 일자리 부족의 문제를 포함한 많은 다양한 문제가 남아 있다. 지난 20년간 한국에서 지역의 문제를 자발적이고 혁신적으로 해결하고자 하는 지역사회의 사회적경제가 많은 주목을 받았고 많은 발전을 하였다. 그런 의미에서 사회적경제는 무엇이고 한국에서 사회적경제는 어떻게 발전해 왔는지 더욱 깊게 살펴볼 필요가 있다.

2) 20세기 유럽의 사회적경제

20세기 유럽은 전반기에 세계대전을, 후반기에는 복지국가의 발전을 경험하였다. 제1차 세계대전 이후에 전쟁으로 인한 파탄이 지속되며 사회적 불안과 위험이 커졌다. 이러한 문제해결을 위한 대안적 경제 모형이 필요하다는 인식도 커졌다. 20세기 초반에 협동조합은 유럽에서 큰 주목을 받았고 생산자협동조합, 소비자협동조합, 신용협동조합, 농업협동조합 등이 설립되어 지역의 주민과 노동자를 사회경제적으로 지원하였다. 20세기 후반에 사회적경제 조직은 복지서비스 제공의 주체로써 사회서비스 제공에 참여하였다. 이 과정에서 사회적경제는 노동자들에게 일자리와 교육훈련 기회를 제공하여 노동통합에 기여하는 방식으로 노동시장의 안정화에 기여하였다.

유럽에서 가장 큰 주목을 받는 사회적경제의 사례는 스페인의 몬드라곤이다. 몬드라곤 공동체는 스페인 북부 바스크지역 아라사테라는 곳에 있다. 몬드라곤이 속한 바스크지역은 1930년대 격렬했던 스페인 내전 당시 프랑코 세력에 편입되었다. 이곳은 내전이 끝난 후 매우 피폐한 지역이 되었다. 1940년 이후 몬드라곤에서 호세 마리아 아리스멘디 아리에타 신부 주도의 생산자 협동조합이 만들어졌다. 1956년에 호세 마리아 아리스멘디 아리에타 신부와 다섯 명의 제자가 노동자

협동조합을 만들고 석유난로생산공장 울고(Ulgor)를 설립하였다. 그 이후 몬드라곤에서는 전체 지역이 하나의 생태계로 운영되는 자족적이고 지속가능한 공동체가 되었고 지금은 많은 참여자가 관여해서 큰 파급효과를 발휘하는 방식으로 운영된다. 지난 70년 동안 규모도 크게 성장해서 현재는 289개의 협동조합이 소속되어 있고 8만여 명의 직원이 근무하는 큰 조직이 되었다. 소비자 협동조합 매장이 2,100여 개, 금융기관의 지점이 420여 개가 되었고 스페인 10대 기업으로 성장했다. 몬드라곤은 글로벌경제위기가 닥쳤을 때 스페인 경제를 지지하는 버팀목이었고 지역 주민에게는 안정된 일자리를 적극적으로 제공하는 경제주체가 되었다.

유럽 사회적경제의 또 다른 유명한 사례는 이탈리아에서 나타난다. 1800년대 후반 극심한 빈곤과 경기침체로 주민들이 마을을 떠나 이탈리아의 다른 지역이나 미국으로 이주한다. 지역이 공동화되고 농촌경제가 침체되었을 때, 이탈리아의 작은 도시들은 협동조합이 중심이 된 사회적경제로 위기에 대응한다. 다른 유럽 국가의 협동조합, 신용협동조합, 소비자생활협동조합을 벤치마킹하고 복지, 돌봄, 육아 등의 영역에서 발생하는 사회 수요에 대응하였다. 사회적경제가 발전한 트렌토와 볼로냐와 같은 도시들은 글로벌 위기에 안정된 고용을 유지하고 지속가능한 경제를 유지할 수 있었다.

〈들여다보기〉 이탈리아 트렌토와 볼로냐의 사회적경제

19세기 이탈리아가 경제위기에 직면했을 때, 북부지역 트렌토의 돈 로렌조 구에티 신부를 비롯한 지역 주민들은 비슷한 시기에 영국 로치데일에서 시작된 소비자 협동조합, 독일의 라이파이젠 신용협동조합, 같은 나라 토리노의 소비자생활협동조합을 벤치마킹하였다. 구에티 신부가 중심이 되어 1890년 트렌토 지역에서 라이파이젠과 같은 형식의 협동조합을 설립하고 출자와 조직설계를 시작했다. 100여 년이 지난 1980년대 경제위기는 또 다시 찾아왔으며 이 때 다시 사회적협동조합을 전면적으로 확대하였고 다양한 분야에서 협동조합이 설립되었다. 지금은 전체 주민 50만 명의 절반 이상인 27만 명이 협동조합의 조합원으로 활동하는 대표적인 협동조합 도시가 되었고 협동조합의 매출액은 해마다 증가하고 있다. 295개 이상의 협동조합이 설립되었고 육아, 취업, 간병 등 모든 영역에서 활동 중이다. 협동조합은 요람에서 무덤까지 주민들의 삶을 보장하는 복지의 중요한 축이 되었다. 사무엘레라는 직업교육 사회적협동조합에서는 취업이 어려운 사람들에게 기술을 교육하고 일자리를 알선하였다.

한국의 사회적경제

붉은 벽돌로 지은 건물이 많은 유서깊은 도시, 볼로냐의 협동조합도 지역경제 활성화의 토대이고 이탈리아 경제가 어려운 상황에서 지역의 경제성장과 일자리 제공에 크게 기여한다. 볼로냐에서도 협동조합의 조직화는 1800년대 후반에 시작되었다. 100년이 훨씬 지난 지금 2008년 글로벌경제위기의 여파로 이탈리아 전역의 실업율이 10%를 넘을 때도 이곳의 실업율은 5%대를 유지하였다. 볼로냐에서 큰 기업에 속하는 사회적경제 조직들은 직원들을 쉽게 해고하지 않기 때문이다.

현재 이탈리아의 협동조합은 전국 단위 네트워크를 결성하고 있다. 협동조합들은 레가코프(LEGACOOP), 협동조합연합(CCI), 협동조합총연합(AGCI), 이탈리아 협동조합연합(UNCI) 등 4곳의 협동조합 중앙회 조직의 지원을 받는다. LEGACOOP는 이미 1886년에 설립되어 현재까지 법률지원, 금융상담, 발전전략 상담 등의 서비스를 제공한다. 지역별로 분야별 협동조합이 설립되면 이들 조직에 대한 지원과 상호 협력이 전국단위 네트워크에서 이루어지는 체계적인 거버넌스가 형성되었다.

20세기 후반으로 접어든 이후 정부, 시장, 사회적경제의 협력은 다양한 영역에서 더욱 활발해졌다. 복지와 사회적 안전망 구축에 기여했음은 물론이며 그 외 다양한 영역에서 사회적경제 조직이 활발하게 활동했다. 복지국가에 변화가 발생하고 노동시장의 유연화가 증대되면서 사회적경제는 노동시장 안정성과 사회적 포용성을 높이는 방향으로 발전하였다. 지역 개발과 불평등 해소 같은 활동뿐만 아니라 환경문제와 지속가능성이 중요한 이슈로 떠오른 이후에는 환경보존 및 지속가능한 개발을 목표로 하는 사회적경제 조직들이 증가하였다.

3) 21세기 유럽의 사회적경제

21세기에 접어든 최근에 유럽에서 나타나는 공통된 현상은 규모의 증가와 정부지원의 확대이다. 주요 통계에 따르면 유럽연합의 사회적경제는 약 1,360만 개 이상의 유급 일자리를 제공하는 것으로 확인된다. 이 수치는 유럽연합 28개국 전체 노동인구의 약 6.3%에 해당한다. 무급일자리까지 포함하면 약 1,910만 명이 넘는 노동력을 고용하고 있다. 사회적경제 영역에서 일하는 자원봉사자 수는 2억

3,200만 명이 넘는 것으로 집계되고 있다.

　　유럽의 사회적경제는 정부의 사회적 지출 수준이 높은 국가에서 활성화되는 경향이 있다. 정부의 사회적 지출 수준이 높고 국가영역의 사회보장 규모가 큰 스웨덴의 경우 사회적경제에서 고용하는 근로자가 전체 근로자의 11%를 넘는다. 같은 유형에 속하는 네덜란드도 사회적경제의 비중이 높은 것으로 확인된다. 국가가 사회보장 분야에 재정지출을 많이 하고 서비스를 제공할 때도 정부가 직접 나서서 집행하는 경향이 있는 국가에서 사회적경제가 많이 활성화되어 있음을 알려준다. 사회적 지출 수준이 높고 비영리 영역의 활동이 활발했던 독일, 프랑스, 이탈리아, 스페인과 같은 조합주의 국가에서도 다양한 사회적경제의 사례가 나타난다. 이 국가들은 정부가 취약계층의 사회 보호를 위해서 적극적으로 투자하지만, 지역공동체와 가정이 중요한 역할을 하는 국가들이다. 지역과 가족의 정체성이 강하고 이들이 사회문제 해결에 중요한 역할을 하면서 지역의 협동조합과 상호출자조합에 참여하는 방식이다.

　　21세기에 유럽의 정부와 국제기구가 사회적경제 지원을 위한 정책과 자금지원을 확대하고 있는 것도 새로운 추세이다. 일부 국가들은 정부차원에서 사회적경제 조직을 지원하는 법률을 제정하고 제도적 지원을 법제화하고 있다. 벨기에, 프랑스, 스페인, 그리스, 포르투갈, 루마니아 등에서 사회적경제 지원을 위한 법률이 통과되었다고 알려진다.

　　최근 유럽의 사회적경제 조직이 추구하는 방향은 환경문제, 사회적 불평등 문제가 심화되면서 지속가능한 경제모델에 기여하는 것이다. 경제, 사회, 환경 목표의 통합적 달성을 통한 사회적 가치 창출을 지향한다. 노동자 협동조합을 포함한 사회적경제 조직들은 다양한 경제활동을 통해 취약계층을 위한 일자리 창출을 하는 방식으로 노동시장의 안정성을 높인다. 사회적경제 조직의 다양성은 높아지고 있으며 기술과 디지털 혁신을 활용하여 더욱 효과적인 경제활동을 수행하고 사회적 가치를 창출한다.

한국 사회적경제의 역사적 발전

한국의 사회적경제는 1970년대 지역사회 빈곤을 극복하기 위한 활동에서 본격적으로 시작한다. 그러나 그 이전에 사회적경제의 기초가 된 공동체 활동, 취약계층 지원, 사회적 가치 추구 등을 목표로 한 지역사회 조직이나 활동이 이미 오래전부터 있었다. 이러한 문화적 토양에서 유럽의 이론과 사례가 접목되어 1970년대 이후 본격적인 사회적경제 조직이 생겨나고 지역사회 생태계가 조성되었다.

1) 역사 속 사회적경제의 사례

한국에서 지역 주민 스스로 자신의 문제를 해결하기 위해 참여하고 의사결정을 내리는 과정은 오래전부터 시작되었다. 조선시대 유학자였던 율곡 이이는, 「예기」 경전을 인용하면서 대동세계라는 개념을 다음과 같이 설명한다.

> "사람들은 오로지 그 부모만을 부모로 섬기지 아니하며,
> 그 자식만을 자식으로 여기지 아니한다. 또 늙은이들에게는
> 돌아가 쉴 곳이 있으며 장년에게는 일할 곳이 마련되어 있으며
> 유아에게는 자랄 곳이 있으며 홀아비, 과부, 고아, 자식 없는 늙은
> 이 병약자에게는 모두 봉양할 곳이 마련되어 있다."

(이이, 1593, 52)

율곡 이이의 이런 생각에 지금 우리가 사회적경제로 해결하고자 하는 여러 고민들이 들어 있다. 돌봄, 일자리제공, 취약계층에 대한 서비스 등을 언급한다. 그리고 이 고민은 지역사회에서 해결될 수 있다고 설명한다. 율곡 이이는 향약이라는 규약으로 이 생각을 구체화한다. 율곡 이이가 설계한 서원향약 그리고 해주향약의 내용이다.

> "동네 사람이 죽으면 동네사람들은 각자가 쌀 1되, 빈 가마니 한 장씩을 낸다.
> 아주 빈궁하여 이를 납부하지 못하면 신역으로 대신한다. 장례 때에는 매 호마다

장정 1명씩을 내어 일을 돕고, 장정을 보내지 않는 사람은 쌀 1되씩을 낸다.
병환으로 농사를 폐기한 사람이 있으면 마을에서 각각 경작을 도와준다."

(이이, 1814)

　　이처럼 한국에서는 향약, 두레, 계와 같은 자치조직으로 지역의 문제를 해결해 왔다. 향약은 지역 주민에게 주어진 규범이다. 공공성과 공익성을 강조한다는 점에서 사회적경제와 유사한 가치를 지향한다. 주민들이 서로 규범을 지키고 각자의 복지를 지키는 활동을 이어감으로써 서로 협력하고 자립할 기반을 마련할 수 있었다. 두레는 마을에 속한 여러 가구가 노동과 자산을 나누는 공동체 활동이었다. 두레는 사회적경제가 기반을 두는 공동체 경제활동과 유사하다. 농사를 짓거나 음식을 만들기 위해 마을의 주민이 모이는 연대활동이며 이를 바탕으로 경제 발전을 추구하고 자립을 위한 협력활동이라는 점에서 사회적경제의 특성을 갖고 있었다.

　　계는 고유의 협동조직으로 조선 말기에 이미 전국적으로 조직되어 있었다고 한다. 계는 동일 지역의 주민들이 일정한 규약을 만들고 경제 복리를 증진하고 사회공동의 이익을 추구하는 활동을 여러 방면에서 전개하는 자율적 조직이었다. 유달영(1998, 88)은 "계는 수명 이상 수백 명이 결합하여 동일한 목적 아래 일정한 규약을 정하고 공동으로 출자하여 상호 생활의 유지향상, 경제 개선, 사회복리를 도모하는 등 그 목적의 범위는 매우 넓었다."라고 설명하였다. 김형미(2012)에 따르면 한국의 주민들이 계를 통해 협동조합과 유사한 활동을 경험했고 오랫동안 지역사회 조직으로 활용했다는 점이 일제 강점기에 소비조합이 빠르게 확산된 배경이 되었다고 설명한다.

　　계와 협동조합의 공통점과 차이점은 <표 4-1>과 같이 정리할 수 있다. 향약, 두레, 계는 현대의 사회적경제와는 다른 맥락에서 구성되었지만, 일부 유사한 특성이 있었고 실제로 지역사회의 경제적 활력을 높이고 긴밀한 지역사회가 형성되는 데 도움이 되었던 것으로 기록되었다.

표 4-1 ▸ 계와 협동조합의 공통점과 차이점

	계	협동조합
주된 목적	• 계원 자신의 바람을 충족하기 위한 운영 • 행정이 못하는 공공사업(공익)	• 조합원 자신의 바람을 충족하기 위한 사업운영
조직적인 특징	• 계원은 자연인 • 이용자와 출자자는 원칙적으로 동일(사람의 결합체)	• 조합원은 자연인이 기본 • 이용자와 출자자는 원칙적으로 동일(사람의 결합체)
운영적인 특징	• 기본적으로 출자액은 동일, 평등 • 임의가입이나, 공공사업인 경우엔 강제가입도 있음 • 일상적인 참가와 단순한 운영기관 • 의사결정기관은 계원총회	• 1인 1표의 의결권(평등) • 가입과 탈퇴의 자유 • 조합원의 일상적인 참가와 민주적인 운영이 기본 • 의사결정기관은 조합원총회(대의원대회)
재정적인 특징	• 계의 재산은 계원 공동의 것 • 계원의 지분은 기본적으로 양도할 수 없음	• 출자배당은 제한함 • 이용금액배당을 하는 경우가 있음

자료: 김형미(2012, 21)

2) 일제강점기의 사회적경제

조선시대부터 한국의 지역사회는 자조 조직을 만들고 공동의 문제를 해결하는 방법을 발전시켰다. 그리고 그 전통은 일제강점기부터 활동을 시작한 협동조합과 농민조합 같은 조직으로 이어진다. 지금으로부터 약 100년 전 일제강점기에도 협동조합과 유사한 조직들이 설립되었다. 1907년부터 금융조합이 시작되었고 1910년에는 산업조합이 설립되었다. 1920년에 경성소비조합, 목포소비조합이 설립되었다. 1920년대는 3·1독립운동 직후로 독립운동에 대한 일제의 탄압이 세계에 알려지고 조선총독부가 결사와 교육의 자유를 허용했던 시기로 가난한 소작농과 도시노동자가 증가하면서 이들의 빈곤 문제를 극복하기 위한 조합이 결성되었다(김형미, 2012). 일본 자본과 기업이 한국의 시장을 지배할 때 한국의 상인과 소비자는 높은 물가와 낮은 임금으로 고통받았다. 이 시기의 소비조합은 자본주의 체제의 시작과 함께 민족 경제를 보호하고 공동체 의식을 고취하기 위한 시도로 확산하였다. 아래와 같이 1922년 동아일보에 실린 소비조합의 설립을 독려하는 기사에서는 로치데일 공정선구자 협동조합을 소개하고 소비조합에의 참여를 장려하였다.

"영국의 소비조합은 경탄할 만치 대규모로 경영하는데, 그 시초로 말하면 1844년 「록델」시에서 직조공이 출자하야 일용품, 우유 등을 매수한 후 조합원에게 용통하였다. 그 목적은 물품을 장 시세대로 판매하고 이익은 구매비율로 분배하여…"

(동아일보, 1922.11.2.)

1920년대에는 소비조합뿐만 아니라 자주적 민간 협동조합 운동이 확산한 시기였다. 1926년 일본 도쿄에서 '협동조합운동사'가 조직되어 「조선경제」가 발간되었고 그 주역들이 귀국하여 1927년 경북 상주 등에서 협동조합을 결성하였다. 협동조합운동사는 1928년에 본부를 서울로 옮겨 본격적인 협동조합 운동을 펼쳤으며 충남, 경남, 경북 등에서 22개 조합을 만들었고 조합원을 5,000명가량으로 늘렸다. 1925년에는 천도교를 중심으로 '조선농민사'를 결성한다. 이 조직은 농민의 복리향상을 위해 함경남도와 평안북도를 중심으로 활동했으며 각 지역에 '군농민사'와 '이동농민사'를 두어 체계적으로 운영하였다. 이들은 교세의 확장과 함께 생활향상을 위해서 소비조합, 생산자조합, 이용조합, 신용조합을 두어 전성기에 약 15만명의 조합원을 확보하였다(송규진, 2018).

1920년대는 YMCA연합회의 사회참여가 활성화된 시기이기도 했다. 1925년 YMCA연합회에 농촌부가 설치되어 경성, 선천, 광주, 대구, 신의주, 함흥 등 6개 도시에서 사업을 시작하였다(장규식, 1995). 신용조합, 판매조합, 소비조합 등을 중심으로 계몽, 농촌개혁, 소농지원 등을 진행하였다.

김기태(2012)에 따르면 1920년에 설립된 소비조합들은 경영상 어려움으로 지속되지 못했다. 그러나 종교인들과 유학을 경험한 지식인들의 영향으로 협동조합이 확산하였고 1930년대에 이르러 전국적으로 181개의 조합과 3만 8천여 명의 조합원으로 구성된 '농민공생조합'이 설립되었다(김기태, 2012). 농민공생조합은 천도교가 농민 농촌사업을 위해 1925년에 창설한 조선농민사가 설립한 협동조합이며 소비뿐만 아니라 농민들의 생활지원을 위한 협동조합으로 기능하였다(김형미, 2012).

1932년 일제가 만든 농촌진흥회라는 관제 조직이 농촌진흥운동을 시작하면서 YMCA 협동조합 운동 등 다양한 농촌협동조합 활동을 중단시켰다. 해산명령 등을 포함한 말살 정책으로 1937년 이후에는 그 명맥이 단절되었다(정원각, 2012).

그러나 이 시기의 협동조합 운동은 해방 후에 여러 지역의 조직화로 귀결되었다. 경제적 빈곤과 정치적 독재 속에서 제도적인 보호를 받지 못했지만, 한국의 사회적경제에 영감을 준 전통으로 남아 있다. 자발적으로 시작된 협동조합 운동의 동력은 여러 방면에서 해방 이후로도 이어져 현재의 협동조합을 탄생시킨 기반이 되었다.

3) 산업화시기의 사회적경제

1945년 일제강점기로부터의 해방은 협동조합운동이 되살아난 계기가 되었다. 해방과 동시에 전국농민조합총연맹의 협동조합 전국 연합회 발기회 구성, 금융조합연합회의 협동조합추진위원회 전국 설치 등이 추진되었다. 그러나 협동조합의 재구성도 해방 후 좌우 대립, 남북분단, 일제 잔재 청산 등과 같은 맥락에서 대립, 갈등 그리고 좌절을 반복한다. 반면 1950년대 이후에는 '자조'의 가치를 기반으로 빈곤을 극복하고자 했던 가톨릭계의 메리가별 수녀와 장대익 신부, 그리고 '협동경제연구회'를 중심으로 진행된 신용협동조합 운동이 확산된다. 그 결과로 1960년대에는 다양한 신용협동조합과 신협연합회가 설립된다.

1970년대에는 권위주의 정부에 의한 새마을운동이 진행된다. 급속한 산업화의 결과로 대도시가 빠르게 발전했고 도시와 농촌 간 소득격차가 커지고 농어촌 지역의 발전은 지체되었다. 도시지역의 빈곤문제는 심해졌고 삶의 질은 나빠져갔다. 지방의 의식 있는 활동가나 종교지도자, 지역농민들이 소비자협동조합을 중심으로 소비자와 생산자를 직접 연결하는 시도를 했고 시민들의 생활양식의 변화를 시도하였다. 예를 들어 강원도 원주에서는 국제 NGO의 지원과 지역사회활동가와 지역주민의 참여를 기반으로 신용협동조합, 소비자생활협동조합, 의료생활협동조합 등을 설립하였다. 이 사회적경제 조직들이 상호 출자 네트워크를 형성하여 지역사회의 문제를 해결하고자 다방면으로 노력하였다. 경기도 안성에서는 지역사회 보건문제를 서울에서 파견된 의료봉사 대학생과 지역 농민회의 협력을 통해 의료생활협동조합을 설립하였다. 그 조직이 중심이 되어 다양한 지역사회 활동을 조직화하면서 주민들이 참여했고 산업화와 도시화가 유발한 사회문제에 지역의 독립적인 대응을 모색하였다. 1980년대 이후 이러한 시도들이 체계화되면서 프로그램도 다양화되었다. 지역별로 새로운 프로그램이 설계되면서 지역 기반 신용협동조합과 소비자생활협동조합이 활성화되었다. 의료복지사회적협동조합 등에서는 총회, 대의원회, 각종 소모임 등을 통해 지역주민들의 참여를 촉진하고 지역사회문제해결의 네트워크를 형성하였다.

한국경제가 본격적으로 발전한 시기에는 정부가 발전의 주역이 되었다. 중앙정부가 중심이 되어 경제개발전략을 수립하고 사회간접자본을 구축하고 인적 자원을 개발했으며 지역집적 산업화를 이루어냈다. 이런 성과는 국제적으로도 많은 주목을 받고 있다. 그러나 정부가 주도하는 발전이 진행되면서 도시에서는 주거문제, 교육 문제, 보건문제, 실업문제 등 다양한 사회문제가 발생하였다. 농어촌에서도 지역산업의 경쟁력이 약해지면서 주민들이 지역을 떠나고 인구는 고령화되는 문제가 심각해졌다.

이런 상황에서 한국의 일부 지역에서 시민사회를 중심으로 지역의 문제를 해결하려는 활동이 시작되었다. 1960년대부터 도시민들이 빈곤을 극복하고 자활하기 위한 공동체 운동이 발생하였다. 농어촌 지역에서 지역운동가가 중심이 되어 협동조합을 설립하고 지역조직을 통해 지역문제를 해결하고자 하였다. 1980년대 이후에는 도심의 강제철거와 재개발이 진행된 이후 노동자와 주민의 이익을 대변하기 위해 설립된 시민사회조직들이 활동을 시작했다.

4) 글로벌경제위기 시대의 사회적경제

1980년대 이후에 한국사회가 민주화되면서 시민사회조직의 수가 증가하였다. 정부는 비영리조직의 활성화를 위해 다양한 지원을 하였다. 1990년대부터는 지역사회의 대표자를 주민이 직접 뽑는 지방자치제도가 시행되었다. 정보화, 세계화도 가속화되면서 금융시장의 세계화가 진행되었고 1997년에는 글로벌경제위기에 직면한다. 글로벌경제위기는 한국 사회에 큰 변화를 유발했다. 경제위기의 결과로 실업, 빈곤, 주거문제 등 다양한 사회문제가 유발되었다. 실업이 급증하면서 정부와 협력하여 공공근로사업을 제공하던 시민사회조직들이 사회적 일자리 사업을 통해 취약계층에게 일시적인 고용을 제공하였다. 특히 자활지원센터를 포함해 실업극복에 참여한 시민사회 조직들이 정부의 지원을 받아 사회적 일자리를 제공하였다. 2003년부터 노동부가 사회적 일자리 사업의 주체가 되었지만 사업집행의 주역은 지역의 시민사회 조직이었다. 2000년대부터 정부가 사회적기업진흥법, 협동조합기본법, 사회적경제기본법 등을 제정해서 지역사회를 활성화하고 일자리를 제공하고자 하였다. 사회적 일자리 사업이 사회적 기업 진흥정책으로 이어지면서 사회적 기업과 협동조합의 수가 증가했고 지역의 사회적경제 조직이 많아졌다. 정부는 사회적기업진흥원 등의 공공기관을 활용하여 체계적인 인증제도를 운영하고 다양한 지원을 제공했다. 이런 추세 속에서 다양한 사회적경제 조직의 수가 증가하였다.

이런 배경 속에서 지속가능한 지역사회 발전을 위해 다양한 기관과 주민들이 참여하는 사회적경제의 토대가 지역별로 마련된다. 한국에서 발전한 사회적경제 조직은 협동조합, 사회적 기업, 자활기업 등으로 구성된다. 한국의 사회적경제는 고령화, 가족구조의 변화, 여성의 경제활동 참여 증가와 경제적 양극화가 유발한 복지, 보육, 간병, 가사 지원 등의 수요에 대응할 사회적 토대가 될 것으로 주목받고 있다. 사회적경제의 지속가능한 발전을 위해서는 지역의 여러 기관과 주민의 참여가 필요하다. 실제로 사회적경제 조직을 중심으로 활발한 주민참여가 발생하는 지역이 많다. 이런 변화는 한국의 지역사회가 지속가능한 공동체로 발전하는 과정에서 정부와 기업 그리고 시민사회 조직들이 서로 협력하는 과정을 잘 보여준다.

사회적경제를 활성화한다는 것은 지역사회의 주민과 기관들이 협력해서 역량을 키우고 올바른 발전전략을 수립하는 것을 의미한다. 위기에 빠졌을 때 전체가 협력해서 위기를 극복할 수 있는 지역공동체의 역량을 키우는 것이 중요하며 그것을 가능하게 하는 것이 바로 사회적경제이다.

제4장의 핵심 요약
✓ 유럽에서는 18세기 후반부터 영국의 펜윅과 로치데일, 스페인의 몬드라곤, 이탈리아의 트렌토와 볼로냐, 독일의 바이어부쉬 등 여러 지역에서 협동조합이 생겨나며 사회적경제의 기반이 조성된다.
✓ 한국에서 향약, 두레, 계 등의 자치조직이 사회적경제의 기반이 되었다.

사례분석: 독일 바이어부쉬 지역의 라이파이젠 은행

독일의 거리 곳곳에서 라이파이젠이라는 간판을 볼 수 있다. 18세기의 독일에는 토지소유자의 봉건적 지배와 산업자본가의 결탁으로 고리채에 시달리던 농민들이 많았다. 독일의 바이어부쉬 지역에서 라이파이젠이 시장으로서 업무를 시작하면서 마을에 기금을 조성해서 농민들에게 곡식을 무이자로 나눠주기 시작하였다. 가난한 농민을 구제하기 위한 조합을 설립해서 농민들에게 가축을 구매할 자금도 빌려주었다. 조합원 60명이 모여서 자기 책임하에 돈을 빌리고 기금을 모으고, 그 기금으로 가축을 사서 기른 다음 5년 동안 나누어 갚는 방식으로 운영하였다. 이렇게 농민들이 서로 돕고 결속하는 연대의 정신으로 협력해서 세운 신용협동조합이 1862년에 라이파이젠 은행(Raiffeisenbank)으로 전환되었다. 이런 이유로 라이파이젠은 신용협동조합의 아버지로 불린다.

라이파이젠 은행은 마을금고의 형식으로 운영되고 본격적인 수익 모형을 추구하지 않기 때문에, 시장에 상장되지 않고 외부 투자를 유치하기도 어렵다. 그런데 조합원에게 배당을 하지 않고 수익을 차곡차곡 기금으로 쌓아 나가는 방식이 장점이 되고 있다. 수익모형은 없지만 지금과 같은 글로벌경제위기 시대에 큰 위기에 빠지지 않았다. 독일에서는 라이파이젠 은행뿐만 아니라 다양한 협동조합이 지역경제를 굳건히 받히는 토대가 되고 있다. 독일인구의 4분의 1이 협동조합의 조합원으로 활동한다. 협동조합이 조합원의 안전을 최고의 가치로 지켜나가면서 독일경제의 튼튼한 버팀목이 되고 있다.

이러한 모델은 한국의 사회적경제가 발아하는 과정에서 많은 참고가 되었다. 일제강점기를 지나 해방을 맞이한 대한민국은 농업을 중심으로 구성된 사회였다. 지주계급과 산업자본가 계급의 형성이 이루어지지 못한 상태에서 1960년대 이후 권위주의 군사정부를 맞이하였다. 국가가 경제성장을 우선적으로 추진하면서 경제정책 중심의 국정운영이 이루어진다. 수출산업을 중심으로 한 경제개발정책이 수립되며 농산물 가격은 낮게 유지되었고 외국 농산물이 대량으로 수입되면서 농촌경제는 나빠졌다. 이 시기에 토지가 없거나 적은 농민이 늘어나서 법으로 금지된 소작제가 다시 나타나는 현상이 확인되었다. 이 시기 농촌지역의 활동가들은 공동구입,

저축사업, 공생조합 결성 등을 통해서 공동의 자산을 확보했을 때 그것을 나누어 갖지 않고 공동의 협동조합을 만들어 관리하며 새로운 활동을 대비하였다. 다양한 지역에서 이렇게 만들어진 자주적인 협동조합은 시간이 흐른 지금도 사회적경제 거버넌스의 중요한 기반이 되고 있다.

한국 사회적경제의 발전경로

"우리 마을은 돈을 억수로 들인 건물이나 몇 부농의 특화시설이 없는 대신
고만고만한 소농들이 유기농업과 축산으로 순환농업을 하며 지역과 학교가 함께
만들어 가는 곳입니다. 여러 주민 조직이 소리 없이 살아 움직이는 모습도 볼 수 있습니다.
작은 씨앗이 한 알 두 알 자라고 가지가 나서 큰 줄기를 뻗듯, 생각의 씨앗을
키워나가는 농민들이 지역을 조금씩 변화시키며 더불어 살아가고 있습니다."

(홍동마을 마을활력소 앞 안내문)

한국에서 사회적경제가 발전하면서 다양한 제도화의 과정을 거쳤다. 초기의 사회적경제는 학습지역화를 통한 주민의 역량을 키워가는 방식으로 지역발전의 초석을 놓았다. 키워진 주민의 역량은 문제해결의 동력이 되었고 글로벌 위기가 도래할 때도 신속하고 유연한 대응이 가능했던 기반이 되었다.

한국 사회적경제의 기원은 오래전 역사 속에서 찾을 수 있지만 현대적 의미의 사회적경제는 1960년대 소비자생활협동조합의 결성에서 찾을 수 있고, 본격적인 발전은 산업화가 시작된 1970년대부터 이루어졌다. 초기의 사회적경제는 한국 사회가 산업화·도시화되면서 발생한 빈곤, 불평등, 환경문제 등에 대응하면서 형성된다. 반면, 1990년대 이후 글로벌경제위기 시대에 다양하게 나타난 사회문제에 각 지역이 서로 다른 방식으로 대응하는 과정에서 사회적경제도 다양화된다. 21세기 이후 지방자치단체의 지원정책과 협력의 차이도 사회적경제 지형의 다양성을 유발하였다. 이러한 이유로 한국의 사회적경제가 지역별로 다르게 발전하고 있다는 점에서 유사점과 차이점 그리고 성과의 차이를 분석하는 지역 간 비교연구의 주제로 적합하다.

이 장에서는 기존연구를 검토하면서 한국에서의 사회적경제 제도화에 대한

연구 경향과 제도화의 개념을 설명한다. 한국 사회적경제의 발전양식을 자발적 지역화, 공식적 제도화, 혁신의 제도화로 구분하여 각 제도화의 구조적 조건과 양상을 제시한다. 마지막으로 한국의 사회적경제는 각각 제도화를 거친 후 어떤 단계로 발전하는지를 시기별로 구분하여 설명한다.

1 한국 사회적경제의 발전에 관한 기존 연구

한국에서 사회적경제가 발전한 과정을 정리한 연구 성과는 다양하다. 연구자의 관점에 따라 제도화 과정이 다채롭게 논의되었다. 사회적경제의 영역을 구분하고 영역별 발전경로를 설명한 연구, 사회적경제의 특성을 결정한 제도화 및 조직화의 특성을 구분한 이해진(2015b), 신명호(2016), 김정원(2017)의 연구가 대표적이다.[1]

이해진(2015b)은 사회적경제의 제도화, 정치화, 지역화를 혼종성, 고유성, 이동성의 측면에서 검토하였다. 이 연구에서의 제도화는 사회적경제 조직이 국가, 시장, 시민사회와 관계를 맺는 과정이며 주로 국가의 법률, 정책과 연결되는 과정이다. 정치화는 사회적경제에 대한 국가와 정치권력의 개입이 강해지는 현상으로 국가에 의한 강제적, 억압적인 제도화를 포함한다. 지역화는 사회적경제가 지역과 시민사회로 확산하는 배태성을 추구하는 변화로 지역사회에 사회적경제가 자리매김하는 과정이다. 이 연구는 사회적경제의 제도화를 주로 강압, 동원, 통치의 시각에서 주목하고 주로 법률과 제도와 연결되는 과정으로 이해한다.

신명호(2016)는 사회적경제를 소비의 영역, 생산의 영역, 교환의 영역, 분배 또는 이타의 영역으로 구분하고 영역별 발전 과정을 일제강점기, 개발독재 시기, 시장사회 시기로 나누어 설명한다. 영역별, 시기별 사회적경제의 모습을 자생적 발아, 관습화, 그리고 법제화로 구별하여 설명한다. 이 연구는 각 발전양식이 구현되는 순서에 주목하며 발전 과정의 역동성을 체계적으로 설명했다는 점에서 의

---

1) 그 외에도 사회적경제기본법 제정 과정에 주목하는 제도화 과정 연구로 김학실(2017), 이은선·이현지(2017)의 연구가 있다.

미가 크다.

김정원(2017)은 한국의 사회적경제가 조직화된 과정을 국가와 사회의 성격에 따라 구분하고 경로의존성의 개념을 활용하여 설명하였다. 이 연구는 한국의 사회적경제를 '비교적 강한 국가의 영향력, 아직 자리매김하지 못한 대안'으로 정의한다.

한국에서 사회적경제의 역사적 발전 과정을 연구한 기존 문헌들은 제도화를 공공부문의 영향력이 강화되고 사회적경제가 법·제도의 틀 속에 편입되는 과정으로 이해하는 경향이 있다. 그러나 제도주의 이론은 '제도화(institutionalization)'를 특정한 제도가 사회적으로 받아들여지고 이해관계자들의 합의와 동의를 얻음으로써 일관성을 갖고 안정화되는 과정을 설명한다. 이 과정을 통해서 제도는 법률, 규범, 문화로 자리 잡음으로써 지속되는 특성을 갖는다. 따라서 이 저술에서는 사회적경제가 다양한 영역과의 자원 공유, 상호작용 속에서 현재의 특성을 갖게 되는 과정을 제도화로 지칭하고 그 유형을 구분하여 접근하고자 한다.

사회적경제가 제도화되는 과정은 정치적, 경제적, 사회적, 문화적 맥락으로 구성되는 구조적 조건이 사회적 정당성을 형성하고 행위자들이 전략적 선택과 상호작용을 함으로써 진전된다. 따라서 제도화의 과정을 분석할 때, 국가 및 지역사회의 맥락과 행위자들에게 형성된 규범적 정당성을 분석하고 이러한 조건이 어떤 방식의 제도화를 유발하는지 설명하는 것이 중요하다. 그렇게 형성된 제도는 어떤 특징이 있고 어떤 발전으로 이어졌는지를 살펴봄으로써 제도의 기원과 변화의 과정을 설명할 수 있다.

이 저술에서는 사회적경제가 발전하는 과정에서 지역의 시민사회, 국가, 시장과의 상호작용을 통해 현재의 모습으로 제도화할 수 있었다고 가정한다. 따라서 사회적경제의 제도적 발전양식을 자발적 지역화, 공식적 제도화, 혁신의 제도화로 구분하였다. 이러한 발전양식은 동시에 발현하기도 하고 순차적으로 나타나기도 해서 한국의 다양한 사회적경제의 발전경로를 구성한다. 제도적 발전양식과 경로는 맥락의 영향을 받는다. 역사적 전환점이 되는 패러다임의 변화, 법과 제도의 변경, 의사결정 구조의 변경 그리고 주요 참여자의 입장과 관계가 발전양식에 영향을 준다. 따라서 발전의 양식과 경로의 분석은 그것을 결정한 맥락을 함께 고려해서 진행할 것이다.

2 한국 사회적경제의 발전양식

1) 자발적 지역화

한국의 사회적경제는 지역에 조직이 설립되고 뿌리내리는 과정을 거쳤다. 지역사회의 다양한 활동가, 기존 조직들과 연계를 맺고 협력을 거쳐 주민의 역량향상, 지역사회 문제해결을 주도하였다. 이 과정에서 사회적경제의 활동이 활발해지고 공동체가 형성되었다. 결국 자발적 지역화는 사회적경제가 지역사회와 손잡고 지역의 위기, 수요, 특성에 부합하는 방식으로 현장에서 사회적 가치를 만들고 경제를 활성화하는 방식으로 전개되었다.

한국 사회적경제에서 진행한 자발적 지역화는 다음과 같은 양식으로 진행된다. 첫째, 지역 이해관계자들의 참여와 협력을 촉진함으로써 지역학습(community learning)을 활성화하였다. 주민들이 참여함으로써 지역사회의 위기를 인식하고 자신의 수요를 표출할 수 있었으며 이를 지역의 특성에 맞게 해결하였다. 사회적경제가 참여를 촉진할 때, 주민들은 좋은 시민이 되는 법을 배울 수 있다. 자유주의 정치철학자 Mill(1920, 79)이 언급한 것처럼 참여를 통해서 도덕이 무엇이며 시민이 무엇인지 배울 수 있다. 한국 사회적경제가 지역화하는 과정에서도 주민들이 직접 참여하면서 지역사회의 이익이 무엇이며 그것을 얻는 데 필요한 원칙과 수단이 무엇인지 배웠고, 갈등의 상황에서 자신의 이익만을 고집하지 않는 마음을 갖게 되었다. 이러한 주민들의 역량향상이 사회적경제가 뿌리내리고 성장하는 데 중요한 바탕이 되었다.

사회적경제의 지역화는 주민만이 아니라 다양한 이해관계자의 참여를 촉진하였다. 이해관계자에는 주민만 있는 것이 아니다. 지역에 살지 않지만 서로 교류하고 조언하고 직장 생활하는 사람들은 지역의 의사결정에 중요한 정보를 제공하고 자원을 제공할 수 있다. 특히 지역사회 조직의 활발한 활동과 협력은 사회적경제의 지역화에 중요한 성공 요인이 된다. 지역화를 통해 기존의 지역에서 활동했던 조직들 그리고 새롭게 만들어진 조직들이 자원을 모으고 역량을 결합하면서 사회적경제는 지역에 뿌리내릴 수 있었다.

둘째, 지역사회 문제해결을 위한 자산의 활용이다. 사회적경제는 지역사회에 지속가능한 경제체제를 형성함으로써 사회적 가치와 환경적 가치를 동시에 실현하는 것을 목표로 한다. 지역이 보유한 집합적 자산이 있는 경우 이를 공유하고 활용하여 경제적 지속가능성을 얻는다. 한국의 사회적경제도 지역의 자산을 확보하고 재정자원, 공간, 구성원의 역량을 활용함으로써 지역 생태계와 조화를 이루고 경제, 사회, 환경 모든 면에서 균형을 유지하는 방식으로 지역에 뿌리내릴 수 있었다. 자산의 활용은 지역사회 외부에 존재하는 정부, 기업 등 기관들의 지원에 의존하지 않고 지역사회가 그동안 충분히 활용하지 못한 자산들을 최대한 동원하는 것을 뜻한다. 따라서 이 과정에서 이해관계자의 활발한 참여가 중요하다. 한국 사회적경제가 지역화하는 과정에서 자산 활용과 관련하여 중요한 것은 공동의 자산(commons)를 발굴하고 조성하는 일, 그리고 그동안 지역사회가 충분히 활용하지 못한 사람, 공간, 기관들을 최대한 이용하기 위해 발굴하는 것이었다. 사회적경제에 공동의 자산에 대해 집합적 소유권을 확보하고 취약계층이 가진 역량, 버려진 공간, 지역과 떨어져 있던 기관들을 활용할 때 지역 공동체 형성이 가능하고 포용적이고 지속가능한 발전이 가능했다.

셋째, 지역사회 거버넌스의 조성이다. 사회적경제는 거버넌스를 구축하고 그 틀 속에서 활동하며 공동생산하고 공동구성함으로써 지역으로의 재배태화를 실현한다. 지역사회 거버넌스는 주민이나 기관들의 네트워크뿐만 아니라 지역의 가치와 문화를 포괄한다. 그리고 그 안에 사회적경제가 자리잡을 때 지역화가 가능하다. 먼저 지역 내 다양한 기관들의 협력체계가 구축되고 지역사회 사회적경제 조직, 공공기관, 비영리조직, 시민단체 그리고 기업이 공동 노력할 수 있는 거버넌스의 구축이 필요하다. 지역사회 거버넌스를 통해서 모든 이해관계자가 개방적인 구조 속에서 자유롭게 의견을 개진하기 위한 합리적인 규칙의 수립도 중요하다. 이렇게 다양한 기관이 참여하고 협력체계가 만들어지기 위해서는 지역사회가 추구할 가치가 창출되어야 한다. 사회적경제는 지역 내의 다양한 사회문제를 해결하고 가치를 창출하는 역할을 한다. 일자리, 돌봄, 환경파괴 등 다양한 문제를 지역의 특성에 맞게 해결하기 위한 연대와 협력체계를 구성하는 방식으로 지역화는 이루어진다.

2) 공식적 제도화

사회적경제의 공식적 제도화는 사회적경제의 존재와 활동 과정을 정부나 사회 전반에서 인식하고 이를 법률적으로 제도적으로 인정받는 과정이다. 이 과정을 위해서 정부나 공공기관은 사회적경제 활성화 지원을 위한 정책, 법률, 제도 등을 마련한다. 공식적 제도화의 낙관적인 결과로 사회적경제가 지역경제 활성화와 지역사회 문제해결을 원활하게 수행할 것을 예상할 수 있다. 그러나 공식적 제도화는 지역에 밀착되어 주민과의 상호작용 속에서 지역의 수요를 주체적이고 독립적으로 충족했던 사회적경제를 정부정책 집행의 수단으로 만들 수 있다는 회의적인 관점을 수반한다. 정부가 주도하여 지역사회를 조직화하거나 이미 지역을 바탕으로 형성된 사회적경제에 경제적 유인책을 제공하는 대신 정부가 설계한 정책에 명목적으로 참여할 것을 요구받을 때 사회적경제 본연의 가치가 훼손될 가능성이 크기 때문이다. 나아가서 지역사회에 관한 엄밀한 탐구나 조직 운영에 대한 충분한 준비 없이 정부의 지원에 의존해서 창업한 사회적경제 조직의 지속가능성이 낮을 것이 예견된다는 점에서 공식적 제도화에 대한 부정적 관점이 제기되고 있다. 한국 사회적경제의 공식적 제도화는 정부의 사회적경제 관련 법률과 제도의 수립, 정부의 지역사회 조직화 그리고 사회적경제 지원조직 설립 등을 통해서 진행된다.

한국 사회적경제를 공식적으로 제도화한 첫 번째 양식은 정부 주도적 지역사회 조직화이다. 1960년대 권위주의 정부는 과거의 농민조직을 농업협동조합으로 재구성했고 이를 바탕으로 정부의 강압적 통제를 강화하기 위해 집권적인 구조를 형성했다. 1970년대에는 정부의 정책적 주도로 새마을운동을 확산하고 지역사회를 조직화하였다. 이와 함께 만들어진 반상회 등은 정권 홍보와 주민 통제의 수단으로 활용되기도 하였다. 이러한 정부주도적 지역사회 조직화는 정권의 유지와 통치 이념의 확산에 활용됨으로써 지역사회 주도의 사회적경제 발전과 배치되는 방식으로 운영되었다. 그러나 시간이 흐른 후 농업협동조합이 주도하여 만들어진 작목반은 농민들의 참여를 통해 운영되는 자치 조직화하면서 새로운 기술 공유, 거래비용 절감 등의 긍정적 효과를 유발하였다. 그뿐만 아니라 작목반은 일부 농촌 지역사회에서 사회적경제 거버넌스의 주된 참여자로 성장하면서 지역발전의 중요한 행위자로 성장하였다.

두 번째 양식은 법률, 제도, 사업의 수립이다. 대표적으로 사회적기업육성법은 2007년에 사회적 기업에 대한 설립 운영 지원, 사회서비스의 확충, 새로운 일자리 창출 등을 목표로 제정되었다. 이 법률의 제정으로 사회적경제의 핵심 유형인 사회적 기업이 양적으로 증가했고 재정지원, 법적 지원체계 등이 확립되었다. 이 법률을 바탕으로 인증제도가 시행되면서 많은 사회적경제 조직의 동형화(isomorphism)가 발생하였고 이는 더 다양하고 자율적인 생태계 조성에는 역행하는 결과를 초래하였다. 재정지원에 수반되는 성과 평가와 과도한 서류의 제출은 과거에 수행하지 않았던 새로운 업무를 유발함으로써 사회적 기업 업무의 효율성 저하를 가져온 것으로 평가된다. 사업은 공모, 평가, 환류의 절차로 진행되기 때문에 철저한 모니터링을 수반한다. 모니터링 결과는 다음 주기 사업 선정에 영향을 주기 때문에 사회적경제 조직은 정부가 정한 구조와 기준에 맞도록 운영될 수밖에 없으며 때로는 사회적경제 조직의 유형별로 과도한 동형화를 유발한다.

세 번째 양식은 사회적경제 지원조직의 설립이다. 한국의 가장 대표적인 사회적경제 지원조직은 한국사회적기업진흥원이다. 이 조직은 정부가 사회적경제 활성화를 위해서 운영하는 다양한 프로그램을 전담하는 기관으로 사회적 기업 육성, 협동조합 지원, 각종 교육·연구, 컨설팅을 진행한다. 그 외 사회적경제 조직 유형별 지원조직이 형성되어 있으며 각 지방자치단체에서도 사회적경제를 지원하기 위한 조직을 설립하여 지역별 특성을 고려한 지원을 제공한다. 지역사회의 사회적경제 중간 지원조직은 지역사회 관계자들과의 협력을 촉진하고 지자체, 시민사회 단체, 민간기업과 협력한 지역사회 네트워크를 구성하여 사회적경제의 발전을 돕는다. 이 과정에서 다양한 자금지원 및 유치 활동을 함으로써 정부 보조금, 투자유치, 지역 기금 조성 등의 방식으로 사회적경제의 재정역량을 높인다. 지역에 존재하는 다양한 활동가, 이해관계자, 주민들의 역량을 높이기 위한 교육 훈련 프로그램을 도입함으로써 분야별 전문성을 높이는 역할도 수행한다.

3) 혁신의 제도화

한국 사회적경제가 조직화되는 과정에서 기업가정신이 확산되고 혁신이 제도화되는 과정이 수반되었다. 혁신의 개념이 본격적으로 논의된 것은 경제학자인 Schumpeter(1942)의 저술이었다. 그는 기존 질서를 인정하지 않고 발전된 미래를 만들기 위해 생산수단의 새로운 결합을 이루어 나갈 것을 강조했고, 이런 현상을 창조적 파괴활동으로 설명하였다. 그 이후 1960－70년대 유럽과 미국의 학생운동과 노동자 운동을 기반으로 참여 사회를 만들기 위한 혁신적 사회운동과 그 이후 Drucker(1985)를 포함한 다양한 학자의 논의를 바탕으로 사회혁신의 관점이 시작된다. 이러한 관점은 사회적경제에도 반영되어 사회적 기업가 양성의 활성화, 조직의 혁신, 지역사회의 혁신이 확산하고 제도화되는 과정을 거쳤다. 사회적경제의 혁신은 일정 부분 시장의 영향력 극대화를 표방하는 신자유주의의 확산과도 관련된다. 효율성, 경쟁력, 혁신성을 통해 수익을 창출하고자 하는 신자유주의 이념은 새로운 비즈니스 모형, 조직 내 시장가치의 확산을 통한 이중목표 달성을 위한 새로운 관리체계의 도입을 강조한다. 그러나 혁신은 시장의 영향력으로만 설명할 수는 없다. 여러 영역에서 기존 구조를 벗어나 민주적 의사결정을 통해 사회적으로 중시되는 가치 달성을 추구한다는 점에서 혁신의 제도화는 다원적 영역의 결합으로 나타난다.

혁신이 제도화되는 첫 번째 양식은 사회적 기업가정신의 확산이다. 혁신을 주도할 사회적 기업가 양성을 위한 프로그램들이 제도화되었다. 다양한 교육·훈련 프로그램을 통해서 사회적 기업가의 역량을 강화하여 이들이 사회적경제의 혁신을 이끌도록 하는 과정이 진행되었다. 이를 바탕으로 혁신적 비즈니스 모형 개발, 재정관리, 인력관리 등에 대한 역량이 높아졌다. 많은 경험을 갖춘 사회적 기업가가 새로운 활동가에게 조언하고 경영을 지원하는 컨설팅·멘토링 프로그램도 다수 운영되었다. 우수한 아이디어를 공유할 워크숍과 경연 대회를 통해서 우수한 아이디어와 비즈니스 모델을 갖춘 사회적 기업가를 지원하였다. 이를 바탕으로 사회적경제 영역에 혁신성이 높아지고 이를 확산하기 위한 기반이 조성된다.

두 번째 양식은 사회혁신 모형의 확산이다. 사회적경제의 혁신은 새롭고 다양한 대안의 모색으로 발현되어 협력과 영향력 제고의 과정을 거쳐서 제도화되었다. 캐나다의 몬트리올 퀘벡대학교 연구기관인 CRISES(Center for Research on Social Innovation)는 사회혁신을 "성과와 개선을 유발하는 새로운 조직, 제도, 업무처리방식, 사회적 시도, 매커니즘, 접근방법, 개념"으로 설명한다. 한국에서도 2000년대 후반 사회문제 해결을 시도하는 다양한 새로운 방법이 사회적경제를 통해서 시작되었다. 실제로 현재의 저출생과 지역소멸 문제의 논의가 2008년 글로벌경제위기 이후부터 논의되기 시작되었다. 인구 성장율의 감소추세, 고령화 인구의 빠른 증가, 시도별 연평균 지역 내 총생산 증가율 하락의 격차 등이 이미 2010년대가 시작하면서 논의되었다. 이에 대한 혁신적이고 효과적인 대응이 필요하다는 시각이 설득력을 얻었으며 그 주체로 사회적경제가 주목받기 시작했다. 이 시기에 설립된 다양한 사회적경제 조직은 이러한 사회문제에 주목했고 그 문제를 지역사회 삶의 질 제고를 통해 해소하고자 하는 시도가 있었다.

혁신의 시도를 제도화하기 위해 사회적경제 조직의 새롭고 다양한 대안의 모색을 협력체계의 구축을 통해 그 영향력을 높이려는 시도가 지속되었다. 지역별로 사회적경제 네트워크가 형성되고 중간 지원조직이 도입되었고 이 체계 속에서 새로운 대안의 공유, 해결방안의 공동 집행, 새로운 정책과 서비스의 공동생산 등이 논의되었다. 정부와 사회적경제 두 영역 모두에서 사회서비스를 공동설계, 집행하는 제도와 사례가 늘고 있으며 이를 바탕으로 파급효과를 키워가고 있다.

3 한국 사회적경제의 자발적 지역화

한국의 사회적경제는 조선시대와 일제강점기의 전통에 기반을 두고 시작하여 1960년대 이후 나타난 자발적 지역화부터 활동이 시작된다. 일제 강점기의 억압적 지배 체제를 경험하는 동안 한국의 지역사회에는 해외 유학생이 주축이 된 시민사회 조직들이 계몽운동을 중심으로 활동하였다. 미군정이 시작되며 대부분의 지역에서 이 조직들은 사회주의 운동으로 간주되어 사회운동으로 충분히 발전되지 못한 채 중단되었다. 그러나 일부 지역에서는 협동조합운동의 유산을 이어가며

102   한국의 사회적경제

일부 활동가와 주민들을 중심으로 지역사회 조직화가 진행되었다.

현대적인 의미의 사회적경제로 볼 수 있는 활동은 1970년대 이후에 본격적으로 시작된다. 1970년대의 한국은 정부주도적인 산업화가 시작된다. 정부가 많은 자원을 동원하여 추진한 산업화가 진행되는 동안 도시와 농어촌 사이에 소득격차가 커지고 농어촌의 발전이 지체되는 현상이 나타난다. 이 시기에 지역사회의 종교지도자, 활동가 그리고 지역 주민들은 소비자협동조합을 조직화하고 소비자와 생산자를 직접 연결하는 시도를 한다. 초기 사회적경제가 지역사회를 조직화하는 일에서 시작했으며 그 방향은 학습지역화, 자발적 지역화를 바탕으로 한 지역사회 거버넌스 형성, 문제해결을 위한 지역사회 자원활용 등으로 구분할 수 있다.

1) 사회적경제의 자발적 지역화를 위한 구조적 조건

사회적경제의 자발적 지역화가 시작된 시대적 관점은 발전주의에서 찾을 수 있다. 일제강점기에서 해방을 맞이한 대한민국은 농업 중심 사회였으며 지주계급과 산업자본가 계급의 형성이 이루어지지 못한 상태에서 1960년대 이후 권위주의 군사정부를 맞이하였다. 이 시기에 국가는 총량적 경제성장을 지향했고 경제기술관료 중심의 관료제에서 경제정책 중심의 국정운영을 하였다. 국가정책의 초점이 사회적 형평성과 복지보다는 고속성장이 가져올 낙수효과에 맞추어져 있었다. 수출산업을 중심으로 한 경제개발정책이 수립되면서 농산물 가격은 낮게 유지되었고 외국 농산물이 대량으로 수입되면서 농촌경제는 매우 나빠졌다. 이 시기에 토지가 없거나 적은 농민이 늘어나서 법으로 금지된 소작제가 다시 나타나는 현상이 확인되었다. 과도한 소작료율이 책정되기도 해서 토지개혁 이전과 비슷한 형태를 보이기도 하였다. 산업화가 진전되면서 제한된 토지에 대한 수요 증대효과가 있었고 부동산 투기로 발생한 부재지주의 문제 등이 새로운 형태의 소작농 및 영세농을 발생시켰다. 복지지출을 억제하고 자원배분의 우선순위를 경제성장에 둔 결과 도시와 농촌 간 격차, 불평등, 노동자와 농민의 빈곤 등과 같은 심각한 사회문제가 나타났다.

이러한 문제에 시민사회에서는 지역사회 조직화와 공동체 형성으로 대응한다. 농촌 지역에서 다양한 협동조합과 신용협동조합의 조직화, 도시 빈민을 위한 생산공동체 형성 등이 시작되었다. 1958년 홍동면의 풀무학교를 비롯하여 1968년 부산의 청십자의료협동조합, 1973년 원주신용협동조합, 1976년 난곡 희망의료협동조합 등이 대표적인 사례이다.

<들여다보기> 부산 청십자의료협동조합

부산 청십자의료협동조합은 1968년 4월에 부산 지역 23개 교회 단체 대표들이 중심이 되어 설립한 대한민국 최초의 의료보험 조합이다. 1956년에 조직된 성경 연구 모임이 사회에 기여할 새로운 사업을 모색하던 중 미국의 청십자 운동을 한국에서 실천하기 위해 설립하였다. 장기려 박사가 창립 당시 조합장이 되었고 1969년에 스웨덴의 지원을 받던 부산의료협동조합과 통합하여 청십자의료협동조합으로 개편하였다. 발족당시 조합원수는 14,828명이었으나 1988년에 234,366명으로 증가하였다. 21년동안 약 53만명이 가입했고 약 773만 명의 조합원이 혜택을 받아 242억원의 급여비를 지출하였다. 청십자의료협동조합은 질병을 극복하기 위해 조합원이 서로 돕는 정신을 기반으로 설립·운영되었다. 정부의 건강보험 제도가 정착되기 전에 의료 사각지대에 놓인 서민들에게 의료 혜택을 제공할 수 있었고 대한민국 건강보험 제도의 기틀을 마련하는 데 중요한 역할을 하였다. 그리고 전국적으로 설립된 유사한 의료협동조합의 발전에도 큰 영향을 주었다.

이 시기에 자발적 지역화의 주된 행위자는 지역사회 활동가, 종교지도자, 그리고 민주화운동에 참여한 학생운동가 등이었다. 풀무학교를 세운 이찬갑은 토지 몰수와 기독교 박해를 피해서 월남한 지역사회 활동가였고 홍성군 홍동면이 고향인 주옥로를 만나 중학교 진학률이 현저하게 낮은 홍동면에 풀무학교를 설립하였다. 부산에서 청십자의료협동조합을 세운 장기려는 지역사회 의료활동을 했던 의사였으며 원주에서 남한강 홍수로 확보한 원조금을 바탕으로 협동조합 중심의 마을조직을 일으킨 주역은 지학순 주교와 지역사회 활동가 장일순이었다. 이들이 활동함에 있어서 민주화운동에 앞장섰던 학생운동가들이 가세하였다. 1970년대의 도시 빈민 밀집 지역에는 활동가를 중심으로 철거반대 투쟁을 함께하며 신용협동조합과 의료협동조합을 조직화하였다(김정원, 2017).

이들 활동가들은 도시 빈민지역과 농어촌에 교육과 의료시설이 부족하여 기본적인 서비스 접근에 제한이 있었지만 정부의 지원은 소극적이었던 상황을 목도하고 지역사회를 조직화했다. 주민들의 자립의식을 강화하고 스스로 생계를 향상할 수 있도록 다양한 시도를 하였다. 이 과정에서 지역에서의 학습, 자산활용, 네트워크 형성이 이루어졌다. 오랜 전통을 가진 지역의 사회적경제는 바로 이런 토대 위에서 영향력을 확산하고 새로운 혁신을 이어가고 있다.

2) 학습지역화를 통한 자발적 지역화

학습지역은 지식을 공유하고 이전하는 연결망을 형성함으로써 변화를 미리 인식하고 대응하는 지역을 의미한다. 학습지역화를 통한 사회적경제의 지역화는 바로 사회적경제가 중심이 되어 지역사회 구성원이 가치관과 문화를 공유할 수 있도록 주도하는 방식의 발전을 의미한다. 사회적경제가 주민이 학습할 공간과 기관을 마련하며 이를 바탕으로 같은 목표와 가치를 공유하면서 지역의 발전을 위한 몰입을 주도하는 것이다. 사회적경제를 중심으로 농어촌 지역에서 바람직한 발전의 방향을 인식하고 공유하며 구체적인 대안을 함께 학습함으로써 지역사회가 지속가능한 발전을 할 수 있도록 협력하는 과정을 발견할 수 있다.

지역사회를 학습지역화함으로써 주민들의 삶의 질을 높이는 방식으로 지역화하는 전략은 충청남도 홍성군 홍동면에서 찾을 수 있다. 민족지도자 이승훈이 평안도 정주에 설립한 오산학교에서 기독교 사상과 민족정신을 배운 이찬갑은 1948년에 월남하여 1958년 충청남도 홍성군 홍동면에 풀무학교를 설립하였다. 이 지역에서는 1969년에 소비조합이 발족했고 1972년 신용협동조합이 업무를 시작했다. 이 조직들은 풀무학교를 중심으로 운영되었고 협동조합에 대한 지속적인 학습을 통해 민주적인 운영과 건전한 재정운영을 강조하였다. 풀무학교는 풀무질과 학교를 합성해서 만든 말이다. 쇠가 긴 시간 달구어져서 연장으로 변하듯 사람이 성장하는 데도 오랜 풀무질이 필요하다는 뜻이다. 홍동마을의 풀무학교는 자연과 마을과 함께 성장해 갈 교양 있는 공동체 구성원을 키워내면서 환경생태농업기법을 확산하고 있다.

풀무학교는 학습과 관련하여 의미 있는 화두를 던진다. "더불어 사는 평민", "일소공도(일만하면 소, 공부만 하면 도깨비)", "학교와 지역은 하나다." "인생의 창업" 이 모든 말들이 풀무학교의 교육방향이다. 지역사회를 기반으로 나 개인만이 아닌 공동체 모두를 위한 삶을 사는 구성원을 키워내는 지역의 학교라는 의미이다. 서로 배우고 협력하면서 형성된 지역사회는 주민에게 필요한 수요가 있을 때 그것을 스스로 해결하기 위한 새로운 사업을 시작하고 새로운 조직을 만들어 갈 수 있다. 풀무학교 전공부, 풀무학교 생협, 갓골어린이집, 갓골목공소, 마을활력소가 만들어졌고, 지역사회의 중심이 되는 문화공간 밝맑도서관이 설립되었다. 지금도 마을 활력소에서는 지역 주민들이 원하는 수요가 무엇인지 파악하고, 지역의 문제를 찾아내고, 지역이 갖고 있는 자산을 발굴하고, 해결책을 고민하고 있다. 홍동마을은 풀무학교가 사회적경제의 중심이 되며 지역을 새롭게 만들어가는 인큐베이터의 역할을 수행한다. 이를 바탕으로 학습지역화, 평생학습 공동체를 형성하고자 하였다.

3) 지역사회 문제해결을 위한 자산활용을 통한 자발적 지역화

한국의 사회적경제는 지역의 자산을 축적하고 활용함으로써 지역문제를 해결하였다. 한국의 사회적경제 조직들은 지역자산을 활용하는 과정에서 지역사회 전체가 함께 성장하고 사회적경제의 활동에 관한 관심과 지원을 얻는 방식으로 발전하였다. 자산을 확보하는 과정에서 사회적경제는 지역 주민과 접촉하고 교류하게 되며 그 과정에서 이해관계자의 활발한 참여가 이뤄졌고 의사소통도 원활해졌다.

지역의 자산 활용을 통한 지역화 사례는 강원도 원주시의 사회적경제 사례에서 찾을 수 있다. 원주시 지역사회 사회적경제는 1965년에 원주에 부임한 지학순 주교와 인권운동가 장일순의 노력에서 기원을 찾을 수 있다. 이들은 원주지역의 활동가들과 협력하여 협동조합운동과 한살림운동을 전개하였다. 1972년 8월 남한강 일대에 심각한 홍수가 발생하였다. 이 홍수는 강원, 경기, 충북 3개도의 13개 시·군의 87개 읍·면에 큰 피해를 유발했다. 벼 수확 직전에 발생한 홍수였기 때문에 먹을거리가 없었고 피해 주민들은 생활할 근거지도 상실한 상황이 되었다. 강원도 농촌과 탄광의 피해도 컸고 원주교구의 지학순 주교는 독일 미제레올 재단과 국제 NGO 카리타스에 피해를 알리고 복구를 위한 도움을 청하였다.

결국 1973년 1월 기독교 재단인 미제레올 재단이 240만 마르크, 카리타스 인터내셔널이 51만 마르크를 지원하여 한화 총 3억 6천만 원의 지원금을 얻게 되었다. 이 자금은 이재민에게 직접 배분되지 않았다. 오히려 원주지역에서는 밝음

신용협동조합(밝음신협)이 설립되었다. 그렇게 설립된 밝음신협은 향후 생활협동조합들이 만들어질 때마다 출자했다. 원주의료생협이 만들어질 때도 출자했을 뿐만 아니라 이후 조직운영에도 다양한 기여를 하였다. 수해를 당한 지역주민들에게도 상환을 조건으로 6개월 된 암소를 사 주었는데, 함께 키우는 작목반을 구성하는 것을 전제로 하였다. 6개월 된 암소를 2년 동안 기르게 한 뒤 새끼를 낳으면 그 송아지를 키워서 6개월 된 소로 상환하는 방식이었다(염찬희, 2012). 농민들이 작목반에서 만나 살아가는 이야기, 농사이야기, 소 키우는 이야기를 나누며 생산공동체를 만들 수 있었다. 이렇게 자산을 확보하고 이를 바탕으로 사회적경제는 지역주민들과 협력하고 연대하는 방식으로 지역화하였다.

강원도 원주의 공동 자산은 신용협동조합을 통해 새로운 사회 수요를 충족시키는 활동에 활용되었다. 2002년 11월 16일 지역 주민 1,200여 가구를 중심으로 1억 7,000만 원의 자본금을 출자해 원주의료생협이 설립되었다. 출자금은 의료기기와 시설을 사들이고 병원이나 조합원 활동 운영비로 활용되었다. 의료생협의 생성 과정에서 작동한 가장 강한 사회적 지원체계는 기존 협동조합이었다. 이들의 출자로 새로운 형태의 사회적경제 조직을 설립할 수 있었고 그 바탕 위에서 더욱 발전된 사회적경제가 자리 잡게 되었다. 생활의 터전을 중심으로 지역과 마을 개념을 재정립하여 자율적으로 설정한 지리적 공간을 바탕으로 협동조합의 활동을 재구성하는 계획을 수립하고 있다.

지역사회의 자원을 활용함으로써 지역의 문제를 해결하는 문제해결형 지역화의 사례는 경기도 안성시에서도 찾을 수 있다. 안성지역 사회적경제는 1987년 안성군 고삼면 수도권 지역 기독학생회와 마을 청년회가 구성한 주말 진료활동, 건강요원활동, 예방접종 사업, 의료보장제도 개선활동 등에서 시작되었다. 이 활동이 안성진료회라는 의료인 단체로 발전했고 1992년 안성진료회와 지역주민이 공동 출자한 안성한의원이 설립되었다. 1994년 조합원 253명과 출자금 1억3천만원으로 안성의료생협이 시작되었고 이 조직이 한국 최초의 의료협동조합이 되었다(김범수·김현희, 2005). 1994년의 출자에 대해 안성의료협동조합 관계자는 다음과 같이 증언한다.

"1994년 지역주민들이 보기에 전례 없는, 당시 10만 원이 훨씬
넘는 평균출자액을 기록하였다. 일반 농협은 평균 출자액이 4만 원이었다.
생협이라는 것이 사기 같아 보일 수도 있었는데 선뜻 그분들이
출자를 한 이유를 생각해 볼 필요가 있다. 즉 일반 의료기관 방문시
권위적이어서 상담의 어려움 등이 있었고 이것을 생협에서 해결해 줄 수 있지
않을까라는 주민들의 생각이 있었던 것이다."

(김○○, 안성의료협동조합 전무이사, 2010년 12월 3일)

자산 활용을 통한 사회적경제의 지역화는 학습 지역화와도 연결된다. 사회적
경제가 성장하는 과정에서 원주지역의 마을 주민은 협동이 무엇인지 알게 되었다
고 한다(신철영·이혜라, 2002). 활동가들도 지역주민에 대한 교육과 학습이 가장 중
요한 영역이라고 판단하였다. 학습의 과정에서 농촌의 현실을 논의하게 되었고
그것을 바탕으로 현실을 비판적으로 바라보며, 새로운 비전을 구상하게 되었다.

4) 지역사회 네트워크 형성 통한 자발적 지역화

많은 사회적경제는 지역사회 네트워크를 형성함으로써 자발적인 지역화를 하
였다. 다양한 이해관계자가 모이고 스스로 교류하며 축적된 사회적 자본을 바탕
으로 지역과의 연계를 강화하였다. 안성의료협동조합의 생성을 주도한 사람들은
외부에서 유입된 학생운동가와 의료인 그리고 지역청년회였다. 이들이 다양한 주
민대상활동과 만성질환 관리자 양성, 의약품 보급 활동 운동을 진행했고 이러한
활동을 토대로 지역주민 조직이 강화되었다. 안성에서 활동한 학생 운동가들은
1980년대 민주화 시기에 농촌 지역을 조직화하고 시민사회를 형성한 주역이었고,
이들의 자발적인 노력으로 지역사회 보건문제의 이슈화와 농업경제 활성화를 위
한 시장접근성 확대 시도가 가능했었다.

안성의료협동조합을 지원한 네트워크는 농촌봉사활동에 참여했던 대학생 네트
워크와 지역주민 그리고 고삼면 가유리 청년회로 집약된다. 그 주축은 의과대학생
및 의료인들이었고 이들이 지역주민과 공동으로 한의원을 개원하였다. 이들은 지
역사회의 건강문제 해결에 주민의 참여가 필수적이라고 여겼기 때문에 주민들이
제도적으로 참여할 기구로서 소비자생활협동조합을 생각하였다. 자연스럽게 폭넓

은 참여를 유도하기 위한 위원회를 구성하여 활동을 제안하면서 지역 주민도 생활협동조합의 일원으로 가세하였다.

이렇게 협력의 네트워크를 통해 자발적 지역화를 이룬 전통은 현재까지 남아 있다. 지역 주민과의 연계를 강화하기 위해 현재도 실효성 높은 대의원회의와 소모임을 가동하면서 주민과의 신뢰를 형성한다. 30가구당 1명의 대의원을 선출하고 1개 면에서 10-19명의 대의원이 선출된다. 이들이 선거구별로 1년에 2차례 모임을 진행하며 이사 및 담당 직원이 매달 모여서 조합원들이 면을 위해서 해야할 일에 대해 논의하는 과정이 체계적으로 마련되어 있다. 이들이 대의원에 당선되면 반드시 참가해야 하는 교육프로그램이 있으며 이 과정을 통해서 조합과 조합원 사이의 신뢰가 형성된다. 이들은 지역 주민과의 협력뿐 아니라 다양한 지역 조직들과도 협력체계를 강화해 가고 있다.

원주지역에서 발전한 협동조합도 많은 활동가를 필요로 했고, 민주화 운동을 주도했던 학생 운동가들이 원주의 협동조합 활동가로 고용되었다. 원주지역에서 활동했던 지역 활동가들은 조직력과 기획력을 갖고 있었고 협동조합에 대해 잘 이해하고 있었다. 이들은 동원 능력과 지역사회 변화를 위한 혁신적인 아이디어를 갖고 있었을 뿐 아니라 조직화 역량도 갖고 있었기 때문에 초기의 제한적인 재정역량을 바탕으로 지역의 새로운 수요를 충족시킬 프로그램의 기획과 운영을 성공적으로 추진할 수 있었다.

4 한국 사회적경제의 공식적 제도화

1) 사회적경제의 공식적 제도화를 위한 구조적 조건

사회적경제의 공식적 제도화는 두 가지 방면으로 진행된다. 발전주의 국가체제에서 농촌개발사업을 위한 농업협동조합 등을 통해 농민조직화 운동을 시작하였다. 군사독재 정부에서 진행한 경제개발 프로젝트에서 농촌이 소외되면서 농촌의 몰락, 지역의 불균형이 시작되었다. 국가주도로 협동조합을 조직화함으로써 생산, 유통, 금융 기능의 체계화를 통해 농촌의 발전을 지원하고자 지역에 청년회, 부녀회, 양곡조합, 신협 등을 조직화하였다. 그리고 도농 간 격차는 정치적 이슈로 발전하여 대통령 선거를 앞두고 농촌 지역의 주민동원 체제를 구축할 필요성도 높아졌다. 이 시기에 정부는 지역사회 조직을 경제발전의 수단으로 이해하고 국가와 지역의 관계를 강화하여 이들을 체계적으로 동원하고자 하였다. 이러한 제도화는 선별적 법제화를 통해 확립된다. 농협과 수협관련 법률은 1960년대 초에 제정되었고 1972년에 신용협동조합법이, 1982년에 새마을금고법이 제정되었다.

1990년대부터 신자유주의 이념이 확산하고 한국의 공공부문 관리에 신공공관리론이 설득력을 얻었다. 1997년의 금융위기는 대규모의 실업을 유발하였고 정부는 사회적 일자리 사업을 통해 문제를 해결하고자 하였다. 정부에 많은 영향을 준 신공공관리론은 '목표설정 → 자율성 부여 → 평가 → 평가결과의 반영'으로 구성된 절차에 따라 정부사업에 대한 엄밀한 평가와 모니터링을 요구하였다. 신자유주의는 정부의 민영화와 민간위탁을 지지하였고 정부가 하던 일 중 많은 일이 시민사회 조직이나 사회적경제 조직으로 위탁되었다. 이때 정부는 사회적경제에 대한 공식적 제도화를 추진한다. 고용노동부의 사회적 기업, 보건복지부의 자활기업, 행정안전부의 마을기업, 농림축산식품부의 농어촌공동체 회사 등이 사회적경제의 영역에 포괄되어 공식화되었다.

이 시기의 법제적 제도를 통한 공식화는 몇 가지 문제를 유발한다. 첫째, 다양한 부처가 유사한 목적의 사업을 진행하며 발생하는 영역의 중복이다. 각 유형의 사업이 추구하는 궁극적 목적에 약간의 차이는 있지만, 일자리 제공, 사회서비스 제공, 지역사회 발전에의 기여 등의 수행하면서 수익성을 창출하는 방식에 중복성이 존재한다. 둘째, 사회적경제 조직은 지역별로 나타나는 다양성을 존중하며 유연함을 바탕으로 혁신적인 운영을 지향한다. 그러나 정부의 세밀한 지침과 감사는 자율성의 약화를 가져오며, 무엇보다 지역사회 발전을 위한 거시적인 비전을 지향하기보다 정부의 정책목표 달성에 초점을 맞추는 목표전이(goal displacement) 현상이 발생하는 경우가 많아졌다.

공식적 제도화가 진행되며 정부가 주요 행위자로 자리매김하였다. 강제적, 억압적 제도화의 경우에도 농촌발전을 위한 정부의 역할이 커졌고 신자유주의 시대에 진행된 법률과 제도에 기반을 둔 공식적 제도화의 경우에도 중앙부처 공무원이 제도형성의 주역이 되었다. 신자유주의 정책이 확산하면서 정부는 재분배 정책을 보완하면서 노동 연계 복지정책을 추진하였다. 공식적 제도화에도 지역의 활동가가 참여하였고 무엇보다 조직화된 시민사회가 참여할 여지도 커졌다. 실업과 노동통합에 대한 생산공동체와 시민사회의 역할이 있었으며 이들 중 일부가 국가의 정책에 부응하여 공식적 제도화를 이룬 행위자가 되었다.

신자유주의를 매개로 시작된 정부, 시민사회, 지역사회의 본격적인 상호작용은 사회적경제에서의 모순을 보여준다. 사회적경제는 국가와 시장의 문제를 극복하고자 지역사회 공동체와 시민사회가 중심이 되어 지역의 발전을 추구하는 대안적 경제영역이다. 그러나 공식적 제도화 이후 각 조직의 정의와 운영방식을 정부가 규정하고 있다는 점, 유사 영역에 대한 중복된 사업 운영이 이루어지는 점은 자율성의 약화와 운영의 비효율을 초래할 수 있을 것으로 예견된다.

2) 정부주도적 지역사회 조직화를 통한 억압적 공식화

한국에서 사회적경제의 억압적 공식화는 일찍이 1945년에 정부가 미국의 4H 운동을 도입해서 농촌에 활력을 불어 넣기 위해 시작했던 농촌 부흥운동에서 시작한다. 1950년까지 1,900여 개 마을에서 5만 명이 넘는 회원들을 참여시켰다고 알려진다. 이 운동은 1962년 농촌진흥청이 설립된 후 다시 활성화되면서 민간단체 육성, 지도자 연찬회 그리고 특수 지도자 제도 도입 등으로 재개된다. 이러한 정부주도적 조직화는 1970년대에 본격화된 새마을운동의 기반이 된다.

1960년대 이후 권위주의 정부는 농민조직을 농업협동조합으로 재구성한다. 정부주도적인 농민조직을 형성한 것은 빈곤극복을 위해 농민들의 농업활동을 도우려는 의도가 있었으나 한편으로는 정부정책에 대한 농업분야의 지원과 동원을 유도하려는 의도도 있었다. 정부는 1970년대에 본격적으로 진행된 새마을운동을 통해 정부는 지역사회를 조직화하고자 하였다. 조선시대 이후 행정을 효율적으로 수행하기 위해서 설치된 오가작통제나 향회(鄕會)를 기반으로 반상회(班常會)를 조직화하였다. 도시지역의 반상회는 표면적으로는 이웃 간 친목도모와 상부상조, 지역공동체 개발에 대한 주민들의 참여와 협조 등을 표방하였다. 그러나 내면적으로는 국가정책을 주민에게 홍보하고 협조를 구하고자 조직화되었다. 실제로 반상회는 1976년 5월 31일 오후 6시에 6월 1일 새마을의 날을 하루 앞두고 지정되었고, 내무부가 설정한 장발단속, 새 주민등록증 휴대 등을 비롯한 8개 의제를 전달하는 방식으로 진행되었다(손용석, 2015). 유신시대로 접어든 후 반상회는 정권 홍보와 주민 통제수단으로 변질되었고 1995년 지방자치제도가 시작된 후 서서히 폐지되기 시작하여 현재는 자율적으로 진행되고 있다.

1970년대에 농업협동조합이 중심이 되어 농민들의 생산과 유통을 지원하기 위해 도입된 조직이 작목반이다. 작목반은 특정한 작목을 중심으로 유통을 공동 관리하여 규모의 경제를 실현하기 위해 조직화한 농민조직이다. 따라서 자연부락으로서의 마을의 범위를 넘어서는 경우가 많으며 경우에 따라서는 작물의 단지화(clustering)를 통해서 형성되는 경우가 많았다. 현재 작목반이 농촌지역 사회적경제의 중요한 행위자로 기능하는 경우가 있다. 그런데 초기의 작목반은 정부의 농촌진흥정책의 일부로 조직화되었다. 1970년대에는 농산물 생산지를 중심으로 형성된 생산자조직이 육성되고 새마을운동이 본격화되면서 정부가 공동체적 영농의식을 고취하여 그 수가 획기적으로 증가하였다. 특히 농촌진흥청에서 형성한 농사개량구락부와의 합병을 통해 새마을 작목반으로 통합되었다. 작목반은 영세한 생산자가 갖는 거래교섭과정에서의 불리함을 극복하고 규모의 경제를 실현하여 비용절감효과를 실현하는 데 실질적인 기여를 하였다. 작목반은 기본적으로 농민들의 참여를 통해서 운영된 자치조직으로서 참여의 과정에서 농민들은 새로운 농업기술에 대한 정보와 자료를 공유함으로써 생산성을 높였고 유통과 판매에 관련한 역량도 계발할 수 있었다. 나아가서 선진 농업현장 견학, 외부강사 초빙 등을 통해 새로운 지식을 학습했으며 과거부터 전해져 내려온 두레, 품앗이 등의 전통을 계승한 공동작업을 수행했다.

정부가 주도한 지역사회 조직화는 정책과 자원을 지원함으로써 지역사회 활동의 규모와 영향력을 키우는 효과가 있었다. 그러나 많은 경우에 지역사회 구성원은 적극성을 갖지 못했고, 정책 일관성도 낮아 오랜 기간 지속되지 못하는 경우가 많았다. 따라서 초기 사회적경제는 정부의 억압적 공식화와 거리를 두고 독자적인 발전모형을 모색하였다.

3) 법률과 제도 수립을 통한 공식화

법률과 제도의 수립을 통한 공식화는 한국 사회적경제에 큰 영향을 주었다. 대표적으로 사회적기업육성법, 협동조합기본법의 제정은 한국 사회적경제 형성에 중요한 전환점이 되었다. 먼저 노동부의 사회적 일자리 창출 사업은 사회적 기업 지원 사업으로 돌입하기 전 시범사업의 형태로 시작된다. 2003년과 2004년에 걸쳐서 진행된 시범사업의 목표는 지역사회의 새로운 사회서비스 수요를 발굴하고 취약계층에 대한 고용지원을 해서 지역과 고용서비스를 연계시키는 데 있었다. 2003년 시범사업은 73억 원의 예산으로 8개 시도에 제한하여 총 460건의 사업에 2,372명의 인건비를 지원했고, 2004년에는 187억 원으로 증액하여 933건의 사업에 2,832명의 인건비를 지원하였다. 이 사업을 통해 노동부는 그 동안 추진되었던 공공근로사업이나 자활사업 등과 다른 특성을 강조했다. 이 사업에서는 취약계층에 초점을 맞추기보다 일자리의 성격에 초점을 맞추어 사회 서비스 시장의 확대를 본격적으로 추구한다. 그리고 사업시행의 주체를 정부가 아닌 민간기관으로 공식화함으로써 정부는 재원을 제공하고 민간은 사업을 수행하는 체계를 마련한 것이다.

그러나 이 사업에 대해 시민사회나 정치권 일각에서는 비판이 제기되었다. 2005년 1월 26일 공공근로사업의 축소 등으로 나타난 노동부의 사회적 일자리 시범사업 지침에 항의하는 9개단체의 성명서가 발표되었고[2] 2005년 2월1일 참여연대 느티나무 카페에서 전국실업극복단체연대를 비롯한 19개 사회단체가 사회적 일자리 사업에 대한 기자회견이 진행되었다. 요지는 이 사업을 통해서 창출되는 고용의 질이 낮다는 점과 정부의 재정지원에만 의존하여 지속성을 보장하기 어렵다는 사업의 한시성에 대한 지적이었다.[3] 이러한 비판에 대한 노동부의 대응은

---

2) 이 회견에 참여한 기관은 YWCA, YMCA, 장애인생활공동체희망의집, 전교조중등지회, 경실련, 실업본부, 시민연합, 여성노동자회, 외국인노동자의 집 등이다.

3) 이 회견에 참여한 기관은 경기복지시민연대, (사)노인인력지원기관협회, 대안연대회의, 민주노총, 부스러기사랑나눔 신나는조합, 빈곤문제연구소, 사회적 기업지원센터, 안민희망사랑둥지, 여성인력개발센터중앙협의회, 한국의료생협연대,(사)전국실업극복단체연대, 전국실직노숙자대책종교시민단체협의회, 전국여성노동조합, 참여연대, 한국노총, (사)한국여성노동자회협의회, 한국여성단체연합, 한국여성단체협의회, (사)한국자활기관협회 등이며 주요 내용은 첫째, 공공부문 사회서비스 확대를 통한 양질의 사회적 일자리를 확충하고 예산을 확보할 것, 둘째, 2005년도 사회적 일자리 지침을 전면 수정할 것, 셋째, 비영리 사회적 기업을 육성하기 위해 사회적 기

매우 신속했다.[4] 2005년 3월14일 국가재정운용계획과 관련한 노동시장 효율성 제고를 위한 재정지원 방향에 대한 공청회에서 사회적 일자리 창출의 향후방향을 논의하였다. 동시에 사회적 일자리 창출 태스크포스를 구성하였고,[5] 같은 달 25일 노동부의 대통령 업무보고에서 이미 사회적 일자리 사업의 중장기 발전방안이 포함되었다. 사회적 일자리 창출 태스크포스는 2005년 3월부터 1년 동안 총 11회의 회의를 개최하였고 사업모델 설계팀과 사회적 일자리 제도화팀으로 나누어 활동하였다. 사업모델 설계팀은 기업참여형 사업을 새로운 모델로 발전시키는 방안과 새로운 모델을 사업모델로 발전시키기 위한 지원방안 등을 논의하였고 교보, 한화, SK, CJ 등 대기업이 주도하는 사회적 기업 사업에 대해 검토하였다. 이 과정을 통하여 향후 사회적 기업의 발전과정에 대기업의 참여가 공식화될 수 있었다. 사회적 일자리 제도화팀에서는 사회적 일자리의 유형화와 개념화, 지원제도를 마련하는 과정에서 나타날 수 있는 쟁점을 분석하였고 (가칭) 사회적기업육성법의 제정방안에 대한 논의가 있었다. 결국 제도화팀의 활동을 통해 사회적기업육성법의 제정을 위한 구체적인 사항들이 검토된 것이다.

그러나 이 팀의 활동과정에 사회적 일자리 사업의 부당성에 대한 목소리를 냈던 시민사회 관계자들의 참여는 이루어지지 않았다. 결국 의원입법의 형태로 제안된 사회적기업육성법안에 대해 시민사회는 소외된 느낌을 가질 수밖에 없었다. 이에 대해 장원봉(2008)은 "사회적기업육성법의 제정이 시민사회의 주도적인 역할을 통해서 이루어졌거나 정부와 시민사회의 파트너십 형성을 위한 전략적 고려 속에서 이루어졌다기보다는 정부의 정책적 고려에서 비롯되었다"고 평가한다. 실제로 시민사회조직들은 사회적 일자리 사업의 획기적인 개선을 요구했으나 노동부에서 사회적 기업 관련 법안을 신속하게 준비하는 과정에서 일관된 입장을 표명하지 못했다(Kim, 2009). 2005년에 사회적 기업 발전을 위한 시민사회연대가

업 지원법을 제정하고 이를 수행하기 위한 인프라와 예산을 확보할 것, 실업자와 불완전고용의 확산 방지를 위한 근본적인 고용대책을 마련할 것, 넷째, 사회적 일자리 창출정책을 총괄 조정하는 고용대책기구를 신설할 것 등이었다.
4) 사실상 노동부는 사회적 일자리 시범사업을 통해 사회적 기업 사업으로 이행할 것을 염두에 두고 있었기 때문에 이와 같은 신속한 대응이 가능하였다.
5) 태스크포스의 구성원은 관련부처인 노동부, 기획예산처, 보건복지부, 빈부격차차별시정위원회의 주무과장, 노동연구원 소속 전문가, 전국경제인연합회, 교보생명, CJ, SK텔레콤, 한화 등 대기업의 사회공헌팀 관계자, NGO관계자를 망라하였다.

출범한 이후 사회적 기업에 대한 충분한 연구나 실험이 진행되지 못했기 때문에 이 제도를 도입하는 것은 시기상조라는 입장을 표명하였다. 그리고 실제 사회적 기업을 운영하게 될 이해관계자나 기관 관계자들에 대한 의견수렴이 충분하지 못했다는 문제도 제기하였다. 이런 의견은 노동부의 사회적 기업 정책에 대한 시민사회 조직들의 냉소적인 분위기를 반영한 것이다. 그러나 노동부는 사회적 기업을 통해 사회문제를 매우 효율적으로 해결할 수 있다는 단호하고 일관된 입장을 표명했다.

요약하면 노동부는 사회적 일자리 시범사업을 통해 당시 OECD 등 국제기구나 유럽국가들을 중심으로 주목받고 있었던 사회적 기업의 개념을 도입할 가능성을 타진한 것이다. 사회적 기업 개념을 통해 사회서비스 시장을 형성하고 일자리를 창출하기 위해 해당 기관에 일정한 법적 지위를 부여할 필요성이 있었고 그에 따른 정부의 제도적 지원, 그리고 사회적 기업 지원조직의 활성화에 대한 필요성이 제기되었기에 노동부의 주도하에 사회적 기업을 지원하고 육성할 정책의 마련에 나서게 된 것이다. 한편 보건복지부의 경우 국민기초생활보장법의 범위 내의 자활사업을 통한 근로기회제공을 지속하고자 하였고, 사회서비스 영역에 시장화 개념의 도입을 시도했던 노동부 주도의 사회적 기업 지원사업에 협조하게 된다.

4) 지방자치단체 주도의 정책 지원을 통한 공식화

21세기로 진입한 이후 한국의 지역은 지역경제 침체, 고령화, 인구감소와 같은 구조적 문제에 직면하였다. 중앙정부에서 2007년 사회적기업육성법을 제정하고 한국사회적기업진흥원을 설립한 것을 계기로 사회적경제의 성장을 지원했지만 지역의 수요에 부합하는 맞춤형 정책은 부족했다. 따라서 일부 지방자치단체는 지역의 특성과 자원을 활용하여 지역의 문제를 해결하고자 하였다.

지방자치단체의 정책적 지원은 주로 조례 제정과 사회적경제 전담부서의 신설로 이루어졌다. 조례 제정을 통해 사회적경제 조직의 설립과 운영을 지원하는 법적 지원체계를 만들고 재정지원, 교육프로그램 제공, 행정적 컨설팅에 대한 근거를 마련하였다. 사회적경제 전담부서를 통해 협동조합, 사회적 기업등을 통합적으로 관리하고 지원하기 위한 행정적 지원의 조직적 인프라를 마련하였다. 중간

지원조직을 설립하여 새로운 조직의 설립과 운영 지원, 창업지원, 교육 지원, 컨설팅, 네트워킹 등 다양한 영역에서 사회적경제 생태계의 조성을 도왔다.

민관 협력을 위한 거버넌스의 구축은 지자체 주도의 공식화의 또 다른 구성 요소이다. 사회적경제 조직, 지역주민, 행정기관이 참여하는 민관협력 네트워크를 통해서 다양한 이해관계자들 사이의 협력을 촉진하고 사회적경제의 지속가능성을 강화하였다. 거버넌스를 통해 정책제안과 상호 조율, 지역 내 자원배분, 공공·민간 협력사업의 진행 등이 가능하였다.

5 한국 사회적경제에서 혁신의 제도화

1) 사회적경제의 혁신의 제도화를 위한 구조적 조건

20세기 후반의 글로벌 금융위기는 한국뿐만 아니라 전세계적으로 경제적 불안정을 유발하였다. 많은 기업이 파산했고, 정부와 공공기관은 구조조정을 단행했으며, 상당수의 공기업이 민영화되었다. 이런 현상은 전세계에 사회적 불평등을 확산시켰다. 기존 경제체제와 시스템이 내포한 문제에 대한 비판이 높아지면서 지속가능성을 위해 사회적 가치를 추구하는 경향이 설득력을 얻었다. 디지털 기술이 발전하면서 세계 각지의 문제와 해결방안이 공유되고 새로운 접근방법이 널리 알려지게 되었다. 시민사회의 활동이 사회문제 해결을 위한 하나의 방식으로 자리잡으면서 사회적 기업가정신이 발휘되는 확고한 영역으로 주목받게 된다. 기업들은 이익창출뿐만 아니라 사회적 책임을 수행하는 것이 중요하다는 인식이 확산되면서 사회적 기업가정신과 관련된 다양한 활동을 지원하고 도입하기 시작했다. 이러한 맥락 속에서 한국에서 도입된 다양한 사회적경제 조직관련 사업에 기업성, 사회적 가치 추구 등이 중요한 기준으로 도입된다. 지역사회에서 불평등, 기후변화, 환경오염 등 새로운 주제가 나타나면서 사회적 기업가정신의 중요성이 높아졌고 이들 조직이 중심이 되어 사회문제 해결을 위한 다양한 방법을 모색하게 되었다.

사회문제 해결을 위한 개인과 조직 차원의 노력이 사회적 기업가정신이라면 지역사회의 다양한 행위자가 협력해서 문제를 해결하는 방식이 사회혁신이다. 사회혁신의 전세계적인 확산은 한국의 사회적경제 제도화에 영향을 준다. 기후변화, 불평등, 이주, 빈곤 등의 문제는 해결을 위한 대안의 도출과정이 매우 복잡하다. 복잡한 문제해결을 지역사회의 이해관계자가 협동, 참여, 네트워크 등을 활용해서 새로운 해결방안을 모색함으로써 해결하는 활동을 사회혁신으로 정의한다. 이러한 과정은 국제기구와 전 세계의 대학에서 연구되었고 이를 지원하는 정책과 프로그램이 도입되면서 설득력을 얻게 되었다.

1990년대부터 신자유주의적 경제정책이 도입되면서 전 세계적으로 분권화와 지방화가 가속화되었다. 지역의 공동체는 새로운 사회문제에 대해 보다 많은 책임을 부담하게 되었고 혁신적인 해결방안을 필요로 하게 되었다. 이와 같은 상황 속에서 사회적 기업가정신이 확산되고 사회적 기업이 증가하면서 정부, 기업, 비영리 영역의 협력을 통해 사회문제를 해결하는 파트너십 형성에 대한 관심이 증가하였다.[6] 특히 1990년대 후반 이후 새롭게 주목받기 시작한 사회적경제는 사회적 혁신을 실현하는 중요한 플랫폼이 되었다. 특히 1990년대 이후 유럽연합, OECD, 세계은행, 국제연합 등 국제기구에서 사회적경제를 대안적 경제질서로 주목하면서 사회적경제가 주도하는 다양한 협동, 참여, 네트워크 등의 새로운 행동양식, 창의적 아이디어 개발, 새로운 공공거버넌스, 사회개혁, 기술혁신 등에 관한 담론이 확산되었다.

한국에서는 정부가 사회적경제를 정책적으로 지원하면서 사회적 기업가의 양성을 위한 프로그램을 활용하였고 많은 지원을 했다. 이렇게 양성된 사회적 기업가는 지역사회 문제 해결을 위해서 다양하게 기여했으며 이들이 보유한 아이디어, 관점, 네트워크가 공유되면서 더욱 활발한 지역혁신이 가능해졌다.

---

6) 2000년대에 왕가리 마타이, 무하마드 유누스 등 사회적 기업가 들이 노벨 평화상을 수상하였고, 사회적 혁신 사례를 소개한 다양한 저서들, 아쇼카 재단과 슈밥 재단 등의 기관에서 사회 혁신을 위한 인재양성지원 및 아이디어 확산을 위한 학술대회를 개최하면서 많은 관심이 증가하였다.

2) 사회적 기업가정신을 통한 혁신의 제도화

사회적 기업가정신은 한국의 사회적경제에 다양한 방식으로 자리 잡는다. 일찍이 지역사회의 문제해결을 위해 주요 문제와 도전과제를 파악하는 활동이 진행되었다. 한국 사회적경제가 자생적으로 발아하는 과정에서는 지역사회와의 협력을 통해 문제에 대한 해결책을 모색하는 과정이 도입되었고, 지역사회의 활동가들은 지역의 자산을 활용하고 새로운 해결책을 학습하는 과정을 경험했다. 이 과정에서 직면한 문제를 해결하기 위한 위험감수와 도전이 있었다. 이러한 혁신은 지역사회의 규범으로 남아 구성원들이 공유하기도 하고, 공식적 제도화의 과정에서 새롭게 설립된 조직의 비즈니스 모델 또는 자산관리 방식으로 자리매김하였다.

21세기에 사회적 기업가정신이 본격적으로 확산될 때 다양한 교육프로그램이 진행되었고 이 과정에서 대표적인 성공사례들이 알려진다. 이러한 사례들은 지역사회의 문화, 경제, 자원을 고려해서 지속가능한 사회적경제 조직 운영 사례와 연결되어 알려졌으며 이를 뒷받침하는 정책과 제도도 함께 소개되었다. 무엇보다 지역사회 내에서 사회적 기업가를 양성할 지원 네트워크가 형성되었고 멘토링, 자금지원, 공유공간의 제공 등의 형태로 지속가능성을 높였다. 이와 같이 사회적 기업가정신을 바탕으로 문제해결의 역량을 발휘할 기회가 확산되면서 벤치마킹되고 적극적인 위험감수의 노력이 규범으로 자리잡으면서 혁신은 제도화되고 확산되었다.

3) 사회혁신을 통한 혁신의 제도화

한국에서의 사회혁신은 21세기로 접어든 후 시민사회와 학계에서 사회문제 해결의 관점을 전환하기 위한 목적으로 언급되기 시작하였다. 특히 2012년 서울시의 사회혁신 수도 선포와 각종 사회적경제 생태계 구축에 사회혁신 개념이 강조되었고 2017년 문재인 정부에서도 사회혁신 관련 정책이 수용되면서 사회혁신과 사회적경제의 연계가 높아지게 되었다. 사회혁신이 지역사회에서 구현될 때는 새로운 대안을 다양한 방법으로 협력적 거버넌스에 의해 추진함으로써 폭넓은 효과를 가져오는 활동으로 개념화할 수 있다(한상일·이현옥, 2016). 2010년대 이후에는 한국의 사회적경제에서도 새롭고 혁신적인 대안을 협력을 통해서 추진하는 사례가 다수 나타나고 있다. 재원조달, 인력채용, 사업진행 등에서 지역사회 조직이 형성하는 협력적 거버넌스가 구현되고 이 과정에서 공동생산과 공동구성이 발생하는 사례가 다수 발견된다. 이러한 활동의 결과로 지역사회의 다양한 이해관계자에게 널리 영향을 주는 사례가 축적됨으로써 혁신을 위한 협력적 거버넌스는 확대 재생산되는 효과가 있었다.

에너지전환, 공동주택, 공동체 자산구축 등 지역사회가 집합적 소유권을 갖고 지역의 부가 지역 내에서 순환하도록 설계된 구조는 혁신의 아이디어가 지역 내에서 지속되는 기반이 된다. 지역사회가 과거로부터 소유했던 공동 자산의 관리, 에너지 전환을 위해 설립된 마을 조직, 공공기관와 지역사회의 다양한 조직들이 협력해서 만들어진 혁신 클러스터 등은 지역에서 이해관계자의 참여를 지속하고 성공사례를 공유하며 정책적 지원에 대응할 수 있는 기초가 된다. 이러한 협력체를 형성하기 위해 동원된 지역사회의 자원과 제도화 과정에서의 협력 문화는 여러 경로를 통해 확산되어 한국의 사회적경제가 새로운 시각으로 제도화하는 데 기여하였다.

6 한국 사회적경제의 발전양식의 상호작용과 발전경로

1) 한국 사회적경제의 발전양식의 상호작용

한국의 사회적경제에서 지역화, 공식화, 혁신의 제도화는 시기별로 진행되었지만 각각의 경향은 시간이 흐름에 따라 그 모습을 달리하여 서로 영향을 주고 상호작용하였다. 다른 방식으로 진행된 세 가지 발전양식은 한국의 사회적경제를 다양한 측면에서 활성화하고 지역사회의 사회경제적 문제를 해결하는 데 기여하였다. 서로 주고받은 상호작용의 방식은 또 다른 효과를 유발했다는 점에서 한국 사회적경제의 다양성과 지속가능성에 영향을 주었다. 한국 사회적경제의 세 가지 제도화 양식은 다음과 같이 요약된다.

표 5-1 ▸ 한국 사회적경제의 제도화 양식

제도화 양식	지역화			공식화			혁신의 제도화	
제도화 방식	학습 지역화	지역 자산 공유	네트워크 형성	억압적 조직화	법제적 지원	지자체 정책 지원	사회적 기업가정신 확산	사회혁신
시기	1970년대 이후	1970년대 후반 이후	1990년대 이후	1960~70년대	2007년 이후	2010년대 이후	1980년대 이후	2000년대 중반 이후
개념	주민 역량 강화를 위한 마을 학습공동체 형성	자산 공동 활용과 공유를 통한 지역문제 해결	지역 네트워크 활성화를 통한 정보· 자원 공유	정부주도 농촌·도시 조직화	사회적경제를 법률로 제도화하여 체계적 지원 제공	지자체 주도의 지역문제 해결을 위한 정책수립과 집행	기업가정신과 사회적경제가 결합된 혁신의 지역확산	사회문제 해결을 위한 플랫폼, 과정의 제도화
구조적 조건	구조적 빈곤, 불평등 대응 필요	원조 및 공동체 자산 관리 제도화 필요	정보교류 및 연계 강화 필요	새마을운동 등 정부주도 사업 확산 필요	사회적기업육 성법 등 법제적 기반 마련	지역별로 다양한 문제와 위기 대응 필요	사회문제를 해결할 창의적 기업가 필요	디지털 기술, 협업 기술, 혁신의 확산
결과	지역학습을 위한 환경변화 인식 및 혁신적 대응 방안 탐색	협동조합과 공동체 조직의 활성화와 사회적경제 지속가능성	지역 내 연계 강화 및 지속가능한 지역 발전	농촌 및 도시지역에 정부주도 조직 설립의 기반 마련	정부지원의제 도화 및 지원체계 안정화	로컬푸드, 돌봄 등 지역 맞춤형 성공사례 도출	사회적 기업의 성장, 창업 확산을 통한 지역경제 발전	새로운 사회적경제 모형 개발 및 글로벌 확산

먼저 지역화는 지역사회의 특성과 수요에 적합한 방식으로 사회적경제가 자리잡는 것이다. 사회적경제가 지역화되는 동안 주민과 지역조직은 서로 협력하며 다양한 프로그램을 수행한다. 지역사회의 사회적경제가 발전하는 동안 그 중요성을 인식하는 자치단체장의 정책 방향과 조응할 때 지역화와 공식화는 시너지를 발휘한다. 즉 공식화를 목적으로 진행된 법제적 제도와 지원 프로그램을 통해 사회적경제는 지역화를 강화할 수 있다.

자발적 지역화는 혁신의 제도화와도 긴밀한 관계에 있다. 한국의 초기 사회적경제가 지역화를 중심으로 발전했지만, 그 과정에서 혁신은 계속 이루어졌다. 사회적경제가 정부나 기업이 충족하지 못하는 수요를 맞추기 위해서는 혁신적 대안을 계속 만들고 집행할 수밖에 없다. 이러한 대안이 성공을 거둘 때 사회적경제는 그 영역을 확장하고 혁신 모형을 확산할 수 있다. 혁신의 제도화가 이루어져서 새로운 사회적 기업가가 양성되고 조직의 혁신성이 높아지면 이들은 지역사회와 더욱 긴밀한 연계를 맺으며 지역화를 촉진한다. 혁신적인 사회적경제 조직들이 지역에서 활동을 이어갈 때 이는 그 지역의 사회적경제를 확대하고 다른 이해관계자가 참여하는 데 긍정적인 영향을 준다.

공식적 제도화는 혁신의 제도화와도 상호작용한다. 정부는 새롭고 다양한 대안을 가진 사회적 기업가와 조직들이 출현하도록 법제적 지원과 교육·훈련 프로그램을 운영한다. 이를 바탕으로 혁신적 기업가가 생겨나고 사회적경제 내에 혁신이 제도화할 수 있다. 혁신이 제도화되어 지역에서 확산되면 이는 정부의 공식적인 정책을 이끌어낸다. 정부의 정책은 성공적인 혁신 사례와 연결되는 경우가 많고 이는 서로 긍정적인 영향을 준다. 특히 한국에서 혁신의 제도화는 신공공관리론을 표방한 정부에서 제도화의 일부로 사회적경제 조직에게 요구된 측면이 있다. 정부의 인증, 공모, 선정, 평가의 과정에 수익성, 기업성, 경제적 성과 등이 포함되어 경제적 가치 추구를 위한 새로운 비즈니스 모형을 강조하는 경우가 많다. 이 과정에서 공공부문이 사회적경제 영역의 혁신을 요구하면서 두 제도화 양식의 결합이 나타난다.

위 세 가지 발전양식은 서로 연결되어 발전경로를 구성한다. 자발적 지역화, 공식적 제도화, 혁신의 제도화는 순차적으로 나타날 수 있지만 동시에 진행될 수도 있다. 이 경우 사회적경제와 지역이 연계하여 지속가능성을 높이고 정부의 자원을 활용한 영향력 높은 혁신을 추진할 수 있다. 충청남도 홍성군 홍동마을에서 지역의 학습에서 시작하여 지방자치단체의 의사결정과정에 함께 참여하며 지속적인 혁신을 위한 기술개발과 거버넌스 구축을 이룬 사례를 찾을 수 있다.

지역에 따라서는 자발적 지역화를 통해 혁신의 제도화가 이루어졌지만, 국가의 지원에 호응하지 않는 사례도 발견된다. 이 경우 지역의 수요를 사회적경제를 중심으로 충족하면서 공식적 제도화가 유발하는 형식화를 벗어나 자율성을 확보할 수 있다. 지역 사회에 필요한 활동을 스스로 자율성을 갖고 진행할 때 지역의 발전을 위한 비전과 목표를 충실하게 달성할 수 있다는 점에서 지역과 사회적경제는 주인－스튜어드 관계를 맺게 된다.

다양한 발전양식이 결합될 수도 있지만 한 가지 방식이 주로 활용될 수도 있을 것이다. 자발적 지역화에 머물러 혁신을 제도화하지 못하는 경우 지역의 공동체성이 높아질 수 있지만 새로운 기회를 갖기 어렵고 고질적인 문제를 해결하지 못할 수 있다. 이 경우 배태성이 유발하는 역설(paradox of embeddedness)에 해당할 수 있다. Granovetter(1985)의 배태된 경제행위(The Embeddedness of Economic Action) 개념에서 배태성은 경제행위가 사회적 관계와 강하게 연결되어 있음을 의미한다. 배태성의 역설은 지역사회와의 너무 강한 연계가 새로운 정보나 기회에 대한 접근을 제한하고 혁신의 시도를 제한할 수 있음을 우려하는 시각이다. 지역화에서 혁신의 제도화로 발전하지 못할 때 지역사회의 문제해결능력이 저하될 수 있음을 의미한다.

마지막으로 공식적 제도화를 달성한 반면 혁신을 제도화하지 못하는 경우 사회적경제는 도구화될 수 있다. 이 경우 정부가 정책을 입안하고 사회적경제는 정책의 집행자로 간주된다. 사회적경제 조직은 정부 관료제를 대리해서 서비스를 제공하는 위치로 자리매김하게 되는 것이다. 사회적경제는 도구적으로 사용되고 그 범위는 돌봄, 의료, 고용 등 사회서비스의 집행자로 국한된다.

2) 한국 사회적경제의 발전경로

한국 사회적경제의 발전은 지역의 특성과 구조적 조건, 사회적 변화에 따른 다양한 발전양식의 상호작용으로 이루어졌다. 이 제도화의 양식은 동시에 또는 순차적으로 결합되어 사회적경제의 발전을 구성한다. 최종적으로 지역사회에서 혁신이 제도화되는 경우를 결합의 방식에 따라서 다음과 같이 요약할 수 있다.

〈한국 사회적경제의 발전경로〉

1. 지역학습형: 학습지역화 + 사회적 기업가정신 → 지역 네트워크화 → 사회혁신
2. 공유협력형: 자산공유화 + 사회적 기업가정신 → 지역 네트워크화 → 사회혁신
3. 협력 네트워크형: 지역 네트워크화 + 사회적 기업가정신 → 사회혁신
4. 지자체·지역협력형: 지자체 정책지원 + 지역 네트워크화 → 사회혁신
5. 법제적 지원형: 법제적 지원 → 지역 네트워크화 → 사회혁신

---

(1) 지역학습형: 학습지역화 + 사회적 기업가정신 → 지역 네트워크화 → 사회혁신

지역학습형 발전경로는 학습을 통해서 지역사회 구성원의 역량을 향상시키고 이를 기반으로 사회적경제 조직 간 네트워크를 강화하며 궁극적으로 사회혁신을 제도화하는 과정이다. 일반적으로 지역에서 학습을 강화하여 주민의 역량을 높이고자 하는 리더의 주도로 학습공동체가 활성화된다. 지역학습의 결과로 지역과 세계의 지속가능한 발전을 위한 대안, 지역사회 문제해결을 위한 네트워크의 확대, 사회적 자본의 확충을 거쳐 혁신이 제도화되는 단계로 발전한다.

충청남도 홍성군의 홍동마을 사례가 이러한 발전경로를 대표한다. 풀무학교를 중심으로 학습지역화가 이루어지고 주민들의 학습과 협력을 통해 유기농업과 순환농업이 확산하였다. 이러한 노력은 초기 활동가들이 발휘한 사회적 기업가정신과 결합하여 활성화되었다. 지역사회 조직은 중간지원조직 마을활력소를 통해서 그리고 민관협력 거버넌스 체계인 홍성통을 통해서 내외부 조직들과 연계된다. 주민의 역량, 기회를 포착하는 기업가정신, 포괄적인 네트워크는 새로운 대안을 과감하게 도입하여 충족되지 못한 수요에 부합하는 서비스를 제공하는 사회혁신의 제도화로 발전한다.

(2) 공유협력형: 자산공유화 + 사회적 기업가정신 → 지역 네트워크화 → 사회혁신

공유협력형 발전경로는 지역사회의 자산을 공유하기 위한 조직과 거버넌스를 만들고 활용하여 지속가능한 혁신을 제도화하는 발전경로이다. 공동체의 자산을 공유하는 데 지역의 활동가가 기업가정신을 발휘하는 경우가 많고 자산의 공유를 위한 지역의 네트워크가 만들어지며 이를 토대로 혁신이 제도화된다. 원주는 남한강 홍수 이후 확보한 지역의 자산을 신용협동조합과 의료생협을 만들어 공유하면서 지역의 문제를 해결하였다. 지역 조직의 네트워크가 주민의 경제적 자립을 지원할 뿐만 아니라 지역의 문제가 발생할 때 새로운 조직을 만들어 해결하는 방식의 사회혁신이 제도화된다.

(3) 협력 네트워크형: 지역 네트워크화 + 사회적 기업가정신 → 사회혁신

협력 네트워크형은 지역 내 다양한 주체들이 네트워크를 형성하고 이를 기반으로 협력적 문제해결 방식을 발전시키는 유형이다. 지역의 다양한 주체들이 신뢰와 협력 그리고 사회적 기업가정신을 기반으로 네트워크를 만든다. 그리고 그 네트워크가 성장하면서 다양한 자원의 공유와 문제해결을 촉진한다.

수도권 대학에서 정기적으로 의료봉사를 했던 대학생과 지역 농민의 협력으로 만들어진 경기도 안성시의 안성의료복지사회적협동조합은 지속적인 활동 과정에서 새로운 지역의 문제를 다른 지역사회 조직과 협력해서 해결해 왔다. 안산시의 의료복지사회적협동조합도 지역 내 의료 사각지대를 해소하기 위해서 주민들이 자발적으로 협력해서 설립되었다. 초기에는 단순한 의료서비스 제공에 초점을 맞췄지만 점차 네트워크를 확대하여 사회혁신을 제도화하는 방식으로 발전하였다.

(4) 지자체·지역협력형: 지자체 정책지원 + 지역 네트워크화 → 사회혁신

지자체·지역협력형은 지방자치단체의 정책적 지원을 시작으로 지역의 네트워크화가 진행되고 이를 바탕으로 사회혁신이 제도화되는 발전경로이다. 지방자치단체는 지역문제 해결을 위해 적극적인 사회적경제 지원정책 수립과 집행에 나서고 확장된 거버넌스에서 주민, 지역사회 조직, 지자체가 협력한다. 전라북도 완주군의 로컬푸드 운동은 이 발전경로의 대표적인 사례이다. 완주군은 로컬푸드 직매장을 기반으로 지역농산물 공급체계를 구축하고 이를 통해 농민의 소득 증대와 지역경제 활성화를 달성했다. 지자체는 중간지원조직과 사회적경제 기금을 통한 정책적 지원을 했으며 이러한 협력 구조는 지역문제 해결을 위한 사회혁신의 기반이 되었다.

(5) 법제적 지원형: 법제적 지원 → 지역 네트워크화 → 사회혁신

법제적 지원형은 2000년대 이후에 본격화된 정부의 사회적경제 지원정책이후 지역사회의 혁신이 제도화 되는 발전경로이다. 2007년에 제정된 사회적기업육성법과 2012년의 협동조합기본법은 사회적경제 조직이 공식적 제도화를 거쳐 기존 지역사회 네트워크와 협력을 강화할 기반을 마련하도록 지원하고 있다. 이 법률은 전국적 협동조합과 사회적 기업과의 네트워크 형성을 촉진하고 이들이 지역문제 해결에 협력할 수 있도록 지원하며 사회적 기업가 양성과 사회혁신 지원도 제공한다. 따라서 법제적 지원을 통해 안정성을 확보하고 법률에 기반을 둔 네트워크를 통해 새로운 혁신을 이루어 나가는 혁신의 제도화가 이루어질 수 있다.

제5장의 핵심 요약

✓ 한국 사회적경제의 발전양식은 자발적 지역화, 공식적 제도화, 혁신의 제도화로 구분된다.

✓ 자발적 지역화는 지역에 사회적경제 조직이 설립되고 정착하는 과정이며 지역학습, 자산의 공유, 지역사회 거버넌스의 조성 등으로 구성된다.

✓ 공식적 제도화는 정부가 사회적경제를 법률로 규정하는 과정이며, 정부주도적 지역사회 조직화, 법률·제도·사업의 수립, 지원조직의 설립 등으로 구성된다.

✓ 혁신의 제도화는 새로운 서비스, 해결방식, 거버넌스 등이 정착되는 과정으로 사회적 기업가정신의 확산과 사회혁신의 일상화로 이루어진다.

✓ 1960년대 이후의 자발적 지역화는 지역사회 활동가, 종교지도자, 학생 운동가 등이 주도했으며 지역을 학습지역화하고 원조자금 또는 지역 자산의 공동 활용 등의 방식으로 제도화되었다.

✓ 억압적 공식화는 1960년대 이후 권위주의 정부에 의해 진행되었으나 법률과 제도 수립을 통한 공식화는 현재 사회적경제 형성에 큰 영향을 준 사회적 일자리 창출 사업, 사회적 기업 진흥 정책, 협동조합 지원 정책 등이 도입되는 방식으로 이루어졌다.

✓ 지방자치단체가 사회적경제를 적극적으로 지원한 경우 지자체 주도의 지역 조직화와 공식화가 빠르게 진행되었다.

✓ 20세기 이후 디지털 기술의 발전과 사회적 가치 추구가 중시되는 환경에서 새로운 비즈니스 모형과 문제해결을 위한 혁신적 아이디어를 활용해서 혁신의 제도화가 진행되었다.

✓ 한국 사회적경제의 발전경로는 주로 지역학습형, 공유협력형, 협력 네트워크형, 지자체·지역 협력형, 법제적 지원형 등으로 구분된다.

사례분석: 홍성군 홍동마을의 공동체와 사회적경제

충남 홍성군 홍동마을은 한국 사회적경제의 사례를 언급할 때 빠지지 않는 지역이다. 홍동마을은 사회적경제의 시작을 주민들이 원하는 것이 무엇인지를 밝히고, 공동의 자산을 나누고,

학문과 기술을 함께 배워 실천하는 마을 학습공동체에서 찾는다. 홍동마을 학습공동체의 중심에는 풀무학교가 있다. 홍동마을 풀무학교의 공동설립자 이찬갑 선생은 일제강점기 애국계몽운동의 일환으로 평안북도 정주에 세워진 오산학교 출신이다. 이찬갑 선생은 1958년 주옥로 선생과 함께 16명의 학생을 위한 풀무고등공민학교를 설립하였다. 풀무라는 이름에는 쇠가 달구어져서 연장으로 변하듯 사람이 성장하는 데도 오랜 풀무질이 필요하다는 의미가 있다. 풀무학교는 지역사회에서 모두를 위한 삶을 사는 구성원을 키우는 지역의 학교를 지향한다. 마을 공동체를 지키고 공동체를 가꿀 인재 양성을 목표로 지역의 인재를 키웠고 다양한 지역사회 연계 프로그램을 운영하였다. 1960년대부터 생산, 소비, 유통을 연결하는 협동조합을 주민들이 중심이 되어 발전시켰다. 1970년대에는 유기농업을 시작하면서 친환경 농법의 실천에 앞장섰다. 풀무학교를 중심으로 풀무소비자협동조합(1980년), 갓골어린이집(1981년), 갓골목공소(2008년), 마을활력소(2011년)와 밝맑도서관(2011년)이 만들어지면서 다양한 분야에서 발생하는 지역의 수요가 충족되었다.

홍동마을의 사회적경제는 2013년부터 시작한 홍성군의 민관협력 거버넌스 '홍성통'과 연결되어 지역문제 논의의 주역으로 자리매김하였다. 홍성통은 2012년 홍성군 농정발전대책 수립 당시 마을 이장들의 희망마을 만들기 발표대회를 개편하면서 시작되었다. 홍성통은 민관이 협력해서 지역의 현안을 발굴하고 해결하는 거버넌스이다. 이 거버넌스에서 마을과 행정의 주요 이해관계자가 모여 정책의제의 선정부터 정책 집행까지 전 과정에서 소통하는 시스템이 구현된다. 총 8개의 분과에서 청년, 관광, 재생, 문화, 돌봄, 교육, 먹거리, 사회적경제 등의 주제를 다룬다. 이 거버넌스를 통해 홍성군에 로컬푸드가 도입되었고 지역인재의 활용 그리고 교육 자료의 체계화가 이루어져 마을만들기 평가, 거버넌스 지방정치 대상을 비롯한 여러 차례 수상을 했고 우수사례로 확산하였다.

홍동마을의 사례는 사회적경제가 주민과 주민을 잇고, 주민과 마을을 잇는, 서로 배우고 협력하는 장으로 기능할 때 지속가능한 지역을 만드는 동력이 될 수 있음을 보여준다. 특히, 학습에 기반을 둔 사회적경제 공동체가 소통과 협력을 통해 선순환 경제를 지향하면서 정책 결정과 자원배분에 참여할 때, 지역의 지속가능성을 높이고 사회적 영향력을 높일 수 있음을 확인할 수 있다. 홍성통은 지역주민의 자발적 참여와 행정의 협력을 기반으로 지역사회의 발전을 추구하는 대표적인 거버넌스의 사례로 자리잡았다

구성개념별 분석

한국 사회적경제의 공동체성

> "여기 눈비산 마을은 개인이 하기는 규모가 크다. 그래서 공동체로 한다.
> 공동체로 모든 걸 의논하고 생활비도 나눠서 의논해서 가져가고 수입 범위 내에서
> 교육비라든지 의료비도 대부분 같이 부담하고 여기 사는 식구들은 그렇게 한다."
>
> (조○○, (재)눈비산마을 대표, 2020.10.23.)

이 인용문은 1968년에 설립된 재단법인 눈비산마을에서 공동체가 얼마나 중요한지를 설명한다. 개인화. 비대면화가 진행되는 환경 변화 속에서 여전히 공동체를 구성하고 협력하는 지역이 만드는 사회적경제의 사례를 보여준다. 공동체성은 사회적경제에서 가장 핵심적인 개념이다. 공동체는 개인의 복지와 행복, 사회의 안정과 성장, 환경과 문화의 보호에 기여한다는 점에서 사회적경제가 추구하는 목표를 공유한다. 또한 공동체가 확고하게 자리 잡을 때 사회적경제의 비전과 목표가 정해진다. 따라서 사회적경제를 이해할 때 그 지역의 공동체가 어떤 방식으로 구성되어 있는지 이해하는 것이 중요하다.

공동체는 사회적 연결성을 강화한다는 점에서 사회적경제의 굳건한 토대가 된다. 공동체 속에서 주민들은 상호작용하고 인간관계를 구축하며 사회적 네트워크를 확장한다. 이러한 사회적 관계 속에서 구성원들은 서로 사회적 지지를 제공하고 심리적인 안정감을 찾는다. 지역주민들은 공동체 속에서 자원을 공유하고 협력한다. 공동체가 자원을 공유하고 공유자산을 만들 때 경제적 안정과 발전을 이룰 수 있다. 지역주민, 시민사회 조직, 공공기관이 시너지를 만들 때 공동체 경제가 형성되고 협동, 협력, 상호이익의 추구가 가능하며 이는 지역 전체의 경제발전과 불평등 해소에 도움이 된다. 공동체는 지역문화를 발전시키고 정체성 확립을 촉진한다. 주민들은 공동체에서 정체성과 소속감을 갖는다. 특히 공동체의식과

소속감은 지역사회의 자원봉사, 사회적경제 활동 참여 등에 긍정적인 영향을 준다는 점에서 중요하다.

사회적 연결성, 자원의 공유와 협력, 지역문화의 발전과 공동체 의식의 촉진은 지역사회의 문제를 사회적경제가 중심이 되어 스스로 해결하는 기반이 된다. 지역사회에 공동체가 자리 잡을 때, 사회적경제의 성장이 촉진되고 이들이 다양한 사업과 활동을 전개할 수 있다. 공동체는 지역 주민의 민주적 참여를 수반한다. 주민들이 지역사회 의사결정에 참여함으로써 사회적 욕구를 표출할 수 있고 이를 충족할 효과적인 서비스와 정책을 구현하는데 기여한다. 따라서 지역사회 구성원이 공동체의식을 기반으로 얼마나 서로 지지하고, 연대하며, 봉사하는지는 사회적경제가 발전하는데 핵심적인 요소이다. 따라서 이 장에서는 공동체의식의 개념, 중요성, 활성화의 조건, 한국에서의 공동체의식 등을 살펴보고자 한다.

1 　공동체란 무엇인가?

공동체는 국내외 다양한 연구에서 그 개념을 정의한다. 공간적 영역으로서의 공동체와 사회적 영역으로서의 공동체로 구분해서 설명할 수 있으며 대표적인 정의는 다음과 같다.

〈공동체의 정의〉

- 송창용 · 성양경(2009, 115): "공동의 필요와 목적, 공동 가치나 선의 추구, 공유된 문화와 생활 그리고 이러한 것들의 구체적 내용을 설정하고 실현시키기 위한 의사소통 및 집합적 행동"
- Chaskin(1997, 523): "주민들이 거주하면서 서로 교류하는 공간적, 사회적인 영역"

---

1) 공간적 영역으로서의 공동체

공동체는 주민이 인식하는 경계(boundary)에 속한 장소이다(Sampson et al., 1999). 주민들이 주관적으로 인식하고 국가가 객관적으로 획정한 경계가 설정되면 그곳에 사는 사람들의 활동범위가 정해진다. 모든 개인은 자신의 지역을 나름대로 정의할 수 있고 그 곳에서 다른 구성원과 교류한다. 그리고 그 활동영역은 사회적경제 조직이 생성되고 제도화되는 토대가 된다는 점에서 중요하다(Thomson, 2001). 주민들은 지리적 공간을 공유하며 사회적 유대를 키운다. 따라서 공간으로서의 지역에서는 상호 교류가 이루어지도록 지리적으로 인접해야 하며, 문화적 단일성, 생활 통합성이 있어야한다. 문화적 단일성과 생활의 통합성은 주민 간 유사성에서 유래하는 경우가 많고 그로 인해 공동의 문화를 발전시킬 수 있다.

그리고 공간으로서의 공동체에는 주민들이 함께 해결하고자 하는 문제들이 있다. 이 문제들은 지방정치 또는 행정을 통해서 다루어져야 하지만 사회적경제에 의해서 해결되기도 한다. 지역별로 다르게 나타나는 사회적경제는 주민들이 자신의 문제를 스스로 논의하고 의사결정에 참여하거나 적극적으로 의견을 개진해서 공동의 노력으로 해결하거나 주민의 요구사항을 정부가 반영하도록 하는 방식으로 진행된다.

최근 한국에서는 공간적 특성을 강조하며 그 자료를 축적해나가는 아카이빙이 확산되고 있다. 지역 정보를 모으고 축적해서 많은 사람들이 지역의 역사와 현황을 이해하는 것이 중요하다는 생각에서 시작된 활동이다. 2000년대 이후 한국의 몇 지역에서 지역사회 환경, 역사, 문화, 생활을 기록하는 일을 진행하기 시작하였다. 한국의 경우 부산 산복도로 공동체, 인천 차이나타운, 전라북도 진안군, 충청남도 홍성군, 경기도 안성군 등을 비롯한 다양한 지역에서 마을 아카이빙이 진행된다. 마을의 건축 환경, 문화유산, 문헌자료, 사진자료를 모으는 지역 아카이빙과 주민들의 생활을 기록하는 생활사 아카이빙 등으로 이루어진다. 이처럼 지역의 자산이 지리적 경계를 중심으로 형성되고 표출되고 있다. 따라서 두 개념은 배타적으로 구별하기보다 상호보완적으로 이해하면서 사회적경제를 위한 중요한 구성요소로 이해하는 것이 바람직하다.

2) 사회적 영역으로서의 공동체

사회적 영역으로서의 공동체는 지역 주민 또는 이해관계자가 스스로를 동일한 목적을 추구하는 집단의 일원으로 인식하며 집단행동을 하는 활동영역이다(Berry et al., 1993).[1] 여기서 구성원은 같은 공동체에 속한 구성원으로서 같은 비전과 가치를 공유하며 공동체의식을 갖는다. 이렇게 동질성을 바탕으로 지속적인 상호작용을 하면 구성원들과의 애착을 갖게 된다(Vanecko, 1969). 동일한 가치와 비전, 공동체 의식이 구현되는 정도에 따라서 상호 신뢰, 규범, 규칙 등의 사회적 자본(social capital)이 형성된다. 지역에서 교류가 활발해지고 공동체 의식이 높아지면 구성원들이 더 잘 연결되고 공감하여 새로운 문화를 만들어 나가게 된다. 그리고 지역이 직면한 문제를 더 잘 해결하게 된다. 지역주민들, 사회적경제 조직들이 더 잘 협력하게 되고 함께 문제를 해결하는 협력이 촉진되면 지역사회 문제에 더 잘 대응할 수 있고 구성원들의 삶의 질이 높아진다.

공동체 구성원이 같은 비전과 목표를 공유하고 서로 학습하면 지역의 역량이 커지고 지역은 발전한다. 지역이 발전한다는 것은 지역의 문제해결 역량이 커진다는 것을 의미한다. 참여하고 교류하면 지역의 문제, 정책, 사회에 대한 이해, 비판적 사고, 소통 능력이 커진다. 구성원들이 참여하면서 더 많은 정보를 공유하고 그렇게 공개된 정보를 바탕으로 민주적인 토론을 진행하면 더 합리적이고 창의적인 대안을 모색하게 된다. 이렇게 지역의 구성원과 조직의 역량이 커지면 더 잘 문제를 해결할 수 있다. 이 과정을 일반적으로 지역학습을 통한 사회혁신이라고 설명한다.

---

1) 그런 의미에서 모든 개인은 나름대로의 지역공동체를 갖고 있으며 경계도 유동적이다. 이런 입장을 반영하여 미국 로스앤젤레스의 근린의회는 경계를 주민들이 자율적으로 설정하도록 배려하고 있으며 경계의 중첩을 허용하는 입장이다.

사회적경제에서 공동체의 중요성

사회적경제가 지역사회의 새로운 문제에 대응해 지역사회 혁신을 촉진하기 위해서는 공동체 역량 강화가 필수적이다(이영아, 2009; Simpson et al., 2003). 공동체의 역량이 향상되면, 사회적경제 조직의 협력이 활성화되어 지역문제를 스스로 해결하는 능력이 커진다. 이를 위해, 사회적경제는 지역사회에 대한 정확하고 구체적인 정보를 소유하고, 지역 환경에 대한 엄밀한 분석을 통해 공동체의 역량을 강화할 수 있어야 한다. 김필두·유영아(2008)는 공동체 역량 강화에 필요한 조건을 다음과 같이 제시한다.

> **〈공동체 역량강화에 필요한 조건〉**
> ① 지역사회 구성원 간에 공유되는 명확한 비전
> ② 다양한 파트너와의 관계 구축
> ③ 이해관계자의 참여를 통한 개인역량 강화
> ④ 지역 정보의 투명한 공개와 공유

이 요소들은 공동체의 역량을 바탕으로 사회적경제가 문제 해결 능력을 키우고 지속가능한 발전을 도모하는 데 기여한다. 공동체가 공동의 비전을 개발한다는 것은 다양한 환경변화에 직면했을 때 함께 목표를 설정하고 상호 존중하며 스스로의 발전전략을 모색하는 과정을 의미한다. 비전을 개발할 때 구성원의 참여는 필수적이다. Bryson(2011)에 따르면 비전을 수립하는 과정에서 구성원과 이해관계자의 폭넓은 참여와 합의가 필요하고 구성원의 토론 결과에 따라서 비전의 내용도 달라질 수 있다.

Ansell & Gash(2008)는 공동체의 역량 강화에 있어서 다양한 이해관계자의 집적된 참여의 중요성을 강조한다. 공동체의 성장은 정부와 더불어 지역사회 사회적경제 조직, 비정부조직, 교육 기관, 그리고 일반 시민이 참여하는 과정속에서 이루어진다. 이러한 파트너의 역할과 협력이 지속적으로 확장되고 깊어질수록, 사회적경제의 문제 해결 능력 또한 향상된다.

공동체에서 강화된 파트너십은 지역사회의 자산을 증가시키고, 그 책임성을 더욱 높여, 이해관계자들 간의 협력을 강화하는 데 기여한다. 사회적경제에 참여하는 구성원은 자신을 서비스 수혜자로 보지 않고, 문제 해결의 주체로 위치시킨다. 결국 공동체의 파트너십이 사회적경제가 다양한 기관과 개인의 연결을 확장하는 데 중요한 역할을 한다. 사회적경제 조직과 지역사회 구성원의 역량 강화는 다양한 이해관계자의 참여과정에서 이루어진다. 이 과정에서 정책과 프로젝트에 대한 이해, 비판적 사고, 의사소통 능력이 개선된다는 점이 중요하다. 강화된 개인 및 집단의 역량은 사회적경제가 사회혁신을 추진하는 데 중요한 역할을 한다.

공동체가 보유한 지역에 관한 정확하고 상세한 정보와 그 정보의 활발한 공유는 사회적경제가 정책을 만들고 실행할 때 핵심적인 요소가 된다. 공동체에 형성된 상호지지, 네트워크, 연대성을 통해 지역의 현재 상황과 구성원의 인식에 대한 정보가 접근 가능할 때, 실질적이고 창의적인 해결방안을 찾아내는 민주적 토론이 가능하다. 이러한 토론의 과정을 거칠 때, 사회적경제가 지역사회구성원의 수요를 충족할 수 있다. 사회적경제가 역량을 강화함에 있어서 가장 중요한 영역은 지역사회 이해관계자의 활발한 참여이다. 이를 통해 비전을 형성하고 정보를 공유하며, 협력을 강화할 수 있다. 개인은 이 과정에서 의사결정 능력을 향상시키고 자신의 잠재 능력을 발견하며, 지역사회의 미래를 위해 협력하게 된다.

지역 공동체에는 지방정부, 교육기관, 공공기관, 기업 등 다양한 기관이 함께 존재하며, 이러한 기관들은 지역사회의 중요한 자산이다. 이 기관들과 지역 구성원이 함께 지역 발전을 위한 노력을 펼치는 현상은 전 세계적으로 확산되고 있다. 자산기반 지역공동체 발전전략(Kretzmann & McKnight, 1993)은 지역의 다양한 자산을 중심으로 지속가능한 발전을 도모하는 방식을 강조한다.

〈들여다보기〉 자산기반 지역공동체 발전전략(Asset-based community development: ABCD)

자산기반 지역공동체 발전전략은 지역사회의 활용되지 않던 자산을 활용하여 지속가능한 발전을 도모하는 발전전략이다. 1933년에 미국 노스웨스턴대학의 John Kretzemann 교수와 John McKnight 교수는 그들의 저서 Building communities from the inside out: A path toward finding and mobilizing a community's assets에서 이 전략을 체계적으로 제시하였다. ABCD 전략은 문제에 초점을 맞추는 접근과 달리, 지역의 강점과 자산에 초점을 맞추어 공동체 주도적인 발전을 추구한다. 이 접근은 기존의 문제 중심(problem-based) 지역 개발 전략은 외부의 자원을 통해 문제를 해결하려는 방식이 주로 이루었지만 지역사회의 자생력을 약화시키고, 외부 지원에 의존하게 되는 결과를 초래했음을 지적하였다. 그러나 지역사회 내부에는 외부 지원 없이도 활용 가능한 다양한 자산(인적, 물적, 사회적)이 있으며, 이를 효과적으로 동원하면 지속가능하고 자립적인 발전이 가능하다고 주장하였다. 이 전략을 사용하여 시카고, 보스톤 등 미국 여러 지역의 발전이 이루어졌고 개발도상국가에서도 자주 활용된다.

결국, 사회적경제가 지역의 지속가능한 발전을 위해 활동할 때, 공동체를 구성하는 다양한 기관과 개인의 적극적인 참여와 협력을 통해 그 목표를 달성할 수 있다. 따라서 사회적경제의 발전을 위해서는 공동체에서의 참여가 어떻게 극대화될 수 있으며 어떤 개인적, 공동체적 특성이 그 참여를 극대화하는지에 대한 깊이 있는 검토가 필요하다.

3 사회적 자본과 공동체성 그리고 사회적경제

사회적 자본은 1980년대 중반에 대두되어 현재까지 사회현상을 분석하는 중요한 개념으로 쓰인다. 이 개념은 공동체에서 신뢰와 상호 호혜성이 어떻게 전체의 이익을 증대하는지에 대한 연구에서 중요한 위치에 있다. 사회적 자본은 다차원적으로 구성되며 하위 차원들 간에 상호 연계성도 강하다. 따라서 사회적 자본을 하나의 요소로 인식하기보다 다차원적으로 이해하고 각각이 사회적경제에 어떤 효과가 있는지 분석하는 것이 필요하다.

일반적으로 사회적 자본을 신뢰, 연결망, 규범으로 구분하고 그것을 각각 관계적, 구조적, 인지적 차원으로 구별하여 분석한다. 신뢰는 공동체 구성원들이 서로 학습하고 정보를 교환하는 데 반드시 필요한 구성요소이다. 신뢰를 통해서 지역사회와 사회적경제 조직의 성과를 높이고 목표를 달성할 수 있다. 특히 신뢰는 사람과 사람사이에 형성될 뿐만 아니라 사람과 조직, 조직과 조직 간에도 발생한다는 점에서 사회적경제의 경제적 성과뿐만 아니라 협력, 지속가능성, 폭넓은 효과성을 달성하는 데 중요한 역할을 한다. 공동체에서 신뢰는 구성원이 사회적경제 조직에 대해서 갖는 확신과 지지를 통해서 구현될 수 있으며 결국 자신의 지역을 위한 행동이 자신에게도 이익이 될 수 있다는 믿음으로 나타날 수 있다. 즉 공동체에서의 신뢰는 지역사회에 존재하는 사회적경제에 대한 긍정적인 인식으로 이어질 수 있다.

공동체에서의 연결망은 지역에 존재하는 공식적, 비공식적 지식과 정보를 통한 사회적 연계이다. 일반적으로 연결망은 사회적 자본의 핵심으로 인식된다. 사회적경제에 있어서도 연결망은 매우 중요하다. 지역사회가 갖는 연결망의 결속이 강하고 연계가 확산되어 있을 때 더 많은 정보를 얻게 되며, 다양한 학습의 기회가 생기고 새로운 시도에 대한 지원도 확대될 수 있으며 그것은 사회적경제에 대한 긍정적인 인식으로 이어질 수 있다.

공동체의 규범은 지역사회 구성원이 따를 가치가 있다고 느끼게 하며, 그래서 구성원들에게 협력하고 몰입할 것을 요구한다. 공동체의 규범은 구성원 모두에게 영향을 주며 강한 규범을 가진 지역일수록 구성원들이 긍정적인 태도와 행동양식을 나타낸다. 지역사회 구성원이 공통의 비전, 목표, 가치를 공유할수록 자신의 상황을 같은 방식으로 해석하고 자신들이 하나의 운명 공동체라고 인식하게 된다. 그런 의미에서 공동체의 규범은 지역에 존재하는 사회적경제에 대하여 긍정적인 기대와 인식을 갖게 하며 지역사회의 문제에 대응할 때 함께 나설 수 있도록 촉진하는 역할을 한다.

사회적 자본이 제도적으로 확립될 때, 집단 내 협력과 의사 결정의 효율성이 높아지고, 집단화 전략이 활성화된다(Astley & Fombrun, 1983). 집단화 전략은 지역공동체 내의 개인과 조직이 환경 변화에 대응하며 자원을 공유하고 조정하는 과정이다. 이 과정은 지역사회의 문제 대응 능력을 향상시키며, 결과적으로 주민의 삶의 질을 높인다(Woolcock, 1998). 사회적 자본을 통해 원활해지는 상호 교류와 사회화는 공동체 구성원들의 행동과 성향을 변화시키고, 새로운 문화를 형성하는 과정을 동반한다. 이 과정을 통해 구성원 간의 공감대와 공동체 의식이 형성되며, 지역문제에 대한 효과적인 해결 방안을 도출하는 기반이 마련된다.

한국에서의 공동체와 사회적경제

1960년대까지 한국의 지역공동체에서 공동 노동의 관행이 남아 있었다. 두레를 통해 농촌 공동체는 노동력 부족 문제를 해결하기 위해 서로 협력하였다. 그러나 산업화가 빠르게 진행되면서 이촌향도 현상이 심해졌고 공동체에 기반을 둔 노동 관행은 점차 사라졌다. 한국정부는 1960년대 이후 경제성장을 위해 공간적 집중을 통한 성장전략을 수립하였다(김영·하창현, 2002; 김태일, 2009). 그 이후 지역 간 불균형 성장의 문제가 발생했고 지역균형발전정책을 추진했지만 실효성은 높지 않았다(김재훈, 2007; 김형빈, 2008). 정부주도 하향식 참여정책이 중심이 된 상황에서 주민과 지역은 자신들의 공동체를 스스로 형성할 수 없었다. 중앙정부가 중심이 되어 계획을 수립하고 집행했기 때문에 각 지역이 갖는 다양한 문제에 대한 정확한 인식과 적실성 높은 정책의 수립이 어려웠다.

그러나 한국사회가 발전하면서 직면한 변화와 도전에 대해 지역의 구성원을 중심으로 그들의 참여를 기반으로 대응한 사례가 있었다. 그리고 그 사례는 향후 한국의 사회적경제를 활성화하는 동력으로 기능할 수 있을 것으로 기대된다. 1960년대 이후의 산업화는 소득 불평등과 지역 간 격차를 초래하였다. 성장에 중점을 둔 경제발전전략은 지역에 따라 큰 발전 격차를 유발하였다. 농어촌 지역에서는 인구감소와 고령화 현상이 심해졌으며 도시지역에서도 빈곤 문제가 심해졌다.

1960년대 도시로 이주한 빈민들은 철거 지역이나 산동네에 무허가 판자촌을 형성하면서 열악한 환경에서 거주하게 되었다. 이들은 공동체적 유대감을 바탕으로 서로 도우며 생활 여건을 개선해 나가는 생존 전략을 모색하였다. 대표적인 사례로 1969년 정부의 광주대단지 조성사업으로 약 12만명이 경기도 광주로 강제 이주되었으나 열악한 환경에 맞서 주민들은 대책위원회를 구성하고 집회를 열어 대지 불하 가격 인하와 취로사업 보장 등을 요구하였다.[2]

---

2) 이 지역에서 시작된 공동체 조직화 운동은 성남시 사회적경제 형성의 토대가 되었다.

〈들여다보기〉 광주대단지 조성사업

　1960년대 후반 서울시의 인구 과밀 문제 해소와 도시 미관 개선을 위해 현재의 경기도 성남시 지역에 계획된 대규모 주거지 개발 프로젝트이다. 당시 사업 실행 과정에서 여러 문제가 발생하며 대규모 갈등을 초래하였다. 1969년 서울시는 경기도 광주군 중부면 일대 약 500만 평(16.5㎢)의 부지에 대규모 주거 단지를 조성하기로 계획하였다. 이 지역은 서울에서 약 25km 떨어진 곳으로 당시 교통과 기반 시설이 전무한 상태였다. 실제로 서울시의 슬럼화된 청계천 및 영등포 지역에 살던 약 12만 명의 빈민층이 광주대단지로 강제 이주되었으나 이주민은 제대로 된 보상이나 정착지원을 받지 못하였다. 상하수도, 전기, 도로 등의 인프라도 거의 구축되지 않았다. 이주민들은 최소한의 생활환경을 보장받지 못한 채 열악한 환경 속에서 살게 되었다. 열악한 환경과 정부의 지원 부족에 주민들의 불만이 고조되었다. 1971년 주민들의 대규모 시위가 발생했으며 많은 주민들이 체포되고 부상자가 발생하였다. 인위적 도시개발 과정에서 발생한 저소득층에 대한 정책적 배려 부족은 정책의 실패로 이어졌다. 주민들에 대해 제대로된 서비스가 제공되지 못한 가운데 지역의 '주민교회'를 중심으로 신용협동조합과 생활협동조합이 결성되어 성남시 주민의 편의를 높이고 사회적경제가 형성되는 계기가 되기도 하였다.

　이런 환경 속에서 공동체 형성을 통한 자발적인 문제해결 사례가 여러 지역에서 나타났다. 충청남도 홍성, 경기도 안성, 강원도 원주, 경기도 성남 등 지방 도시에서 사회적경제 조직들의 활동이 활발하게 진행되었다. 서울을 비롯한 대도시에서도 빈곤극복을 위한 주민운동이 활발하게 전개되었다. 이러한 사례는 한국의 지역사회가 자발적으로 참여를 유도하고, 산업사회의 고도성장 과정에서 나타나는 위계적 사회구조, 물질중심주의 등을 극복하며 시도한 대안적인 사회 모색을 보여준다.

　1997년 한국경제가 경험한 외환위기를 포함한 글로벌경제위기는 대규모 실업을 유발했다. 자활지원센터를 포함해 실업의 위기를 극복하기 위해 협력한 시민사회 조직은 정부에 지원을 요구하였다. 이에 대한 정부의 지원이 사회적 일자리라는 이름으로 구체화되었다. 2003년부터 노동부가 사회적 일자리 사업의 주체가 되며 정부는 고용정책의 하나로 실업문제에 접근하였으나 이 사업을 집행한 주역은 지역사회의 시민사회조직이었다. 그리고 사회적 일자리 사업이 사회적 기업 진흥정책으로 발전되면서 사회적 기업과 협동조합의 수가 증가하였다. 이러한 공식화의 과정 속에서 지역사회 기반 사회적경제 조직의 기반이 확대될 수 있었다. 이런 배경 속에서 지속가능한 공동체의 발전을 위해 지역의 다양한 기관과 주민들이 참여하는 사회적경제의 토대가 일부 지역에서 나타나기 시작하였다.

한국의 지역공동체를 기반으로 발전한 사회적경제는 사회적 기업, 협동조합, 시민사회 조직, 자활조직, 기업주도 사회적 기업, 민간기업 등으로 구성되었고 주민들은 이들 조직의 이해관계자로 참여한다. 한국의 사회적경제는 급속한 고령화, 가족구조의 변화, 여성의 경제활동 참여 증가와 경제적 양극화 등이 유발한 복지, 보육, 간병, 가사 지원 등의 수요에 대응할 지역사회의 토대가 될 것으로 기대되고 있다. 사회적경제의 지속가능한 발전을 위해서는 지역의 다양한 기관과 주민들의 참여가 필요하며 실제로 다양한 지역의 사회적경제 조직을 중심으로 활발한 주민참여가 발생하고 있다.

한국의 일부 지역에서 나타난 산업화와 세계화의 맥락에서 이루어진 환경 변화에 대응하여 진화하는 공동체의 노력은 한국의 지역사회가 사회적경제를 중심으로 지속가능한 방향으로 성장하는 경로를 보여준다. 정부와 시민사회의 긴밀한 협력, 그리고 주민 참여를 중심으로 한 복합적 접근법을 통해 사회적경제의 긍정적 효과를 강화하는 가능성을 확인할 수 있다.

이러한 노력은 단순히 과거의 패러다임을 복원하거나 다른 지역의 성공 사례를 모방하는 것이 아니라, 현재와 미래의 지역 특성과 사회적 동향을 반영하여 지역 발전전략과 협력 체계를 적절히 조정하고 발전시킬 때 가능하다. 이는 사회적경제가 다양성을 중시하고, 위계적 구조보다는 네트워크 기반의 유연한 구조로의 변화를 추구하면서, 협력을 통한 지속가능한 발전을 지향해야 함을 의미한다.

2015년에 국제연합에서 제시한 지속가능한 발전 목표와 전략은 포용적 성장을 강조하며, 지역 주민들의 활발한 참여가 그 핵심 요소이다. 지역사회의 지속가능한 발전은 주민들의 적극적 참여와 그들이 구성하는 다양한 사회적 기관의 협력에 의해 가능하다. 결국, 한국의 사회적경제의 지속가능성을 높이고 공동체를 더욱 견고하게 만들기 위해서는 지역 주민의 참여가 어떻게 강화될 수 있는지, 그리고 그러한 참여가 어떤 긍정적 영향을 미치는지를 철저히 분석하고 평가하는 것이 필요하다.

한국의 사회적경제

한국 사회적경제의 공동체성

　한국 사회적경제를 구성하는 공동체성을 살펴보기 위해 한국사회적기업진흥원의 지역자원조사 자료를 다시 활용하여 분석하였다. 이 조사의 개요와 조사 대상의 구성은 제2장의 <표2-4>와 <표 2-5>에 수록되어 있다. 이 조사에서는 공동체성을 파악하기 위해 총11개의 문항을 사용하였으며 확인적 요인분석을 통해 <표2-7>의 결과를 얻었고 공동체의식, 연대성, 자원봉사 참여로 단순화할 수 있었다.[3]

　공동체성은 지역사회의 사회적경제를 활성화하는 중요한 요인이 된다고 가정할 수 있다. 공동체성이 강화되면 주민들이 자원을 공유하고 서로 협력하는 데 적극적인 자세를 가질 수 있다. 나와 이웃이, 그리고 나와 지역이 연결되어 있다고 생각하면 자신의 자원을 사회적경제 활동을 위해 기꺼이 공유할 수 있다. 공동체성은 지역사회의 참여도 증진할 수 있다. 공동체성은 지역에 대한 소속감과 연결된다. 따라서 주민의 사회참여와 봉사가 증진될 가능성이 높다. 공동체 구성원들이 갖는 연결망은 정보와 자원의 효율적인 흐름을 촉진한다. 이를 바탕으로 지역의 사회적경제가 활성화될 가능성이 높다.

　공동체성이 강한 지역에서는 이웃간에 사회적 지지가 높은 경향이 있다. 이러한 지지는 정신적 건강과 안정감, 그리고 자아존중감이 높아질 가능성이 높다. 공동체성이 높은 곳에서는 지역사회에 존재하는 갈등도 더 잘 해소될 가능성이 높고 지역사회에서의 의사결정과정에서 실질적인 민주주의가 강화될 수 있어서 주민들의 행복과 만족감을 높일 수 있다.

　한국사회적기업진흥원의 지역자원조사 자료를 지역별로 평균값을 구하여 세 가지 공동체성 요인의 평균값을 <표 6-1>과 같이 제시하였다. 세 가지 요인 모두에 있어서 전라북도 진안군의 공동체성이 가장 높다. 공동체성의 세 가지 요소 중 공동체의식과 연대성은 주민의 내적 인식인 반면, 자원봉사는 외적으로 표현되는 활동이다. 세 유형의 공동체성 가운데 자원봉사의 평균값이 가장 낮은 것

---

3) 조사를 위한 측정문항은 한국사회적기업진흥원 홈페이지의 지역자원조사 게시판에 수록된 코드북에서 찾을 수 있다.

으로 볼 때, 한국의 지역주민의 경우 내적으로 인식하는 공동체성보다 실천으로 나타나는 공동체성이 상대적으로 약한 것으로 이해할 수 있다.

표 6-1 ▸ 한국 사회적경제의 공동체성의 지역별 평균값

지역	공동체의식	연대성	자원봉사	지역	공동체의식	연대성	자원봉사
강남구	3.29	2.66	2.51	서초구	3.38	2.78	2.58
강동구	3.31	2.70	2.57	성동구	3.22	2.58	2.44
강릉시	3.29	2.94	2.63	성북구	3.27	2.80	2.50
강북구	3.41	2.96	2.62	송파구	3.34	2.83	2.61
강서구	3.24	2.80	2.42	수성구	3.26	2.82	2.57
관악구	3.38	2.73	2.47	수원시	3.30	2.73	2.52
광명시	3.23	2.92	2.57	안동시	3.43	3.07	2.74
광산구	3.27	2.90	2.64	안산시	3.39	2.90	2.60
광진구	3.21	2.62	2.37	안양시	3.39	2.89	2.65
구로구	3.19	2.67	2.26	양천구	3.30	2.68	2.32
구미시	3.17	2.85	2.49	영등포구	3.20	2.79	2.55
군산시	3.29	2.98	2.60	오산시	3.31	2.90	2.55
금천구	3.43	2.70	2.49	완주군	3.50	3.29	2.75
김해시	3.48	2.96	2.65	용산구	3.38	2.80	2.53
남구	3.27	2.88	2.68	원주시	3.32	2.80	2.59
남동구	3.50	3.02	2.61	유성구	3.33	2.79	2.56
남양주시	3.36	3.01	2.60	은평구	3.47	2.93	2.58
노원구	3.46	2.88	2.69	의정부시	3.23	2.98	2.72
달서구	3.19	2.74	2.47	익산시	3.31	2.90	2.61
달성군	3.32	2.94	2.69	전주시	3.24	2.81	2.54
대덕구	3.39	2.91	2.63	종로구	3.38	2.90	2.62
도봉구	3.24	2.69	2.55	중구	3.23	2.83	2.58
동구	3.24	2.89	2.62	중랑구	3.38	2.86	2.54

한국의 사회적경제

동대문구	3.31	2.65	2.48	진안군	3.69	3.43	2.94
동작구	3.11	2.53	2.33	진주시	3.38	3.04	2.64
마포구	3.47	2.75	2.56	창원시	3.27	2.84	2.52
미추홀구	3.37	2.92	2.58	청주시	3.27	2.84	2.70
부천시	3.31	2.70	2.59	춘천시	3.51	2.96	2.70
부평구	3.30	2.87	2.55	칠곡군	3.21	3.12	2.55
북구	3.27	2.82	2.55	태안군	3.61	3.38	2.84
서구	3.29	2.85	2.54	평택시	3.47	3.04	2.70
서대문구	3.27	2.63	2.50	포항시	3.34	2.88	2.58
서산시	3.31	3.01	2.65	전체	3.33	2.86	2.58

앞서 지역사회의 공동체성이 사회적경제의 성과에 긍정적인 영향을 줄 것으로 가정하였다. 지역별 공동체성이 지역별 사회적경제 조직의 사회적 성과와 경제적 성과에 미치는 영향을 분석하기 위해 사회적경제 조직의 성과에 대한 주관적 인식을 탐색적 요인분석하였다. 지역별 사회적 성과와 경제적 성과의 기술통계량과 탐색적 요인분석 결과는 <표 6-2>와 같다. 사회적 성과와 경제적 성과는 분명히 구분되는 영역으로 영역별 신뢰도가 매우 높은 것으로 확인되었다.

표 6-2 ▸ 한국 사회적경제 조직의 성과: 기술통계 분석과 탐색적 요인분석

요인	측정변수	평균	표준편차	요인적 재치	분산비율	크론바하 알파
사회적 성과	지역 사회서비스 비중	3.43	0.989	0.604	45.685	0.876
	지역 창업활동 기여도	2.98	0.958	0.753		
	지역 소득창출 기여도	3.10	0.929	0.814		
	지역 고용창출 기여도	3.14	0.989	0.784		
	지방재정 기여도	2.89	0.899	0.781		
	지역 빈곤감소 기여도	2.90	0.923	0.810		
	공동체의식 확산 기여도	3.42	0.952	0.720		

경제적 성과	평균 매출액 증가	3.07	1.193	0.911	21.322	0.922
	총수입 증가	2.97	1.168	0.937		
	총영업이익 증가	2.85	1.167	0.889		
	총자산 증가	3.03	1.130	0.803		

탐색적 요인분석 결과에 따라서 세 유형의 공동체성과 사회적 성과와 경제적 성과의 한국의 65개 지역별 대푯값을 구해 공동체의식, 연대성, 자원봉사가 성과에 주는 영향을 분석해 보았으나 통계학적으로 유의미한 결과를 얻지 못하였다. 이러한 결과는 공동체성이 조직과 지역 차원의 성과로 연결되는 선순환의 구조가 형성되지 못하였음을 보여주는 결과이다. 즉 지역주민들이 공동체성을 보유하는 그 자체로 사회적경제의 성과가 높아지는 것은 아니라는 의미이다. 사회적경제의 성과는 공동체성을 가진 주민들의 수요를 충족시키기 위한 조직과 지역차원의 체계적인 역량과 노력이 있을 때 높아질 가능성이 높다. 따라서 이 결과는 공동체성을 실질적인 성과로 연결하기 위한 다양한 연계와 협력활동이 필요하다는 과제를 남긴다.

공동체성이 성과에는 직접적인, 긍정적인 효과를 주지 못했지만 사회적경제에 대한 인식에는 긍정적인 영향을 주는 것이 확인되었다. 한국사회적기업진흥원의 지역자원조사 설문조사에서는 사회적경제에 대한 인식을 파악하기 위해서 두 개의 문항을 활용하였다. 첫 번째 문항은 "사회적경제 기업은 사회문제해결에 기여할 수 있다." 이며 두 번째 문항은 "우리 지역의 사회적경제 기업은 사회문제를 효과적으로 해결하기 위해 노력하고 있다."이다. 이 두 질문을 리커트 척도를 활용하여 측정하였다. <그림 6-1>은 공동체성 가운데 공동체의식과 자원봉사가 사회적경제에 대한 긍정적인 인식의 확산에 주는 영향을 보여주는 단순회귀 분석 결과이다. 연대성은 사회적경제에 대한 긍정적 인식에 통계학적으로 유의미한 영향을 주지 못했다. 그러나 공동체의식과 자원봉사 참여 정도는 사회적경제에 대한 긍정적인 인식에 유의미한 영향을 준다.

그림 6-1 ▸ 한국 사회적경제의 공동체성과 긍정적 인식

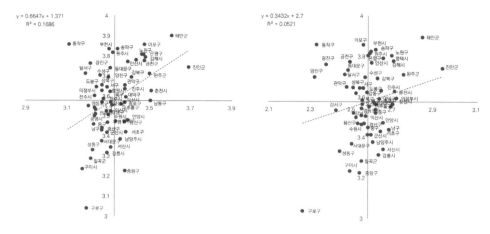

공동체의식(가로축)과
사회적경제에 대한 긍정적 인식(세로축) 관계

자원봉사(가로축)과
사회적경제에 대한 긍정적 인식(세로축) 관계

    <그림 6-1>의 가로축이 공동체성이며 세로축이 사회적경제에 대한 긍정적 인식이다. 공동체성이 높은 진안군과 태안군에서 사회적경제에 대한 긍정적 인식이 높은 것으로 나타났다. 이 결과는 공동체의식이 높은 사람은 지역사회와 자신의 연결성을 높게 평가하고 사회적경제가 주도하는 지역의 일을 긍정적으로 평가하는 경향이 있다. 자원봉사에 직접 참여할 때 사회적경제의 운영과정을 직접 관찰하고 평가하면서 긍정적 인식을 갖게 됨을 알 수 있다.

    공동체성이 사회적경제 조직의 성과에 주는 영향은 통계학적으로 유의미하지 않은 것으로 나타났지만 주민들의 행복, 지역에 대한 긍정적 인식, 지역 만족도 등에는 유의미한 영향을 준다는 사실이 확인되었다. <그림 6-2>는 공동체성이 행복, 지역인식, 지역만족도에 주는 영향을 보여준다. 공동체성이 조직과 지역의 성과를 높이는 데는 다른 조건이 충족되어야 하지만 자신의 행복과 지역에 대한 긍정적 평가에는 유의미한 영향을 준다는 사실을 확인할 수 있다. 이 분석에서 공동체성 가운데 공동체의식과 자원봉사는 행복, 지역에 대한 인식, 지역 만족도 모두에 긍정적인 영향을 준다.

    그러나 연대성은 자신의 행복에만 긍정적 영향을 주며 지역과 관련된 두 변수에는 통계학적으로 유의미한 영향이 없었다. 타인 또는 다른 조직 및 기관과

연대한다는 것이 지역에 대한 긍정적인 생각을 만들지 않는다는 사실은 연대의 성격, 특성, 효과성 등에 대한 추가적 분석이 필요함을 시사한다. 따라서 주민들이 사회적경제를 통해서 참여할 때 직면하는 환경, 경험하는 이슈, 소통하는 통로 등에 대한 포괄적인 후속 연구를 통해 협력과 연대의 선순환에서 고려할 추가적인 인과관계를 파악할 필요가 있다.

그림 6-2 ▸ 공동체성과 행복, 지역에 대한 긍정적 인식, 지역만족도의 관계

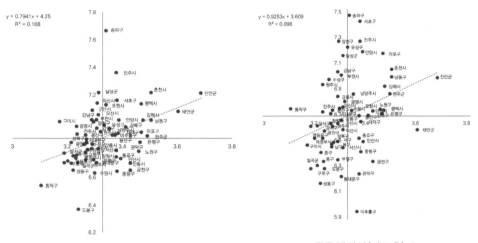

공동체의식(가로축)과 행복도(세로축)의 관계

공동체의식(가로축)과
지역에 대한 긍정적 인식(세로축)의 관계

　　　　　　　　　　　　　　　　　　　　　　　　한국의 사회적경제

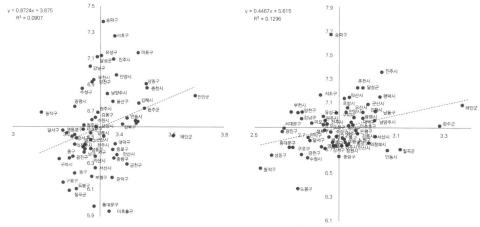

공동체의식(가로축)과 지역만족도(세로축)의 관계   연대성(가로축)과 행복도(세로축)의 관계

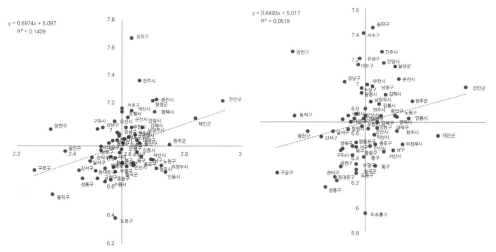

자원봉사(가로축)와 행복도(세로축)의 관계   자원봉사(가로축)와 지역에 대한 긍정적 인식
(세로축)의 관계

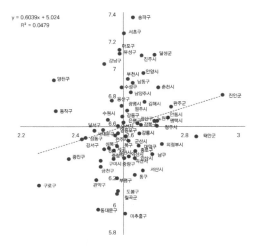

자원봉사(가로축)와 지역만족도(세로축)의 관계

제6장의 핵심 요약

✓ 공동체는 "공동의 필요와 목적, 공동 가치나 선의 추구, 공유된 문화와 생활 그리고 이러한 것들의 구체적 내용을 설정하고 실현시키기 위한 의사사통 및 집합적 행동"을 의미한다(송창용·성양경, 2009, 115).

✓ 사회적경제의 원활한 작동을 위해 공동체 형성이 필수적이며 신뢰, 연결망, 규범으로 구성되는 사회적 자본의 확충이 필요하다.

✓ 한국에서 공동체의식이 높고 자원봉사 참여가 많은 주민들이 사회적경제를 긍정적으로 인식한다.

✓ 공동체의식이 높은 사람이 행복도도 높고 지역에 대해 긍정적으로 인식하는 경향이 있다.

사례분석: 옥천군의 공론장과 공동체

공동체는 어떻게 만들어지는가? 충청북도 옥천군의 사례는 주민들이 주도한 지역신문을 통해 만들어진 공론장을 바탕으로 공동체가 형성되고 새로운 아이디어가 논의되며 지역개발 프로젝트가 운영되는 사례를 보여준다. 옥천군은 대전시의 동쪽, 청주시의 남쪽에 있으며 2023년 현재 49,452명이 살고 있는 농촌지역이다. 옥천군의 공론장 형성은 1989년 옥천신문의 창간으로 시작된다. 옥천군 청년애향회라는 단체에서 계간 소식지 발간에 참여한 사람들이 지역신문의 필요성을 느끼고 군민주식의 방식으로 창간하였다. 옥천 신문의 구성은 공공성과 공동체성이라는 두 가치를 중심으로 지역의 대안을 모색하는 방식으로 이루어진다. 다양한 문제를 공유하고 의견이 소통되는 공론장의 역할을 통해 숙의민주주의 발전의 토대를 제공한다.

정무권·박주희(2023)는 안남면의 지역공동체를 사회적 차원에서의 주민조직과 네트워크, 정치적 차원에서의 숙의적 주민자치, 경제적 차원에서 영농조합법인의 설립과 순환 경제로 설명한다. 이 세 가지 통로는 지역의 이해관계자에게 열려 있고 참여자의 의견을 평등하게 다룸으로써 논의의 정당성을 부여한다. 주민주도의 민주적 소통이 공론장에서 이루어져 지역사회의 혁신과 문제해결 나아가서는 지속가능한 순환경제 체제의 형성에 기여한다는 것이다. 옥천군 사례에서 주목할 만한 점은 공론장의 분화와 확장이다. 안남면 지역발전위원회, 옥천순환경제 공동체, 옥천 살림협동조합 등 다양한 통로로 주민의 참여와 숙의가 진행되고 도서관, 주민평의회, 협동조합 등에서 소통할 공간이 제공되었다. 이 공간에서 사람들과 기관들 사이의 관계가 다시 설정되고 공동 행동을 위한 신뢰도 조성되었다. 경제적 위기와 정치적 갈등이 발생할 때 서로 보완하고 통합하는 역할을 하며 새로운 지역 발전 모형을 지향하고 있다.

지역이 발전하는 과정은 다양하지만 지역 발전의 기초에는 공동체성이 있는 경우가 많다. 특히 공동체에서 숙의가 발생하고 지역의 공감대 형성이 이루어지는 공론장이 있을 때 새로운 대안과 사업을 지역사회가 협력해서 추진할 원동력이 생긴다. 인구감소, 경제위기, 정치적 갈등의 심화와 같이 한국의 지역사회가 직면한 난제를 해결하는 데 지역의 공론장이 중요한 역할을 할 수 있다. 새롭고 창의적인 아이디어는 광범위한 토론의 과정에서 생기는 경우가 많고 채택된 대안은 공감대가 있을 때 더 효율적으로 집행될 수 있다. 옥천군 사례는 공론장을 만들어 가는 과정을 통해서 주민이 주도해서 공동체 전체가 협력하는 모형을 보여준다.

한국 사회적경제의 사회적 기업가정신

"패턴의 변화를 주도하는 사회적 기업가는 근본적인
변혁을 촉매하고 만들어 내는데 가장 중요한 유일한 요소이다."

(Drayton, 2006, 92)

사회적 기업가정신은 지속가능한 방식으로 사회 문제를 해결하기 위해 혁신적인 아이디어와 새로운 비즈니스 모델을 찾고 실행하는 행동방식이다. 사회적 기업가는 공동체 구성원의 신뢰와 협력을 촉진하고 사회적 자본을 축적한다는 점에서 사회적경제 생태계의 확장에 중요한 역할을 수행한다.

한국의 사회적경제는 다양한 사회적 기업가에 의해서 만들어지고 발전하였다. 홍동에서 학습지역을 조성하고 원주에서 공동의 자산을 조성하고 안성에서 지역주민과 협력해서 새로운 보건의료 서비스를 제공했던 사회적 기업가들은 사회적경제를 통한 혁신적 문제해결을 지향했고 지역사회의 생태계를 조성한 주역이었다. 따라서 이들이 어떤 동기로 혁신적 문제해결에 나서고 그 결과는 무엇이었는지 밝히는 것은 한국 사회적경제의 시작과 발전을 이해하는데 중요한 열쇠가 될 것이다.

이 장에서는 사회적 기업가정신과 사회적경제의 관계, 그리고 사회적 기업가정신의 개념과 선행요인이 무엇인지를 소개한다. 특히 사회적 기업가정신 연구에서 많이 언급되는 선행요인의 개념과 연구 경향을 제시함으로써 사회적 기업가정신을 형성하기 위해, 필요한 조건은 무엇인지를 설명한다. 마지막으로 한국에서는 사회적 기업가정신이 사회문제 해결과 사회적경제와 어떤 관계에 있는지를 분석하고 지역별 현황을 비교분석한다.

1 사회적 기업가정신과 사회적경제

1) 사회적 기업가정신의 중요성

지역마다 다른 방식으로 나타나는 사회문제에 대응하기 위한 새로운 해결 방안은 주민들이 새로운 기회를 활용하고 이를 사회적 가치 추구활동에 활용하는 사회적 기업가정신으로 구체화된다. 사회적 기업가정신은 궁극적으로 지역사회에서 나타난다는 점에서 지역사회나 사회적경제와 그 연관성이 높다. 특히 지역 혁신을 통한 경제발전과 사회 안전망의 확보에 사회적 기업가의 역할이 필요하다. 이런 배경 속에서 정부도 사회적 기업가 양성을 위한 제도적 지원을 강화하고 있으며, 기업도 사회적 기업가 양성을 통한 사회적 가치창출을 목표로 다양한 프로그램을 도입하고 있다.

사회적 기업가정신을 수단으로 사회적경제 활성화를 시도할 때, 사회적 기업가로 성장할 자질을 갖춘 사람은 누구이며 지역사회의 문제해결을 위해 참여하고 기회를 탐색할 수 있는 사람은 누구인가에 답해야 한다. 사회혁신을 실현하고자 하는 지역사회의 많은 실무자들은 인적 자원의 확보에 어려움을 겪는다. 지역의 지속가능한 발전과 사회경제적 변화는 많은 구성원이 사회적 가치에 공감하고 기업가적 특성을 갖출 때 가능하며 그것을 실현하기 위해서는 기업가정신을 갖춘 인력을 확보해야 한다. 따라서 사회적 기업가는 누구이며 사회적 기업가로 성장할 자질을 갖춘 사람이 누구인지를 밝힐 필요가 있다.

2) 사회적 기업가정신과 사회적경제

사회적 기업가정신은 사회문제를 해결하는 데 초점을 맞추는 역량 또는 원동력이 된다고 할 때 사회적경제와 밀접하게 연결된다. 사회적 기업가정신은 사회문제가 무엇인지 파악하고 해결을 위한 대안을 모색하는 활동이다. 따라서 지역의 문제에 접근하고 해결하기 위한 방법을 찾는 과정에서 사회적 기업가정신이 발휘된다. 이 과정은 지역의 사회적경제가 주민들의 수요를 충족하고 직면한 문제를 해결하는 데 중요한 요소이다. 사회적 기업가정신은 사회적·경제적 가치의 조화를 추구한다. 지역의 문제해결을 통해서 사회적 가치를 창출하고 경제적 가치도 동시에 실현할 수 있다는 점에서 사회적경제의 효과성도 높아진다. 창출된 가치의 측정, 평가, 공유를 강조한다는 점에서 사회혁신에 대해 지역사회의 인식을 높이고 더 많은 참여와 지원을 유도한다는 점에서 사회적경제의 활성화에 크게 기여할 수 있다.

2 사회적 기업가정신의 개념

사회적 기업가정신의 개념은 다양한 학자들이 강조한 리더십, 창의성, 혁신성과 관련한 기존 연구에서 찾을 수 있다. 최근 가장 많이 인용되는 개념은 아쇼카 재단의 Drayton(2002) 회장이 사용한 정의이다. 그는 기업가정신의 개념을 확장하여 사회적 기업가를 다음과 같이 소개한다.

> "다양한 사회문제를 혁신적인 해결책으로 풀어나가고 사회 전체가 새롭게 발전할 수 있도록 설득하는 사람들"(Drayton, 2002)

사회적 기업가정신에 대해 Weerawardena & Mort(2007)는 혁신성, 진취성, 위험관리 활동 등의 요소를 강조한다. 그들은 이 세 개념을 척도화하여 실증적 분석을 진행한다.

> 〈Weerawardena & Mort(2007)의 기업가정신의 하위 개념〉
> ① 혁신성: 새로운 가치 창출에 필요한 아이디어를 바탕으로 기회를 활용하고 성과를 창출하는 활동
> ② 진취성: 사회 변화를 새로운 수요충족의 기회로 수용하고 미래지향적인 변화를 추구하는 활동

③ 위험관리: 새로운 대안을 도입하고 집행하는 과정에서 조직이 직면할 위험을 관리하는 역량

　사회적 기업가정신에 대한 많은 연구가 이 세 요인에 몇 가지 요인을 추가하여 측정척도를 구성하고 다른 변수와의 관계를 분석하는 방식으로 진행되었다. 배귀희(2011)는 이 세 요인에 사회적 목적을 추가했고, 최윤미 외(2015)는 공감, 혁신, 실용의 세 가지를 측정했고, 오헌석 외(2015)는 공감, 혁신, 실용의 세 영역을 구분하고 이를 다시 9개 하위영역으로 재구성하였다. 문남희·김명소(2016)는 직업 소명, 가치 일치, 직무 열의, 직무 만족을 포함하여 사회적 기업가정신의 개념을 새롭게 설명하였다. 이처럼 사회적 기업가정신의 개념은 다양하게 제시되었지만 엄밀한 개념화와 유형화가 이루어지지는 못했고 그 결과로 개념의 모호성이 증가하고 있다.

　사회적 기업가정신 개념의 체계화와 일반화를 위해서는 보편적으로 수용가능한 이론적 기반을 확인하는 것이 필요하다. Ajzen(1991)의 계획된 행동이론은 특정 결과를 위한 개인의 행동은 의도로 결정되고 그 의도는 자세와 행동 통제라는 선행요인으로 결정된다고 설명한다.[1] 그리고 <그림 7-1>과 같이 행위자의 주관적 규범이 선행요인에 영향을 준다. 따라서 사회적 기업가정신 연구를 엄밀하게 진행하기 위해서는 사회적 기업가정신의 의도를 만드는 요인을 '사회적 기업가정신 선행요인'으로 정의하고 이를 개념화하는 것이 중요하다.

---

[1] 행동을 위한 자세는 자신의 행위가 바람직한지에 대한 인식을 말하며 사회적 기업가정신과 관련하여 새로운 기회나 창업에 대한 관점을 긍정적으로 인식하는 자세와 관련된 영역이다. 주관적 규범은 타인을 어떻게 인식하는지와 관련된다.

그림 7-1 ▸ Ajzen(1991)의 계획된 행동이론

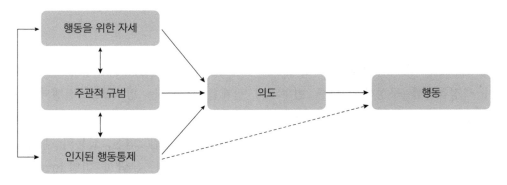

자료: Ajzen(1991)

3   사회적 기업가정신의 선행요인

    사회적 기업가정신의 선행요인의 이론화, 척도화, 타당화 연구는 Hockerts(2015)에 의해서 본격적으로 진행되었다. Hockerts(2015)는 Mair & Noboa(2006)의 연구를 토대로 삼았다. 그는 사회적 기업가정신의 선행요인 척도 (SEAS, Social Entrepreneurial Antecedents Scale)를 구성할 때 공감, 도덕적 책무, 자기 효능감, 사회적 지지의 4개 요인을 활용하였다. 이 네 가지 개념을 측정 척도로 만들고 타당도를 검증하였다. 사회적 기업가정신의 선행요인의 개념은 다음과 같다.

> **⟨Hockerts(2015)의 사회적 기업가정신의 선행요인⟩**
> ① 공감: 다른 사람의 감정을 상상하는 능력과 타인의 심리 상태에 정서적으로 반응할 능력
> ② 도덕적 책무: 취약계층에 대해 도덕적 의무감이 생기는 정도
> ③ 자기효능감: 의도한 행동을 할 스스로의 능력에 대한 인식
> ④ 사회적 지지: 다른 구성원이 자신을 기꺼이 도울 것이라는 믿음

첫째, 공감(empathy)은 인지적 공감과 정서적 공감으로 구분된다. 인지적 공감은 다른 사람이 가진 감정을 상상할 수 있는 능력이다. 정서적 공감은 타인의 심리상태나 정신 상태에 정서적으로 반응할 능력이다. 많은 사회적 기업가정신 연구에서 공감이 주된 변수로 자리 잡고 있으며 Drayton(2002)도 사회적 기업가의 공감을 강조하였다.

둘째, 도덕적 책무(moral obligation)는 사회적 기업가의 윤리적 기준과 연결된 개념이다. 책무는 보편적 윤리기준으로써의 취약계층에 대해 도덕적 의무감이 생기는 정도로 측정할 수 있다. 이러한 책무는 사회적 기업가정신의 범위를 넓히고 사회 전반에 긍정적인 활동을 확산할 때 중요한 요인이다(Smith et al., 2016).

셋째, 자기효능감(self-efficacy)은 의도한 행동을 할 스스로의 능력에 대한 인식이다. 효능감은 많은 연구에서 검증되었다. 사회적 기업가정신 연구에 있어서 효능감은 개인으로서가 아닌 사회구성원으로서 문제를 해결할 수 있는 자신감에 대한 인식이다. 지역과 사회에서 발생하는 문제는 한 사람의 개인이 해결하기 매우 어렵지만 자신의 역량을 스스로 높이 평가하는 인식은 행동으로의 연계가 가능하게 한다는 점에서 중요하다.

넷째, 사회적 지지(social support)는 네트워크나 사회 속 다른 구성원이 자신을 기꺼이 도울 것이라는 믿음이다. 사회적 지지는 다른 사람이 자신의 노력을 얼마나 지지할 것인지에 대한 확신이다. 따라서 사회적 가치창조 활동에 대해 얼마나 많은 투자를 받을 수 있는지 그리고 활동에 대한 조언과 도움을 받을 수 있는지와 관련된다.

4 한국의 사회적 기업가정신, 사회문제 해결, 사회적경제

지역사회의 사회적 기업가정신은 지역에서 새로운 사업모형과 혁신적인 대안을 모색하는 데 긍정적인 영향을 준다. 이를 토대로 지역사회의 빈곤, 불평등, 환경 문제에 대한 해결방안을 제공함으로써 사회적경제의 성과를 높이고 지역사회의 삶의 질을 높일 수 있다. 사회적 기업가정신은 창의적이고 혁신적인 아이디어를 촉진한다는 점에서 지역사회에 다양한 사회적 기업과 협동조합 그리고 스타트업의 창업을 돕는다. 이 과정에서 지역사회의 다양성과 포용성을 높여 사회적경제 조직이 창출하는 사회적 성과를 높일 환경을 조성한다.

한국의 지역별 사회적 기업가정신을 대리해서 측정할 문항으로 문제해결을 위한 새로운 규칙, 새로운 조직, 창의적 해결방안, 신속한 해결책 등 네 항목을 활용한 측정 결과를 <표 7-1>에 제시하였다. 항목별 측정 문항으로 새로운 규칙은 "사회문제 발생 시 우리 지역은 새로운 규칙이나 규정을 만들어 대응하는 편이다.", 새로운 조직은 "사회문제 발생 시 우리 지역은 새로운 조직을 만들어 대응하는 편이다.", 창의적 해결방안은 "사회문제 발생 시 우리 지역은 창의적인 해결방안을 활용하여 대응하는 편이다.", 신속한 해결책은 "사회문제 발생 시 우리 지역은 신속하게 해결책을 모색하여 대응하는 편이다." 등을 사용하였다. 분석결과 신속한 해결책을 모색하여 대응하는 정도가 가장 높은 평균값을 기록한 반면, 새로운 조직을 활용한 대응의 평균값이 가장 낮았다. 조사대상 한국의 기초지방자치단체 가운데 모든 영역에서 가장 높은 수치를 기록한 지역은 경상북도 안동시인 것으로 확인되었다.

표 7-1 ▸ 한국 사회적경제의 사회적 기업가정신의 지역별 평균값

지역	새로운 규칙	새로운 조직	창의적 해결 방안	신속한 해결책	지역	새로운 규칙	새로운 조직	창의적 해결 방안	신속한 해결책
강남구	2.94	2.78	2.87	2.98	서초구	2.99	2.83	2.93	3.06
강동구	2.82	2.74	2.69	2.84	성동구	2.77	2.58	2.92	3.08
강릉시	2.79	2.55	2.75	2.83	성북구	2.74	2.61	2.73	2.84
강북구	2.93	2.73	2.88	3.00	송파구	2.73	2.6	2.72	2.8
강서구	2.78	2.58	2.66	2.87	수성구	2.91	2.75	2.84	2.99
관악구	2.82	2.67	2.77	2.90	수원시	2.84	2.65	2.75	2.89
광명시	2.86	2.66	2.86	2.92	안동시	3.12	2.93	3.06	3.16
광산구	2.86	2.63	2.77	2.83	안산시	2.89	2.71	2.88	2.96

광진구	2.90	2.56	2.85	2.85	안양시	2.87	2.67	2.79	2.91
구로구	2.50	2.27	2.70	2.74	양천구	2.84	2.75	2.71	2.85
구미시	2.80	2.64	2.74	2.88	영등포구	2.88	2.75	2.76	2.84
군산시	2.78	2.64	2.78	2.90	오산시	2.85	2.69	2.81	2.92
금천구	2.92	2.73	2.80	2.90	완주군	3.01	2.86	2.95	3.03
김해시	2.89	2.71	2.84	2.96	용산구	2.74	2.64	2.82	2.76
남구	2.92	2.78	2.84	2.96	원주시	2.84	2.68	2.84	2.93
남동구	2.93	2.75	2.89	3.05	유성구	2.91	2.68	2.83	2.96
남양주시	2.81	2.67	2.77	2.90	은평구	2.92	2.68	2.86	2.94
노원구	2.99	2.83	2.97	3.06	의정부시	2.88	2.80	2.86	2.92
달서구	2.81	2.65	2.74	2.82	익산시	2.90	2.76	2.88	2.99
달성군	2.97	2.88	2.93	3.01	전주시	2.88	2.69	2.80	2.92
대덕구	2.92	2.78	2.84	2.94	종로구	2.79	2.66	2.81	2.87
도봉구	2.82	2.66	2.79	2.91	중구	2.77	2.66	2.77	2.86
동구	2.84	2.69	2.81	2.92	중랑구	2.66	2.48	2.64	2.89
동대문구	2.66	2.63	2.62	2.84	진안군	3.00	2.82	3.01	3.15
동작구	2.79	2.58	2.57	2.73	진주시	2.95	2.77	2.85	2.91
마포구	2.92	2.78	2.87	2.96	창원시	2.76	2.57	2.71	2.77
미추홀구	2.80	2.60	2.71	2.86	청주시	2.88	2.73	2.85	2.89
부천시	2.97	2.7	2.85	3.00	춘천시	2.84	2.71	2.73	2.74
부평구	2.83	2.67	2.85	2.93	칠곡군	2.79	2.64	2.74	2.87
북구	2.83	2.70	2.81	2.91	태안군	2.90	2.80	3.03	3.12
서구	2.82	2.68	2.79	2.89	평택시	2.91	2.70	2.84	2.97
서대문구	2.96	2.75	2.88	2.98	포항시	2.80	2.61	2.65	2.76
서산시	2.83	2.72	2.80	2.90	전체	2.85	2.69	2.81	2.91

공동체성과 사회적 기업가정신의 관계에 대해서는 두 가지 다른 관점이 있을 수 있다. 한국의 사회적경제에서 역사와 전통에 기반을 두고 형성된 공동체는 높은 결속력을 보이는 반면 변화하는 환경에 대응하는 새로운 대안과 조직의 수용에 소극적일 수 있으며 이는 지역의 혁신을 저해할 수 있다. 자발적 지역화에 머물러 새롭고 혁신적인 대안의 수용에 소극적일 경우 배태성의 역설에 빠질 가능성도 있다. 반면 개방성과 포용성을 갖춘 공동체성은 사회적 기업가정신을 촉진할 수도 있다. 지역의 혁신을 위한 학습으로 충만한 공동체는 새로운 변화와 추세에 수용적이고 변화에 적응적일 수 있다. 이러한 지역사회에서는 공동체성과 기업가정신은 서로 긍정적인 영향을 준다.

그림 7-2 ▸ **한국 사회적경제의 공동체성과 사회적 기업가정신**

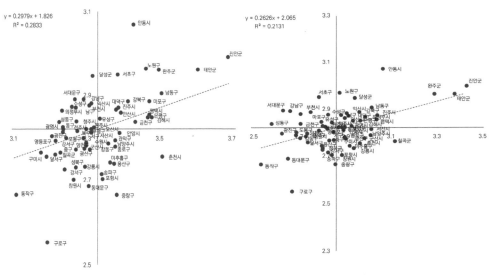

공동체의식(가로축)과
사회적 기업가정신(세로축)의 관계

공동체의식(가로축)과
사회적 기업가정신(세로축)의 관계

한국의 사회적경제

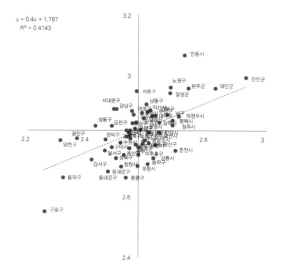

자원봉사(가로축)와 사회적 기업가정신(세로축)의 관계

한국 지역사회의 세 가지 공동체성과 사회적 기업가정신의 관계를 단순회귀
분석한 결과를 <그림7-2>에 제시하였다. 공동체의식, 연대성, 자원봉사 모두
사회적 기업가정신에 긍정적인 영향을 준다. 따라서 한국 사회적경제에서 발견되
는 공동체성은 사회적 기업가정신과 혁신성으로 이어지는 긍정적 효과를 갖는다.
세 공동체성의 유형 중에서는 자원봉사 참여가 가장 큰 영향을 주며 연대성의 효
과가 가장 작은 것이 확인되었다. 진안군, 태안군, 완주군 등 농어촌 지역의 공동
체성이 높고 그에 따른 사회적 기업가정신이 높은 것으로 나타났다. 도시지역 가
운데 노원구, 남동구, 안동시가 공동체성과 사회적 기업가정신 모두가 높은 것으
로 확인되었다.

사회적 기업가정신이 높을 때 지역의 사회적경제는 높은 성과를 기록한다는
가정을 확인하기 위하여 지역별 사회적 기업가정신 정도와 정도와 지역별 사회적
경제 조직의 사회적 성과와 경제적 성과의 관계를 단순회귀분석하였다.[2] 단순회
귀분석 결과 사회적 기업가정신과 사회적경제 조직의 사회적, 경제적 성과 사이
에는 통계학적으로 유의미한 결과가 발견되지 않았다. 그러나 <그림 7-3>과

---

[2] 지역별 사회적 기업가정신은 새로운 규칙, 새로운 조직, 창의적 해결방안, 신속한 해결책의 측
정결과의 대푯값을 산출하여 활용하였다.

같이 사회적 기업가정신과 사회적경제에 대한 긍정적 인식 사이에는 통계학적으로 유의미한 긍정적인 관계가 있음이 확인되었다. 이 결과는 지역에서 혁신적인 대응 방안이 모색되면 주민들의 사회적경제에 대한 인식이 긍정적으로 변화한다는 것을 의미한다.

그림 7-3 ▸ **사회적 기업가정신과 사회적경제 인식의 관계**

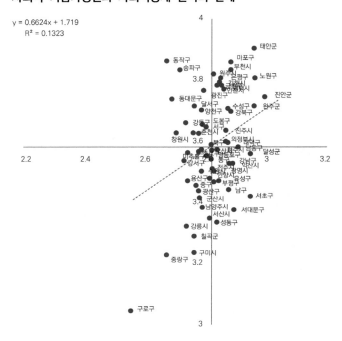

제7장의 핵심 요약

✔ 사회적 기업가정신은 사회문제를 혁신적인 방식으로 해결하고 사회전체가 발전하도록 하는 행동 방식을 의미한다.

✔ 사회적 기업가정신은 혁신성, 진취성, 위험관리 활동 등으로 구성된다(Weerawardena & Mort, 2007).

✔ 사회적 기업가정신의 선행요인은 공감, 도덕적 책무, 효능감, 사회적 지지 등으로 구성된다(Hockerts, 2015).

✔ 한국에서 공동체의식이 높고 자원봉사 참여가 많은 사람이 사회적 기업가정신이 높다.

✔ 사회적 기업가정신이 높은 사람이 사회적경제에 대해 긍정적으로 인식한다.

사례분석: 서천군의 사회적경제와 모두의 사회적 기업가정신

　서천군은 충청남도 서남부에 위치한 지방자치단체이며, 보령시와 전라북도 군산시, 익산시와 접해있다. 현재 인구는 2019년 현재 53,265명으로 1970년대 초반 14만 명 이상을 기록하던 인구가 2000년대 이후 급격하게 감소하고 있는 소멸 고위험지역으로 분류되고 있다. 서천군은 2010년경 충청남도의 사회적경제 지원정책이 본격화될 시점에 지역순환경제의 개념을 중심으로 발전하기 시작한다. 특정 주체가 주축이 되어 진행하는 사업이 아니라 주민 모두의 삶과 연결되는 마을에서부터 군 단위까지 모든 생활영역에서 실천되는 순환경제를 가정하였다. 일찍이 깨우친 활동가가 지역을 위해 사회적경제의 토대를 닦는 것이 아니라 시민 각자가 자신의 입장에서 사회적 기업가가 되어 다양한 지역 활성화 노력을 진행하고 있다는 점이 인상적이다.

　지역 내 생산농가로 구성된 생산자 조합인 얼굴있는먹거리영농조합은 안전한 학교급식 먹거리 공급에 기여할 운영시스템을 구축하였다. 아울러 서천 어메니티 복지마을 노인요양병원과의 협약을 통해 먹거리를 제공하고 봉사활동을 진행한다. 이 조합은 서천에서 로컬푸드 운동을 전개하며 자체적으로 직접 개설한 직매장을 조합원들이 직접 운영하고 있으며 두부, 콩나물 등을 생산하는 가공센터도 운영하며 신속하고 체계적인 배달을 위한 유통시스템을 구축하여 운영 중이다.

　서천군 마산면에서는 지역 주민이 주체적으로 농산물 직거래, 일자리 창출, 순환과 공생의 농업활동을 진행한 것으로 잘 알려져 있다. 동물복지 유정란 등 친환경 농산물을 생산 판매할 뿐만 아니라 농산물 무인판매대를 조성하여 신뢰에 기반을 둔 농산물 거래를 실현한다. 이러한 노력은 서촌마산협동조합의 설립을 통해서 농촌 활성화와 경쟁력 강화를 위해 지속가능한 방식으로 실현될 것으로 기대되고 있다.

　민간과 정부 간 협력도 지역순환경제의 확산에 중요한 요인으로 평가된다. 충청남도의 서천군의 지역순환경제센터 설립지원, 지역순환경제기금 조성을 통한 마을단위 공동체 시범사업의 지원, 민간주도 지역순환경제체제로의 전환을 위한 민간협의회 및 민관협력 활성화 등의 로드맵과 실천전략이 중요한 기여를 한 것으로 평가된다.

　사회적 기업가는 남다른 특성을 가진 사람일 것으로 생각하며 그런 자질을 갖춘 사람을 찾기 위한 많은 연구가 진행되었다. 그러나 사회적 기업가정신 선행요인에 관한 연구에서 밝혀진 요인들은 모두가 갖출 수 있는 자질이다. 이 사례에서 보듯 일상에서 흔히 만나는 농민, 상인, 공무원 모두가 열정을 갖고 같은 비전을 공유하고 새로운 기회의 포착을 위해서 몰입할 때 사회적 기업가가 될 수 있으며 사회적경제를 혁신할 수 있다.

한국 사회적경제 조직의 관리 역량

"저희는 근로자 이사제도라는 것이 있기 때문에
근로자 이사가 경영에 참여를 해서 모든 것을 더 투명하게 볼 수가 있어요.
정관을 바꿀 때에도 한 명의 이사가 반대를 해도 정관 자체를 손을 못 대게
엄격하게 만들어 놓다 보니까 근로자를 위한 정관이라고 볼 수가 있습니다."

(함○○ 성남시민버스 총괄부장, 2021.5.14.)

사회적경제의 주된 특징은 민주적 참여이다. 따라서 사회적경제의 관리 역량은 단순히 수익창출을 위한 능력이 아니라 사회적 가치 창출을 동시에 달성할 수 있는 능력을 포괄한다. 사회적경제의 역량은 다양한 조직들이 공공을 위한 목표, 경영을 위한 자율성, 민주적인 의사결정과 같은 원리를 준수하며 성과를 달성하는 능력이다. 따라서 사회적경제가 지역사회의 혁신과 변화를 불러오기 위해서는 조직의 다차원적 관리 역량이 중요하다(Bornstein, 2004). 조직의 높은 역량이 자원의 확보와 활용을 극대화하고 이해관계자와의 협력을 강화할 수 있기 때문이며 이를 바탕으로 지역사회의 지속가능성을 높이고 사회적 가치를 창출할 수 있다(Austin et al., 2006). 그렇다면 사회적경제 조직의 관리 역량은 무엇이며, 관리 역량이 우수한 조직은 어떤 결과를 얻을 수 있을까?

이 장에서는 사회적경제 조직이 속한 지역사회의 역량 개념을 내부 조직역량과 외부 조직역량으로 나누어 검토한다. 한국 사회적경제 조직의 역량을 지역별로 구분하여 살펴보고, 높은 관리 역량은 사회적경제 조직의 사회적·경제적 성과를 높이는 데 어떤 역할을 하는지 설명한다.

1 사회적경제 조직의 역량

지역사회가 역량을 갖추려면 그리고 사회적경제조직들이 활동하고 있다면 그 조직들의 높은 역량이 필요하다. 기존 연구는 사회적경제 조직의 성과를 높이는 역량을 내부와 외부로 구분하고 있다. 내부 역량은 사회적 목표를 효과적으로 달성하기 위해 사용되는 사회적경제 조직의 시스템인 인적자원, 업무처리 과정, 인프라를 의미하며, 외부 메커니즘은 다양한 지역자산인 주민, 장소, 기관과의 관계이다.

1) 사회적경제 조직의 내부 역량

Nash(2010)는 사회적경제 조직의 높은 관리 역량이 성과를 높일 수 있음을 설명하였다. 높은 관리 역량을 바탕으로 사회적경제 조직은 더 큰 임팩트를 가져올 수 있고, 성공적인 프로그램을 개발하고, 그렇게 함으로써 사회 발전에 미치는 영향을 극대화할 수 있다. 높은 조직관리 역량은 사회적경제 조직의 직원 및 이해관계자가 제한된 자원으로 고품질의 서비스를 제공할 수 있는 능력이며, 이로 인해 조직이 지역 사회로부터 더 나은 평판과 더 큰 신뢰를 얻을 수 있게 된다 (Light, 2004). 조직역량이 커지면 더 효과적인 프로그램을 만들고 조직의 성과를 향상시키며, 그 결과로 질 높은 서비스의 수혜자를 더 많이 만듦으로써, 사회 문제 해결을 통한 긍정적인 사회적 영향력을 갖게 된다.

조직 역량은 지속가능한 발전의 달성에 기여할 조직의 특성이며, 관리 역량, 인프라, 인사 관리, 조직문화, 재정 자원, 전략적 리더십, 사명, 그리고 거버넌스 등을 포괄한다(Allison & Kaye, 2005). 관리 역량은 조직에서 제공하는 서비스의 품질을 높이고 프로그램의 작동을 위해서 필요한 추가적인 이해관계자를 새롭게 유치하는 메커니즘을 포괄한다. 사회적경제 조직의 프로그램은 고객이 원하는 요구사항을 충족시키는 방향으로 조정되는 것이 바람직하다. Andreasen & Kotler(2008)에 따르면, 조직은 성과를 높이기 위해 고객의 요구, 인식, 그리고 선호도를 정기적으로 확인하고 시스템을 개선해야 한다. 사회적경제 조직의 마케팅,

의사소통, 품질 개선 시스템은 성과를 향상시키고 이해관계자와 지역사회에 긍정적인 효과를 가져오기 때문이다(Gibb & Manu, 1990).

인적자원관리 역량은 전략적 목표를 달성하기 위해 직원의 성과를 극대화하도록 지원하는 사회적경제 조직에 필수적인 역량이다. 채용 시스템, 급여, 경력 개발 기회 및 능력 개발 지원과 같은 요소들은 조직에서 직원의 역량제고에 필요한 요소이다(Collings & Wood, 2009). 사회적경제 조직의 인적자원관리 시스템은 직원과 이해관계자들이 전체 조직의 미션과 지역사회의 요구를 더 잘 이해할 수 있도록 지원하는 방식으로 설계되어야 한다.

조직문화는 수직적·수평적 의사소통, 협력과 의사결정 참여와 관련된다. 강한 조직문화는 조직의 모든 면에서 목표 달성을 최우선으로 설정하도록 하며 다양한 이해관계자에게 일관된 메시지를 전달하게 한다. 의사소통을 장려하는 문화는 직원과 이해관계자가 조직이 세운 전략에 대해 토론하도록 장려하고 혁신적 접근법을 개발하도록 장려한다. 소통과 협력을 강조하는 사회적경제 조직의 문화는 지역 사회의 혁신과 경제 활성화에 기여할 수 있다.

재정 역량은 사회적경제 조직의 재정적 책임성을 확보하기 위해 재정상황에 대한 보고, 예산수립을 위한 계획 및 지출의 적절성을 위한 감사를 수행할 능력이다. 일반적인 조직과 다르게 사회적경제 조직은 재정적·경제적 성과를 추구하면서 사회적 목표도 동시에 추구해야 한다. 이를 위해, 사회적경제 조직들은 재무제표를 효과적으로 구축하기 위해 복식 부기 회계 시스템을 사용하고, 재무적 가치를 수시로 평가하며 조직의 재무 상황에 대한 투명하고 합리적인 견해를 수용하는 엄정한 감사 시스템을 구축해야 한다.

복잡하고 빠르게 변화하는 환경에서 사회적경제 조직에 대한 많은 사회적 요구가 주어지는 가운데, 전략적 리더십은 사회적경제 조직의 성과에 가장 큰 영향을 미친다. 사회적경제 조직에서 전략적 리더십은 사회적 기업가정신, 즉 "사회 문제의 근본 원인을 해결하고, 특정 사회적 필요를 줄이며, 바람직하지 않은 결과를 예방하는 혁신"을 추구해야 한다(Dees & Anderson, 2006, 26). 사회 혁신을 추진하기 위해, 사회적경제 조직 구성원은 경험과 지식을 공유하고 혁신에 착수하며, 인내, 결단력, 추진력을 바탕으로 사회적 가치를 창출할 수 있다.

사회적경제 조직의 미션은 존재의 이유이다. 사회적경제 조직의 효과적인 미션은 다양한 이해관계자의 관점을 통합해서 전체 조직이 추구할 일관된 방향이 되어야 한다. 사회적 목적에 대한 동의, 비전의 공유, 장기 전략의 수립 및 연간 실행 계획의 작성을 통해서 사회적경제 조직이 추구할 방향을 결정하고 미래 발전의 경로를 제공하며 그에 따른 의사결정의 기준이 될 수 있다. 미션을 수립할 때 조직 전체가 합의하는 것이 특히 중요하며, 이것은 사회적경제 조직의 전략을 수립하는 기초가 된다.

마지막으로, 거버넌스는 조직이 제공하는 사업과 서비스에 대해 책임을 지우는 구조이다. 특히 사회적경제 조직에서 이사회 구성원은 조직의 미션을 달성하기 위해 할당된 권한을 행사한다. 따라서 이사회의 전문성, 효과성 및 책임성은 사회적경제 조직의 중요한 요소이다. 사회적경제 조직의 거버넌스는 포용성을 고려해서 다양한 구성원을 편입하는 것이 중요하며 이 과정에서 지역사회의 다른 조직과 원활한 협력이 이루어질 수 있도록 설계할 필요가 있다.

〈Allison & Kaye(2005)의 일곱 가지 조직역량〉

① 관리 역량: 서비스 품질을 높이고 추가적인 이해관계자를 유치하는 능력

② 인적자원관리 역량: 직원의 성과를 극대화하도록 지원하는 역량

③ 조직문화: 의사소통, 협력, 의사결정 참여 역량

④ 재정 역량: 재정 책임성을 위한 재정상황 보고, 예산수립 계획 및 지출 적절성을 위한 감사

⑤ 전략적 리더십: 사회혁신을 위한 경험과 지식의 공유, 인내, 결단력, 추진력

⑥ 미션: 존재의 이유, 조직이 추구할 일관된 방향

⑦ 거버넌스: 조직에 책임을 지우는 구조

이상과 같이 사회적경제 조직의 역량을 구성하는 일곱 가지 요소에 대해 검토했으며 학계에서도 관심이 커지고 있다(Lett et al., 1999). 한국에서도 사회적경제 조직에 대한 컨설팅을 제공하고 조직 역량을 키우기 위한 성과관리 시스템을 운영하고 있다. 그러나 많은 학자들은 한국의 사회적경제 조직의 외부 역량이 부족하다고 제안하고, 더 큰 영향을 미치기 위해 더 많은 협력이 필요함을 강조한다. 협력은 다른 사회적경제 조직뿐만 아니라 다른 부문과도 이루어져야 하며, 원활

한 협력은 효과적으로 지역사회의 자원을 동원하는 데 중요한 요소이다.

2) 사회적경제 조직의 외부 역량

사회적경제의 중요성이 강조됨에 따라 사회적경제 조직이 위치한 지역자산의 적극적인 활용이 중요해지고 있다. 사회적경제 조직을 지역사회 생태계의 주된 행위자로 규정할 때, 다양한 구성원이 조직운영에 참여할 수 있도록 설계하고, 지역사회의 다양한 공간과 기관을 활용하여 지역사회와 함께 발전할 수 있도록 역량을 키울 필요가 있다. 따라서 사회적경제 조직이 지역사회 자산을 파악하고 조직하는 것이 중요하며 이러한 관점이 미국에서 자산기반 공동체 발전전략(ABCD)으로 널리 알려져 있다. 글로벌경제위기로 국가의 재정능력이 약화되고 정부의 사회적경제에 대한 지원이 줄어들 때, 지역사회와 사회적경제 조직은 지역사회 자산을 최대한 활용하는 상황에 직면한다. ABCD 관점에서는 외부의 지원과 도움을 받아 발전하는 모형에 반대한다. 나아가서 그러한 모형이 스스로 발전할 기회를 상실하고 외부의 원조에 의존하기 때문에 지속가능하지 않으며 사회적경제조직의 정체성을 약화할 수 있다고 주장한다(McKnight, 1995). 또한 ABCD 관점은 공동체의 긍정적 자산을 최대한 발굴하고 개발할 필요가 있다고 주장한다. 지역사회의 개인과 조직을 활용할 때, 공동체의 문제를 보다 정밀하게 파악하여 근본적으로 해결할 수 있기 때문이다.

ABCD 이론은 1990년대부터 지역사회 개발 분야에 적용되어 널리 알려지게 되었다(Shin, Han, & Chung, 2014). Ferguson & Dickens(1999)은 지역사회 자산을 인적, 사회적, 재정적, 정치적 자본으로 분류한다. 그리고 Lerner & Benson(2003)은 지역사회 자산을 외부 자산과 내부 자산으로 분류하였다. 마지막으로 Rainey et al.(2003)는 지역사회의 핵심 자산을 인적, 물리적, 사회적 자본으로 정의하고 있다. Kretzmann & McKnight(1993)의 정의와 분류가 ABCD 연구에서는 가장 많이 사용된다. 이들은 지역사회 자산을 "개인, 조직, 기관의 역량과 기술"로 정의하고(1993, 25), 자산을 정확히 파악하기 위해 지역사회 자산 지도를 만들 것을 제안한다. 개인 자산은 구성원의 지식과 재능이다. 이 모형에서는 전문가나 성인만이 중요한 것이 아니며 장애인, 저소득층, 노인, 이민자 등을 포함한 소외된 집단도 중요하며, 이들의 역량을 활용하고 탐색하는 것이 중요하다고 설명한다. 조직 자산에는 지방정부, 공공기관, 비영리단체, 사회적 기업, 일반 기업 등이 포함된다. 학교, 경찰, 도서관, 종교단체 등의 참여를 장려하기 위해서 사회적경제 조직이 정기적인 회의를 통해 자원을 파악하고 협력해야 한다.

2 한국 사회적경제 조직의 역량

사회적경제 조직의 내부 역량과 외부 역량은 서로 긍정적인 영향을 줄 것으로 가정할 수 있다. 내부 역량이 강한 조직은 외부에서 뛰어난 인재를 유치하고 유능한 이해관계자들을 참여시킬 수 있다. 내부 역량은 조직의 인적자원, 관리체계, 재무관리, 조직문화 등으로 구성되며 외부 역량은 네트워크, 이해관계자와의 관계, 지역사회와의 연계 등으로 구성된다. 내부 관리 역량이 강한 사회적경제 조직에서 외부 이해관계자와의 관계 강화가 가능하고 외부로부터 받은 지원과 협력은 내부 역량을 강화한다. 내부 역량이 강할 때 환경변화에 더 효과적으로 대응하고 외부 역량이 강할 때 내부 자원과의 활동을 확대하고 개선할 수가 있다.

사회적경제 조직의 역량은 성과를 높이는 데 긍정적인 영향을 준다(이창대·노용숙, 2020). 내부 관리 역량은 지역사회에 제공되는 제품과 서비스의 품질을 향상한다. 사회적경제 조직의 향상된 서비스 품질을 바탕으로 더 효과적으로 사회문제를 해결하고 사회적 가치를 창출하는 방식으로 사회적 성과 제고에 기여할 수 있다. 내부 역량은 경제적 성과에도 긍정적인 효과가 있다(최석현·남승연, 2015). 조직의 자원을 최적화하고 업무처리 과정의 개선을 통해 전반적인 효율성을 높일 수가 있다. 조직의 재정건전성과 안정성이 높아질 수 있고 투명한 관리를 통해 이해관계자와 지역사회의 신뢰를 얻을 수 있다(최무현 2014).

외부 역량을 통해 지역사회 네트워크를 확정하면 문제해결에 필요한 자원과 지원을 더 쉽게 확보할 수 있다. 외부 역량이 높은 조직은 더 많은 사람들이 조직이 추구하는 목표와 미션을 달성할 수 있도록 참여시킬 수 있고 지지하도록 유도한다. 결국 사회적경제 조직의 외부 역량을 바탕으로 지역사회의 요구에 더 정확하고 빠르게 대응하는 방식으로 그리고 그 영향력을 넓게 확장하는 방식으로 사회적 성과를 달성할 수 있다. 사회적경제 조직의 외부 역량은 이해관계자와의 관계를 확장하여 새로운 기회를 얻음으로써 제품과 서비스를 다양화하고 확장할 수 있다(전현수·최균, 2020). 외부 이해관계자와의 소통은 다가올 리스크를 미리 인식하고 관리하는 데 도움을 준다. 따라서 사회적경제 조직의 관리 역량은 조직이 사회적 성과와 경제적 성과를 동시에 달성하도록 긍정적인 영향을 준다.

한국의 지역별 사회적경제 조직의 관리 역량 관련 문항을 내부와 외부로 구분하여 사용하였다. 내부 역량은 여섯 가지 항목으로 측정하였다. 여섯 가지 항목은 1) 이윤분배 의 제한으로 사회적 목적에 집중할 수 있다, 2) 민주적 의사결정 구조와 내재적 동기부여로 직원들이 높은 생산성을 갖는다, 3) 지역주민의 참여를 유도하는 사업모델을 기획할 수 있다, 4) 지역사회의 신뢰에 기반한 자원봉사나 기부 등 외부자원을 동원하기에 용이하다, 5) 수요자 맞춤형 서비스(제품)를 제공하기 용이하다, 6) 새로운 아이디어를 실행에 옮길 수 있는 사업모델을 발굴할 수 있다 등이다. 외부 역량은 네 가지 항목으로 측정하였다. 네 가지 항목은 1) 지방자치단체, 2) 지역 시민단체, 3) 지역 공공기관, 4) 지역 민간기업 등과의 협력 정도로 측정하였다. 총 10가지 항목을 활용한 측정 결과를 <표 8-1>에 제시하였다.

표 8-1 ▸ 한국 사회적경제 조직의 지역별 관리 역량

지역	내부 역량						외부 역량			
	사회적 목적 집중도	의사 결정 민주성	참여형 사업 모델	자원 동원 용이성	수요자 맞춤형 서비스	새로운 사업 모델	지자체	시민 단체	공공 기관	민간 기업
강남구	3.60	3.87	3.60	3.30	3.83	3.72	5.13	4.79	4.21	4.94
강동구	3.46	3.93	3.89	3.75	4.00	4.11	5.75	5.00	3.36	5.18
강릉시	3.38	3.57	3.38	3.40	3.55	3.41	5.47	4.91	3.80	4.32
강북구	3.44	4.00	3.53	3.47	4.08	3.94	5.25	5.47	3.72	4.61
강서구	3.34	3.66	3.49	3.34	3.54	3.37	5.37	4.89	4.26	5.14

관악구	3.56	3.64	3.86	3.54	3.83	3.64	5.90	5.56	3.63	4.78
광명시	3.40	3.75	3.83	3.58	3.56	3.56	5.58	4.75	4.02	4.48
광산구	3.40	3.63	3.60	3.57	3.64	3.52	5.55	4.90	4.25	4.95
광진구	3.46	4.23	3.62	3.46	3.69	4.00	6.31	6.54	4.00	4.85
구로구	3.32	3.68	3.51	3.35	3.65	3.41	5.97	4.73	4.14	4.73
구미시	3.66	3.96	3.93	3.94	3.92	3.69	5.07	5.34	4.27	5.05
군산시	3.36	3.66	3.62	3.5	3.64	3.68	5.85	5.38	4.21	5.15
금천구	3.38	3.67	3.57	3.57	3.86	3.52	5.95	4.57	4.10	4.52
김해시	3.20	3.48	3.68	3.33	3.57	3.53	5.77	4.75	3.51	4.25
남구	3.47	3.71	3.93	3.77	3.89	3.77	6.03	5.81	4.33	4.87
남동구	3.47	3.79	3.49	3.42	3.86	3.81	6.33	5.07	5.12	5.60
남양주시	3.71	3.71	3.82	3.8	3.75	3.58	6.27	5.27	4.49	5.13
노원구	3.56	3.77	3.87	3.66	3.93	3.76	6.38	5.15	3.61	4.69
달서구	3.58	3.77	3.58	3.47	3.94	3.77	6.06	5.50	4.53	5.06
달성군	3.37	3.48	3.52	3.11	3.30	3.00	6.56	5.89	3.37	4.30
대덕구	3.49	3.71	3.80	3.55	3.75	3.69	5.44	4.60	3.79	4.55
도봉구	3.35	3.70	3.81	3.46	3.70	3.76	6.86	6.19	4.70	5.11
동구	3.39	3.61	3.61	3.57	3.62	3.60	5.49	4.84	3.81	4.48
동대문구	3.61	3.58	3.45	3.29	3.95	3.58	5.79	5.16	4.00	4.89
동작구	3.30	3.74	3.59	3.59	3.48	3.37	6.67	5.30	3.37	5.19
마포구	3.49	3.95	3.65	3.36	3.58	3.76	4.94	4.95	3.61	5.10
미추홀구	3.60	3.89	3.89	3.53	3.70	3.59	6.26	5.93	4.36	4.96
부천시	3.39	3.53	3.91	3.66	3.76	3.62	6.79	6.49	6.12	6.38
부평구	3.31	3.80	3.73	3.44	3.69	3.51	6.24	5.80	4.29	5.05
북구	3.38	3.64	3.66	3.56	3.67	3.56	5.66	5.25	4.27	4.94
서구	3.48	3.75	3.62	3.56	3.69	3.66	5.35	4.88	3.88	4.67
서대문구	3.55	3.70	3.78	3.57	3.83	3.80	5.80	5.23	3.73	4.92

서산시	3.44	3.58	3.75	3.72	3.75	3.58	6.44	5.83	4.39	4.22
서초구	3.45	3.79	3.40	3.29	3.81	3.83	5.26	4.81	4.12	5.67
성동구	3.56	4.00	4.00	3.75	4.13	3.69	5.75	4.88	3.38	5.13
성북구	3.56	3.87	3.85	3.44	3.92	3.90	5.44	5.08	3.31	4.96
송파구	3.47	4.12	3.24	3.35	3.76	3.82	6.12	4.06	4.76	5.76
수성구	3.55	3.78	3.64	3.48	3.88	3.71	5.57	4.81	4.00	5.02
수원시	3.52	3.80	3.63	3.5	3.66	3.73	5.41	5.50	4.41	5.08
안산시	3.61	3.85	3.93	3.68	3.74	3.69	5.42	5.65	4.01	4.55
안양시	3.35	3.89	3.78	3.61	3.86	3.77	5.26	5.01	4.00	4.58
양천구	3.67	3.00	4.00	3.67	2.67	3.00	6.00	2.00	3.33	5.00
영등포구	3.49	3.85	3.53	3.41	3.74	3.72	5.53	5.09	4.03	4.97
오산시	3.67	3.88	3.94	3.67	3.79	3.85	7.27	5.88	3.67	5.58
완주군	3.54	3.88	3.88	3.55	3.76	3.68	6.68	5.44	3.60	4.75
용산구	3.65	4.31	3.65	3.65	3.85	3.69	5.27	5.38	3.00	4.50
원주시	3.67	3.74	3.73	3.48	3.84	3.82	5.53	5.16	4.10	4.84
유성구	3.36	3.83	3.64	3.49	3.8	3.86	5.62	4.66	4.12	5.19
은평구	3.48	3.90	3.83	3.58	3.79	3.76	6.15	5.61	4.06	5.03
의정부시	3.57	3.89	3.49	3.34	3.71	3.46	4.40	4.77	3.00	4.37
익산시	3.40	3.68	3.64	3.58	3.68	3.48	5.56	5.33	4.03	4.78
전주시	3.49	3.85	3.72	3.64	3.73	3.67	5.76	5.45	4.55	5.32
종로구	3.44	3.84	3.91	3.38	3.91	4.13	5.72	6.09	3.66	4.94
중구	3.45	3.73	3.69	3.62	3.78	3.71	5.47	5.30	4.23	4.82
중랑구	3.81	3.56	3.44	3.44	3.75	3.63	5.50	3.12	2.50	3.31
진안군	3.34	3.64	3.77	3.43	3.66	3.73	6.11	5.27	3.84	4.09
진주시	3.31	3.66	3.72	3.38	3.84	3.66	5.09	4.53	3.81	4.38
창원시	3.45	3.76	3.69	3.45	3.64	3.66	5.94	5.06	4.04	4.50
청주시	3.42	3.77	3.72	3.56	3.76	3.83	4.97	5.09	3.89	4.60

춘천시	3.63	3.86	3.73	3.46	3.87	3.79	5.48	5.16	3.97	4.91
칠곡군	3.81	3.81	3.85	3.83	3.79	3.71	5.75	4.85	4.00	4.48
태안군	3.87	3.63	4.00	3.88	3.75	3.63	6.63	5.31	5.00	4.88
평택시	3.70	3.86	3.70	3.48	3.71	3.75	5.73	5.34	3.46	4.93
평균	3.50	3.76	3.70	3.53	3.74	3.67	5.79	5.15	3.99	4.86

사회적경제 조직의 내부 역량과 외부 역량은 확연히 구분된다. 두 영역의 구별되는 개념구성을 탐색적 요인분석을 통해서 확인하였다. 지역별 사회적경제 조직의 내부 역량과 외부 역량에 대한 탐색적 요인분석 결과는 <표 8-2>와 같다. 이 표에서 크론바하 알파, 분산비율, 요인적재치 수치를 통해 두 영역의 영역별 신뢰도가 매우 높은 것으로 확인되었으며 모형의 적합도도 통계학적으로 유의미함이 확인되었다.

표 8-2 ▸ 한국 사회적경제 조직의 성과: 기술통계 분석과 탐색적 요인분석

요인	측정변수	공통성	요인적재치	분산비율	크론바하 알파	KMO와 Bartlett 검정
내부 역량	사회적 목적 집중도	.593	.620	36.730	0.803	KMO측도 = 0.826, Sig. = 0.000
	의사결정 민주성	.524	.720			
	참여형 사업 모델	.555	.726			
	자원동원 용이성	.512	.687			
	수요자 맞춤형 서비스	.518	.717			
	새로운 사업모델	.549	.737			
외부 역량	지자체 연계	.636	.792	19.111	0.806	
	지역 시민단체 연계	.632	.768			
	지역 공공기관 연계	.641	.798			
	지역 민간기업 연계	.624	.781			

한국 사회적경제 조직들의 지역별 내부 역량과 외부 역량의 관계를 분석한 결과를 <그림 8-1>에 제시하였다. 이 그림에서 내부 역량이 높아지면 외부 역량도 높아짐을 확인할 수 있다. 한국에서 오산시, 태안군, 광산구, 남양주시 등이 내부 역량과 외부 역량이 모두 높은 지역임을 알 수 있다. 내부 역량과 외부 역량이 모두 높은 지역의 경우 지역이 가진 장점을 적극적으로 활용하여 지역의 문제를 해결하고 경제를 활성화할 기회를 극대화할 수 있다. 내부 역량은 높은 반면 외부 역량이 낮은 지역의 경우 지역에 위치한 조직들의 장점을 최대한 살리면서 사회적경제에 참여하지 않은 조직들의 인지도를 높이고 협력적 네트워크 확충의 기회를 모색하는 것이 바람직하다. 외부 역량은 높은 반면 내부 역량이 낮은 경우 외부의 지원을 바탕으로 내부 역량을 키울 학습, 자원공유 등의 기회를 확대할 필요가 있다.

그림 8-1 ▸ 한국 사회적경제 조직들의 지역별 내부 역량과 외부 역량의 관계

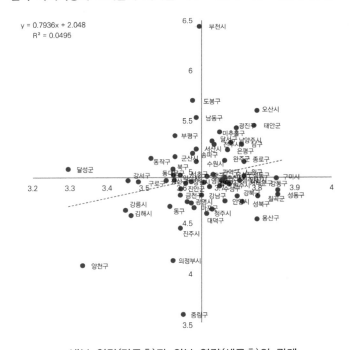

내부 역량(가로축)과 외부 역량(세로축)의 관계

한국 사회적경제 조직들의 내부 역량 및 외부 역량과 사회적·경제적 성과의 관계를 <그림 8-2>에 제시하였다. 이 분석에서 성과를 높이는 데 지역사회의 공동체성이나 사회적 기업가정신이 아닌 조직역량이 가장 중요한 변수임을 알 수 있다. 공동체성이 지역주민의 행복과 만족도를 높이는 데 중요한 요소라면 관리 역량은 성과를 높이는 데 반드시 강화되어야 할 요소이다. 따라서 지역사회가 설정한 목표를 달성하기 위해서 사회적경제 조직의 역량 향상이 필요하며 이를 위한 다양한 지원제도 수립과 충실한 이행이 필요하다. 조직의 일상적 관리와 운영뿐만 아니라 이 분석에 포함된 사회적 목적, 참여, 민주적 의사결정, 새로운 사업모형, 수요자 맞춤형 서비스를 위한 지속적인 학습과 지식의 공유가 필요할 것이다. 지역사회에 존재하는 다양한 조직과 기관들과의 협력도 강화되어야 할 외부 역량이다.

그림 8-2 ▸ **한국 사회적경제 조직의 지역별 역량과 성과의 관계**

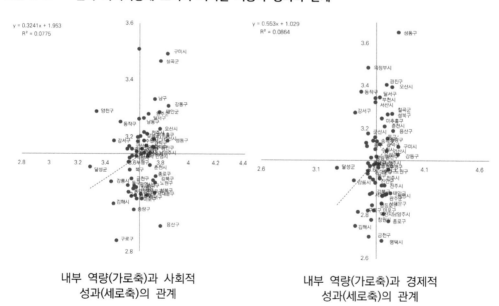

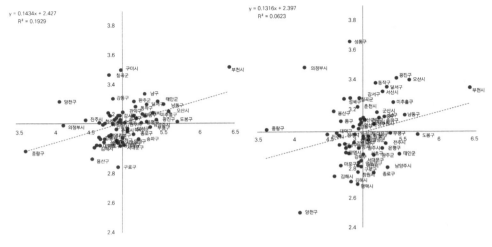

외부 역량(가로축)과 사회적 성과(세로축)의 관계	외부 역량(가로축)과 경제적 성과(세로축)의 관계

제8장의 핵심 요약

✓ 사회적경제 조직의 내부 역량은 관리 역량, 인적자원관리 역량, 조직문화, 재정 역량,
   전략적 리더십, 미션, 거버넌스 등이다.

✓ 사회적경제 조직의 외부 역량은 지역사회의 자산활용을 의미하며, 지역의 개인, 조직,
   기관의 역량을 의미한다.

✓ 한국의 사회적경제 조직의 내부 역량과 외부 역량은 긍정적인 상관관계가 있다.

✓ 사회적경제 조직의 내부 역량과 외부 역량 모두 사회적 성과와 경제적 성과에 긍정적
   인 영향을 준다.

사례분석: 안성의료복지사회적협동조합의 역량

경기도 안성시는 예로부터 농업이 발달했던 지역이다. 안성맞춤이라는 표현이 생길만큼 유
명해진 안성유기와 품질 좋은 농산물로 잘 알려진 곳이다. 이곳 안성에 대한민국에서 가장 대
표적인 의료복지사회적협동조합이 있다. 1994년 안성의료복지사회적협동조합이 지역 농민회와
의료봉사 대학생들과의 협력으로 설립되었다. 1987년부터 연세대학교 의과대학 학생들은 안성
군 고삼면 가유리에서 주말진료소 활동을 시작하였다. 이 활동을 통해서 지역주민들은 "건강은
지역주민들의 자발적인 노력으로 지킬 수 있다"는 신념을 얻는다. 의사나 의료기관에 의존하지

않고 스스로 자신의 건강을 지킬 때 삶의 질이 높아진다는 생각이다. 이 생각을 공유한 지역주민들은 서로 출자금을 모아서 그리고 의료봉사활동 후에 지역과 강한 유대를 갖게 된 의과대학생들의 협조를 얻어서 1994년 4월24일 대한민국 최초의 의료생활협동조합을 설립하였다.

안성의료복지사회적협동조합은 설립 당시부터 지금까지 조합원이 믿을 수 있는 의료서비스를 제공한다. 이윤보다 지역의 건강을 중요하게 생각하면서 질병의 예방과 건강한 마을 만들기를 목표로 설정했다. 중요한 것은 주민들 스스로 지켜가는 건강 그리고 건강의 기본단위를 지역사회로 정했다는 것이다. 지역의 구성원들이 함께 도우면서 건강하고 행복한 생활을 누릴 수 있다는 생각에서 민주적인 방식의 협동조합을 운영한다. 안성의료복지사회적협동조합은 주민들이 참여하는 여러 가지 통로를 만들고 있다. 특히 조합원이 조합의 일에 적극적으로 참여하고 실천하는 활동이 활발하다. 조직 차원에서 진행하는 총회, 위원회, 그리고 소모임이 활성화되어 있다. 안성의료복지사회적협동조합에서는 민주적으로 진행되는 총회와 위원회를 통해서 중요한 결정을 내린다. 조합원이 되면 조합의 운영에 직접 참여할 수 있다. 본인의 관심 분야에 따라 다른 조합원과 함께 소모임을 결성하고 함께 활동할 수도 있다. 최근에는 자원봉사활동도 활발해져서 조합에서 진행하는 여러 활동들을 지원할 수 있다.

이런 참여의 과정에서 조합원인 지역주민들이 문제해결을 위한 네트워크를 만들어 간다. 조합은 구성원의 참여를 통해서 지역의 수요를 더 잘 알 수 있다. 그리고 어떤 방향으로, 어떤 종류의 사업을 진행해야 할지 합리적으로 결정할 수 있다. 이해관계자들의 참여가 활발할수록 사회적경제 조직의 역량도 커지고 문제해결 능력도 향상된다. 이렇게 사회적경제의 역량은 이해관계자 참여 외에도 다양한 요소가 결합하여 만들어진다.

제4부

정책영역별 분석

한국의 사회적경제와 의료 · 복지

"우리가 만 원씩, 그때는 만 원씩이었거든요. 우리가 그야말로 그냥 서민이잖아요.
서민들이 만 원씩 내서 조합을 만들고 병원을 만든다. 그렇게 얘기를 하는데
너무 흥미로운 거예요. 어떻게 병원을 만들겠느냐. 근데 여러 사람이 모여서
하다 보면 될 수 있다. 그래서 당연히 동참을 했죠. 믿을 수 있는 병원,
우리 병원이 생긴다. 그 얘기를 들었을 때, 너무 좋았어요."

(김○○ 안산의료복지사회적협동조합 이사장, 2018.4.20.)

한국의 65세 이상 고령자 비율은 2024년 현재 19%이다. 한국이 초고령사회로 진입하면서 고령화에 따른 돌봄, 의료, 복지 수요가 급격히 증가하고 있다. 의료·복지 분야의 사회적경제 조직은 주민이 중심이 되어 지역기반의 돌봄, 건강관리, 방문의료 등을 통해서 충족되지 못한 서비스를 제공한다. 사회적경제 조직은 국가가 해결하지 못하는 지역의 복지·돌봄 수요를 혁신적인 방식으로 충족한다 (Defourny & Nyssens, 2008). 주민 주도의 돌봄 네트워크, 취약계층을 위한 의료 서비스, 주민의 협력을 통한 공동육아 서비스를 제공하며 공동체 문화의 확산과 유연한 수요 충족을 달성하고 있다.

이 장에서는 한국의 사회적경제가 의료와 복지의 영역에서 수행하는 역할은 무엇이며 한국의 의료복지사회적협동조합은 어떻게 발전했는지 설명한다. 그 과정에서 의료·복지 분야 사회적경제의 발전을 역사적으로 조명하며 시기별 제도화 과정을 분석한다. 여러 지역에서 도입되고 있는 지역사회 통합돌봄의 개념과 영역별 역할을 설명하면서 의료·복지 분야 사회적경제의 발전방향을 제시하고자 한다. 마지막으로 현재 한국의 의료·복지 분야 사회적경제 조직의 성과를 다차원적으로 분석한다.

1 사회적경제와 의료·복지

1) 복지국가의 위기와 사회적경제

산업화가 낳은 문제점을 해결하고 국민의 삶의 질을 높이기 위해 국가에 의해서 제공되던 복지서비스는 최근 들어 여러 측면에서 위기에 직면하고 있다(정무권, 2020). 이러한 복지국가의 위기는 국가가 제공하던 복지서비스에 대한 새로운 접근을 요구한다.

〈복지국가의 세 가지 위기〉

① 글로벌경제위기와 저성장 기조로 인한 경제적 위기
② 인구구조의 변화로 인한 사회적 위기
③ 대의제 민주주의의 위기로 인한 정치적 위기

주기적인 글로벌경제위기와 저성장은 필연적으로 고용 불안정을 유발하며 이로 인한 빈곤과 소득 불평등을 증가시킨다. 경제위기 시에 국가복지의 확대와 예측가능성을 높이는 새로운 정책의 도입이 어려워진다. 경제위기와 복지의 위기는 사회적 불안, 갈등, 국가에 대한 불신을 유발하며 무엇보다 국민의 삶의 질 저하를 유발한다. 따라서 더욱 혁신적이고 다양한 정책과 유연한 제도 그리고 지속가능한 복지 및 돌봄 서비스를 필요로 한다.

최근 들어 한국사회에서 심각한 사회문제로 인식되는 저출생은 노동력의 감소와 경제성장의 둔화를 초래하며 이로 인한 국가 세입의 감소를 유발한다. 출산율이 감소할 때 노령인구 비율이 늘어남에 따라 의료, 돌봄, 연금 등 복지 지출의 비율이 증가한다. 가족구조가 다양해지면 유연한 사회적 지원 시스템이 필요해진다. 이러한 현상은 국가의 재정 부담 증가, 복지서비스의 부족으로 이어지며 이는 빈곤, 불평등, 사회적 배제의 심화를 유발한다. 따라서 보다 혁신적인 의료·복지 서비스를 필요로 하며 새로운 사회서비스 모형을 개발하고 더 넓은 사회적 참여, 다차원적 협력을 필요로 한다.

　마지막으로 민주주의의 위기는 정치에 대한 불신을 유발하고 국가정책의 효과성에 대한 시민들의 의문을 증폭시킨다. 이로 인한 정책결정의 비효율성과 정치적 불안정은 복지 서비스의 안정성과 신뢰성을 손상시킨다. 대의 민주주의의 위기를 극복하기 위해서는 더 민주적이고 포용적인 정책결정, 시민들의 참여 확대, 정책 투명성과 책임성의 제고가 필요하다. 이러한 복지국가의 위기는 사회적경제의 혁신성, 포용성, 유연성 등으로 보완되고 극복될 수 있을 것으로 기대된다. 사회적경제를 통해 지역맞춤형 사회 서비스, 정책의 집행 효과성 제고, 지속가능성의 강화가 가능할 것으로 예상된다.

2) 새로운 사회적경제의 역할

　역사적으로 볼 때, 산업혁명기의 근로계층은 산업화가 낳은 문제점을 해결하고 삶의 질을 높이고자 지역사회의 상호부조 조직을 만들었고 이들이 사회적경제의 주요 구성원이 되었다. 뜻하지 않게 찾아오는 다양한 위험에 함께 협력해서 대응할 때 경제적 타격이 줄어들고 미래에 대한 불안도 사라진다는 점에서 협동조합이나 공제조합과 같은 사회적경제 조직을 필요로 하였다. 따라서 공동의 위험을 상호부조의 원리로 극복하고 공동의 욕구를 공동의 사업으로 충족하는 방식이 사회적경제의 기초를 형성한다.

　유토피아 사회주의자 또는 결사체 사회주의자로 불리는 초기 이론가들이 제시한 관점이 대안적 관점이다. 이 관점에서 사회적경제는 주된 사회문제 해결의 주체가 된다(엄한진·권종희, 2014). 지역주민들이 공동체에서 함께 생산, 구매, 소비하는 과정에서 공동의사결정의 주체가 되고 민주적 거버넌스의 적극적인 참여자가 된다. 자본주의 시장경제의 부작용과 국가 관료제의 권력 독점의 문제를 주민들의 자율성과 상호협력의 이념으로 극복하기 위한 공동체 형성이 바람직하다는 관점이다. 이 관점은 결사체로써의 지역사회가 부와 소득 분배의 주체가 된다는 시각이다. 그런 의미에서 사회적경제 관점은 노동의 탈상품화를 위한 생산공동체를 강조하는 결사체 사회주의의 관점과 연결된다. 이 관점은 현대 사회에서 지역공동체의 결속을 통한 지방자치 강화, 지역사회 조직의 자주관리, 자본주의 사회의 부작용을 극복하는 새로운 지역사회 문화형성을 위한 사회적경제의 확산과 연관된다. 이 관점에서는 돌봄의 주체는 사회적경제가 되며 상품화된 시장에 대한 비판의 필요성을 제기한다. 결사체 사회주의자 외에도 샤를지드와 같은 연대주의자는 사회적경제의 협력, 자율성, 자기책임, 민주적 관리에 기반을 둔 협력이 경제의 중요한 영역을 차지한다고 설명했다. 시장경제는 복지와 균형을 이루어야 하고 소비는 윤리적이어야 한다고 주장하였다. 이런 생각은 협력을 바탕으로 경제개발과 사회발전에 기여하는 사회적경제의 대안적 역할을 강조한 것이다.

최근에는 복지서비스 제공을 위한 제3의 대안 모색의 과정에서 사회적경제가 새로운 공급주체로 주목받고 있다. 특히 시장이 유발한 문제를 해소하고자하는 정부와 시민사회의 대응이 또 다른 문제를 낳을 때 그 문제에 대응하고자 하는 사회적경제 조직의 구성을 신사회적경제로 지칭한다(이은선·이현지, 2017). 신사회적경제에서는 사회경제적 문제해결을 위해 소외된 계층이 서로 돕는 공동체로서 시작한 조직들이 중심이 된다. 이들은 복지, 돌봄, 노동통합 등의 부문에서 사회서비스의 영역이 빠르게 확산하면서 다양한 사회수요를 충족한다.

복지국가의 위기가 도래하고 정부실패에 대한 비판이 커지면서 지역사회 구성원의 협력과 참여를 이끌어내는 사회적경제가 복지레짐의 새로운 구성요소로 인정받게 되었다(정무권, 2020). 사회적경제는 국가, 시장, 공동체의 협력의 양식에 따라 다양한 형태로 존재할 수 있다. Pestoff(2008)의 구조화에서 반영된 것과 같이 국가, 시장, 공동체 사이에서 사회적경제가 어떻게 자리매김하는가에 따라서 돌봄에 대한 사회적경제의 기능을 새롭게 개념화할 수 있다.

신자유주의 관점에서는 사회적경제를 단순히 기능적으로 이해한다. 이 관점은 신자유주의 사조의 영향으로 설득력을 얻은 분권화와 민간위탁의 결과로 사회적경제는 공공부문의 정책 집행 수단이 된다는 관점이다. 경제적 자유주의에서 기원한 신자유주의는 정부를 정책의 입안자로 고려하고 사회적경제는 정책의 집행자로 간주한다. 이 경우 사회적경제 조직은 정부 관료제를 대리해서 서비스를 제공하는 위치로 자리매김한다. 사회적경제는 도구적으로 사용되고 그 범위는 돌봄, 의료, 고용 등 사회서비스의 집행자로 국한된다.

반면 협력적 관점에서의 사회적경제는 국가와 시장과 공동체가 협력하는 영역이며 서로가 갖는 한계를 보완하는 역할을 한다. 이 관점은 사회적경제를 정책

형성과 집행 모두에서 역할을 수행하는 새로운 대안으로 고려한다. 복지정책을 수행하는 과정에서 복지 혼합(welfare mix)을 지향하는 시각에서는 사회적경제가 정책과정에 참여함으로써 주민들의 참여도를 높이고 사회적 자본을 확충하고 국가복지가 갖는 한계점을 해소할 수 있다고 설명한다. 돌봄 서비스를 제공함에 있어서 국가와 사회적경제가 협력할 수 있다고 생각하는 시각에서는 사회적경제를 정부의 파트너가 되고 시민들이 공동체의 덕의 윤리를 배우는 장이며, 민주적 참여가 가능한 협력적 거버넌스를 주도하는 영역으로 이해한다. 이를 바탕으로 공공성을 훼손하는 가치를 경계하고 불평등을 해소하며 실천적 추론을 위한 사회비판적 공론의 장이 형성될 수 있다고 본다(김기태, 2018; 전지훈·강현철, 2015). 새로운 공공 거버넌스에서 강조되는 공동구축(co-construction)과 공동생산(co-production)이 정부, 기업, 시민사회 단체, 비영리조직, 협동조합 등 지역사회의 다양한 이해관계자의 참여에 의한 서비스를 의미할 때 사회적경제는 돌봄, 의료, 일자리제공 등을 위한 공동생산의 혁신적 주체가 된다. 따라서 협력적 관점에서 사회적경제는 돌봄 서비스에 대한 국가의 비효율을 극복하고 시장의 상품화를 보완할 주체로써 주민들의 선호 표출, 합리적 정책수립, 효율적인 집행 모두에서 기여할 수 있는 영역이다.

2 한국의 의료복지사회적협동조합의 개념과 발전과정

1) 의료복지사회적협동조합의 개념과 역할

복지와 돌봄의 영역에서 가장 대표적인 역할을 수행하는 한국의 사회적경제 조직 유형은 의료복지사회적협동조합이다. 의료복지사회적협동조합은 지역사회에서 의료, 돌봄, 상호부조 서비스를 제공하면서 공익을 추구하는 기관이다. 지역주민, 조합원 그리고 의료인이 협력하여 운영하는 의료기관이며 건강을 협력해서 접근해야 할 공동의 문제로 바라보는 시각에서 출발한다. 의료복지사회적협동조합의 주된 활동은 건강소모임, 건강강좌, 예방교육, 예방활동 등이다. 이 활동을 전개함으로써 주민들이 자기주도적으로 자신의 건강을 지킬 수 있도록 지원한다. 의료복지사회적협동조합은 사회적경제의 일부로 건강한 지역사회를 만들기 위해 활동하며 민주적 의사결정을 중시한다. 최근 지역사회 통합돌봄에 대한 관심이 높아지고 있으며 이 사업을 의료복지사회적협동조합이 주도적으로 진행하고 있다.

2) 한국의 의료복지사회적협동조합의 발전과정

(1) 의료복지사회적협동조합의 지역화

신명호(2016)에 따르면 1931년 평안북도 곽산의 소비조합에서 조합장 신유권이 운영하는 곽산의원에서 조합원에게 의료서비스를 제공했다는 기록이 남아 있다고 한다. 그러나 의료서비스 공급을 주된 목적으로 하는 의료협동조합은 1968년에 부산에서 설립된 청십자의료협동조합이었다. 이 의료협동조합은 부산의 23개 교회 대표가 중심이 되어 설립한 최초의 의료보험 조합이었다. 723명의 회원이 모여 창립하였고 1969년에는 부산의료협동조합과 통합하여 조합원의 수가 12,000명 이상으로 획기적으로 증가하였다.

활동가와 의료인들이 주축이 되어 시작된 의료협동조합의 전통은 다른 지역에서 의과대학 및 치과대학의 주말진료 봉사로 이어지고 이들이 지역 주민과 함께 설립한 의료협동조합으로 발전한다. 서울시 관악구 신림7동은 난곡 또는 낙골로 불리던 저소득층 밀집 지역이었다. 이 지역에 1974년부터 서울대학교 의과대학과 치과대학 가톨릭 학생회가 주말 진료를 시작하였다(신명호, 2016). 이들은 소액의 약값을 받으며 진료를 하였고 방문 환자의 수가 급격히 증가하였다. 이 활동을 바탕으로 1976년 난곡희망의료협동조합이 설립되었으며 이 의료협동조합의 활동은 전국민의료보험제도가 도입된 1989년 이후 중단되었다.

1970년대부터 시작된 의료협동조합 설립의 노력이 1980년대에 여러 지역에서 결실을 맺는다. 1987년에 안성의료생협이 설립되었고 1996년에는 인천지역에서 인천평화의료생협이, 2000년에 안산의료생협이 설립되었다. 2002년에는 대전 민들레의료생협과 원주의료생협, 서울의료생협이 설립된다. 인천평화의료생협은 87년 민주항쟁 이후 형성된 진보적 보건의료인 단체 중 하나인 기독청년의료인회의

40여 명의 회원이 공동출자하여 만들어진 평화의원에서 유래를 찾을 수 있다. 평화의원은 산업재해 직업병 상담, 노인대상 무료검진, 어린이집 방문 예방접종, 가정방문 사업 등 지역사회 의료 활동을 주로 전개하였다. 이 의원은 1996년에 평화의료생활협동조합으로 재창립하면서 지역 공동체성 회복을 위해 다양한 활동을 진행하였다. 안산에서는 1991년에 환경과 건강 문제를 지역에서 스스로 해결하기 위한 시민들의 모임이 결성되었고 2000년에 지역주민, 노동자, 회사원, 시민단체 등 다양한 이해관계자가 출자하여 안산의료생협을 출범하였다. 같은 해에 새안산의원과 새안산한의원이 개원한다.

<들여다보기> 안성의료복지사회적협동조합의 설립과정과 지역화

1987년 안성군 고삼면에서 수도권 지역의 기독학생회와 마을 청년회의 주말 진료소 진료 활동이 시작되었고 이 활동은 1992년 안성 진료회와 지역주민이 공동출자한 안성한의원으로 발전하였고 1994년 안성의료협동조합으로 성장했다. 이 협동조합이 가장 최초의 의료생협으로 알려져 있다. 학생과 농민들이 자발적으로 협력, 참여, 출자해서 시작된 최초의 의료생협이라는 점에서 큰 의미를 갖는다. 무엇보다 200여가구의 지역주민들이 1억 2천만 원의 출자금을 마련했다는 점에서 실질적인 지역화의 모습을 보여준다. 공동의 자산을 마련하고 이를 바탕으로 지역의 문제를 해결하기 위한 의사와 주민의 협력으로 이루어진 조직이었다는 점이 지역과 밀착해서 상호작용하면서 공동의 활동을 전개한 지역화의 특성을 확인할 수 있다. 이 조직의 지역화 전통은 소모임 활동이 활발하고, 민주적 의사결정 과정이 체계화되어 있다는 장점으로 나타난다.

2002년에 설립된 대전민들레의료생협은 지역통화 운동 단체였던 지역품앗이 한밭레츠와 인도주의실천의사협의회 대전 및 충남지회 회원들을 중심으로 설립되었다. 원주에서도 2002년 지역주민 1,200여 가구를 중심으로 1억 7천만 원의 자본금을 출자해 의료협동조합을 설립하였다. 원주의료생협은 지역 협동조합의 네트워크를 통해 설립되었다는 점에서 지역화의 또 다른 모습을 보여준다. 밝음신협, 원주한살림생협, 원주생협이 주도하여 지역생협의 결합체로써 지역사회 건강 증진을 위한 사회적경제 조직으로써 원주의료생협을 출범시킨 것이다.

이 시기 의료생협의 제도화로 나타난 결실은 보건의료체계에서 나타나는 정보 비대칭 문제와 전문가 중심의 의료에 대해 문제의식을 느낀 진보적 의료인과 주민들의 고민이 출발점이 되었다. 이들은 일본 연수과정에서 주민이 소유하고 운영하는 주체로써의 의료생협 방식을 확인하고 그 원리를 한국에서 제도화하였다. 초기에 설립된 의료생협의 주요 특성은 <표 9-1>과 같이 요약할 수 있다. 초기에 설립된 5개의 의료생협은 모두 지역주민이 깊게 관여하였다. 설립동기는 달랐지만 모든 조직에서 의료인과 주민이 협력했으며 지역의 수요를 반영하여 의료기관을 운영하였다.

표 9-1 ▸ 1990년대 및 2000년대 초반에 설립된 의료생협의 특성

비교기준	안성의료생협	인천평화의료생협	안산의료생협	원주의료생협	대전의료생협
지역특성	도농복합도시	대도시	신도시	중소도시	대도시
주요 설립 동기	농촌지역 의료봉사	산재 및 직업병 해결	지역 환경보호운동	생협 간의 협동	지역화폐운동
최초 주체	농민회와 기독학생회	기독청년의료인회	시민의 모임 동의학민방연구회	생협/신협	한밭레츠, 대전 인의협
주체 성격	지역주민과 의료인	의료인 → 지역주민	지역주민 → 의료인	지역주민 → 의료인	의료인 → 지역주민
설립 년도	1994년 4월	1996년 11월	2000년 4월	2002년 5월	2002년 8월
운영의료 기관	의원 2개소, 한의원, 가정간호사업소, 치과, 검진센타	의원,한의원 가정간호사업소 검진센타	의원, 한의원 검진센타	의원 한의원	의원, 한의원, 치과
조합원수	2,841세대	1,500세대	1,571세대	1,258세대	920세대

자료: 박봉희(2008, 81)

(2) 의료복지사회적협동조합의 공식화

한국의 의료생협은 지역주민의 필요에 진보적 의료인이 부응하여 협동조합 방식으로 운영되었으며 소비자생활협동조합법이 제정된 후에 그 법에 근거를 두고 공식화의 시기로 접어든다. 오춘희 외(2020)는 의료생협이 설립되던 시기부터 현재에 이르기까지 영향을 미친 법률, 제도 그리고 주요 행위자를 <표 9-2>와

같이 정리하였다.

표 9-2 ▸ 의료생협의 특징 및 주요행위자

구분		1 시기 (1987-1998)	2 시기 (1999-2003)	3 시기 (2004-2011)	4 시기 (2012-현재)
관련법		의료법	소비자생활협동조합법		협동조합기본법
호명		의료생활협동조합	의료소비자생활협동조합		의료복지사회적협동조합
건강관점		평등의료 • 민중의 건강권 확보 • 평등의료실현	의료이용자 중심 • 믿을 수 있는 진료 • 이용자의 알 권리 중시 • 건강의 주체로 인식	지역사회 중심 • 공동의 문제해결 • 주민조직화	건강의 사회화 • 의료 공공성 강화 • 건강불평등 해소 • 지역사회통합돌봄 실현
주요 행위자		기독청년의료인회 보건의료 운동가	의료생협 네트워크	한국의료생협연대	지역 의료사협
의료사협 조직 현황	개별	1994 안성(사) 1996 인천(사)	2000 안산(사) 2002 원주(사), 서울(사), 민들레(사)	2004 전주(사) 2005 함께걸음(사) 2007 해바라기(사) 2008 성남 2009 수원(사), 시흥희망(사)	2012 살림(사), 대구시민, 마포, 행복한마을(사), 순천 2013 건강한 2014 느티나무(사) 2015 홍성 2016 부천 2018 익산(예비사) 2019 화성, 관악정다운, 성북
	연합		한국의료생협연대(2003) → 한국의료생협연합회(2011) → 한국의료사협연합회(2013) 2012 한국의료생협연합회 부설 교육연구센터 개소		
의료사협 관련 정책 및 법 제도	보건의료	1989 전국민의료보험 실시 1995 지역보건법 개정 1995 국민건강증진법 제정 1995 의료기관 서비스 평가 1997 포괄수가제 시범사업	2000 약사법 개전, 의약분업 실시 2000 보건의료기본법 2000 원격의료 시범사업 2001 WTO사회서비스 시장 개방: 의료서비스 산업 선진화론	2005 개인실손형보험 도입 2006 서비스산업 경쟁력 강화 종합대책 발표 2007 노인장기요양법 제정	2015 장애인건강권법 제정 2017 문재인케어 발표
	사회적 경제		1999 소비자생활 협동조합법 제정	2007 사회적기업육성법 제정 2010 생협법 개정	2012 협동조합기본법 제정 2017 사회적경제 활성화 정책
	커뮤				2018 지역사회통합 돌봄

한국의 사회적경제

					(커뮤니티 케어) 기본계획 2019 지역사회통합 돌봄 선도사업
니티 케어					

자료: 오춘희 외(2022, 163)

한국의 의료생협의 공식화는 1999년 소비자생활협동조합법의 제정 이후 본격화된다. 의료·복지 서비스를 이용하는 주민들이 직접 조직의 운영에 참여할 수 있는 법적 근거가 이 법을 통해서 마련되었다. 이 법을 통해 지역에 기반을 둔 의료생협이 설립·운영될 수 있었다. 이 시기에 안성, 안산, 원주, 서울, 대전 등에서 의료생협이 설립되었다. 이렇게 설립된 의료생협은 건강의 주체로 주민들을 인식했을 뿐만 아니라 공동으로 직면한 문제를 해결하기 위한 지역사회 조직화에도 기여한다.

소비자생활협동조합법이 제정된 이후 의료생협의 설립이 증가하면서 나타난 유사의료생협은 또 다른 법제화를 필요로 하게 된다. 유사의료생협은 허위로 조합원을 모집해서 의료생협을 구성하고 형식적인 이사회를 두는 방식으로 의료행위를 하였다. 부당의료행위를 통해 정부의 요양급여와 보조금을 수령함으로써 의료질서를 위협하고 건강보험 재정 악화를 초래하였다. 유사의료생협이 증가함으로써 의료생협의 정체성 위기가 찾아온다(오춘희 외, 2022). 유사의료생협은 기존 의료생협의 안정적인 의사수급에 어려움을 초래했으며 의료생협의 경영상의 문제도 유발하였다.

의료생협의 공식화와 관련된 또 다른 계기는 2007년의 사회적기업육성법의 제정이었다. 사회적 기업 참여를 통해 고용인원의 증가, 규모의 확대뿐만 아니라 고령화 사회에 대한 대응이라는 정체성을 강화하게 된다. 특히 사회적 기업으로의 인증은 자원의 조직화와 밀접한 연관성이 있다. 당시 의료기관으로의 규모가 커지면서 현실 급여를 맞추어야 지역주민에 대한 건강증진활동을 할 수 있다는 딜레마에 직면하였다. 따라서 중앙정부나 지방자치단체로부터 위탁사업을 수행하거나 보조금을 받기 위해서 사회적 기업으로 인증을 받는 과정이 필요했던 것이다. 사회적 기업으로 인증을 받은 이후 의료생협은 위탁사업을 수행할 수 있었고 제도 변경에 대해 요구할 수 있는 기반도 마련하게 되었다.

2012년 협동조합 기본법의 도입은 의료생협이 사회적 협동조합으로 전환하게 만들었다. 이 전환이 이루어짐으로써 의료생협은 유사 의료생협과 구별되는 특성을 갖게 되었다. 지역사회 이해관계자의 참여를 통해 지역사회 복지와 돌봄, 그리고 다양한 지역 수요를 충족하는 방식으로 활동영역을 확장하게 된 것이다. 생협법에 기반을 둔 의료생협과 비교할 때, 사회적 협동조합 형태로의 운영은 복잡하고 어려운 작업이었다. 협동조합 기본법 시행령 제19조 제2항은 사회적 협동조합이 의료기관을 설립할 때 적용되는 세부적인 기준을 명확히 규정하고 있다. 그 내용에는 의료기관 하나당 500명 이상의 설립 동의자, 설립 동의자 1인당 5만 원 이상의 최저 출자금, 출자금 납입 총액의 10% 이내의 1인당 최고 출자금, 1억 원 이상의 출자금 납입 총액과 총 자산의 50% 이상 등이 포함되어 있다. 관리와 감독이 강화되어 보건복지부의 감사를 받아야 하며, 조합원이 아니면 의료사협을 이용할 수 없는 제한도 적용되었다.

2018년 보건복지부는 지역사회 통합돌봄(커뮤니티 케어) 실시를 발표하였다. 이는 보건 의료와 복지의 결합을 의미한다. 지역사회 통합돌봄이 진행되면서 지역 주민의 필요에 기반을 둔 의료사협 모델에 대한 주목이 늘어나고 있다. 의료사협의 모델은 커뮤니티 케어의 도시 재생형 모델로서 부처 간 협의 단계에서 제안되었다(한국의료사협연합회, 2019; 47). 의료사협은 지역사회 통합돌봄 프로젝트에 적극적으로 참여하면서 보건, 복지, 사회적경제의 세 가지 영역을 통합하는 조직 필드를 구축하고, 의료사협의 정체성을 강화해 나가고 있다.

(3) 의료복지사회적협동조합의 혁신의 제도화

의료복지사회적협동조합이 지역화하고 공식화했던 초기에는 의료서비스 제공의 불평등이 존재했고 의료사각지대가 존재했던 상황이었다. 이러한 상황에서 지역에 기반을 둔 의료복지사회적협동조합은 의료 이용자가 조직을 운영함으로써 새로운 서비스를 제공할 조직적 기초가 되었다. 아울러 주민들이 필요로 하는 수요를 파악하고 반영함으로써 지역사회 전체에 새로운 서비스를 제공할 수 있었다.

혁신의 제도화의 첫 번째 과정은 지역사회에서 총회와 대의원회 등 잦은 회의를 통해 지역주민 및 이해관계자들과의 긴밀한 유대관계를 형성하는 것이다. 이를 통해서 지역주민의 건강 증진 외에도 환경보호, 재활용, 소비자 권리 옹호,

지역경제 발전 등에서 다양한 혁신적인 프로그램을 창출하였다. 이러한 과정을 통해서 지역이 정부나 민간기업에 의존하지 않고 스스로 문제를 해결할 거버넌스를 수립할 수 있었다. 둘째, 지역사회의 취약계층인 장애인, 노인, 제한된 소득으로 생활하는 사람들을 위한 새로운 돌봄 시스템을 만들었다. 대의원대회와 소그룹 회의를 통해 취약계층을 파악하고 이해관계자의 관심과 지지를 이끌어낼 수 있었다. 의료복지사회적협동조합에서의 돌봄 시스템은 공식적인 제도를 통해 수행되지만 소모임에서의 대면 토론과 같은 비공식적인 활동이 공식적 제도를 원활하게 만드는 역할을 하였다. 특히 지역사회의 소그룹 회의는 건강 유지를 위한 학습 및 교육 요구를 발굴하는 데 사용되며 의료복지사회적협동조합은 다양한 학습 프로그램을 제공하였다. 만성 및 전염병을 예방하고 의료 공급자와 지역사회 구성원 간 비대칭 정보를 해소할 계기도 마련하였다. 이러한 학습 기회는 주민들이 자신의 건강을 스스로 지키고, 지역사회의 문제를 더 효과적으로 대응할 수 있는 능력을 향상시켰다.

혁신이 제도화된 또 다른 요인은 지역사회 거버넌스에서 의료복지사회적협동조합의 역할이 컸다는 점이다. 지역사회의 협업체계 구축에 의료생협은 중추적인 역할을 수행했다. 협업구조에 이해관계자들이 참여함으로써 공동체 의식을 높일 수 있었고 지속가능한 지역사회의 사회혁신을 촉진할 수 있었다. 원주의료협동조합은 취약계층을 발굴하고 국민건강보험체계를 구축하는 데 긍정적인 역할을 했으며, 저소득층 회원들에게 고가의 치과의료서비스와 국민건강보험이 적용되지 않는 한방의료행위를 제공하고 있다. 무료진료소는 원주지역의 높은 평가를 받은 사회혁신 프로그램이 되었고, 합리적인 진료를 추구하고 지역사회 기반의 의료서비스를 확대하였다.

2018년 3월 보건복지부가 취약계층 돌봄 체계를 '커뮤니티 케어(community care)'로 전환할 것을 선언하면서 지역사회 통합돌봄에서 의료복지사회적협동조합이 중요한 행위자로 자리매김하고 있다. 정부는 커뮤니티 케어를 '돌봄을 필요로 하는 사람들이 자택이나 그룹 홈 등 지역사회에 거주하면서 개개인의 욕구에 맞는 복지급여와 서비스를 누리고, 지역사회와 함께 어울려 살아가며 자아실현과 활동을 할 수 있도록 하는 혁신적인 사회서비스 체계'라고 설명한다. 지역사회 통합돌봄에서 사회적경제는 다양한 역할을 함으로써 새로운 돌봄 서비스 제공에 기여할 것으로 예상된다. 그런 맥락에서 남춘호·김정석(2022)에 따르면 <그림 9-1>에서 의료복지사회적협동조합은 현재의 범위 A에서 지방정부와의 협의에 따라 확장가능한 범위인 B로 영역을 확대할 수 있다고 설명한다.

그림 9-1 ▸ **의료복지사회적협동조합의 활동영역 범위**

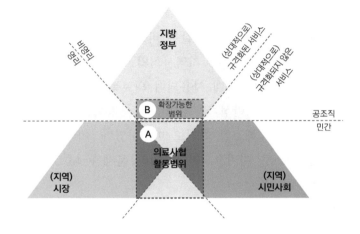

자료: 남춘호·김정석(2022, 24)

남춘호·김정석(2022)은 지역사회 통합돌봄에서 사회적경제의 역할을 지역사회 돌봄문제 인지, 지역사회 돌봄 목표 설정, 지역사회 자료정보 수집·분석, 제3섹터의 거점조직으로 활동, 테스트베드 역할 등으로 구분하여 설명한다. 사회적경제는 강화된 지역사회 네트워크 역량을 바탕으로 복지욕구의 수렴과 공동체 자산의 발굴을 할 수 있다. 지역사회에서 복지서비스를 집행하는 조직에서 발생하는 의견을 지자체에 전달하고 반영하는 역할도 할 수 있다. 사회적경제는 지역사회의 정보를 가장 많이 보유하고 있는 부문이므로 지역의 자료를 수집하고 분석하는 역량을 활용할 수 있을 것이다. 돌봄의 영역에서 의료복지사회적협동조합을 넘어 사회적경제의 사회적 기업, 마을기업, 시민단체 등이 협력할 공간이 되는 것도 사회적경제이다.

한국의 의료·복지 분야 사회적경제의 성과

의료복지 분야 사회적경제 조직의 성과는 어떻게 나타나고 있는지, 그리고 그 성과는 지역사회의 삶의 질을 높이는데 기여하고 있는지 판단하기 위해 한국 사회적기업진흥원의 지역자원조사 자료를 분석하였다. 먼저 자료에서 의료 및 복지분야를 주된 업종으로 삼고 있는 사회적경제 조직의 자료를 추출하여 지역별로 사회적 성과와 경제적 성과의 평균값을 구하여 <표 9-3>에 제시하였다.[1]

표 9-3 ▸ 한국의 지역별 의료·복지 분야 사회적경제 조직의 성과

지역	사회적 성과	경제적 성과	지역	사회적 성과	경제적 성과
강남구	4.00	3.50	북구	2.74	2.87
강동구	3.25	2.75	서구	3.19	3.50
강릉시	3.21	2.79	서대문구	3.14	2.39
강북구	3.05	2.83	성동구	2.64	3.08
강서구	2.90	3.67	성북구	3.43	3.83
관악구	3.50	2.90	송파구	3.36	3.42
광명시	3.37	3.17	수성구	2.93	3.50
광산구	2.90	2.72	수원시	3.26	3.10
광진구	3.64	4.00	안산시	3.20	2.92
구로구	3.14	4.00	안양시	3.47	2.67
구미시	3.85	2.43	영등포구	3.00	2.00
군산시	3.43	3.00	오산시	3.39	3.42
금천구	3.29	3.00	완주군	3.67	2.50
김해시	3.69	3.63	용산구	3.07	3.67

---

1) 사회적 성과와 경제적 성과는 다차원적 척도로 측정할 수 있다. 이 표에 제시된 성과 수치는 제6장에서 수행한 탐색적 요인분석의 결과를 반영하여 개념 및 문항 구성을 하여 지역별 대푯값을 산출한 결과이다.

남구	3.39	2.63	원주시	3.29	2.61
남동구	3.00	3.33	유성구	2.93	3.83
남양주시	4.00	3.42	은평구	3.57	2.76
노원구	3.52	2.88	의정부시	3.49	3.67
달서구	3.19	3.50	익산시	3.80	3.19
달성군	3.33	3.50	전주시	3.70	2.93
대덕구	3.59	3.50	종로구	3.86	4.00
도봉구	2.89	2.25	중구	3.19	2.88
동구	3.07	2.74	중랑구	2.48	2.92
동대문구	3.43	2.83	진안군	4.00	3.50
동작구	3.00	2.50	창원시	3.29	3.11
마포구	3.23	3.33	청주시	3.61	3.46
미추홀구	3.14	2.06	춘천시	3.34	3.53
부천시	3.73	3.67	태안군	3.00	1.50
부평구	3.11	3.14	평택시	3.71	2.33

사회적 성과와 경제적 성과가 서로 긍정적인 영향을 줄 때 사회적경제의 선순환 구조가 형성된다. 사회적경제 조직이 사회적 성과를 달성할 때 지역사회 문제는 해결되고 지역사회의 사회적경제에 대한 신뢰는 높아진다. 따라서 더 많은 고객과 파트너를 확보할 수 있으며 다양한 기관, 정부, 시민단체 등의 지원과 투자를 더 쉽게 얻을 수 있다. 특히 글로벌 위기를 협력해서 극복한 경험과 사례로 인해 장기적이고 지속가능한 경제적 성장에 대한 믿음이 생긴다. 그러나 현실 속에서 이러한 선순환 구조를 형성하는 것은 다양한 제약조건으로 인해 쉽지 않다는 점을 고려하면서 의료·복지 분야 사회적경제 조직의 사회적 성과와 경제적 성과의 관계를 <그림 9-2>와 같이 분석하였다.

그림 9-2 ▸ 한국의 의료·복지 분야 사회적경제 조직의 성과

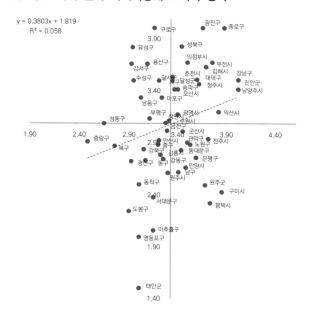

사회적 성과(가로축)와 경제적 성과(세로축)의 관계

　　분석 결과 사회적 성과는 경제적 성과에 긍정적인 영향을 주는 것으로 확인
되었다. 두 가지 성과의 서로 긍정적인 효과는 의료·복지 분야에서 사회적경제
조직들은 바람직한 모형을 발전시켜 왔고 이를 바탕으로 지속가능성을 유지할 기
반을 조성했음을 알 수 있다. 현재까지 의료복지사회적협동조합이 지역사회와 연
계해서 진행한 활동이 경제적 지속가능성으로 이어질 잠재력이 있으며 지역으로
의 재배태화 과정이 경제적 성과와 사회적 성과의 동시 달성에 긍정적 영향을 주
고 있음을 의미한다. 이 결과는 의료·복지 분야의 사회적경제가 앞으로 새로운
대안, 새로운 목표, 새로운 기법들을 통해 혁신적인 시도를 함으로써 지역사회의
지속가능한 발전을 도모할 중요한 영역임을 시사한다.

　　의료·복지분야 사회적경제의 사회적 성과가 지역사회의 삶의 질로 연결되는
지도 중요하다. <그림 9-3>에서 한국의 지역별 의료·복지 분야 사회적경제의
사회적 성과가 행복, 지역이 살기 좋은 곳이라는 인식, 지역 만족도에 주는 효과
를 분석하였다. 분석결과 모든 변수에 대해 긍정적인 효과가 있음을 확인하였다.

그림 9-3 ▸ 한국의 의료·복지 분야 사회적경제 조직의 사회적 성과의 효과

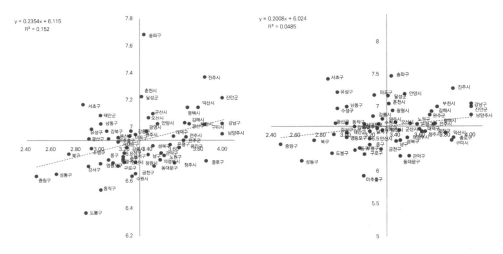

사회적 성과(가로축)와
행복도(세로축)의 관계

사회적 성과(가로축)와 지역에 대한 긍정적
인식(세로축)의 관계

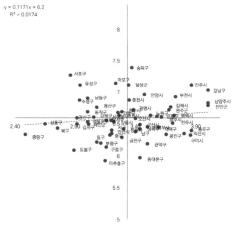

사회적 성과(가로축)와
지역 만족도(세로축)의 관계

한국에서 의료·복지 분야의 사회적경제는 몇 가지 측면에서 지역사회에서 긍정적인 효과를 가져올 것으로 기대된다. 여러 지역에서 활동 중인 의료복지사회적협동조합은 지역사회의 저소득층이나 취약계층을 대상으로 접근성 높은 의료서

비스를 제공한다. 특히 의료와 복지서비스를 통합적으로 제공하면서 주민들의 삶의 질을 높이고 다양한 교육 프로그램을 통해 주민들의 건강과 복지에 대한 인식을 개선하고 있다. 스스로 적극적으로 수행하는 건강관리, 질병 예방을 위한 교육 등은 지역사회의 행복도를 높이는 데 기여한다.

무엇보다 중요한 것은 의료복지사회적협동조합이 지역사회와 밀접하게 연결된다는 점이다. 지역사회가 문제에 봉착할 때 주민들과 밀접한 소통을 통해서 해결방안을 모색하는 데 주도적인 역할을 하였다. 문제에 직면했을 때 전통적인 의료나 복지의 관점을 넘어 다양한 사회혁신 모델을 도입하는 데 주도적인 역할을 수행함으로써 지역사회가 지속가능한 발전을 하는데 주요 행위자로 활동하였다. 이를 바탕으로 조합원과 주민들의 협력, 연대를 통해 지역사회의 공동체의식을 강화하고 이를 통해 지역의 삶의 질을 향상하는 데 기여했다.

제9장의 핵심 요약

✓ 복지국가의 위기는 사회적경제의 역할 증대를 유발한다.

✓ 복지 혼합을 지향하는 시각에서 사회적경제는 새로운 공공 거버넌스의 참여자로서 공동구축과 공동생산의 주역이 된다.

✓ 한국에서 의료복지사회적협동조합은 지역에서 의료, 돌봄, 상호부조 서비스를 제공하면서 공익을 추구한다.

✓ 한국의 의료복지사회적협동조합은 지역화, 공식화, 혁신의 제도화 과정을 거쳐 제도화되었다.

✓ 의료·복지 분야 사회적경제 조직에서 사회적 성과와 경제적 성과는 서로 긍정적인 영향을 준다.

✓ 의료·복지 분야 사회적경제 조직의 사회적 성과가 높은 지역에서 주민들의 행복도와 만족도가 높다.

사례분석: 안산의료복지사회적협동조합

경기도 남서부 서해안에 위치한 안산시는 2023년 기준 인구 62만 명가량의 도시이다. 이곳은 농업과 어업이 주된 산업을 구성했던 지역이었고 1980년대 이후부터 산업화 과정에서 조성된 반월·시화 국가산업단지를 중심으로 성장했다. 중소 제조업체와 외국인 노동자가 밀집

한 지역인 안산시 단원구는 국내 기초지방자치단체 가운데 외국인 주민이 가장 많이 사는 곳이며 주민등록 인구의 23.1%가 외국인이다. 다양한 국적의 주민이 함께 생활하고 고령화가 빠르게 진행되는 특징을 갖고 있어 주민들의 건강과 복지에 대한 다양성 높은 서비스가 중요한 지역이다. 안산시에는 중소기업 근로자들과 외국인 노동자를 위한 포용적이고 신뢰할 수 있는 의료서비스 제공의 수요가 지속되었다.

안산시의 주민들은 의료 사각지대를 해소하기 위해 스스로 자금을 모으고 의료시설을 설립할 것을 1991년부터 "생명과 환경을 생각하는 시민의 모임" 그리고 "동의학 연구회"와 같은 단체를 논의하며 결정하였다. 이 모임에서 건강과 나눔의 지역공동체를 논의했으며 1999년에 안산의료생활협동조합 추진 모임이 만들어져 발기인 대회를 개최하였다. 2000년에 창립총회를 개최했으며 새안산의원과 새안산한의원을 만들어 주민과 조합원을 대상으로 진료를 시작했다. 2009년에 새안산우리치과를 개원했고 2011년에 조합원 5,000세대를 돌파하였다.

안산의료복지사회적협동조합은 보건·의료 관련 문제를 지역주민과 의료인이 협력하여 해결할 것을 지향한다. 이러한 목표는 이주민과 기존 주민이 협력하면서 다문화와 다원적 가치를 기반으로 공동체의식을 만들어나가는 사회적경제 모형을 위해 주민들이 스스로 참여하고 협력하는 전통에 기반을 둔다. 현재는 조합원 8,038명과 자원봉사자 500명이 새안산의원, 새안산상록의원, 새안산한의원, 새안산우리치과 등의 의료기관을 운영하며, 재가장기요양센터, 꿈꾸는집 요양원, 봄누리데이케어센터, 365재가노인지원서비스센터, 새안산의원 재택의료센터 등을 중심으로 지역사회 통합돌봄 사업을 진행한다. 건강을 위한 예방활동과 구성원의 성장과 자기실현을 지원하고 생활의 문제를 지역주민과 조합원이 함께 해결한다.

제10장

한국의 사회적경제와 노동통합

> "일하는 사람이 어떤 대우를 받고 어떤 생각을 가지고
> 어떻게 돌봄을 하느냐에 따라서 돌봄의 품질은 담보되기도 하고 떨어지기도 하고
> 그런 거거든요. 그래서 일하는 사람들이 정말 잘할 수 있게 계속 교육하고 이야기하고
> 우리가 어떤 걸 하려고 하는지를 계속 일하는 사람들을 타겟으로 하고 있죠.
> (중략) 일하는 사람들이 조금 더 우리 조직이 좋다, 행복하다 이런 거를 자꾸 심어주려고."
>
> (이○○, 사회적협동조합 일과나눔 이사장, 2021.11.19.)

노동통합 사회적경제 조직은 고용시장에서 배제된 취약계층에게 일자리와 사회 통합의 기회를 제공하는 역할을 수행한다. 한국의 1970~80년대 산업화와 경제성장 과정에서 첨단기술이 도입되고 서비스 산업으로의 전환이 이루어질 때 실업이 발생했으며 1997년 글로벌경제위기는 대량해고와 비정규직의 증가를 가져왔다. 여러 지역에서 취약계층을 위한 보편적이고 포용적인 고용기회 제공을 위해 1990년대부터 생산공동체를 중심으로 노동통합 사회적경제의 형성이 시작되었다. 최근 심해진 인구 고령화와 청년실업, 장애인과 여성의 고용기회 제한 등은 노동통합 사회적경제를 통한 맞춤형 직업훈련과 일자리 제공을 필요로 하게 되었다. 이러한 새로운사회 수요의 충족을 위해서 2007년 제정된 사회적기업육성법은 노동통합 사회적 기업을 포함한 사회적경제 조직의 지원을 제도화하였다.

이러한 배경에서 한국의 노동통합 사회적경제를 설명하기 위해 노동통합의 개념과 사회적경제와의 관계에 대한 설명으로 이 장을 시작한다. 다음으로 유럽의 노동통합 사회적경제의 제도화 과정을 설명한다. 한국 사회적경제에서의 노동통합이 갖는 의미와 노동통합 사회적경제의 발전과정을 제도형성의 시각에서 분석한다. 마지막으로 한국의 노동통합 사회적경제의 지역별 성과 그리고 사회적

성과와 경제적 성과의 관계를 분석한다.

사회적경제와 노동통합

1) 노동통합의 개념

노동통합은 사회적으로 소외된 집단이나 취업이 어려운 사람들을 경제활동에 편입될 수 있도록 지원하는 과정을 의미한다. 노동통합 활동은 일자리 창출, 교육훈련 그리고 사회적 지원을 통해 취약계층의 역량을 향상시키고 일자리에 더 쉽게 접근하도록 지원하는 것으로 구성된다. 노동통합의 대상은 일자리 제공정책의 사각지대에 놓인 취약계층이다. 고용노동부의 "노동통합형 사회적 기업 시범 육성사업"에서 사업대상이 되는 취약계층은 알콜중독자, 도박중독자, 노숙인, 상습범죄자, 학교폭력 가해자 및 피해자로 규정되어 있다. 그리고 이들 중 실업 상태에 있는 사람들에게 상담, 치료, 일자리 경험 제공, 직업훈련, 취업알선 그리고 사후관리 등을 주된 사업의 내용으로 한다.

2) 노동통합의 중요성과 사회적경제의 역할

취약계층을 대상으로 한 일자리 정책이 중요해진 배경은 기술적 환경의 변화, 경제적 불평등의 증가, 국가 복지제도의 한계 등에서 찾을 수 있다. 먼저 기술적 발전이 빠르게 진행됨에 따라 노동시장을 빠르게 변화한다. 새로운 기술이 생겨나면서 전통적인 일자리는 줄어들고 새로운 일자리가 생기며 직무의 자동화와 디지털화도 빨라진다. 취약계층이 전통적인 일자리에서 새로운 일자리를 찾거나 새로워진 작업환경에 적응하기 위해서는 학습을 통해 새로운 기술에 적응하고 자신의 경쟁력을 유지하도록 도울 필요가 있다. 기술이 발전하면서 노동시장의 불안정을 유발할 가능성이 높아진다는 점에서 취약계층이 적절한 일자리를 찾고 유지할 수 있도록 일자리 접근성을 높이고 노동시장 참여를 장려하는 정책적 지원이 필요하다.

둘째, 경제적 불평등이 심해지면 취약계층을 위한 노동통합의 중요성이 높아진다. 불평등의 도래와 함께 취약계층의 근로기회의 감소, 소득의 격차, 기술 교육 접근성의 제약 등이 발생하면서 사회적으로 배제되거나 격리될 가능성이 높아진다. 노동통합 정책을 통해 이들이 자존감을 갖고 노동시장에 참여하도록 하는 포용적 지원전략이 필요하다. 경제적 불평등은 취약계층의 사회적 불안과 긴장을 높일 수 있다. 취약계층이 노동시장에 통합될 때 이들의 소비와 생산활동이 사회적 불안을 해소하고 경제적 안정과 성장을 도울 수 있다.

셋째, 경제가 저성장 기조로 진입하고 복지 수요가 다양해질 때 국가 복지제도는 한계에 직면할 수 있다. 모든 집단, 모든 사람에게 충분한 복지서비스를 제공하기 어려워질 때 모든 취약계층을 위한 지원이 어려워질 수 있다. 빠르게 변화하는 경제, 사회, 기술적 환경에 복지제도가 유연하게 대응하지 못할 수도 있으며 이 경우 취약계층에 대한 복지서비스의 적절성과 효율성이 낮아질 수 있다. 따라서 취약계층을 위한 적극적 노동통합을 통해 스스로의 역량으로 생계를 유지할 때 개인의 자립, 삶의 질의 제고, 사회적 연대의 형성이 가능하다.

2 유럽의 사회적경제와 노동통합

대부분의 국가와 사회가 발전할 때 빈곤이 발생하고 취약계층의 사회통합이 논의되었다는 점에서 노동통합도 그 기원을 역사 속에서 찾을 수 있다. 영국에서 비참한 빈민의 생활이 나타난 17세기에 퀘이커 교도로써 평등, 정의 사회적 책임을 깊게 고민했던 벨러스(John Bellers)는 협동촌(College of Industry)을 만들고 취약계층에게 교육과 노동을 기회를 제공하고자 하였다. 이 시설에서 사회에서 소외된 사람들의 생활을 개선하기 위해 기초교육과 직업 교육을 제공하였다. 벨러스는 이런 방식으로 개인의 삶의 질을 향상시기고 불평등을 줄일 수 있다고 보았다. 협동촌이라는 생산공동체 속에서 취약계층이 스스로 마음가짐을 교정하고, 건강을 돌볼 수 있도록 유도하고자 하였다. 벨러스는 협동촌에서 취약계층이 학습하고 노동을 함으로써 사회의 갈등과 위화감을 해소하고 시장을 확대하며 안정된 고용을 통해 빈곤을 해소하고자 하였다.

〈들여다보기〉 존 벨러스의 협동촌

벨러스는 1696년에 발표한 Proposals for Raising a College of Industry of All Useful Trades and Husbandry에서 산업과 농업 교육을 병행하는 협동촌 설립 아이디어를 제안하였다. 17세기 영국은 산업화가 진행되던 시기로 농촌 인구가 대규모로 도시로 이주하여 빠른 도시화가 진행되었다. 영국의 구빈법(Poor Law)은 빈민 구제를 적절하게 하지 못했고 인간의 존엄성을 훼손하는 강제노동을 해결하지도 못했다. Bellers는 협동촌에서 교육과 노동의 통합, 공동체 생활, 자립적 모형, 어린이·노인·장애인 등 경제적으로 어려운 사람들을 포용하는 방식을 도입하였다. 이 아이디어는 오언의 뉴라나크 공동체 형성에도 영향을 주었다.

이러한 생각은 결사체 사회주의자 오언의 뉴라나크 생산공동체에도 반영되었다. 가난한 노동자들이 경험했던 과음, 절도, 태만, 기만 등으로 가득한 열악한 노동환경을 개선하고 아동노동을 금지했으며 적절한 교육과 예술활동을 통해 노동의 여건을 개선하였다. 이 산업공동체에서 오언은 일자리, 교육, 복지, 사회적 교류를 조화롭게 결합하여 취약계층의 삶의 개선하고자 하였다. 산업혁명이 본격적으로 진행된 시기에 유럽의 도시에 인구가 빠르게 증가했고 많은 사람들이 일자리를 찾아 나섰다. 도시로 몰려든 사람들이 일자리를 구하지 못해 빈곤에 빠졌을 때 부유층의 기부재산을 토대로 중산층 자원봉사자가 운영했던 인보관(settlement house)이 설립되었다. 영국의 인보관 운동(settlement movement)은 19세기에 시작되었으며 가난한 노동자들의 직업훈련을 돕고 교육, 의료, 문화 활동을 제공하였다.

〈들여다보기〉 영국과 미국의 인보관 운동

인보관 운동은 19세기 말과 20세기 초에 영국과 미국에서 시작된 사회개혁 운동이다. 인보관은 도시 빈민 지역 주민에게 교육, 복지, 문화적 지원을 제공하기 위한 목적으로 설립된 기관이다. 이 운동은 산업화와 도시화로 인해 발생한 빈곤 문제를 해결하기 위해 시작되었다.

19세기 말 도시로 이주한 저소득층이 열악한 주거 환경이나 빈곤을 극복하는 데 필요한 교육과 사회적 지원을 제공하였다. 대표적인 인보관인 영국 런던의 토인비 홀은 Samuel Barnett과 Henrietta Barnett 부부가 설립하였다. 이 기관은 소외된 노동자 계층을 지원하고 교육과 문화활동을 전개하였다. 주로 성인교육, 직업교육, 문해력 교육을 통해서 주민의 역량을 강화했으며 옥스퍼드와 케임브리지 대학 출신의 자원봉사자가 활동하였다. 그 외에 주민들을 대상으로 사회서비스와 문화활동을 제공하여 삶의 질을 높였다. 미국에서도 비슷한 운동이 전개되었으며 Jane Addams와 Ellen Gates Starr가 시카고 지역에 설립한 Hull House가 유명하다. 이 기관에서는 이민자가 미국에 적응하기 위해서 필요한 영어 교육과 시민권 교육을 하였다. Jane Addams는 Hull House 활동의 결과로 1931년 노벨 평화상을 수상했고 혁신주의 운동의 발전에도 큰 영향을 미쳤다.

이러한 초기 이론과 실험들을 바탕으로 유럽의 사회정책과 사회적경제는 취약계층의 직접적인 생산활동을 위한 훈련을 적극적으로 조직하였다. 김정원(2018)은 유럽의 노동통합 사회적 기업의 발전과정을 <표 10-1>과 같이 설명하였다. 유럽에서 노동통합 사회적 기업이 발전한 시기는 비제도화 시기와 제도화시기로 구분된다. 유럽에서는 1960년대부터 시민사회를 중심으로 조직화하기 시작하여 장애인을 대상으로 기술습득과 재사회화를 진행하였다. 그리고 1970년대 이후 장기실직자, 약물중독자, 전과자, 이민자, 노숙인 등 사회적으로 배제된 취약계층을 대상으로 지역사회의 보호 작업장, 협동조합, 상호 부조 조직 등이 기술 습득 훈련과 근로의 기회를 제공하는 활동으로 발전하였다. 유럽에서 노동통합형 사회적 기업이 본격적으로 자리잡은 것은 1990년대부터였으며 그 배경에 적극적 노동시장정책이 있었다고 한다. 사회적으로 배제된 취약계층의 역량강화와 이들의 사회통합을 목표로 일자리 창출과 노동통합을 진행했으며 이 과정에 다양한 우려도 존재하였다. 김정원(2018)은 1990년대 유럽의 노동통합 사회적 기업의 확산은 신자유주의 정책기조의 일환으로 경쟁, 효율성, 비즈니스 모형 개발을 지향했고, 그로 인해 장기적 사회통합, 공동체의 사회적 가치, 일터에서의 민주적 관계가 훼손되는 위험에 직면했다고 설명한다. 특히 사회통합보다 노동시장 진입에 대한 정량적 목표달성을 지향하는 방식으로의 동형화가 진행되고 있음을 지적한다.

표 10-1 ▸ 유럽 노동통합 사회적 기업의 변천

시기	비제도화 시기		제도화 시기
연대	1960년대	1970~1980년대	1990년대 이후
주요대상	장애인	사회적 배제에 노출된 자	사회적 배제에 노출된 자
주요목적	기술습득 및 재사회화	실업과 사회적 배제에 대한 대응	일반노동시장 진입
조직화 주체	시민사회 중심	시민사회 중심	시민사회 중심이나 정부의 강한 견인
시기 특성	케인즈주의 시기	케인즈주의에서 신자유주의로의 변동	신자유주의 시기

자료: 김정원(2018, 219)

장원봉(2008)에 따르면 유럽의 노동통합 사회적 기업을 네 가지 유형으로 구분할 수 있다. 첫째, 단기 일자리 제공을 통해 취약계층이 노동 경험을 쌓거나 현장 직업훈련을 받을 수 있도록 하는 유형이다. 이 과정에서 대상 집단은 고용 가능성을 높이고 개인의 욕구에 적합한 직무를 찾을 수 있다. 둘째, 본격적인 일자리 제공을 통해 취약계층의 노동통합을 달성하는 유형이다. 공공기관의 보조금과 생산품의 판매를 통해 노동시장에서 배제된 취약계층을 포용하는 방식이다. 셋째, 보조금 지급을 통해 취약계층이 자신의 사회적 정체성을 찾고 직업 능력을 배양하도록 하는 것이다. 이 유형은 주로 장애인을 대상으로 한 보호 작업장이다. 마지막으로 알콜, 약물 중독, 상습 범죄자의 사회화를 촉진하는 유형이다. 사회와의 접촉을 늘리고 계획적인 생활을 통해 사회 규범을 배우고 적응하도록 지원하는 방식이다.

유럽 사회적경제의 노동통합 기여도는 국가의 사회정책 유형과도 관련된다(장원봉, 2008). 스웨덴과 덴마크와 같이 국가의 적극적 노동시장 정책이 강화된 국가에서는 사회적경제나 사회적 기업의 노동시장을 장려하는 정책을 수립하지 않는다. 이들 국가에서는 지역 협동조합개발센터에 대한 지원을 통해 지역의 노동자 협동조합을 설립하고 이들이 취약계층의 노동통합을 실현하도록 장려한다. 조합주의 전통을 가진 프랑스, 독일, 벨기에 등에서는 사회적 기업을 포함한 지역사회 조직들이 새로운 고용창출을 촉진하기 위한 매개 역할을 한다. 이 과정에서 사회적 기업이 중심이 되어 다양한 노동통합 프로그램과 지역사회 프로그램을 진행한다. 영국, 포르투갈, 스페인 등 적극적 노동시장 정책에 낮은 지출을 하는 국가에서 사회적 기업이 노동통합 정책의 주요 수단으로 활용되는 경우가 많다.

3 한국 사회적경제의 노동통합

1) 한국 사회적경제에서 노동통합의 의미

일할 수 있는 빈민들에게 적절한 일자리와 환경을 제공함으로써 노동시장으로의 진입을 돕는 노동통합은 현재 한국 사회적경제의 주된 사업모형에 해당한다는 점에서 의미가 크다. 한국 사회적경제에서의 노동통합은 취약계층 일자리의 불안정성과 열악함을 스스로 소유하고 운영하는 공동체에서 해결하고자 했던 생산공동체에서 찾을 수 있다. 그리고 이러한 전통은 국민기초생활보장법, 사회적기업육성법 등의 법제적 제도화를 거쳐 현재의 자활기업으로 이어지고 있다.

한국 사회적경제에서 노동통합의 진행과정도 지역사회와 밀접하게 연결되었고, 정부의 법률과 제도에 의해 공식화되는 과정은 다양한 논쟁을 유발하였다. 그런 의미에서 노동통합의 발전과정을 살펴보는 것이 중요하다. 그리고 노동통합 관련 법률과 사업이 제도화되는 과정에서 나타난 쟁점을 검토하고 이를 바탕으로 앞으로의 대안을 모색하는 일은 한국 사회적경제가 직면한 중요한 문제를 극복하는 출발점이 된다는 점에서 의미가 크다.

2) 한국 사회적경제에서 노동통합의 발전과정

(1) 노동통합의 지역화

한국 지역사회에서 노동통합의 시작은 취약계층이 함께 소유하고 경영하는 생산공동체에서 그 시작을 찾을 수 있다. 1977년에 현재의 시흥시 신천동 일대에 조성된 복음자리 마을은 최초의 생산공동체로 그 이후의 노동통합 활동에 영향을 주었다. 이 공동체에서 진행한 다양한 공동체 활동은 주민의 신뢰 형성과 자활역량을 높이는 데 기여했다.

〈들여다보기〉 복음자리 생산공동체

1977년 지금의 시흥시 신천동 일대에 서울의 판자촌 주민들이 집단 이주하면서 복음자리 마을이 생겼다. 이 공동체는 제정구와 정일우(존 데일리) 신부를 비롯한 마을 공동체 운동을 펼친 관계자와 협력하였다(양훈도, 2023). 서울시 양평동 판자촌에서 제정구와 정일우는 예수회 복음자리라는 공간을 만들었으나 판자촌 철거 계고장을 받으며 집단이주를 결정하였다. 김수환 추기경의 주선으로 정일우가 독일의 천주교 후원재단인 미제레올에 지원을 요청했으며 지원금 5만달러로 시흥군 신천리에 3만 2천 평의 포도밭을 매입하였다. 이들은 이주와 함께 주기적인 마을잔치, 교양강좌, 건강강좌, 주민토론 모임, 생일 축하 모임, 경로잔치, 야유회 등을 열며 지역 주민들 간 신뢰를 쌓아 나갔다. 이 공동체는 토끼와 한우사육, 건축용 패널 임대업 등을 하는 생산공동체를 설립하였다(양훈도, 2023).

1990년대에는 스페인 몬드라곤의 성공사례가 한국에 알려지면서 사회적 약자가 만드는 공동체가 설립될 때 큰 동기유발 요인이 되었다(신명호, 2016). 복음자리 공동체에 이어서 설립된 생산공동체는 <표 10-2>와 같다(김정원·황덕순, 2016). 이들은 일한 만큼 공평하게 나누는 생산공동체를 통해서 공동출자, 공동생산, 공동분배, 자주관리 등의 가치를 실현했고 이를 통해서 당시에 산업 현장에 만연한 악습과 부조리를 바로잡고자 하였다. 1989년에는 인천 십정동의 '해님여성회'가 설립되어 천 자르기, 미숫가루 만들기, 고추 손질 등과 같은 공동 노동을 하였다. 이어서 두레협업사, 협성산업, 마포건설, 나레건설 등의 공동체가 설립되어 지역에서 함께 일하는 공동체가 만들어진다.

표 10-2 ▸ **1990년대의 생산공동체**

명칭	설립연도	지역기반	분야	대표자
두레협업사	1990	인천 송림1동	봉제	박종렬 목사
마포건설	1990	서울	건설	정을진

일꾼두레	1991	서울 성북구 하월곡 4동	건설	허병섭 목사
해님여성회 공동부업	1989	인천 십정동	공동 부업	하영자, 이근숙
실과 바늘	1992	서울 노원구 상계4동	봉제	김홍일 신부
나섬건설	1993	서울 관악구 봉천동	건설	송경용 신부
솔샘일터	1993	서울 도봉구 미아1동	봉제	정옥순
나레건설	1994	서울	건설	송경용 신부
명례방협동조합	1993	서울	신협	이기우(지도신부)
주민협동공동체 실현을 위한 금호·행당·하왕 기획단	1995	서울 성동구 금호·행당·하왕동 철거지역	봉제작업장(생협, 신협, 사회복지관 별도 추진)	유영우, 박재천

자료: 이호(1996, 245)

이러한 생산공동체는 영세한 규모와 기술력, 갈등의 증폭 등 다양한 이유로 지속되지 못했다. 그러나 가난한 사람들의 공동체는 지역과 함께 하며 지역사회와 밀착된 연대성을 구체화했다는 의미가 있다. 그런 의미에서 생산공동체의 유산이 한국 사회적경제가 시작되는 기원으로 기능했다는 의미가 크다.

(2) 노동통합의 공식화

지역단위에서 진행되던 생산공동체가 정책 대상으로 공식화된 출발점은 1996년 김영삼정부가 자활지원센터 시범사업을 실시하면서부터이다. 1990년대 생산공동체 운동 지도자들은 노동자 협동조합의 필요성을 주장했으며 본격적인 도입에 대한 연구가 진행되었다. 1990년대에 정부에서도 복지정책에 대한 가시적인 전환이 필요했고 1996년 자활지원센터 시범사업을 시작하였다(김정원·황덕순, 2016). 이 사업에서 '영세민 자활공동체 결성 제도화'가 언급된다. 그리고 이 사업에 대해 근로 능력은 있으나 교육, 기술, 자본 등 자활 여건이 취약한 영세민이 자영업이나 생산공동체, 근로공동체 활동을 통해 자활할 수 있도록 제도적 지원임을 강조하였다.

자활지원센터는 1996년부터 1999년까지 20개 기관이 지정되었고 2000년까지 50개 기관이 추가로 지정된다. 1차년도인 1996년에 서울관악, 서울노원, 서울마포, 인천동구, 대전동구 등 5개소가 주로 대한성공회 소속의 종교단체 참여로 개소하였다. 1997년에는 서울성북, 부산사상, 대구북구, 광주남구, 경기광명, 1998년에는 부산동구, 대구남구, 울산남구, 울산북구, 충남천안, 전북전주, 전남해남 등 전라도와 경상도 지역까지 확대되었고 1999년까지 사회복지법인 7개소, 종교단체 9개소, 사단법인 2개소, 학교법인 1개소, 시민사회단체 1개소가 지정되어 총 20개가 되었다(조경식, 2019).

자활사업에 대한 본격적인 지원은 1997년 외환위기로 인한 대량실업이 발생한 후 2000년에 제정된 국민기초생활보장법에서 자활지원사업이 시작되면서 부터이다. 1980년대부터 생산공동체운동으로 조직화되었던 노동자협동조합은 국민기초생활보장법에서 복지의 관점을 노동연계 복지의 성격을 포괄하면서 자활사업이 사회정책의 틀 속에서 운영된다. 이 법률을 통해 자활의 촉진을 명시하며 취약계층이 사회경제적으로 더 나은 삶의 구축할 수 있도록 정부가 지속적인 지원을 할 것을 제시하였다. 직업교육과 노동기술 훈련을 제공하여 취약계층의 일자리 적응과 고용을 지원하고 수혜자가 일자리를 찾고 유지할 수 있는 지원을 하였다. 이 법을 통해 시범사업으로 진행되던 자활사업은 사회복지의 틀 속에서 운영된다. 전국의 모든 기초지자체에 한 개소 이상의 지역자활센터를 만드는 것을 목표로 대규모 지정을 시작한다(김정원·황덕순, 2016). 이 과정에서 지역자활센터는 과거의 생산공동체의 성격이 퇴색하고 국민기초생활보장법상 전달체계로서의 역할을 수행하게 된다. 그리고 지역자활센터는 자활기업을 조직화하는 역할을 하게 된다.

4 한국의 노동통합 분야 사회적경제

노동통합 분야 사회적경제 조직의 성과는 어떻게 나타나고 있는지, 그리고 그 성과는 지역사회의 삶의 질을 높이는 데 기여하는지 판단하기 위해 한국사회적기업진흥원의 지역자원조사 자료를 분석하였다. 자료에서 노동통합 분야를 주된 업종으로 삼고 있는 사회적경제 조직의 자료를 추출하여 지역별로 사회적 성

과와 경제적 성과의 평균값을 구하여 <표 10−3>에 제시하였다.1)

표 10-3 ▸ 한국의 지역별 노동통합 분야 사회적경제 조직의 성과

지역	사회적 성과	경제적 성과	지역	사회적 성과	경제적 성과
강남구	3.10	3.03	서구	3.08	2.91
강동구	3.49	3.83	서대문구	3.27	3.33
강릉시	3.12	2.91	서초구	3.10	3.17
강북구	3.46	3.33	성동구	3.36	3.81
강서구	3.79	3.71	성북구	2.43	3.00
관악구	2.97	2.83	송파구	3.29	3.83
광명시	2.63	2.95	수성구	3.23	3.03
광산구	3.12	3.13	수원시	3.42	3.12
광진구	3.07	3.58	안산시	3.16	3.10
구로구	2.97	3.17	안양시	3.20	2.86
구미시	3.46	2.80	영등포구	2.99	2.86
군산시	3.02	3.23	오산시	4.06	4.25
금천구	3.24	2.78	완주군	3.36	2.72
김해시	3.01	3.03	용산구	2.43	3.33
남구	3.39	3.10	원주시	3.43	3.10
남동구	3.24	3.13	유성구	3.16	3.11
남양주시	3.41	3.22	은평구	3.18	3.17
노원구	2.92	3.78	의정부시	3.26	2.92
달서구	3.20	3.10	익산시	3.11	2.76
달성군	2.98	2.78	전주시	3.15	2.93
대덕구	3.01	2.76	종로구	3.43	2.27

---

1) 사회적 성과와 경제적 성과는 다차원적 척도로 측정할 수 있다. 이 표에 제시된 성과 수치는
   제6장에서 수행한 탐색적 요인분석의 결과를 반영하여 개념 및 문항 구성을 하여 지역별 대푯
   값을 산출한 결과이다.

도봉구	3.22	3.25	중구	3.22	3.13
동구	3.16	3.12	중랑구	2.86	3.67
동대문구	2.84	3.19	진안군	4.07	3.33
동작구	2.43	3.08	진주시	3.17	3.00
마포구	3.07	2.60	창원시	3.08	2.75
미추홀구	3.22	3.33	청주시	3.24	3.06
부천시	3.54	2.94	춘천시	3.00	3.32
부평구	3.19	3.00	태안군	3.19	2.61

사회적 성과와 경제적 성과의 관계를 <그림 10-1>과 같이 분석하였다. 분석결과 의료·복지 분야와 마찬가지로 사회적 성과는 경제적 성과에 긍정적인 영향을 준다. 그러나 노동통합 사회적경제 조직의 성과가 주민들의 행복, 지역이 살기 좋은 곳이라는 인식, 그리고 지역에 대한 만족감에 통계학적으로 유의미한 영향은 주지 못한다. 이 결과는 현 단계에서 노동통합 사회적경제 조직의 활동이 지역사회와 충분히 연결되지 못하고 있음을 의미한다. 노동통합 분야는 사회적경제에서 가장 전통적인 분야이며 특히 한국에서는 사회적경제의 제도화와 관련된 담론의 핵심에 위치해 있다. 사회적경제 정책의 수립 과정에서 생산공동체가 주된 논의의 대상이었고 사회정책과 사회적경제의 연계에서도 중요한 위치에 있다. 따라서 노동통합 분야 사회적경제 조직은 다양한 지역사회의 기관들과 파트너십을 형성하고 사회적경제 조직으로써의 정체성을 확립할 필요가 있다.

그림 10-1 ▸ **노동통합 사회적경제 조직의 사회적 성과와 경제적 성과**

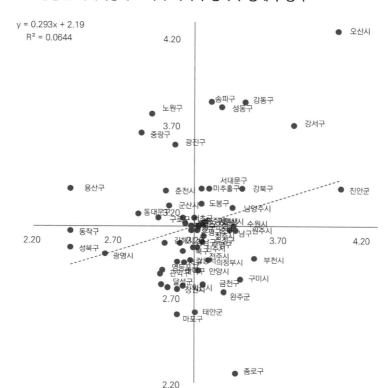

사회적 성과(가로축)와 경제적 성과(세로축)의 관계

제10장의 핵심 요약

✓ 노동통합은 사회적으로 소외된 집단이나 취업이 어려운 사람들을 경제활동에 편입될 수 있도록 지원하는 과정이다.

✓ 유럽에서 결사체 사회주의자들의 생산공동체나 인보관 운동 등을 중심으로 노동통합 활동이 시작되었다.

✓ 한국에서 노동통합 사회적경제는 1970년대 생산공동체의 지역화와 정부의 자활지원센터 지원을 통한 공식화의 과정을 거쳐 제도화되었다.

✓ 한국의 노동통합 사회적경제 조직의 사회적 성과와 경제적 성과는 긍정적인 상관관계를 보인다.

사례분석: 로버트 오언의 뉴라나크(New Lanark)

사회적으로 소외되고 차별받는 취약계층은 자신들의 공동체를 만들고 그 안에서 스스로 생산하고 소비하는 유토피아를 꿈꾼다. 고용된 직장에서 부당하게 대우받고 착취당하기보다 같은 뜻을 가진 사람들끼리 순수한 마음으로 공동체를 만들고 함께 생산하고 분배한다면 열악한 노동환경을 개선하고 자신의 공정한 몫을 얻을 수 있을지 모른다고 생각하게 된다. 이러한 생각으로 공동체를 만드는 사람들이 되돌아보는 실험이 로버트 오언이라는 결사체 사회주의자의 뉴라나크 실험이다. 뉴라나크는 로버트 오언에 의해 만들어진 실험적 공동체였다. 오언은 경제적 생산성과 사회복지를 조화하는 새로운 모델을 지향했고 그의 생각을 따르는 사람들 2,000명이 함께 거주한 공동체를 뉴라나크에 구현한 것이다.

뉴라나크는 스코틀랜드 클라이드 강 인근에 위치해서 풍부한 수력 에너지를 제공받을 수 있었다. 방직공장에는 최신 기술을 도입해서 효율적인 생산이 가능하였다. 오언은 19세기 산업혁명기 근로자의 노동 여건이 열악할 때 노동자의 건강과 노동조건을 개선하고 하루 8시간 노동을 내세우며 "Eight Hours Labour, Eight Hours Recreation, Eight Hours Rest"를 표방했다. 노동자들이 과도한 노동에 시달리지 않도록 근무 시간을 줄이고 휴식을 보장했으며 어린이의 노동은 제한하고 대신 교육을 받을 수 있도록 하였다. 노동자들이 살 집을 짓고, 마을을 조성해서 정원을 만들고 서로 돌아가면서 청소를 하도록 하였다. 도서관을 만들어 글자를 가르쳤으며 집이 없는 아이들을 위해서 어린이집을 만들었다. 공정한 가격으로 필수품을 판매하는 상점을 운영하여 합리적인 소비가 가능하였다. 이곳에서 오언은 25년 간 공동체를 이끌며 2,500여 명의 노동자의 삶의 질을 높여 수익성과 사회성이라는 두 마리의 토끼를 모두 잡았다.

그 후 다양한 실험에서 여러번의 실패도 있었지만, 오언의 뉴라나크는 인간의 본질에 집중하면 서로 연대하고 협력할 수 있음을 보여준다. 명령, 지시, 통제가 없어도 스스로 능력을 발휘하고 협동하는 능력을 발견하면 자본주의의 원리를 대체하고 보완할 수 있다는 것이다. 오언의 실험은 비슷한 생각을 했던 킹, 푸리에, 푸르동 등 다른 결사체 사회주의자에게 이어지며 협동조합의 시작으로 알려진 로치데일 공정선구자 협동조합 운동에도 영향을 준다. 그의 실험은 산업의 혁신과 사회적 개혁이 접목된 혁신적 시도로 평가할 수 있다.

한국에서 사회적경제의 지역화에 앞장섰던 활동가들이 지역의 미래를 생각할 때 오언의 뉴라나크는 자주 참고가 되었던 협동공동체였다. 최근 들어 사회적경제는 전 세계에서 조화, 혁신, 연대의 가치를 기반으로 다양한 모습으로 성장하며 시민들의 관심도 높아지고 있다. 오래 전부터 오언의 뉴라나크를 시작으로 연대와 협력의 가치를 기반으로 만들어진 많은 공동체가 있었고 이런 현상을 설명하는 다양한 이론적 관점이 제시되었다. 사회적경제는 사회주의자부터 자유주의자까지 다양한 유형의 학자들이 관심을 가졌던 주제였으며 현재도 여러 관점을 갖고 다차원적으로 분석이 이루어지는 주제이다. 일하는 사람들의 공동체에 대해 비슷한 생각을 했던 여러 해외 학자의 생각, 연구의 경향, 시기별로 다르게 나타난 관점을 아는 것은 한국의 노동통합 사회적경제를 이해하는 데 도움이 된다.

한국의 사회적경제와 지역경제 활성화

"먹을 것을 주기 위해서가 아니라 옥수수를 가져와서 사업할 수 있게끔.
사업을 시작하면 이 사람들 나중에는 독립되어서 도움이 필요 없게 된다."

(리○○, 이시돌마을 이사장, 2020.2.7.)

　　한국의 지역사회는 저성장, 불평등, 고령화라는 복합위기에 직면하고 있다. 이 문제들은 지역의 경제적 역량을 약화시키고, 공동체의 지속가능성을 위협하며, 정부의 재정 부담을 가중시킨다. 이처럼 구조적인 지역문제를 해결하기 위한 새로운 대안으로 사회적경제가 주목받고 있다. 사회적경제는 주민들이 주체가 되어 지역의 특성을 반영한 정책을 설계하고 사회적 약자를 포함한 다양한 이해관계자를 통합하고, 지역 자산을 활용하여 경제의 선순환을 도모한다. 이는 지역 주민들이 단순한 소비자가 아닌 공동체의 일원으로 적극적으로 참여할 기회를 제공함으로써 지역 발전의 새로운 모델이 된다.

　　이 장에서는 한국 지역사회의 위기와 그 해결 방안으로서 사회적경제의 중요성을 설명할 것이다. 이를 위해, 먼저 한국 지역이 직면한 위기를 경제적, 사회적, 인구적 관점에서 분석하고, 이러한 문제를 해결하기 위한 사회적경제의 역할을 논의한다. 이어서 지역경제 활성화에서 사회적경제가 갖는 중요성과 그 전략적 접근 방법을 탐구하고, 이를 실현하기 위한 구체적인 사례로 완주군의 로컬푸드와 사회적경제 모델을 제시한다.

1 한국의 지역이 직면한 위기

21세기에 접어든 이후 다양한 영역에서 지역사회의 위기가 도래한다. 많은 지역에서 그곳에 사는 사람들의 위기가 찾아올 때 사회적경제가 새로운 대안이 되었던 것처럼 현재 한국의 지역이 직면한 위기를 극복할 혁신적 대안을 사회적경제가 제공할 것으로 기대된다. 현재 한국의 지역에 찾아온 위기는 다음과 같이 설명할 수 있다.

첫째, 경제적 관점에서 21세기에 접어든 이후 미주와 유럽뿐만 아니라 아시아 등 대부분의 국가에서 경제 발전이 둔화되고 있다. 대부분의 국가에서 기업과 정부의 경쟁력을 높이기 위한 방안을 마련하고 있으나 실업률은 비교적 높은 상태로 유지되고 있으며 사회적 위험도 높은 상태로 유지되고 있다. 이와 같이 경제발전이 둔화될 경우 정부의 재정 역량도 함께 약화될 수밖에 없다. 경제 침체기에 정부의 세수는 줄어드는 반면 지출은 확대되는 것이 일반적이기 때문이다. 특히나 실업률이 높아지는 경우 정부는 사회적 위험을 줄이기 위한 확대재정정책을 지속할 수밖에 없다. 이 경우 정부의 재정적 부담은 개인, 기업, 비영리 영역이 분담해야하며 제3의 대안으로 고려되는 사회적경제에 속한 비영리 조직을 비롯한 다양한 주체들의 역할이 증대된다.

둘째, 경제적 저성장 기조가 지속될 때 사회적 격차도 증가한다. 20세기의 개발도상국가는 21세기에도 여전히 개발도상국가로 남아 있으며 획기적인 발전전략을 마련하지 못하는 경우가 대부분이다. 국가 간 격차뿐만 아니라 국내적 사회격차도 증가하고 있다. 세계화와 신자유주의는 경쟁력을 가장 중요한 가치로 부상시켰고 결국 기업과 정부가 성과지향적인 조직관리를 강화함에 따라 개인과 조직의 수익에 큰 격차를 유발하였다. 사회적 격차의 강화는 국가복지에 대한 요구도 강화시킨다. 정부재정의 부담이 가중되는 가운데 제한된 자원을 최대한 활용하기 위한 대안으로 사회적경제의 개념이 중요하다.

셋째, 대부분의 지역에서 인구의 노령화가 급속하게 진행된다. 인구의 노령화는 적극적으로 근로하지 않는 집단이 근로자에게 의존하는 비율인 의존율을 높이고 국가가 연금에 대한 기여를 증가시키는 효과를 유발한다. 뿐만 아니라 초고령에 접어든 국민들이 다양한 요양서비스를 필요로 하면서 재정부담을 증가시킨다. 이와 같이 고령화 사회에 진입하는 경우 정부의 재정부담을 분산시키는 것뿐만 아니라 노년계층의 활성화가 필요하다. 즉 노년계층이 더 길게 일하면서 보다 건전하게 경제와 사회에 동참하도록 유도하는 정책대안이 필요한데 사회적경제는 노년계층을 포함한 다양한 시민들을 참여시키는 역할을 한다는 점에서 중요하다.

이러한 사회환경의 변화에 대응하는 데 사회적경제의 영역이 중요한 역할을 수행할 수 있다. 첫째 역할은 정부의 재정적 부담을 분담하는 것이며, 두 번째 역할은 사회적으로 소외된 참여자들의 참여를 이끌어 낼 수 있는 목적으로 활용된다. 이와 같은 역할은 모두 사회적 목적을 지향하는 것으로 다양한 기업과 비영리 조직, 결사체 조직 등이 주요 주체로 구성된다.

2 지역경제 활성화에서 사회적경제의 중요성

그렇다면 지역경제 발전과 사회적경제가 연결되어야하는 이유는 무엇일까? 첫째, 사회적 기업은 지역공동체 수준에서 다양한 행위자들과 상호작용이 활발하고 개별 구성원의 참여를 극대화할 수 있는 조건을 갖추고 있는 경우가 많기 때문이다. 그러한 조건 중에서 가장 중요한 것은 사회적경제는 경제적 영역의 참여주체와 사회적 영역의 참여주체를 분리시키지 않고 연계시킬 수 있다는 장점이 있다는 점이다. 사회적경제는 사회경제적 목적을 동시에 추구하기 때문에 두 영역에 포함된 개인과 집단 모두에 연계될 수 있으며 다양한 영역의 통합은 지역발전의 시너지를 극대화하는 데 중요하다.

둘째, 지역에 기반을 둔 사회적경제는 장기적인 지역발전이라는 비전에 대해서 다른 지역공동체의 참여자와 이해관계를 같이한다. 따라서 지역공동체에서 장기적인 파트너십을 형성하고 사회적 자본을 확충하는 데 적극적으로 기여할 수 있다. 이러한 중요성은 최근의 지역공동체 개발의 현장에서도 확인된다.

최근 지역공동체 공동체 개발에서 가장 중요한 과제는 지역공동체 간의 격차를 줄이는 일이다. 지역공동체간에 격차가 발생하는 원인은 여러 가지로 설명할 수 있지만 그중 한 가지 설득력 있는 관점이 바로 1980년대 이후 신자유주의적 정책기조가 중앙 및 연방정부의 지원은 줄이고 공동체가 자발적으로 개발사업을 전개하도록 유도하면서 각 공동체의 조직적, 인적, 그리고 경제적 역량의 차이에 따라 각 개발사업의 규모와 질의 격차가 커졌다는 시각이다(Cooper, Musso, & Kitsuse, 2000).

그러한 격차는 21세기에 진입한 후 매우 심화되어 지방행정 운영에 큰 영향을 미친다. 즉 공동체의 이익을 대변하는 참여제도에서 충분한 역량을 갖고 있는 즉 지역공동체의 역량이 강화되어 있는 지역의 이익은 지방정치의 현장에서 과대 대표되는 반면 그렇지 못한 공동체의 이익은 과소 대표될 수 있다. 이러한 대표의 비대칭현상은 시간이 흐를수록 지역 간 격차를 확대 재생산할 가능성이 높다.

대도시의 맥락에 초점을 맞추면 문제는 더 심각해진다. 일반적으로 도시 서민 또는 이민자를 중심으로 구성되는 공동체의 역량은 기존 고소득 및 중산층 공동체보다 훨씬 뒤떨어져 있다. 이러한 공동체간의 격차에 인종적, 직업적 다양성과 세대차이가 더해지면 문화적인 갈등과 오해라는 문제가 추가적으로 나타난다. 언어의 차이, 문화의 차이가 갈등을 낳고 이러한 갈등은 사회적 자본과 신뢰를 떨어뜨려 지방정치에 있어서 주민의 소외와 좌절의 원천이 된다. 사실 이러한 문화적 갈등은 정치적 합의를 도출하는 데 어려움을 초래하고 있다. 이러한 정부 지원의 부재 그리고 빠르게 증가하는 사회적 다양성을 되돌릴 수 없는 제약으로 생각한다면 지역공동체 단위로 자조적 공동체개발 사업과 주민의 참여를 성공적으로 유도해 나가는 것이 중요한 과제로 남는다. 최근 미국에서 자조적이고 독립적인 공동체 참여를 주도하는 매개체가 바로 지역 공동체에 기반하고 있는 비영리조직 형태의 사회적 기업이며 지역공동체 개발에 관한 실천적 접근법 중에서 자산 기반지역공동체 발전방식은 지역사회 조직의 역할이 매우 중요한 것으로 인식한다(McKnight, 1995).

자산 기반 지역공동체 발전 전략은 John Kretzman과 John McKnight의 공동체개발 입문서인 Building communities from the inside out(1993)에서 제시된 개념이며 욕구 중심 접근과 여러 측면에서 대조된다. 자산 중심 접근에서 자산을 제공하는 주체는 개인, 조직, 그리고 공동체 전체의 세 가지 차원으로 나뉜다(Kretzman & McKnight, 1993). 자산 중심 접근은 욕구 중심 접근(need-based approach)과 반대로 외부의 도움 없이 지역이 가진 자산이 무엇인지 밝히고 그 자산을 중심으로 공동체를 개발하면서 공동체가 결여하고 있는 것을 스스로 채워나가는 방식을 말한다. 그러한 개발 및 참여과정에서 사회적경제 조직이 지역의 자산을 탐색하고 그것을 조직화하는 역할을 담당한다. 특히 참여의 기능을 도구적(instrumental) 기능과 가치 창조적(constitutive) 기능으로 나눌 때 그 두 가지 기능이 동시에 실현되는 장이 바로 지역사회의 조직이다(Cooper & Musso, 1999).

유럽에서도 사회적 기업 중심의 지역공동체 발전방식이 확산되고 있다. 네덜란드의 지역 발전을 위한 사회적 기업은 가옥수리 및 생활환경 개선 또는 다른 주민을 위한 사회서비스 제공 등의 일을 하는 지역민에게 임금을 제공하는 역할을 적극적으로 수행한다. 이 제도를 통하여 지역공동체의 관리, 유지에 주민들을 참여시킬 수가 있으며 최저생계비 이하 소득자의 소득수준을 높일 수가 있으며 특정 집단 즉 장기실업자, 이민자, 노인 등의 사회적 소외나 배제를 방지할 수 있으며 지역공동체의 주거환경도 개선할 수 있다는 장점이 있다. 이러한 추세 속에서 사회적경제 조직은 어떻게 지역공동체의 활성화에 기여할 수 있는가에 대한 검토가 필요할 것이다. ABCD 전략은 사회적 기업은 지역공동체 자산지도를 작성하고 자산지도에 따라 사회적 기업의 역량과 지역의 자산을 연계시키는 전략이 필요하다고 제안한다.

〈들여다보기〉 아일랜드 사회적 기업의 지역공동체 개발 참여

아일랜드의 경우에도 지역공동체의 개발에 사회적 기업이 적극적으로 참여한다. 지역 내 근거리에서 실현될 수 있는 보육서비스나 노인요양서비스 또는 장애인 보조 서비스, 운송, 사회적 주택보급, 교육훈련 등의 서비스 공급이 사회적 기업에 의하여 이루어진다. 이러한 과정은 지역에 대한 자발적 참여의 수준을 높여 사회적 자본을 확충하는 효과가 있다. 아일랜드에서 지역발전을 위한 파트너십 형성과 자금지원을 담당하는 Area Development Management Ltd.(ADM)의 조사 결과에 따르면 아일랜드에 총 489개의 사회적 기업이 이미 존재하고 있고 이중 55%가 농촌지역에 분포되어 있다고 한다. 그리고 약 72%가량이 지역에 기반한 사회적 기업으로서 지역과 파트너십을 형성하고 있는 것으로 나타났다.

3 사회적경제를 통한 지역경제 발전전략

1) 지역사회 자산지도를 통한 지역자산 측정

　자산기반 개발은 지역사회의 자산을 측정하고 동원하는 것을 강조한다. 지역사회의 자산은 주로 개인, 결사체, 기관 등으로 구성되며 이들의 기술, 자원, 역량 등을 적극적으로 동원하는 것이 중요하다. 자산기반 역량개발 관점에서 강조하는 접근방법은 지역사회 자산지도를 작성하는 것이다. 자산지도를 작성하면서 개인, 결사체, 기관들의 구성을 파악할 수 있다. 그리고 지역사회의 역량을 평가하기 위한 조사지를 작성하고 그 조사지에 따라서 전체 지역사회가 갖고 있는 역량을 평가할 수 있는 기초가 마련된다.

　자산지도를 작성하면서 그동안 소외되었던 개인들을 발견할 수 있다. 특히 장애가 있거나 너무 어리거나 나이가 많아서 지역사회의 일에 참여하지 못했던 사람들이 고객이나 서비스 수혜자인 동시에 지역 역량강화의 주역으로 참여할 수 있다. 이러한 개인들을 대상으로 개인의 능력을 측정할 수 있는 조사지를 작성하는 것이 중요하다. 조사지는 주로 세 가지 영역으로 구성된다.

〈자산지도 작성 시 필요한 세 가지 조사〉
① 개인이 보유한 기술에 대한 정보
② 공동체 형성의 기술
③ 기업 및 공동체 사업 활동 경험

　첫 번째 영역은 개인의 기술(skill)에 대한 정보를 묻는다. 의료보건서비스, 사무직, 건설 및 건물유지관리, 조리, 보육, 수송, 수리, 감독, 판매, 음악, 보안 등의 영역에서 자신이 기여할 수 있는 기능을 표시하는 방식으로 확인할 수 있다. 개인의 기능을 확인한 후에 개인의 선호도와 우선순위를 확인할 필요가 있다. 특히 가장 유능한 기능이 무엇인지를 확인하는 과정은 응답자 스스로에게 자신의

제4부　정책영역별 분석　　　　　　　　　　　　　　　　　　　　　217

능력을 되돌아 보게 하는 기회가 될 뿐만 아니라 자신의 능력에 대해 확신을 갖게 한다는 점에서 중요하다. 이 과정을 통해서 자신이 지역사회와 지역사회에 속한 기관들을 위해서 기꺼이 더 많은 기여를 할 수 있다는 생각을 할 수 있다.

두 번째 영역은 공동체 형성의 기술과 연관된다. 지역사회에서 발생하는 다양한 활동에 대해 조직화하거나 적극적으로 참여한 적이 있는지를 확인하는 것이다. 이러한 기술은 지역사회에 속한 사회적 기업에게 매우 중요하다. 개인들은 대부분 사회적 기업의 자원동원활동에 자신이 갖고 있는 공동체 형성의 기술을 중심으로 기여할 수 있기 때문이다. 사회적 기업이 지역사회와 연결망을 형성하기 위해서는 다양한 아웃리치 활동과 마케팅 활동이 필요하며 이에 대한 역량을 보유한 자산을 활용하는 전략이 중요하다.

세 번째 영역은 사업활동의 경험을 묻는 것이다. 기업활동의 경험이 있는지 지금은 어떤 일을 하고 있는지를 확인하고 점검할 수 있다. 이 영역은 두 가지 내용과 관련 있다. 첫 번째는 자신의 관심에 대한 것이다. 새로운 사업기회에 대한 관심이 중요한 이유는 지역사회의 다양한 활동에 보다 적극적으로 참여할 수 있도록 유도할 수 있는 근거가 되기 때문이다. 자신이 관심 있는 영역에 대하여 보다 적극적으로 참여하면 자신의 생각이나 전략을 스스로 평가하는 계기가 될 수 있기 때문이다. 개인에 대한 조사가 종료된 이후 지역사회의 결사체 조직들의 역량을 측정한다. 지역공동체의 결사체 조직들이 갖고 있는 인적자원, 재정자원뿐만 아니라 외부환경과의 연계 등을 평가할 수 있다. 마지막으로 지역에 속한 기관들의 구성을 평가하고 연계성을 고려한다. 각각의 기관들의 목록을 작성하여 개별 기관들이 다른 기관과 어떻게 상호연계되어 있는지를 조사하고 그 관계의 강도를 분석하여 네트워크 지도를 작성할 필요가 있다. 네트워크 지도의 작성을 통해 가장 중심성이 높은 기관과 영향력이 큰 기관을 분별해 낼 수 있다.

2) 사회적경제 조직의 역량과 지역사회 자산의 연계를 위한 전략

(1) 사회적경제 조직의 역량

사회적경제에 대한 연구가 축적되어 감에 따라서 사회적경제 조직의 역량에 대한 연구도 활성화되고 있다. 기존의 연구결과에 따르면 사회적경제 조직의 역량은 1) 효과적인 기반구조, 2) 문화적 응집력, 3) 협력적인 연결망 등으로 크게 구분할 수 있다.

　이 중에서 효과적인 기반구조는 사회적경제 조직의 성과를 높이는 데 기여할 수 있다. 내적 기반구조가 높을 때 조직은 그 역할을 효과적으로 그리고 책임감 있게 수행할 수 있다. 조직의 기반구조는 인적자본, 재정자본, 조직구조, 리더십 등으로 구분된다. 인적자본은 조직구성원의 지식과 기술을 말한다. 지역에 기반한 사회적경제 조직의 인적자원이 높을 때 전체 지역공동체의 발전을 위한 역량강화에 효과적으로 기여할 수 있고 조직운영비용이나 거래비용을 낮추고 성과는 높이는 효과를 유발한다. 재정적 자본은 재정체계나 자금의 모금, 재정자원의 추적시스템의 효과성과 연계되어 있다. 특히 지역에 기반한 사업의 경우 재정자원의 흐름이 안정적으로 유지되기 어려운 제약조건들이 존재한다. 따라서 안정적으로 재원조달을 할 수 있는 기반이 마련될 때 조직이 효과적으로 발전할 수 있다. 조직구조와 리더십은 사회적경제 조직이 외부환경에 의존성이 높다고 가정할 때, 환경으로부터의 위기구조가 강화되는 경우 조직의 생존을 위한 혁신과 발전이 가능하기 때문에 중요하다. 뿐만 아니라 조직내적 역량의 강화는 의사결정의 효율성과 조직구성원의 몰입도를 높이기 위한 조건으로서도 중요하다.

　문화적 응집력에는 시민적 가치와 공공의식, 규범 등의 요소가 포함된다. 이러한 가치들은 사회적경제 조직에 참여하는 과정 속에서 개인적 이익보다는 전체 공동체의 이익을 추구하는 자세를 고양한다는 의미가 있다. 개별 시민들이 공공의식을 갖고 있을 때 정치적·경제적 편익을 넘어서 공동체의 발전에 기여하게 된다. 또한 가치관을 공유할 때 지역발전의 비전을 공유하게 되며 다른 구성원에 대한 이해의 정도를 높이고 참여, 몰입, 결과물의 공유를 유발할 수 있다.

　협력적 연결망은 사회적경제 조직의 역량 가운데 가장 중요한 요소이다. 최근의 지역공동체 발전의 과정은 환경과의 연계에 따라 효과성이 좌우된다. 따라서 사회적경제 조직은 자신들이 직면한 환경적 역동성과 복잡성을 적절하게 관리하고 자원의 확보가능성을 높이는 것이 중요하다. 역동적인 환경에 속한 개인, 다른 조직, 다른 공동체와의 협력체계를 형성하는 것은 환경의 불확실성을 줄이고 안정성을 높일 수 있다는 의미가 있다.

(2) 조직역량과 지역사회 자산의 연계

사회적경제 조직의 역량과 성과 그리고 지역사회의 자산에 대한 평가가 완료되면 조직의 역량과 지역의 자산을 연계하는 과정이 필요하다. 이 단계는 주로 두 가지로 구성된다. 첫 번째는 지역사회에서 활동하는 사회적경제 조직과 기타 기관들, 그리고 개인들의 연계를 확인하는 것이며 두 번째는 전체 사회적경제 조직의 활동에 대한 인과구조를 밝히는 것이다. 사회적경제 조직의 연계를 분석하는 것은 다양한 기관들이 상호 연계를 구성하고 이러한 연계를 바탕으로 지역사회에서 필요로 하는 수요를 충족시켜 나가는 활동이 중요하기 때문이다.

이러한 연계성을 확인하기 위하여 각 사회적경제 조직이 지역사회에서 어떤 활동을 수행하고 있는지를 분석할 필요가 있을 것이다. 지역 내의 사회적경제 조직은 개인들에게 지역사회의 발전을 위한 권한을 부여하고 보다 강한 공동체 의식을 주입하여 문화적으로 강한 공동체를 형성하며 보다 효과적인 참여를 가능하게 하여 민주주의를 제대로 작동하게 하는 매개체가 될 수 있다. 사회적경제 조직은 다른 기관과의 관계에 있어서도 공동의 문제를 밝히고 문제해결을 위한 발전계획을 수립하고 계획을 집행하고 문제를 해결하는 과정에서 주도적인 역할을 수행해야 한다. 따라서 지역사회의 발전을 위해서 사회적경제 조직은 매우 중요하고 조직의 발전을 위해서도 지역사회와의 결속력을 다지는 것이 필요하다.

먼저 지역사회에서 분포한 사회적경제 조직이 어떤 역할을 수행하는지를 파악하기 위해 그 유형을 구분할 필요가 있다. 유형별로 존재하는 사회적경제 조직을 나열하여 목록을 작성한 후 각 조직들이 공식적 비공식적으로 지역사회의 발전에 기여하는 방식을 설명하는 사례연구의 방식으로 진행할 수 있다. 이러한 조사를 위해서 사회적경제 조직 분석대상을 밝히고 조사지도 개발되어야 할 것이다. 사회적경제 조직에 대한 조사를 위하여 외부협력 기능을 수행하는 직원들을 접촉하는 것이 첫 번째 단계가 된다. 지역 내에 존재하는 다른 조직이나 기관의 목록을 발송하여 가장 협력적인 관계를 유지하고 있는 조직, 그리고 그들과의 협력관계를 조사해야 한다. 이 내용을 취합하여 협력관계에 대한 지도를 완성할 필요가 있다. 두 번째 단계는 지역사회의 역량을 개발하기 위하여 필요한 인과구조의 분석을 위한 분석틀을 형성하고 확인하는 것이다. 지역사회의 역량과 역량의 형성과정에 대하여 사회적경제 조직의 활동과 역량에 주된 영향을 주는 전제조건과 지역사회의 역량이 무엇인지를 밝히고 그 결과로 어떤 결과를 도출할 수 있는지를 분석할 필요가 있다.

4 한국의 지역별 지역경제 활성화 인식

한국의 지역별 경제활성화 정도와 불평등 개선에 대한 지역주민의 인식이 어떻게 나타나고 있는지 확인하기 위해 한국사회적기업진흥원의 지역자원조사 자료를 분석하였다. 자료에서 주민들의 응답을 지역별로 집계하여 <표 11-1>에 제시하였다.

표 11-1 ▸ **한국 주민의 지역별 지역경제 활성화 및 불평등 해소에 대한 인식**

지역	지역경제 활성화 인식	불평등 해소 인식	지역	지역경제 활성화 인식	불평등 해소 인식
강남구	3.12	2.69	서초구	3.06	2.72
강동구	3.19	2.88	성동구	3.54	2.62
강릉시	2.94	2.86	성북구	2.98	2.63
강북구	2.97	2.81	송파구	3.37	3.08
강서구	3.27	2.85	수성구	2.89	2.66
관악구	2.92	2.67	수원시	3.06	2.78
광명시	3.14	2.88	안동시	2.84	2.75
광산구	3.22	2.91	안산시	3.04	2.84
광진구	2.83	2.59	안양시	3.05	2.82
구로구	3.15	2.79	양천구	3.16	2.86
구미시	2.57	2.47	영등포구	3.26	2.86
군산시	2.41	2.39	오산시	3.03	2.86
금천구	3.35	3.04	완주군	3.25	3.06

지역	활성화	불평등해소	지역	활성화	불평등해소
김해시	3.13	2.84	용산구	2.95	2.70
남구	3.06	2.89	원주시	3.20	2.87
남동구	3.08	2.87	유성구	3.24	2.95
남양주시	3.12	2.88	은평구	3.10	2.74
노원구	3.16	2.91	의정부시	3.06	2.97
달서구	2.90	2.63	익산시	2.94	2.84
달성군	3.24	3.01	전주시	2.81	2.70
대덕구	2.98	2.84	종로구	2.94	2.78
도봉구	2.85	2.71	중구	2.78	2.67
동구	2.93	2.78	중랑구	3.09	2.98
동대문구	2.87	2.68	진안군	2.94	2.87
동작구	3.06	2.69	진주시	3.16	2.88
마포구	3.27	2.74	창원시	2.80	2.65
미추홀구	3.01	2.76	청주시	3.14	2.95
부천시	3.19	2.98	춘천시	2.92	2.74
부평구	2.86	2.68	칠곡군	2.75	2.65
북구	2.79	2.60	태안군	2.94	2.88
서구	2.98	2.79	평택시	3.27	3.00
서대문구	3.17	2.85	포항시	2.65	2.53
서산시	3.16	2.95	평균	3.03	2.80

지역경제 활성화 정도와 불평등 해소 정도에 대한 주민들의 인식의 관계를 분석한 결과를 <그림 11-1>에 제시하였다. 대부분의 지역이 1사분면과 3사분면에 위치해 있고 소수의 지역이 2사분면과 4사분면에 위치한다. 이 결과는 지역경제 활성화 인식이 불평등 해소 인식에 강한 긍정적 영향을 준다는 사실을 의미한다. 지역경제가 활성화될 때 불평등도 해소된다고 믿는 것이다.

한국의 사회적경제

그림 11-1 ▸ **지역별 지역경제 활성화 인식과 지역불평등 해소 인식의 관계**

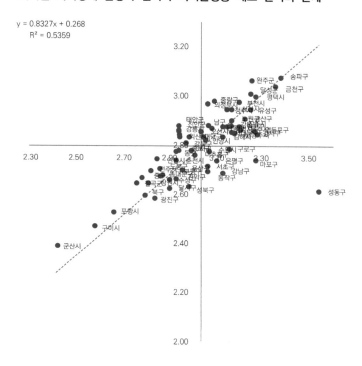

지역경제 활성화 인식(가로축)과 불평등 해소 인식(세로축)의 관계

사회적경제 조직이 지역경제 활성화 인식과 불평등 해소 인식에 주는 영향도 분석을 했으나 통계학적으로 유의미한 효과가 없었다. 사회적경제의 사회적 성과와 경제적 성과 모두 효과가 없었으며 그것은 사회적경제의 성과가 지역사회의 발전으로 연결되지 못함을 의미한다. 이 결과는 아직은 한국의 사회적경제의 영향력이 크지 않음을 의미하는 것일 수도 있고, 사회적경제 조직과 지역사회 사이에 선순환의 구조가 마련되지 못했음을 의미하는 것일 수도 있다. 따라서 사회적경제의 영향력을 높이고 사회적 성과가 지역사회에서 실제로 체감할 수 있는 방향으로 도출되도록 개선할 필요가 있다.

제11장의 핵심 요약

✓ 지역의 위기가 심화될수록 사회적경제의 지역발전을 위한 역할이 커진다.

사례분석: 완주군 로컬푸드와 사회적경제

전북 완주군은 자타공인 로컬푸드 1번지 그리고 사회적경제 1번지로 불린다. 2000년대 초반 완주군은 농촌 인구 감소와 고령화, 농업소득 감소 등으로 인해 지역경제가 침체하고 공동체가 쇠퇴하는 문제에 직면한다. 완주군은 문제의 해결을 위해 2009년에 희망제작소에 의뢰하여 사회적경제 활성화방안을 마련한다. 희망제작소의 연구원들은 완주군의 모든 마을을 전수조사했고, 사업성이 있는 지역자원을 도출하였다. 완주군은 이 자료를 근거로 마을 공동체 육성 사업에 착수하였다. 2010년에 대한민국 최초의 중간지원조직인 완주커뮤니티비즈니스센터(현, 완주공동체지원센터)를 설립했으며 이 조직이 사회적경제 조직 발굴, 학습, 네트워킹 등을 추진하였다.

완주군은 주로 지속가능한 농업과 로컬푸드의 선순환을 위해 협동조합과 마을기업 설립을 지원하였다. 로컬푸드는 농업인과 소비자의 거리를 좁혀 농촌경제의 자립, 도시와 농촌의 상생, 지구환경 보전, 지속가능한 농업과 공동체 활성화 등을 실현하는 활동이다. 완주군은 바로 로컬푸드를 중심에 두고 농업과 소비가 연결되는 사회적경제를 형성하고자 하였다. 먼저 군청에서 농산물의 생산을 위해 총 10곳의 두레농장을 운영하며 이를 통해 노인·장애인·이주민 등의 일자리를 제공한다. 두레농장에서 생산된 농산물은 12곳의 로컬푸드 직매장 또는 가공식품 영농조합 등으로 판매된다. 로컬푸드와 연결된 마을회사에 마을 전체 가구의 50% 이상이 참고하고 있으며 구성원이 공동으로 생산하고 수익을 분배받는다.

현재 완주군에서는 로컬푸드 직매장 12곳분만 아니라 학교급식 등 공공 조달분야로 지역 농산물이 공급되는 연간 700억 원 규모의 선순환 체계가 확립되었다. 이를 바탕으로 가족 소농 2,500명이 지속가능한 농업영역에 포함되었고 귀촌취농 인구도 계속 늘고 있다. 421개의 사회적경제 조직이 운영 중이고 전체 군민 95,000명의 10%에 해당하는 9,000명이 사회적경제 조직에서 활동한다. 이 지역은 로컬푸드 운동과 연계한 사회적경제를 가장 모범적으로 수행했으며 국내외 많은 지역의 벤치마킹 대상이 되고 있다.

완주군은 소셜굿즈 2025플랜을 통해 로컬푸드의 원리를 복지, 교육, 문화 등 여러 영역으로 확장하는 계획을 추진 중이다. 소셜굿즈 2025는 마을자치 연금, 사회적경제 기금 운용 등의 재정적 기반을 마련했으며, 2022년에는 폐교를 활용한 사회적경제 거점공간, 소셜굿즈 혁신파크를 만들어 장소적 기반도 확보하였다. 사회적경제과와 소셜굿즈팀이 중심이 된 행정 전담조직, 소셜굿즈 TF 사업단, 완주사회적경제네크워크 중심의 민간 영역이 협력하는 시스템을 구축하였다.

완주군의 사례는 정부와 주민이 협력한 사회적경제 발전의 대표적인 사례이다. 외부인의 시각에서의 객관적 문제와 역량 진단 그리고 이에 근거한 정책 수립의 중요성을 보여준다. 도출된 발전의 방향은 주민과의 소통을 통해 지원제도 및 정책, 기금의 조성에 근거하여 추진할 때 지속가능한 성과 도출이 가능함을 확인할 수 있다.

제5부

조직유형별 분석

제 12 장

사회적 기업과 사회적경제

"개별 사회적경제 조직들의 역량을 강화하고, 이 산업을 더 고도화시키기 위해서는
창의적인 사회적경제 조직이 더 많이 나와서 일반기업하고 붙어서, 큰 기업하고 붙어도,
경쟁에서 떨어지지 않는 그런 부분을 양성해야 한다고 생각합니다."

(장○○, 복지유니온 대표, 2021.10.19.)

한국에서 사회적 기업은 사회적 목적을 추구하면서 영리활동을 하는 기업으로 개념화된다. 사회적 기업 논의는 2007년 사회적 기업진흥법의 제정 전후로 본격화된다. 1990년대 후반의 글로벌경제위기 이후 발생한 대량실업과 비정규직 증가로 불안정해진 고용에 대응해 취약계층에게 일자리를 제공하기 위해 정부가 사회적 기업 개념을 활용하였다. 정부의 사회적 기업 육성정책에 부응해 사회적 약자보호, 지역기반 복지와 돌봄, 지역 고유의 문제에 해결책을 제시했던 시민사회 조직들은 사회적·경제적 가치의 융합을 위한 새로운 비즈니스 모형을 사회적 기업을 통해 실현하고자 하였다. 정부의 법제적 제도화와 재정보조, 사회적 기업진흥원 설립을 통한 지원은 사회적 기업의 양적 성장에 기여하였다. 그러나 한국의 사회적 기업은 지역사회 생태계의 구성, 지역사회에 대한 실질적 영향력 증대, 지속가능성의 확보, 인지도의 제고, 관리 역량의 증대 등 다양한 과제에 직면하고 있다. 이 장에서는 사회적 기업의 개념과 유형을 검토하고 한국 사회적 기업 정책의 제도화 과정 그리고 사회적 기업의 성과를 설명한다.

사회적 기업의 개념과 유형

1) 드푸르니의 사회적 기업 개념

사회적 기업에 관한 정의 가운데 사회적경제의 국제비교 연구로 유명한 드푸르니의 다음과 같은 개념이 유명하다.

> "주민들이 중심이 되어 조직화하며 그들이 의사결정권한을 가지며, 조직의 활동에 영향을 받을 당사자가 참여하면서 이익의 배분은 제약하고 지역공동체로 그 혜택을 환원하는 사회적 속성을 갖고 있는 반면, 자율성에 기반을 두어 경제적 리스크를 감수하면서 지속적으로 재화를 생산하거나 서비스를 판매하는 경제적 활동주체"(Borzaga & Defourny, 2001: 16-18)

이 개념에 따르면 사회적 기업의 활동 가운데 중요한 부분이 지역 주민들의 참여와 민주적인 의사결정, 활동성과의 지역 환원을 추구하는 사회적 활동이다. Borzaga & Defourny(2001)가 제시한 개념에 따르면 사회적 기업은 일반적으로 지역에서 주민들을 중심으로 조직화된다(오단이·정무성, 2015; Peredo & Chrisman, 2006; Daskalaki et al., 2015). 지역사회 특유의 문제가 새롭게 발현되는 경우 정부의 구조적 경직성으로 인해 신속하고 충분한 대응이 이루어지지 않는 경우가 많고, 경제위기가 반복되면서 기업에서도 지역사회 문제해결에 기여할 자원이 부족해질 가능성이 높아진다. 이런 상황에서 지역사회 이해관계자들이 스스로 문제해결을 위한 대응방안을 모색할 때, 경제적 이익을 추구하고 그 수익으로 사회적 기여를 하는 경우 사회적 기업이 발전한다(김경례·윤영선, 2015; Sepulveda, 2015). 따라서 사회적 기업과 지역공동체의 발전을 위해서 지역주민들의 긍정적 인식과 참여는 필수적이다.

Defourny & Develtere(1999)는 사회적 기업의 의사결정과정에 다양한 이해관계자들이 참여하는 민주적 절차성을 강조하였다(Low, 2006; Mason et al., 2007). 일반적으로 사회적 기업에서는 민주적 의사결정을 구현할 거버넌스가 구축되며, 전체 구성원이 모이는 총회와 주요 의사결정자들로 구성되는 이사회, 구성원들이 폭넓게 참여하는 다양한 소모임이 유기적으로 연계된다. 이렇게 민주적 의사결정 절차가 설계되고 집행될 때, 지역 공동체와 전체 사회를 위한 의사결정이 효과적으로 이루어진다. 따라서 사회적 기업은 내부의 의사결정이 민주적으로 이루어져야 할 뿐 아니라 지역사회의 일원으로서 지역에 긴급한 필요를 위한 지원이나 사회변화에 대응하기 위한 장기적인 투자에 적극 참여한다(Defourny & Nyssens, 2008). 이처럼 드푸르니를 비롯한 유럽학자들은 사회적 기업이 조직의 민주적 의사결정을 위해 다양한 참여를 장려하고 지역사회에 기여하는 조직이며 사회적·정치적 기여를 위해 경제적 수익창출을 지향하는 기업이라는 점을 강조한다.

2) 한국 사회적기업육성법의 사회적 기업 개념

한국에서 사회적 기업의 개념은 법률적으로 확립되어 있다. 한국에서 사회적 기업이 활동하기 위해서는 「사회적기업육성법」에 의거해서 설립된 한국사회적기업진흥원의 인증을 받아야 한다는 점에서 이 법제적 개념이 중요하다. 2007년에 제정된 「사회적기업육성법」에서는 사회적 기업을 다음과 같이 정의한다.

> "취약계층에게 사회서비스 또는 일자리를 제공하여 지역주민의 삶의 질을 높이는 등의 사회적 목적을 추구하며 재화와 서비스의 생산·판매 등 영업활동을 하는 기업으로서 고용노동부 장관의 인증을 받은 기관"(사회적기업육성법)

여기서 사회적 기업은 영리기업과 비영리조직을 포괄하며 사회적 목적에 우선순위를 두고 재화·서비스의 생산과 판매를 하는 조직을 의미한다. 이 개념에 따르면 전통적 비영리기관, 수익창출 활동을 하는 비영리기관, 사회적 책임 기업, 사회적 책임 활동을 하는 기업, 전통적 기업 모두가 인증만 받으면 사회적 기업이 된다.

한국에서 사회적 기업은 사회적경제의 맥락에서 이해하는 것이 중요하다. 특히 사회적 기업은 지역사회 통합과 지역경제 발전을 통해 지역사회의 삶의 질을 높이는 데 기여할 것을 목표로 한다. 따라서 비록 인증을 받은 기관이 사회적 기업으로 정의되지만 사회적경제의 일부로써 환경보호, 지역사회 발전, 노동시장의 통합, 돌봄 수요 충족 등 다양한 사회적 문제를 해결하는 데 기여하고 경제적 위험부담을 감수하는 모든 조직을 폭넓은 의미의 사회적 기업으로 분류할 수도 있을 것이다. 사회적 기업의 또 다른 주된 목적은 사회서비스의 확충, 지속가능한 일자리의 제공 그리고 윤리적 시장 확산 등에서 찾을 수 있다. 특히 사회적 기업이 일반기업과는 달리 사회적 목적을 달성하기 위한 경영활동을 주된 목적으로 한다는 점에서 경영의 투명성, 사회적 책임등이 강조된다.

그림 12-1 ▸ **한국사회적기업진흥원의 사회적 기업 개념화**

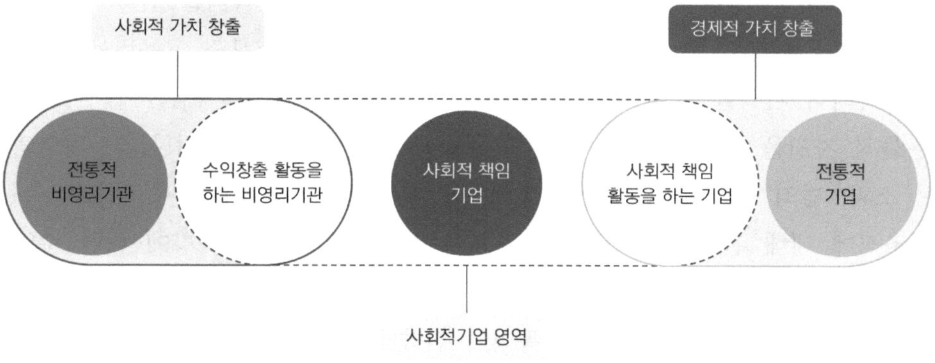

자료: 한국사회적기업진흥원 홈페이지

3) 한국 사회적 기업의 유형

한국에서는 사회적 기업의 인증제도를 활용하고 있으며 단계에 따라 예비사회적 기업과 사회적 기업으로 구분한다. 예비사회적 기업은 지역형 예비사회적 기업과 부처형 예비사회적 기업의 두 유형이 있다. 지역형 예비사회적 기업은 "사회적 목적 실현, 영업활동을 통한 수익창출 등 사회적 기업 인증을 위한 최소한의 법적 요건을 갖추고 있으나 수익구조 등 일부 요건을 충족하지 못하고 있는 기업을 지방자치단체장이 지정하여 장차 요건을 보완하는 등 향후 사회적 기업 인증이 가능한 기업"을 의미한다. 부처형 예비사회적 기업은 "사회적 목적 실현,

영업활동을 통한 수익창출 등 사회적 기업 인증을 위한 최소한의 요건을 갖추고 있는 기업으로서, 중앙부처장이 지정하여 장차 요건을 보완하는 등 사회적 기업 인증을 목적으로 하는 기업"을 뜻한다.

사회적 기업의 유형은 사회서비스 제공형, 일자리 제공형, 혼합형, 지역사회 공헌형, 그리고 기타(창의·혁신)형 등 크게 다섯 가지로 나뉜다. 첫째, 사회서비스 제공형 사회적 기업은 취약계층에게 사회서비스를 제공함으로써 지역사회에서 충족되지 못한 돌봄, 환경보호, 교육, 의료 서비스 수요를 충족하는 사회적 기업이다. 이 유형의 사회적 기업은 전체 서비스 수혜자 중 취약계층 수혜비율이 30% 이상이어야 하며 서비스를 제공함으로써 사회문제를 해결하거나 완화하는 데 기여한다. 둘째, 일자리 제공형 사회적 기업은 조직의 주된 목적을 취약계층에게 일자리를 제공하는 것을 목표로 삼고 전체 근로자 중 취약계층 고용비율이 30%를 넘는 사회적 기업을 말한다. 셋째, 지역사회 공헌형 사회적 기업은 1) 지역의 인적·물적 자원을 활용하여 지역주민의 소득과 일자리를 창출하거나, 2) 지역의 빈곤, 소외, 범죄 등 사회문제를 해결하거나, 3) 사회적 목적을 우선적으로 추구하는 조직에 대해 컨설팅, 마케팅, 자금을 지원하거나, 4) 위 사항에 대한 수입 또는 지출이 전체 수입 또는 지출의 40% 이상인 사회적 기업을 의미한다. 넷째, 혼합형 사회적 기업은 조직의 주된 목적이 취약계층에게 사회서비스와 일자리를 제공하며 전체 근로자 중 취약계층 고용비율과 전체 서비스 수혜자 중 취약계층 수혜비율이 각각 20% 이상인 사회적 기업이다. 마지막으로 기타(창의·혁신)형 사회적 기업은 사회적 목적의 살현 여부를 위에 표시된 취약계층 고용비율과 사회서비스 제공 비율 등으로 판단하기 어려운 경우 사회적 기업육성전문위원회의 결정으로 인증되는 유형이다.

2 한국 사회적 기업 지원제도의 도입배경

한국에서는 1970년대 이전부터 다양한 지역사회활동가들이 사회문제 해결과 사회적 가치 창출을 위해 저소득층의 실업, 복지, 주거 등의 문제에 관심을 갖고 활동하기 시작했다. 이들의 지역사회조직화 운동을 기반으로 저소득층의 비중이 높은 지역사회별로 빈곤극복운동이 활성화되었다. 이 조직들이 1990년대 후반의 외환위기가 도래한 이후 정부가 실업과 빈곤문제에 관심을 갖기 시작하면서 국가의 사업을 현장에서 실행에 옮기는 중요한 정책참여자로 기능한다. 이들의 일부가 지금의 사회적 기업의 토양이 되었던 지역사회 조직들을 발전시킨 주역이었다.

한국에서 사회경제적으로 큰 변화의 시기였던 1997년 외환위기 이후 저소득층을 위한 일자리 창출이 매우 시급한 정책과제가 된다. 1999년 당시 실업률은 8.4%까지, 절대 빈곤율은 11.5%까지 상승했다. 그러나 1990년대 후반 사회정책의 영역에서 가장 큰 쟁점은 단연컨대 국민기초생활보장제도의 도입이었다. 시민사회를 중심으로 국민적 최소한을 보장할 수 있는 사회적 안전망의 구축이 본격적으로 쟁점화되었고, 정부와 집권당은 실업대책 마련을 위한 대안의 마련에 나섰다. 무엇보다 1994년 참여연대의 창립과 더불어 출범한 참여연대 산하 사회복지위원회에서 역점적으로 추진했던 '국민복지기본선' 운동이 국민기초생활보장법 쟁점화의 단초였으며 이를 토대로 국민기초생활보장법 제정추진 연대회의가 구성된다(안병영, 2000). 연대회의는 공공의 관심 속에 쟁점을 확산하는 대중적 접근과 청와대, 국회, 당 정부의 거점을 통해 영향력을 행사하는 엘리트 접근을 동시에 활용하면서 1999년 6월 21일 김대중 대통령의 '중산층과 저소득 서민들이 안심하고 살 수 있는 국민생활보장기본법을 제정하겠다.'는 발언을 이끌어내었다. 대통령의 발언 이후 법안과 시행령의 공식화 및 구체화 과정을 거쳐 2000년 집행되기에 이른다.

이 법안이 마련되는 과정에서 시민사회와 청와대, 국회가 매우 역동적으로 기능한 반면 정부는 행정적 실현가능성에 민감했고 조심스럽고 유보적인 접근에 나설 수밖에 없었다(안병영, 2000). 정부 내에서 보건복지부는 법안의 필요성을 인정했지만 인프라의 부재를 이유로 소극적 입장을 견지하였다. 이에 반해 노동부는 자신들의 고유한 정책기조였던 근로복지(workfare)를 추구했고 이러한 관점은 빈곤층의 생활안정을 제도적으로 해결하고자 했던 보건복지부와 다른 태도를 보인다. 당시 가장 시급한 문제였던 대량실업문제의 해결의 중심부처로 부상한 노동부는 현재 사회적 기업 지원사업의 모태였던 공공근로 및 사회적 일자리 사업을 정책수단으로 이 문제를 해결하고자 하였다. 노동부는 <표 12-1>에 나타난 바와 같이 1998년부터 2002년까지 꾸준히 공공근로사업을 집행했다. 공공근로사업은 실업률이 가장 높았던 1999년 가장 큰 규모로 집행되었으나, 시간이 흐름에 따라 실업률이 감소하면서 그리고 대부분의 사업이 지방자치단체나 민간단체로 이양되면서 2002년에 이르면 예산과 인원 모두 급격히 감소한다(노동부, 2003). 공공근로사업이 진행되는 과정에서 실업문제 극복을 위해 활동하던 지역소재 일선 시민단체는 지역사회복지서비스의 수요를 발견하여 새로운 서비스를 공급하기 시작했고,[1] 이 사업을 위탁 수행하기 시작한다.[2] 이 규모는 2000년에 최대로 증가하였고 참여단체 수가 129개 단체에 1,474명이 참여하는 사업이 되었다. 그 이후 2001년부터는 민간위탁 사업의 규모가 크게 감소한다. 그것은 2001년부터 국민기초생활보장제도하에서 보건복지부가 주도하는 자활사업이 본격화되면서 민간위탁 사업으로 시행되는 많은 공공근로사업이 자활근로사업으로 전환된 데서 비롯되었다.

표 12-1 ▸ **공공근로사업 추진 실적**

연도	1998	1999	2000	2001	2002
예산	9,252	22,988	15,288	6,743	4,845
인원	438	1,515	886	575	507

단위: 억 원, 천 명
자료: 노동부(2003, 108)

노동부의 공공근로사업은 단기적인 소득보전 사업의 성격이 강했기 때문에 참여연대를 비롯한 시민사회에서는 일시적 소득창출보다 생활보호제도의 완비를 통해 사회적 안전망을 구축하는 것이 바람직하다는 비판적 입장을 표명하였다. 그럼에도 불구하고 노동부의 근로복지 또는 생산적 복지 지향적 관점은 일관되게 유지되었다. 국민기초생활보장법이 쟁점화되고 보건복지부가 주무부처로 부상하

---

1) 지역사회의 시민사회단체로 위탁된 분야는 저소득층 간병, 무료 집수리, 음식물 재활용, 숲 가꾸기 사업 등의 분야였다.
2) 당시 시민사회에서 실업극복을 위한 국민운동이 조직화 되어 각각 성향이 다른 시민운동조직 간의 연계를 도모하였다. 그리고 실업극복을 위해 마련된 기금이 중요한 역할을 했는데 상당부분이 새로운 일자리 마련을 위한 제도적 기반의 마련에 활용되었으며 이를 통해 공공근로사업이 수용하지 못하는 인력을 지원할 수 있게 되었다.

는 과정에서도 노동부는 저소득 실직자의 노동시장 참여를 통한 생활안정방안으로 기존의 공공근로, 소득 및 직업교육훈련수당 등을 대안으로 제시하였다. 법안의 시행령과 시행규칙을 마련하는 과정에서는 보건복지부가 생활안정사업을 맡고 노동부가 근로가능 저소득층을 위한 자활사업 전반을 관장하겠다는 검토의견도 제시한다(안병영, 2000). 결국 시민사회와 보건복지부와의 협의 끝에 취업가능 수급권자는 노동부의 직업안정기관에 위탁하고 지역별로 자활기관협의체를 결성하여 전문가가 참여하도록 하는 방식으로 조정된다. 사실 자활사업은 1999년 후반 국민기초생활보장법이 실행되면서 김대중 정부의 생산적 복지정책과 맥락을 같이 하는 사업이었다. 자활사업은 공공근로 프로그램에 통합되어 보건복지부의 주도 하에 진행되었으며 근로능력이 있는 빈곤층이 지속가능한 소득창출을 하도록 제도적 지원을 하는 사업이었다. 2002년 후반에 이르기까지 173개의 자활 기관이 만들어졌고 202개의 자활공동체가 형성되면서 4,215명이 참여하였다.

자활사업의 활성화를 위해서 다양한 노력이 전개되었다. 그럼에도 불구하고 빈곤층을 위해 충분한 혜택이 돌아가지는 못했다. 실업률과 빈곤률은 외환위기 이전보다 더 높아져 있었기 때문에 충분한 수혜가 이루어지지 못했다. 결국 <표 12-2>가 나타내는 바와 같이 당시 빈곤율은 호전되지 않았고 사회적 양극화를 나타내는 각종 사회지표도 악화되고 있었다. 대표적으로 1998년도에 0.316이던 지니계수는 2004년에 0.310이 되었고, 임금근로빈곤층의 비율은 98년 8.9%에서 2004년 9.3%로 증가하였다. 이러한 상황에 대해 근로능력과 의지는 있으나 낮은 소득과 잦은 실직으로 인해 빈곤에서 벗어나지 못하는 근로빈곤층(working poor)의 증가가 빈곤율 상승의 중요한 원인인 것으로 분석되고 있었다.

표 12-2 ▸ **빈곤율 변화추이(1997-2004)**

연도	1997	1998	1999	2000	2001	2002	2003	2004
최저생계비 미만 비율	3.9	8.2	9.4	7.6	6.5	5.2	6.1	6.0
중위소득 50% 미만 비율	9.1	10.7	10.6	10.0	9.8	9.7	10.8	11.7

이 상황을 극복하기 위해 근로빈곤층에게 안정적인 일자리를 제공할 필요가 있다는 인식이 확산되었다. 보건, 복지 영역 등과 연관된 사회서비스 분야의 발전을 위한 필요성도 제기되었다. 이 두 가지 필요를 동시에 충족하기 위한 대안으로 국민기초생활보장제도하의 자활사업이 보건복지부에 의해 추진됨과 동시에 노동부에 의해 사회적 일자리 사업이 추진되었다. 자활사업은 저소득층이 근로능력을 키우고 근로의욕을 배양하도록 하는 데 초점을 맞춘 것이다. 이에 반해 노동부는 사회서비스 시장을 활성화하고 지속가능한 수익모형을 창출하는 데 관심을 두었다. 따라서 노동부의 사회적 일자리 사업은 취약계층을 대상으로 한 일자리 창출이라는 목표는 전체 중 일부였으며 양질의 서비스를 공급할 수 있는 정상적인 일자리를 창출하는 것이 또 다른 중요한 목표였다. 이렇게 두 부처는 유사한 정책을 추구하는 가운데 잘 조화되기보다는 때때로 상충하는 모습을 보였다. 그런 의미에서 현재 통용되는 사회적 기업의 개념은 노동부의 사회적 일자리 사업에 더 부합하는 것으로 이해된다.[3]

3 한국 사회적 기업 제도화의 과정

사회적 기업 지원제도는 시작부터 시민사회나 정치권 일각에서 비판이 제기되었다. 2005년 1월 26일 공공근로사업의 축소 등으로 나타난 노동부의 사회적 일자리 시범사업 지침에 항의하는 9개 단체의 성명서가 발표되었고[4] 2005년 2월 1일 참여연대에서 전국실업극복단체연대를 비롯한 19개 단체가 사회적 일자리 사업관련 기자회견을 통해 사회적 일자리 제도를 통해 창출되는 고용의 질이 낮고 정부의 재정지원에만 의존하여 지속성을 보장하기 어렵다는 사업의 한시성에 대한 지적이었다. 이 비판에 대해 노동부는 즉시 대응했다.[5] 2005년 3월 14일 국가

---

3) 2003년에 발간된 노동부의 보고서에 따르면 취약계층에 대한 직접 지원정책은 자활대상자를 중심으로 일정 규모 유지하더라도 정상적이면서 괜찮은 일자리로서의 사회적 일자리는 사회적 기업이 중심이 되어 제공되어야 함을 명백히 밝히고 있다(노동부, 2003).
4) 이 회견에 참여한 기관은 YWCA, YMCA, 장애인생활공동체희망의집, 전교조중등지회, 경실련, 실업본부, 시민연합, 여성노동자회, 외국인노동자의 집 등이다.

재정운용계획 관련 노동시장 효율성 제고를 위한 지원 방향 공청회에서 사회적 일자리 창출의 방향에 대한 공청회를 열었다. 동시에 사회적 일자리 기획 TF를 구성하였고,[6] 같은 달 25일 노동부의 대통령 업무보고에 사회적 일자리 사업의 중장기 발전방안이 포함되었다. 사회적 일자리 창출 TF는 2005년 3월부터 1년 동안 총 11회의 회의를 개최하였고 팀을 나누어 활동하였다. 사업모델 설계팀은 기업 참여형 사업을 새로운 모델로 발전시키는 방안과 새로운 모델을 사업모델로 발전시키기 위한 지원방안 등을 논의하였고 교보, 한화, SK, CJ 등 대기업이 주도하는 사회적 기업 사업에 대해 검토하였다. 이 과정을 통하여 사회적 기업의 발전 과정에 대기업의 참여가 공식화되었다. 사회적 일자리 제도화팀에서는 사회적 일자리의 유형화와 개념화, 지원제도를 마련하는 과정에서 나타날 수 있는 쟁점을 분석했고 (가칭) 사회적 기업지원법의 제정방안에 대한 논의가 있었다. 결국 제도화팀의 활동에서 사회적기업육성법의 제정을 위한 구체적인 사항이 검토된다.

이 팀의 활동과정에 사회적 일자리 사업의 부당성에 대한 목소리를 냈던 시민사회 관계자들의 참여는 이루어지지 않았다. 결국 의원입법의 형태로 제안된 사회적기업육성법안에 대해 시민사회는 소외되었다. 시민사회조직들은 2005년에 사회적 기업 발전을 위한 시민사회연대가 출범한 이후 사회적 기업관련 연구나 실험이 충분히 이루어지지 못했기 때문에 이 제도를 도입하는 것은 이르다는 입장을 표명하였다. 또한 사회적 기업을 운영하게 될 기관 관계자의 의견수렴이 되지 않았다는 문제도 제기하였다.

노동부는 기존 사업을 통해 당시 OECD 등 국제기구나 유럽국가가 주목했던 사회적 기업 개념을 도입할 가능성을 타진했다. 사회적 기업 개념을 통해 사회서비스 시장을 만들고 일자리 창출을 위해 관련 기관에 일정한 법적 지위를 부여할 필요가 있었고 그에 따른 정부의 제도적 지원, 그리고 사회적 기업 지원조직 활성화의 필요성이 제기되었기에 노동부의 주도하에 사회적 기업을 지원하고 육성할 정책의 마련에 나섰다.

---

5) 노동부는 사회적 일자리 시범사업을 통해 사회적 기업 사업으로 이행할 것을 준비하고 있었기 때문에 이와 같은 대응이 가능하였다.
6) TF의 구성원은 관련부처인 노동부, 기획예산처, 보건복지부, 빈부격차차별시정위원회의 주무과장, 노동연구원 소속 전문가, 전국경제인연합회, 교보생명, CJ, SK텔레콤, 한화 등 대기업의 사회공헌팀 관계자, NGO관계자를 망라하였다.

그 후 사회적 기업 지원을 위한 법안은 의원입법 형태로 추진된다. 한나라당 진영의원의 법안과 열린우리당 우원식 의원의 법안이 최종 고려대상이었다. 2005년 12월에 제출된 진영의원의 법안은 인증제도가 아닌 등록제를 규정하고 있었다. 우원식 의원의 안은 사회적 기업 육성위원회의 심의를 거쳐 노동부장관의 인증을 받아야 사회적 기업의 명칭이 사용 가능하도록 규정했다.

2006년 11월 24일 조율된 법안이 국회 환경노동위원회를, 같은 해 12월 6일 법제사법위원회를 통과하였다. 2006년 12월 8일 국회 본회의에서 사회적기업육성법은 본회의에서 의결되었고 2007년 7월 1일부터 시행되었다. 육성법을 집행하기 위한 시행령이 2007년 6월 29일에, 시행규칙이 2007년 7월 18일에 제정되었다.

4 한국 사회적 기업 지원제도의 문제와 쟁점

1) 한국 사회적 기업의 인지도 문제

사회적 기업은 지역사회의 다양한 주민들이 이해관계자로서 참여하고, 주민들 상호간의 신뢰를 바탕으로 운영과 서비스가 이루어질 때 지역발전의 선순환을 달성할 수 있다. 그렇다면 한국의 지역주민들은 이러한 사회적 기업의 작동원리와 목표를 충분히 이해하고 있으며 신뢰하고 있는가? 사회적 기업 연구자와 실무자들은 이상적인 기대와 함께 현실적인 어려움, 특히 주민들의 사회적 기업에 대한 인식 부재 및 부정적 인식에 대하여 우려하고 있다. 한국에서의 조사결과에 따르면 사회적 기업에 대한 국민들의 인지도 자체가 낮은 편이며, 사회적 기업의 지속가능성과 그 파급효과에 대한 의구심도 높은 편으로 확인되었다(한국사회적기업진흥원, 2020).

이 연구에서는 한국 지역 주민들의 사회적 기업에 대한 인지도 분석을 위해 2015년 12월 대한민국에 거주하는 지역주민 600명을 대상으로 진행된 설문조사 결과를 분석하였다. 이 조사의 표본 추출은 행정자치부에서 발표된 인구사회학적 집단 비율에 근거하여 이루어졌다. 국내에 거주하는 주민을 대상으로 지역별 무작위 추출한 600명의 개인적 특성이 <표 12−3>에 제시되었다. 조사대상의 거주 지역은 절반 이상(52.2%)이 수도권과 강원도 거주자이다. 대표적인 응답자의 개인적 특성은 40대(33.8%) 대학교를 졸업한(60.0%) 연소득 2,000−4,000만 원 (35.8%) 사이의 남성(52.7%)이었다.

표 12-3 ▸ 응답자의 인구통계학적 특성

특성		빈도 (n=600)	백분율	특성		빈도 (n=600)	백분율
나이	20대	144	24.0%	성별	남성	316	52.7%
	30대	132	22.0%		여성	284	47.3%
	40대	195	33.8%	교육정도	고졸	189	31.5%
	50대	105	17.5%		대졸	360	60.0%
	60세 이상	24	2.7%		대학원 이상	51	8.5%
지역	서울/강원	313	52.2%	연소득	2,000만 원 미만	216	36.0%
	영남	167	27.8%		2,000−4,000만 원	215	35.8%
	충청/세종	58	9.7%		4,000−6,000만 원	110	18.3%
	호남/제주	62	10.3%		6,000만 원 이상	59	9.8%

　이 연구에서는 인지도를 측정하기 위해서 연상되는 사회적 기업의 이름을 세 개 쓰도록 하였다. Top of mind awareness라고 불리는 이 방식은 비영리조직에 대한 인지도를 조사하기 위하여 다수의 연구에서 활용된 방식이다(Hoyer & Brown, 1990). 이 측정방법은 본인의 인지 정도를 스스로 척도화하는 것이 아닌 비교적 객관화된 인지도를 측정한다는 점에서 독립변수와 종속변수를 동일한 주관적 인식조사에서 추출할 때 발생할 방법론적 오류를 어느 정도 줄일 수 있다는 장점이 있다. 실제로 Hoyer & Brown(1990)의 연구를 시작으로 다양한 마케팅 및 비영리조직에 대한 연구에서 활용되어 그 타당성이 검증된 바 있다(Farris et. al., 2010). 이 연구에서는 사회적 기업의 정확한 이름을 나열한 응답자가 사회적 기업을 정확하게 인지하는 것으로 간주하였다. 따라서 응답자에게 자신이 거주하는

광역지방자치단체에서 활동하는 사회적 기업의 이름을 명명할 것을 요청하였다. 동시에 본인이 거주하는 지방자치단체명을 함께 기재하도록 함으로써 올바른 응답인지 판단가능하도록 설계하였다. 올바른 명칭을 기재한 경우 1, 잘못된 명칭을 기재하거나 기재하지 못하는 경우 0으로 부호화하였다.

사회적 기업에 대한 인지여부 변수의 평균값차이 분석을 위해서 성별, 정치성향, 소득, 거주지역과 교육수준 변수에 대해서 교차분석을 하였다. 분석 결과 소득이 높은 집단과 교육수준이 높은 집단에서 사회적 기업을 더 정확히 인지하고 있는 것으로 나타났다. 특히 대학원 졸업자의 경우 21.6%가 사회적 기업을 정확히 인지하는 것으로 나타나 비교 집단 가운데 가장 높은 인지도를 보였으며, 교육수준 집단별 유의한 차이가 나타났다($p < .01$).

표 12-4 ▸ 사회적 기업 인지도

변수		사회적 기업 이름 인지여부		N	유의도
		인지 못함	인지함		
성별	남성	88.3	11.7	316	0.709
	여성	87.0	13.0	284	
정치성향	보수적	88.7	11.3	238	0.612
	진보적	87.0	13.0	362	
거주지역	대도시	87.5	12.5	264	0.763
	중소도시	87.9	12.1	305	
	농어촌지역	82.6	17.4	23	
소득	연 3,000만 원 미만	90.1	9.9	334	0.028
	연 3,000만 원 이상	84.6	15.4	266	
교육수준	고졸	93.7	6.3	189	0.003
	대졸	85.8	14.2	360	
	대학원 이상	78.4	21.6	51	

2) 사회적 기업의 정체성에 대한 다른 생각

한국의 사회적 기업은 법령제정이전부터 집행에 이르기까지 조직의 개념과 성격이 불명확하다는 문제제기가 있었다. 특히 법령에서 정의된 사회적 목적이 무엇인가를 규정하기 어렵기 때문에 인증과 지원의 대상을 결정하기 어렵다는 문제제기가 수차례의 공청회에서 있었고 집행과정에서도 쉽사리 결정하기 어려운 상황에 직면하는 경우가 많았다. 사회적기업육성법이 통과된 이후 사회적 기업의 영역은 더 다양해진다. 이런 현상에 대하여 사회일각에서는 사회적 기업을 대안적 경제를 형성할 주된 사회주체로 인식하였고, 정부에서는 기업성과 혁신성을 강조하면서 효율적인 실업구제 수단으로 인식했다. 이러한 사회적 기업에 대한 다른 생각은 사회적 기업이 발전하는 과정에서도 지속된다. 특히 일각에서는 유럽형 사회적경제와 연관된 사회적 기업의 개념을 염두에 두고 있었다. 많은 시민사회조직들은 사회적 기업의 개념이 사회적경제와 지역공동체의 발전과 연계되어야 한다는 신념을 확고하게 표명하였다. 이러한 요구는 소비자생활협동조합운동과도 연계되었고 한국 사회적 기업연대의 결성으로 발전하였다. 이 기관은 사회적 기업이 복지국가의 소득재분배정책을 강화하는 촉매제가 될 수 있을 것으로 이해하였다. 그러나 사회적 기업 지원정책을 입안한 정부 부처의 입장에서는 사회적 목적을 지나치게 넓게 해석하고 시장성이 취약한 사업까지 포괄하는 경우 본연의 목적을 달성하기 어려울 것이라고 이해하였다. 특히 고용노동부는 사회적 기업 정책의 입안 과정부터 시장성과 기업성을 중요한 요소로 이해했으며 현재와 같은 개념과 유형을 옹호하였다.

3) 사회적 기업 인증제도

법률로 규정되어 집행되는 인증제에 대하여 사회적 기업이 가지는 창의성이나 다양성이 훼손될 수밖에 없고 그 경우 사회적 기업 지원정책의 목표를 달성하기도 어렵다는 주장이 존재한다. 지역의 생태계에서 발생하는 수요는 예견하기 어렵고 법률이 정한 대로 발생하는 것이기 아니기 때문에 예외적인 구조와 기능을 폭넓게 인정하는 것이 바람직하다는 관점이다. 실제로 사회적 기업은 유형과 인증의 기준이 정해져 있어서 그 기준에 기업의 활동과 전략을 일치시켜야 한다.

이런 환경에서 새로운 아이디어나 사업을 충분히 그리고 자유롭게 진행하기 어려워진다. 특히 인증을 받은 이후에는 정해진 지원 기간 동안 비교적 단기적인 성과달성의 요구를 받는다. 이는 지속적이고 혁신적인 성장을 위한 전략개발에 차질을 초래할 수 있다. 또한 인증 유지를 위한 노력과 자원 활용으로 인해 새로운 비즈니스 모형의 개발과 실험에 활용할 인력, 재정, 시간 등의 자원이 제한될 수 있다는 우려도 제기된다. 결국 인증을 얻고 유지하는 것은 장기적인 목표와 혁신적인 시도에 역행할 수 있다는 우려가 많고 실패를 두려워하지 않는 새로운 시도보다 안전한 조직운영을 하게 될 가능성이 높다는 점에서 사회적 기업 본연의 장점을 제약하는 결과를 유발할 것이라는 우려가 존재한다.

5 한국 사회적 기업의 역량과 성과

한국의 사회적 기업에서 사회적 성과와 경제적 성과는 어떤 관계에 있는지, 관리 역량은 성과에 어떤 영향을 주는지 실증적으로 분석하기 위해 한국사회적기업진흥원의 지역자원조사 자료에서 사회적 성과, 경제적 성과 내부 관리 역량, 외부 관리 역량의 지역별 평균값을 <표 12−5>에 제시하였다.

표 12-5 ▸ 한국 사회적 기업의 지역별 관리 역량과 성과

지역	관리 역량		성과		지역	관리 역량		성과	
	내부	외부	사회적	경제적		내부	외부	사회적	경제적
강남구	3.57	4.83	3.16	3.09	서산시	3.47	5.28	2.90	3.43
강동구	3.97	6.03	3.46	3.38	서초구	3.76	6.04	3.25	3.23
강릉시	3.56	4.67	3.03	3.19	성동구	3.93	5.20	3.31	3.65
강북구	3.92	5.45	3.32	3.29	성북구	3.83	4.92	3.27	3.76
강서구	3.45	5.03	3.40	3.36	송파구	3.90	5.40	3.11	3.90

관악구	3.74	5.44	3.28	3.27	수성구	3.87	5.38	3.26	3.19
광명시	3.59	5.29	3.16	2.81	수원시	3.62	5.42	3.27	3.22
광산구	3.47	5.34	3.26	3.46	안산시	3.67	4.85	3.34	3.06
광진구	3.65	5.45	3.13	3.37	안양시	3.76	5.11	3.22	2.93
구로구	3.42	4.92	2.64	2.91	양천구	3.83	6.25	3.00	2.99
구미시	4.12	5.20	3.76	3.39	영등포구	3.71	5.01	3.08	3.17
군산시	3.70	5.66	3.27	3.52	오산시	3.91	5.55	3.27	3.48
금천구	3.57	4.65	3.17	2.74	완주군	3.62	5.48	3.35	2.84
김해시	3.49	5.14	3.13	3.13	용산구	3.85	4.58	2.89	3.22
남구	3.84	6.02	3.46	3.25	원주시	3.70	5.39	3.26	3.00
남동구	3.77	6.05	3.42	3.24	유성구	3.85	5.36	3.36	3.44
남양주시	3.66	5.48	3.04	2.78	은평구	3.79	5.30	3.21	2.95
노원구	3.66	5.40	3.26	3.40	의정부시	3.15	4.03	2.78	3.56
달서구	3.83	5.44	3.34	3.37	익산시	3.53	5.67	3.29	2.96
달성군	3.44	5.55	3.13	2.89	전주시	3.81	6.04	3.49	3.30
대덕구	3.77	5.80	3.27	3.48	종로구	3.76	5.29	3.22	3.50
도봉구	3.67	6.11	3.52	3.44	중구	3.67	5.31	3.21	3.17
동구	3.63	5.03	3.18	3.43	중랑구	3.50	3.89	2.89	3.13
동대문구	3.65	6.34	3.13	3.02	진안군	3.48	4.42	3.32	2.91
동작구	3.56	5.11	3.10	3.59	진주시	3.64	4.69	3.34	3.24
마포구	3.75	5.37	3.26	2.95	창원시	3.63	5.30	3.02	2.95
미추홀구	3.76	6.01	3.31	3.12	청주시	3.82	5.08	3.24	3.23
부천시	3.67	6.40	3.50	3.51	춘천시	3.73	5.50	3.28	3.43
부평구	3.45	5.15	3.02	2.92	칠곡군	4.11	4.89	3.86	3.73
북구	3.64	5.33	3.19	3.23	태안군	3.52	5.81	3.13	2.75
서구	3.69	5.24	3.25	3.12	평택시	3.79	5.15	3.30	3.08
서대문구	3.32	4.36	3.10	3.26	평균	3.69	5.32	3.23	3.23

사회적 기업의 가장 큰 딜레마는 사회적 성과와 경제적 성과가 상충된다는 데 있다. 그러나 장기적으로 사회적 성과와 경제적 성과는 상호보완적인 관계에 있다는 관점도 있다. 사회적 기업이 사회 문제를 원활하게 해결할 때 높은 명성을 얻고 고객의 충성도를 확보할 수 있다. 따라서 사회적 성과와 경제적 성과를 통합적으로 이해하는 것이 바람직하고 두 가지 성과를 동시에 달성할 방안을 모색하는 것이 바람직하다. 사회적 기업의 사회적 성과와 경제적 성과가 보완적인 관계를 형성하며 서로 성과를 높이는 효과가 있는지 분석했으나 두 변수 사이에 통계학적으로 유의미한 상관관계는 확인되지 않았다. 이론적으로 기대했던 사회적 성과 달성을 통한 인지도와 명성이 경제적 성과로 연결되는 효과가 한국의 현실 속에서 실현되지 못하고 있음이 확인되었다. 따라서 이중목표 달성에 대한 보다 다양하고 깊이 있는 연구가 필요할 것으로 사료된다.

　　사회적 기업은 일반적인 조직과 달리 사회적 목적과 경제적 목적을 동시에 추구한다. 따라서 조직관리 역량은 이중성과 달성에 긍정적인 영향을 준다. 먼저 내부 관리 역량 가운데 사회적 목적을 중시하는 리더십과 문화는 이해관계자의 참여를 촉진하고 사회적 미션을 강조함으로써 이들이 더 많이 조직과 지역사회에 기여하도록 만든다. 외부 환경을 학습하는 과정은 지속적으로 성과를 개선하고 새로운 사회 문제에 대응하는 분위기를 조성할 수 있다. 내부 관리 역량은 경제적 성과의 달성에 더 큰 영향을 줄 수 있다. 내부 관리가 효과적으로 이루어질 경우 불필요한 비용이 절감됨으로써 경제적 성과를 높일 수 있다. 전략적 리더십, 명확한 목표설정, 이해관계자와의 협력이 잘 이루어질 경우 직원들이 동기부여되고 생산성을 높일 수 있다. 또한 새로운 사업 기회의 포착, 투명한 재정관리, 다가올 위험에 대한 선제적 인식과 대응이 이루어지며 이를 바탕으로 경제적 성과를 지속적으로 달성할 수 있게 된다. 외부 환경과의 효과적인 협력은 사회적성과에 긍정적인 영향을 준다. 먼저 이해관계자와의 관계가 개선됨으로써 지역사회와의 협력이 촉진되고 이를 바탕으로 사회적 가치 창출이 가능해진다. 정부나 지방자치단체가 추진하는 정책적·제도적 지원을 더 효과적으로 활용함으로써 사업의 임팩트를 확대하는 데 도움이 된다. 외부 이해관계자와의 적절한 의사소통은 다른 기관과의 파트너십 구축에 도움이 되며 이는 다양한 자원과 지식의 공유로 이어져 사회문제 해결을 위한 협력을 강화하는 데 도움을 줌으로써 사회적 성과 달성에 도움이 된다. 외부 관리 역량은 사회적 기업의 경제적 성과 제고에도 긍정적인 영향을 준다. 외부환경을 적절하게 관리함으로써 시장에서의 새로운 기회를 발견하고 더 많은 수익을 창출할 수 있다. 정부, 다른 기업, 시민사회 조직과의 파트너십을 통해 긍정적인 브랜드 이미지를 갖게 되며 이해관계자와 고객에게 신뢰를 주며 결국 경제적 이익으로 이어질 수 있다.

<그림 12-2>는 내부 역량, 외부 역량, 사회적 성과, 경제적 성과 간의 통계학적으로 유의미한 관계를 보여준다. 내부 역량은 외부 역량에 긍정적인 영향을 주는 것이 확인되었다. 사회적 기업의 전략적, 체계적, 혁신적인 관리는 외부 기관들과의 활발한 교류와 협력에 긍정적인 영향을 주는 것이다. 사회적 기업의 내부 역량은 사회적 성과와 경제적 성과 모두에 긍정적인 영향을 준다. 따라서 사회적 기업의 성과제고를 위해서는 내부 역량의 강화가 필요하다. 외부 관리 역량 역시 사회적 성과에 긍정적인 영향을 준다. 따라서 사회적 기업은 내부 역량, 외부 역량 모두 성과제고에 중요한 역할을 하며 특히 내부 관리 역량의 강화가 성과달성에 중요하다는 사실을 확인하였다.

그림 12-2 ▸ **한국 사회적 기업의 내부 역량, 외부 역량, 사회적 성과, 경제적 성과의 관계**

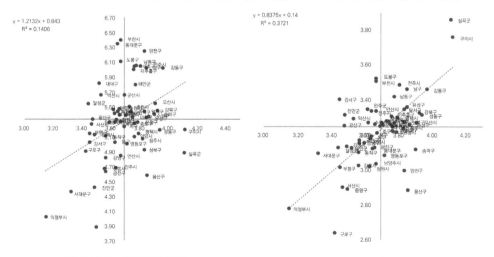

내부 관리 역량(가로축)과
외부 관리 역량(세로축)의 관계

내부 관리 역량(가로축)과
사회적 성과(세로축)의 관계

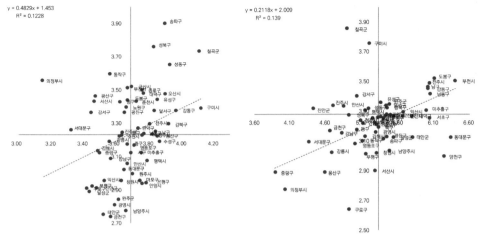

<table>
</table>

내부 관리 역량(가로축)과 사회적 성과(세로축)의 관계	외부 관리 역량(가로축)과 사회적 성과(세로축)의 관계

제12장의 핵심 요약

✓ Borgaza & Defourny(2001, 16-18)는 사회적 기업을 "주민들이 중심이 되어 조직화하며 그들이 의사결정권한을 가지며, 조직의 활동에 영향을 받을 당사자가 참여하면서 이익의 배분은 제약하고 지역공동체로 그 혜택을 환원하는 사회적 속성을 갖고 있는 반면, 자율성에 기반을 두어 경제적 리스크를 감수하면서 지속적으로 재화를 생산하거나 서비스를 판매하는 경제적 주체"라고 정의한다.

✓ 한국의 「사회적기업육성법」에서는 사회적 기업을 "취약계층에게 사회서비스 또는 일자리를 제공하여 지역주민의 삶의 질을 높이는 등의 사회적 목적을 추구하며 재화와 서비스의 생산·판매 등 영업활동을 하는 기업으로서 고용노동부 장관의 인증을 받은 기관"으로 정의한다.

✓ 한국에서 사회적 기업 지원제도는 1990년대와 2000년대 법제적 공식화 과정을 거쳐서 제도화되었다.

✓ 한국의 사회적 기업은 낮은 인지도, 정체성에 대한 다른 관점, 형식적인 인증제도 등의 과제가 있다.

✓ 관리 역량이 높은 사회적 기업의 사회적 성과가 높다.

한국의 사회적경제

사례분석: 인생도 쿠키처럼 바삭바삭, 위캔센터

> "우리는 쿠키를 만들기 위해서 장애인을 고용하는 것이 아니라,
> 장애인을 고용하기 위해 쿠키를 만듭니다. 우리는 할 수 있다는
> 열정으로 쿠키를 굽습니다."

건물 벽면의 슬로건이 눈길을 끄는 위캔센터는 사회적 기업 육성 원년인 2007년에 노동부로부터 다섯 번째로 인증받은 일자리 제공형 사회적 기업이다. 이 센터는 2001년 카톨릭수도회 샬트르성바오로수녀회가 발달장애인에 대한 일자리를 제공하고자 설립하였다. 초기에는 장애인을 위한 재활 시설로 시작했지만, 장애인들이 쿠키 생산을 위한 기술을 배우기 위해 학습과 훈련을 반복하며 자신감을 얻을 수 있는 공간으로 발전하였다. 주요사업을 쿠키 생산으로 선택함으로써 발달장애인이 사회에 기여할 기회를 제공할 수 있었고, 실질적인 직업 훈련과 생산에 참여할 수 있었다. 이 활동은 단순히 치료와 보호를 넘어선 장애인의 자존감 향상과 직업 윤리를 강화하는 과정이었다.

위캔센터는 20여 년 동안 지속적인 성장을 이루며 영향력도 커졌다. 초기에는 자금 부족과 대기업과의 경쟁 등 여러 어려움에 직면했지만, 현재는 총 45명의 발달장애인이 근무하는 조직으로 성장하였고 이들에게 안정적인 고용을 제공하고 있다. 위캔센터는 안정적인 일자리를 제공할 뿐만 아니라 그들이 직장에서 소속감을 느낄 수 있도록 지원하고 있다. 위캔센터는 제품군을 다양화하고, 온라인과 오프라인을 아우르는 판매 전략을 통해 연간 22.9억 원(2021년 기준)의 매출을 달성하는 경제적 성과도 이뤄냈다.

특히, 사회적 기업으로 인증 받은 이후 활동은 다양화되어 장애인 인권보호를 위한 매뉴얼 발간, 기업방문, 초청강연 등의 다양한 활동을 통해 대내외적으로 성과를 인정받게 되었다. 또한, 사회적 가치 창출과 경제적 혁신에 기여한 공로를 인정받아 2008년에 우수 사회적 기업 대통령 표창을 수상했고 2013년에는 전국 장애인 직업재활시설 평가 최우수(A) 등급 인증을 받았다. 더불어, 지역 사회 내에서 커뮤니티를 활성화하고 장애인 권리를 옹호하는 데에도 기여하고 있다.

위캔센터는 기업으로 성장하고 매출이 증가할수록 더 많은 장애인에게 일자리를 제공하는 방식으로 사회적 가치를 창출한다. 사회적 기업으로 자리 잡은 이후 20년 전에 비해 4배가 넘는 일자리를 창출했고 비장애인과 동등한 급여를 장애인에게 제공하고 있으며 기술 훈련이 활발해지는 등 안정된 운영이 가능해졌다. 위캔센터는 사회적 기업으로서 사회 문제 해결에 초점을 맞추며 지속가능하게 조직을 운영하는 대표적인 사례이다.

협동조합과 사회적경제

> "조합이나 마을 공동체를 통해서 생각밖에 해결이 잘 됐다.
> 마을이 내가 모르는 뭔가 있었구나. 이런 게 중요하겠다 하고 이제 그냥 막연하게
> 마음만 내다가, 조금 더 자주 가고 돈 모자라는데, 그래 나도 출자할게,
> 이렇게 하시는 데까지 갈 수 있는 그런 관계나 이게 다 사람한테 달렸어요."
>
> (박○○, 안심마을 협동조합 이사장, 2021.3.19.)

협동조합은 구성원 간 자발적인 협력을 바탕으로 사회경제적 필요를 충족하고 공동의 목표를 달성하기 위해 설립하는 사회적경제 조직의 대표적인 유형이다. 한국 협동조합의 역사는 1920년대부터 시작할 만큼 오랜 전통을 갖고 있다. 한국에서 협동조합은 지역농민과 소비자의 상호 이익추구, 경제위기에 대응하기 위한 일자리 제공, 지역사회 활성화와 같은 역할을 수행한다. 한국에서 2012년 협동조합기본법이 시행된 이후 정부는 협동조합의 운영을 지원했으며 협동조합은 복지, 돌봄, 고용, 농업, 지역발전 등 다양한 영역에서 사회적경제의 핵심 주체로서의 역할을 맡았다. 한국 협동조합은 각 영역에서 경제적 자립, 사회적 연대와 협력을 강화하면서 사회문제 해결과 지역사회 발전에 기여하며 지속가능한 경제 형성을 선도하는 역할을 하고 있다.

이 장에서는 협동조합의 개념, 원칙, 유형을 설명하면서 시작한다. 다음으로 한국 협동조합의 역사적 발전과정을 일제강점기, 산업화 시기, 글로벌 위기 시대로 구분하여 제도화의 시각으로 설명한다. 그리고 한국 협동조합의 현황, 역량, 성과를 내부 역량과 외부 역량의 사회적·경제적 성과에 대한 영향에 초점을 맞추어 분석한다.

협동조합의 개념, 원칙, 유형

1) 협동조합의 개념과 원칙

역사적으로 볼 때, 협동조합은 산업혁명의 시작과 함께 경제적으로 취약한 위치에 있는 소비자와 생산자가 상호협력을 통해 경제적 지위를 향상시키고자 하는 목적으로 발전하였다. 협동조합의 개념은 연구자와 실무자들에게 널리 알려진 로치데일 공정선구자 협동조합의 강령들을 수정하여 1995년 국제협동조합연합 (International Co-operative Alliance: ICA)이 ICA 100주년 총회에서 '협동조합 정체성에 대한 선언(Statement on the Co-operative Identity)'을 발표하면서 정의되었다. 이 선언에 따르면 협동조합은 "구성원의 경제적, 사회적, 문화적 필요와 요구를 충족시키기 위해 공동으로 소유하고, 자율적이고 민주적으로 운영되는 조직"이다 (ICA, 1995). 이 정의는 협동조합은 공동의 이익과 목표를 추구하고 그 구성원들은 동등한 권리를 갖고 자율적이며 민주적으로 참여할 권리를 가짐을 설명한다. ICA는 협동조합을 정의할 때 협동조합이 지켜야 할 원칙을 함께 제시하였다. 이 원칙은 협동조합의 기본적인 가치와 운영 원칙이 되었고, 이를 바탕으로 전 세계의 협동조합이 같은 가치를 공유하고 일관된 방식으로 운영될 수 있었다. ICA의 일곱 원칙은 다음과 같다.

〈협동조합 7대 원칙〉

1. 자발적이고 개방적인 조합원 제도
✓ 협동조합은 자발적이며 모든 사람들에게 성적·사회적·인종적·정치적·종교적 차별 없이 열려 있는 조직

2. 조합원에 의한 민주적 관리
✓ 조합들은 정책수립과 의사 결정에 활발하게 참여하고 선출된 임원들은 조합원에게 책임을 갖고 봉사

✓ 조합원마다 동등한 투표권(1인 1표)을 가지며, 협동조합연합회도 민주적인 방식으로 조
직·운영

3, 조합원의 경제적 참여
✓ 협동조합의 자본은 공정하게 조성되고 민주적으로 통제
✓ 자본금의 일부는 조합의 공동재산이며, 출자배당이 있는 경우에 조합원은 출자액에 따
라 제한된 배당금을 받음
✓ 잉여금은
  (1) 협동조합의 발전을 위해 일부는 배당하지 않고 유보금으로 적립
  (2) 사업이용 실적에 비례한 편익제공
  (3) 기타 협동조합 활동 지원 등에 배분

4. 자율과 독립
✓ 협동조합이 다른 조직과 약정을 맺거나 외주에서 자본을 조달할때 조합원에 의한 민주
적 관리가 보장되고, 협동조합의 자율성이 유지되어야 함

5. 교육, 훈련 및 정보제공
✓ 조합원, 선출된 임원, 경영자, 직원들에게 교육과 훈련을 제공
✓ 젊은 세대와 여론 지도층에게 협동의 본질과 장점에 대한 정보를 제공

6. 협동조합 간의 협동
✓ 국내, 국외에서 공동으로 협력 사업을 전개함으로써 협동조합 운동의 힘을 강화시키고,
조합원에게 효과적으로 봉사

7. 지역사회에 대한 기여
✓ 조합원의 동의를 토대로 조합이 속한 지역사회의 지속가능한 발전을 위해 노력

자료: 한국사회적기업진흥원 홈페이지

이 원리는 21세기에 많은 지역공동체가 글로벌경제위기에 직면하면서 재조명
되었다. 이타적 협력과 상호부조정신에 기반을 둔 협동조합이 산업자본주의의 시
장실패를 극복할 수 있다는 관점이 확산되면서 협동조합이 지속가능한 발전을 이

한국의 사회적경제

끄는 주체로 주목받게 된 것이다. 실제로 협동조합은 다양한 지역에서 다양한 방식으로 성장하면서 자본주의 체제에 대한 대안적 경제체제의 주역으로 주목받게 된다. 그리고 다양한 협동조합에서 발견된 복원력과 지속성은 새천년개발목표 수립의 마무리 단계에서 주요 의제로 부상한 '지속가능 발전(sustainable development)'을 실현할 가치로 주목받게 되었다. 특히 협동조합은 조합원의 경제 수준 향상뿐만이 아닌 그들의 사회문화적 이해관계의 만족과 환경보호에도 노력을 기울이는 조직이다. 따라서 악조건에 직면한 지역이 자생적으로 선택한 해결책을 실행에 옮기며 지속가능한 발전을 달성하는 혁신적인 조직으로 인정받고 있다(아이쿱협동조합연구소, 2014: 1 – 2).

사회적 기업과 같이 협동조합도 한국에서는 법률로 그 개념이 정의되어 있다. 「협동조합기본법」 제2조 제1호는 협동조합을 "재화 또는 용역의 구매·생산·판매·제공 등을 협동으로 영위함으로써 조합원의 권익을 향상하고 지역사회에 공헌하는 사업조직"으로 정의한다. 이 법률은 협동조합의 설립과 운영에 대한 기본사항을 규정함으로써 안정된 협동조합 활동을 촉진하고자 제정되었다. 법제적인 제도화를 함으로써 기존 협동조합이 법인격이 별도로 존재하지 않아 조직 활동에 제약이 있었던 문제를 해소하고 새로운 사회경제적 발전의 대안으로 자리매김하도록 지원하였다.

2) 협동조합의 유형

이론적으로 협동조합의 유형은 다양하게 구분된다. 장종익(2015)에 따르면 협동조합의 유형은 <표 13 – 1>과 같이 요약된다.

표 13-1 ▸ **협동조합의 유형에 관한 대표적인 문헌 요약**

문헌	협동조합 유형화 내용
Hansmann(1996)	• 생산자 소유기업(기업에 필요한 투입요소의 제공자가 그 기업을 소유): 노동자 협동조합, 종업원지주제기업, 농산물판매 및 가공협동조합 • 고객 소유기업(기업이 생산하고 공급한 재화 및 서비스의 구매자가 그 기업을 소유): 소비자협동조합(생필품, 주거, 전기, 수도, 통신 등) 영농자재공동구매협동조합, 중소사업자들의 재화 및 서비스 공동구매협동조합

Birchall(2011)	• 소비자 소유기업: 소비자협동조합(생필품, 주거, 보험, 전기, 수도, 통신, 교육) • 생산자 소유기업: 1차 생산자협동조합(영농자재 공급, 마케팅, 가공), 유통업체 소유 도매기업, 자영업·소기업·전문가를 위한 공유 서비스 제공기업 • 종업원 소유기업: 노동자협동조합, 종업원지주제기업 • 생산자 및 소비자 소유기업: 신협, 협동조합은행
Zamagni(2012)	• 이용자 협동조합: 생필품, 주거, 금융, 보험, 전기, 통신 • 생산자 협동조합: 1차 생산자협동조합, 소사업자 소유 협동조합 • 노동자 협동조합 • 사회적 혹은 커뮤니티 협동조합: 다중이해관계자 조합원 구조
장종익(2014)	• 소비자 협동조합: 생필품, 주거, 전기, 수도, 통신, 교육, 의료 등 • 사업자 협동조합: 1차, 2차, 3차 산업부문의 소사업자들의 협동조합 • 노동자 협동조합 • 금융/보험 협동조합: 소비자 및 사업자 모두 조합원으로 참여 • 사회적협동조합: 다중이해관계자 조합원구조

자료: 장종익(2015, 83)

「기업 소유권의 진화」(The Ownership of Enterprise)를 저술한 한즈만은 소유의 다양한 형태가 기업의 효율성과 경쟁력에 다른 영향을 준다는 관점을 바탕으로 협동조합의 유형화에 참고가 될 만한 유용한 유형을 제시한다. 이 책은 국내에서도 번역되어(박주희, 2017), 협동조합의 어떤 소유권 구조가 어떤 환경과 시장에서 적합한지를 설득력 있게 설명하였다.[1] 이 책은 크게 생산자 소유기업과 고객 소유기업으로 구분하고 노동자 협동조합, 소비자 협동조합, 상호 조합, 비영리 조직을 협동조합의 주된 유형으로 제시한다. 이 중 노동자 소유 기업은 노동자들이 직접 소유하고 관리하는 조직 유형으로 노동자의 이익을 최우선으로 두고 기업의 수익은 노동자들에게 분배되는 구조를 갖는다. 소비자 소유 기업은 소비자들이 직접 소유하고 운영하는 조직 유형이며 소비자의 이익을 중심으로 서비스를 제공한다. 상호 조합은 구성원들이 소유하고 운영하는 조직으로 금융과 보험 서비스 분야에서 주로 나타난다. 비영리 조직은 이윤을 추구하지 않으며 특정 목적을 추구하며 이해관계자 집단 또는 공동체에 직접 자원을 제공한다. 이 관점은 소유 형태의 효율성을 계약 비용 이론 관점에서 해석하고 어떤 소유구조가 어떤 시장

---

1) 이 책에서 한즈만은 투자자, 노동자, 원료공급자, 소비자 중 기업을 소유한 집단의 '소유 비용 (경영자 통제, 집단 의사결정, 위험 감수 등의 비용 등)'과, 그 기업과 나머지 세 집단 간 '시장 계약 비용(독과점으로 인한 비용, 잠김 효과로 인한 비용, 정보 비대칭으로 인한 비용 등)'의 총합이 가정 적은 조직 형태가 그 업종에서 주류가 될 가능성이 크다고 설명한다.

과 환경에서 유리한지를 설명한다.

　Birchall(2011)은 협동조합을 소비자 소유기업, 생산자 소유기업, 종업원 소유 기업, 그리고 금융협동조합으로 구분하였다. 이 구분은 조합원의 수요의 관점에서 협동조합의 목적을 명확히 인식하는 데 도움이 된다. Zamagni(2012)는 협동조합의 설립 주체에 따라서 이용자 협동조합, 생산자 협동조합, 노동자 협동조합으로 구분하고 다중 이해관계자 조합원 구조를 갖고 있는 협동조합을 사회적, 커뮤니티 협동조합으로 구분하였다. 장종익(2014)은 협동조합 설립의 주체와 목적에 따라서 소비자 협동조합, 사업자 협동조합, 노동자 협동조합, 금융협동조합, 사회적 협동조합 등 다섯 가지로 나누었다.

　한국에서 협동조합의 법제적 유형은 일반협동조합과 사회적 협동조합으로 나뉜다. 일반협동조합과 사회적 협동조합은 법인격에서 차이가 있으며 잉여금의 적립과 배당 그리고 청산 절차가 다르다. 일반협동조합은 특정 분야 경제활동에 종사하거나 같은 직종에 속한 사람들이 자신들의 경제적 이익을 추구하며 사회적 가치창출을 도모한다. 반면 사회적 협동조합은 지역사회의 복지향상을 위해 운영되며 다른 이해관계자와의 협력이 중요하다.

표 13-2 ▸ **협동조합과 사회적협동조합의 비교**

구분	협동조합	사회적 협동조합
법인격	• (영리)법인	• 비영리법인
설립	• 시도지사 신고	• 기획재정부(관계부처) 인가
사업	• 업종 및 분야 제한 없음 (금융 및 보험업 제외)	• 공익사업 40% 이상 수행 　– 지역사회 재생, 주민 권익 증진 등 　– 취약계층 사회서비스, 일자리 제공 　– 국가, 지자체 위탁사업 　– 그밖의 공익증진 사업
법정적립금	• 잉여금의 10/100 이상	• 잉여금의 30/100 이상
배당	• 배당가능	• 배당금지
청산	• 정관에 따라 잔여재산 처리	• 비영리법인 국고 등 귀속

장종익(2015)에 따르면 협동조합 정책을 관할하는 기획재정부의 「협동조합 업무지침」(2012)에서는 "설립목적·조합원 구성·잉여금의 이용방식 등에 따라 소비자·사업자·직원·다중이해관계자협동조합 등 4가지 유형"으로 구분하고 있다. 이 분류에 따르면, "소비자 협동조합은 조합원의 소비생활 향상을 위한 물품의 구매 또는 서비스의 이용을"목적으로 하는 협동조합으로 규정하고 있고, "사업자 협동조합은 사업자 수익창출을 위한 생산품 출하·공동 자재구매·공동판매·공동브랜드 사용 등을" 목적으로 하는 협동조합이다. "직원 협동조합은 특정사업을 영위하기 위한 직원의 고용을" 목적으로 하는 협동조합으로 규정되어 있으며, "다중이해관계자 협동조합은 다양한 이해관계자의 복리증진 등에 기여하는 행위"를 목적으로 하며, 조합원 구성에 따라 생산·소비·직원고용·자원봉사·후원 등 다양한 행태가 사업의 과정에서 나타날 수 있다. 장종익(2015)은 이러한 구분이 다중 이해관계자 협동조합을 사회적 협동조합의 고유한 특징으로 보지 않는 문제가 있다고 지적하며 사회적 협동조합과 다중 이해관계자 조합원 구조에 대한 불충분한 이해에 의거한 기계적인 구분이라고 평가한다. 특히 다중이해관계자 조합원 구조는 사회적 협동조합의 중요한 특징이며 잉여 분배가 제한되더라도 사업의 가치에 공감하는 다양한 이해관계자들이 참여해서 공동생산하는 경우를 뜻한다는 점에서 이 유형구분에 문제가 있음을 설명한다.

2 한국 협동조합의 역사

(1) 일제강점기의 협동조합

한국에서 지역에서 자주적인 협동조합이 결성되기 시작한 시기는 1920년대로 알려져 있다. 1920년대는 3·1운동 이후 일제가 문화정책을 표방하며 한글신문의 간행을 허가하고 한국인에게 참정권을 줄 것을 공표한 시기이다. 이 시기에 한국 사회에서는 독립운동이 비약적으로 발전하고 농민운동과 노동운동도 발전했다. 기록으로 최초로 확인되는 협동조합 유형은 소비조합으로 1920년에 설립이 시도되었다(김기태, 2013). 이 당시 설립된 소비조합은 목포소비조합(1920년 5월), 경성 소비조합(1920년 6월), 아현 소비조합(2920년 7월), 공주 소비조합(1921년 6월), 제주 도 영주 소비조합(1921년 12월), 대구 소비조합(1922년 2월), 합천 소비조합(1922년 3 월), 원산 소비조합(1922년 5월) 등이었다(김형미, 2012).

> **〈들여다보기〉 일제강점기의 소비조합**
>
> 일제강점기(1910~1945) 동안 한국에서 소비조합은 경제적 자립과 민족운동의 일환으로 발전하였다. 이는 일본의 경제적 수탈과 민족 자본 억압에 대응하여, 한국인이 스스로 경제적 기반을 마련하고자 하는 노력에서 비롯되었다. 소비조합은 생활필수품을 저렴한 가격에 공급 했고 일부의 경우 부속병원을 운영하면서 실비로 의료서비스를 제공하거나 무료 건강검진을 실시하였다. 소비조합 운동은 경제적 자립과 정치적 자립을 동시에 지향하는 목적이 있었고 한국산 제품의 소비를 촉진하여 민족 자본을 확충하려는 노력의 일환이었다.

이 당시 협동조합 설립은 동경유학생 계열의 협동조합운동사(協同組合運動社), 기독교계의 농촌협동조합(農村協同組合) 그리고 천도교계의 조선농민사(朝鮮農民社) 등 3개의 흐름이 있었다(이환규, 1985). 이중 100여 명의 유학생으로 구성된 협동조 합운동사가 협동조합의 요건을 갖춘 함창협동조합을 출범시켰다. 그 이후 1930년 대 초까지 협동조합은 지속적으로 증가했고 전국 대부분의 지역에서 설립되었다.

1920년대부터 1930년대까지 협동조합 현황을 <표 13-3>에 제시하였다. 표의 동아1회와 동아2회는 동아일보가 1932년 4월과 6월 두 차례에 걸쳐서 한반 도 전역의 협동조합의 실태조사를 한 결과이다(동아일보, 1932). 천도교는 천도교의 조선농민사에서 조사한 결과이다. 이 표를 통해서 1930년대까지 전국적으로 많은 협동조합이 설립되었고 모든 도에서 협동조합이 활동하였으며 특히 경상도와 평 안도 지역에 다수의 협동조합이 설립되었음을 알 수 있다. 시기적으로는 1930년 대에 들어서 다수의 협동조합이 본격적으로 설립되었다.

표 13-3 ▸ 1920-30년대 협동조합 현황

도별 협동조합 분포 상황					연도별 협동조합 창립 현황				
지역	동아 1회	동아 2회	천도교	계	연도	동아 1회	동아 2회	천도교	계
경기	4	5	-	9	1919	1	-	-	1
충북	3	1	-	4	1920	1	-	-	1
충남	3	-	-	3	1921	-	1	-	1
전북	2	1	-	3	1922	-	-	-	-
전남	3	2	-	5	1923	-	-	-	-
경북	14	3	1	18	1924	1	-	-	1
경남	13	13	3	29	1925	1	2	-	3
강원	9	4	2	15	1926	-	-	-	-
황해	9	3	12	24	1927	4	4	-	8
평남	15	6	53	74	1928	-	2	1	3
평북	19	12	55	86	1929	11	9	-	20
함남	11	1	3	15	1930	26	9	14	49
함북	1	-	2	3	1931	38	13	74	125
해외	1	-	-	1	1932	8	7	42	57
미상	1	-	-	1	미상	-	3	-	3
합계	108	51	131	290	계	91	50	131	272

자료: 함상훈(1933, 6-7), 이환규(1985)에서 재인용

1930년대 협동조합의 형태별, 조합원 규모별 조합수를 <표 13-4>에 제시하였다. 협동조합의 형태별로 구분할 때 소비조합이 가장 많았고 조합원 규모별로 구분할 때는 100명 이하 조합수가 가장 많으며 1,000명 이상인 조합도 10곳이 존재한다. 일제 강점기의 협동조합은 1920년대부터 소비조합을 중심으로 결성되었고 그 규모는 다양하게 구성되었다. 그러나 1920-30년대에 활발했던 세 흐름은 1930년대 이후 경제 불황과 조선총독부의 억압으로 유지가 어려워진다.

표 13-4 ▸ 1930년대 협동조합 형태 및 조합원 규모별 조합 수

구분		조합 수	구성비
협동조합 형태별 구분	소비조합	73	75.2
	생산조합	5	5.2
	이용조합	2	2.1
	신용조합	3	3.1
	소비·이용조합	3	3.1
	생산·소비조합	4	4.1
	소비·생산·신용조합	4	4.1
	소비·신용조합	3	3.1
조합원 규모별 구분	100명 이내	30	31.6
	100-199	18	18.9
	200-499	22	23.2
	500-999	15	15.8
	1,000 이상	10	10.5

자료: 함상훈(1933, 6-7), 이환규(1985)에서 재인용

(2) 산업화 시기의 협동조합

1950년대 한국전쟁 이후의 대한민국은 극심한 빈곤상태에 빠졌다. 빈곤을 극복하는데 협동조합은 지역별로 서로 다른 방식으로 기여했다. 주로 주민들의 삶의 질을 높이고 지역을 발전시키는 역할을 맡았다. 1950년대 충청남도 홍성군에는 풀무학교가 설립되고 1960년대 소비조합과 신용협동조합이 개설된다. 비슷한 시기인 1960년대에 강원도 태백 지역 교회 세 곳에 신용협동조합이 설립되었고, 1965년 원주교구 설정 후 신협 운동이 확산되었다. 1972년에 신용협동조합법이 제정된 이후 신협의 공식화가 진행되었다(신명호, 2016). 원주지역은 1972년 남한강 대홍수가 발생한 이후 수해를 입은 지역주민의 구호를 위해 재해대책사업위원회를 발족하여 운영하였다. 홍수가 발생한 후 이 지역은 국제 NGO 카리타스 인

터내셔널로부터 해외 원조 자금을 얻었다. 그리고 이 자금을 자본금으로 지역에서 필요한 수요가 있어서 지역사회 조직이 만들어질 때 출자하고 이를 상환하도록 하는 방식으로 지역의 협동조합을 제도화를 돕는 독특한 발전모형을 도입한다 (정소윤·한상일, 2014).

1960년대에는 농촌에서 도시로 이주한 인구가 급격히 증가하면서 도시지역의 삶의 질이 악화하는 현상도 가속화되었고, 반대로 도시 빈민이 철거민 정착촌으로 강제로 이주당하기도 하였다. 현재 경기도 성남시 일대인 경기도 광주군에서는 철거민 정착지에 창립된 주민 교회를 중심으로 주민신용협동조합이 설립되었다. 이 신협을 중심으로 주민들이 협력하여 그 규모를 키우고 새로운 협동조합을 설립하였다.

1968년에는 장기려박사의 청십자의료협동조합이 설립되었다. 이 의료협동조합은 부산지역 23개 교회 단체 대표를 중심으로 설립한 최초의 의료보험 조합이었다. 출범당시 723명의 회원에서 출발하여 다음해인 1969년에 12,000여 명의 조합원을 보유한 부산의료협동조합과 통합하여 그 수가 증가하였다. 의료인과 활동가의 협력으로 시작된 의료협동조합의 전통은 의과대학 및 치과대학의 주말진료 봉사로 이어지고 이들이 지역 주민과 함께 설립한 의료협동조합으로 발전한다. 1976년 난곡희망의료협동조합이 설립되고 그 외 여러 지역에서 의료협동조합 설립을 위한 노력이 계속되었다.

1980년대 원주 지역은 유기 농산물을 생산하고 공급하는 활동을 진행한다. 생명사상에 기반을 둔 원주 사회적경제의 성찰은 안전한 먹거리를 원하는 소비자와 안정된 생산을 희망하는 생산자의 욕구를 일치시켜 윤리적 소비와 생명의 가치를 존중하는 소비자생활협동조합을 만들게 하였다. 1986년 서울시 제기동에서 '한살림 농산'이 문을 열고 1988년에 한살림공동체소비자협동조합이 결성되면서 한국의 소비조합 운동이 본격화되었다.

1970년대부터 시작된 의료협동조합 설립의 노력도 1980년대에 몇 지역에서 결실을 맺는다. 1987년 안성군 고삼면 수도권 지역 기독학생회와 마을 청년회의 주말 진료소 진료활동이 시작되었고 이 활동은 1992년 안성진료회와 지역주민이 공동출자한 안성한의원으로 발전하고 1994년 안성의료협동조합으로 성장한다. 원주에서도 2002년 지역주민 1,200여 가구를 중심으로 1억 7천만 원의 자본금을 출자해 의료협동조합을 설립하였다.

(3) 글로벌경제위기와 협동조합

1990년대로 접어든 이후 협동조합은 빠르게 확산되었다(김기섭, 2016). 양적 증가에도 불구하고 규모는 여전히 영세하였다. 경영은 악화되고 조합원의 불만은 커져서 지속가능성의 위기에 직면하였다. 이러한 위기 극복을 위해서 1990년대 중반 생협 연합회의 결성이 시도되었다. 1996년 생협수도권사업연합회(현 두레생협 연합회)를 시작으로 한국생협연합회(현 아이쿱연합회)와 한살림사업연합회(현 한살림 연합회) 등이 발족하였다. 연합체의 결성을 통해 생협은 경영상의 안정을 확보하였다. 같은 시기에 의료생협도 확산되었다. 안성의료생협을 시작으로 1996년 인천에 평화의료생협이 설립되었고 1999년에 안산의료생협이 설립되었다.

3 한국 협동조합의 현황

현재 한국의 협동조합의 설립 현황은 <표 13-5>와 같다. 총 25,581개의 협동조합이 있으며 일반협동조합이 20,481개, 사회적 협동조합이 4,653개이며 그외 연합회가 133개가 설립되어 있다.

표 13-5 ▸ 한국 협동조합 설립 현황

전체	일반협동조합	일반협동조합 연합회	사회적 협동 조합	사회적 협동 조합연합회	이종협동조합 연합회
25,267	20,481	97	4,653	25	11

협동조합의 설립 현황을 지역별로 구분하면 <표 13-6>과 같다.

표 13-6 ▸ 한국 협동조합의 지역별 설립 현황

지역	협동조합 수	지역	협동조합 수
서울	4,169	부산	979
대구	835	인천	585
광주	969	대전	763
울산	363	경기도	3,609
강원도	1,191	충청북도	671
충청남도	1,021	전라북도	1,445
전라남도	1,307	경상북도	1,046
경상남도	994	제주도	359
세종시	175		

4 한국 협동조합의 역량과 성과

한국의 협동조합에서 사회적 성과와 경제적 성과는 어떤 관계에 있는지, 관리 역량은 성과에 어떤 영향을 주는지 실증적으로 분석하기 위해 한국사회적기업진흥원의 지역자원조사 자료에서 사회적 성과, 경제적 성과 내부 관리 역량, 외부 관리 역량의 지역별 평균값을 <표 13-7>에 제시하였다.

표 13-7 ▸ 한국 협동조합의 지역별 관리 역량과 성과

지역	관리 역량		성과		지역	관리 역량		성과	
	내부	외부	사회적	경제적		내부	외부	사회적	경제적
강남구	3.65	4.73	3.25	2.92	서산시	3.69	5.12	3.24	3.19
강동구	3.89	4.58	3.24	2.96	서초구	3.55	4.53	2.90	2.76
강릉시	3.46	4.67	3.06	2.89	성동구	3.65	4.40	3.00	3.69

강북구	3.75	4.73	3.04	2.75	성북구	3.80	4.51	2.93	3.09
강서구	3.41	4.97	3.12	3.21	송파구	3.53	4.98	3.00	2.99
관악구	3.65	4.62	3.15	3.18	수성구	3.57	4.49	3.10	2.97
광명시	3.63	4.71	2.91	2.91	수원시	3.68	5.05	3.15	3.06
광산구	3.60	4.83	3.15	3.06	안산시	3.82	5.02	3.14	3.11
광진구	3.77	5.39	3.21	3.22	안양시	3.71	4.54	3.05	2.90
구로구	3.47	4.70	2.82	2.70	양천구	3.08	3.00	3.43	2.50
구미시	3.61	4.82	3.25	2.96	영등포구	3.64	4.85	2.99	2.75
군산시	3.53	4.93	3.11	3.05	오산시	3.79	5.39	3.00	3.14
금천구	3.76	5.02	3.10	2.78	완주군	3.76	4.98	3.30	2.97
김해시	3.53	4.54	2.94	2.55	용산구	3.82	3.83	2.84	3.24
남구	3.71	4.63	3.25	3.09	원주시	3.75	4.80	3.04	2.78
남동구	3.57	5.55	3.18	3.12	유성구	3.63	4.78	2.90	2.97
남양주시	3.81	5.17	3.22	2.82	은평구	3.71	5.09	3.08	2.92
노원구	3.84	4.90	2.93	2.85	의정부시	3.68	4.20	3.18	3.52
달서구	3.55	5.19	3.23	3.34	익산시	3.59	4.56	3.10	2.77
달성군	3.21	4.75	3.06	3.13	전주시	3.65	4.99	3.08	2.84
대덕구	3.68	4.41	2.99	2.98	종로구	3.76	5.00	3.05	2.62
도봉구	3.61	5.62	2.99	2.86	중구	3.67	4.79	3.11	3.11
동구	3.56	4.56	2.98	3.04	중랑구	3.90	3.47	3.02	2.83
동대문구	3.58	4.75	3.03	3.01	진안군	3.65	5.02	2.95	2.98
동작구	3.55	5.05	3.25	3.37	진주시	3.54	4.27	3.04	2.86
마포구	3.63	4.42	2.92	2.72	창원시	3.60	4.65	3.02	2.66
미추홀구	3.69	5.06	3.13	3.35	청주시	3.62	4.29	3.09	2.90
부천시	3.63	6.37	3.47	3.29	춘천시	3.74	4.69	3.02	3.14
부평구	3.68	5.51	3.17	3.22	칠곡군	3.56	4.51	3.22	3.11
북구	3.59	4.88	3.06	2.87	태안군	3.89	5.27	3.38	2.86

서구	3.64	4.45	3.10	2.86	평택시	3.70	4.52	3.08	2.35
서대문구	3.96	5.28	3.03	2.54	평균	3.65	4.78	3.09	2.97

      <그림 13-1>은 내부 역량, 외부 역량, 사회적 성과, 경제적 성과 간의 통계학적으로 유의미한 관계를 보여준다. 사회적 기업의 경우와는 다르게 협동조합에서는 사회적 성과가 경제적 성과에 통계학적으로 유의미한 긍정적 영향을 준다. 그리고 내부 역량이 외부 역량에 긍정적인 영향을 주는 것이 확인되었다. 협동조합의 체계적인 조직 관리가 외부 기관과의 활발한 교류와 협력에 긍정적인 영향을 주는 것이다. 협동조합의 외부 관리 역량은 사회적 성과와 경제적 성과 모두에 긍정적은 영향을 준다. 따라서 협동조합의 경우 외부 기관과 협력관계를 조성하는 것이 내부의 핵심역량을 키워 가는 것보다 더 중요하며 특히 성과 달성에 중요하다는 것을 알 수 있다.

그림 13-1 ▸ 한국 협동조합의 내부 역량, 외부 역량, 사회적 성과, 경제적 성과의 관계

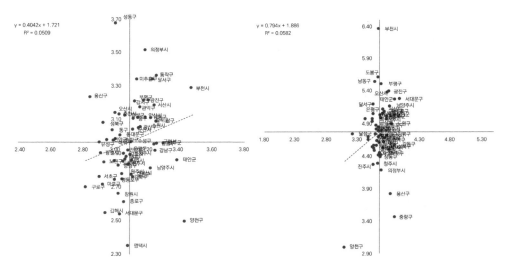

사회적 성과(가로축)와
경제적 성과(세로축)의 관계

내부 관리 역량(가로축)과
외부 관리 역량(세로축)의 관계

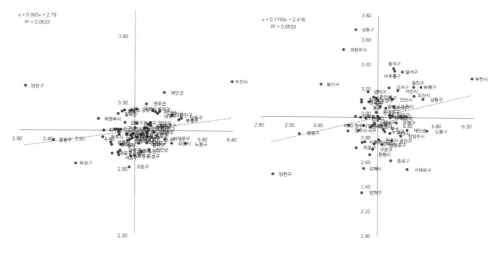

외부 관리 역량(가로축)과	외부 관리 역량(가로축)과
사회적 성과(세로축)의 관계	경제적 성과(세로축)의 관계

제13장의 핵심 요약

✓ 국제협동조합연합에 따르면 협동조합은 "구성원의 경제적, 사회적, 문화적 필요와 요구를 충족시키기 위해 공동으로 소유하고, 자율적이고 민주적으로 운영되는 조직"이다 (ICA, 1995).

✓ 협동조합 7대 원칙은 다음과 같다:

  1. 자발적이고 개방적인 조합원 제도
  2. 조합원에 의한 민주적 관리
  3. 조합원의 경제적 참여
  4. 자율과 독립
  5. 교육, 훈련 및 정보제공
  6. 협동조합 간의 협동
  7. 지역사회에 대한 기여

✓ 한즈만은 협동조합을 생산자 소유기업과 고객 소유기업으로 구분하고 노동자 협동조합, 소비자 협동조합, 상호 조합, 비영리 조직을 주된 유형으로 제시한다.

✓ 한국에서 협동조합은 일제강점기의 소비조합에서 유래를 찾을 수 있으며 산업화 시기와 글로벌 위기 시대에 사회적경제를 형성하는 주된 역할을 했다.

사례분석: 몬드라곤 협동조합

유럽에서 가장 큰 주목을 받는 협동조합의 사례는 스페인의 몬드라곤 협동조합이다. 몬드라곤 협동조합은 협동조합이 어디까지 성장할 수 있는지 보여준다. 몬드라곤이 속한 스페인 바스크지역은 1930년대 격렬했던 내전 당시 프랑코 세력에 편입되었다. 내전이 끝난 후에는 피폐해질 대로 피폐해진 지역이었다. 주변이 산으로 둘러싸인 고립된 지형을 갖고 있어서 산업 발전이 어려운 열악한 여건에 있다.

1943년 몬드라곤에서 호세 마리아 아리스멘디 아리에타 신부 주도의 학교설립위원회가 구성되었다. 1956년에 신부와 다섯 명의 제자가 노동자 협동조합을 만들고 석유난로 생산공장 울고(Ulgor)를 설립한다. 노동자 협동조합과 함께 노동인민금고도 만들었으며 복지제도, 공제사업 등을 담당할 조직을 만들어 갔다.

그 이후 몬드라곤은 전체 지역이 하나의 생태계로 운영되는 자족적이고 지속가능한 공동체로 운영되어 왔고 지금은 많은 참여자가 관여해서 큰 파급효과를 발휘하는 협동조합이 그 중심에 있다. 지난 70년 동안 규모도 크게 성장해서 현재는 289개의 협동조합이 소속되어 있고 8만여 명의 직원이 근무하는 큰 조직이 되었다. 소비자 협동조합 매장이 2,100여 개, 금융기관의 지점이 420여 개가 되었고 현재는 스페인 10대 기업으로 성장하였다.

몬드라곤은 1987년에 설립된 독립 협동조합의 공동체이며 세계 최대의 협동조합이라고 불리는 몬드라곤 협동조합(Mondragon Cooperative Corporation: MCC) 회사를 중심으로 운영된다. MCC는 협동조합 복합체이다. 따라서 많은 협동조합을 자회사로 소유하고 있다. MCC에는 제조부문의 ULMA와 Fagor, 금융부문의 Caja Laboral 은행, 유통 부문의 Eroski, 교육과 연구 부문의 몬드라곤 대학교가 속해 있다. MCC는 지역 주민의 생활과 긴밀하게 연결된다. 몬드라곤 시 인구 25,000명 중 8,300명이 조합원이다. MCC는 출자를 통해 조합원으로 가업하고 공동체를 직접 꾸려가는 노동자들로 구성된다.

스페인 경제에 큰 영향을 주는 몬드라곤 협동조합이 주는 중요한 교훈은 확장된 참여와 네트워크가 지역사회의 경제적, 사회적, 문화적 발전에 큰 영향력을 준다는 점이다. 개방적이고 포용적인 협동조합 운영은 열악한 환경에 놓인 지역의 발전을 견인할 수 있다. 특히 조합원은 기업의 소유자이자 노동자로서 중요한 의사결정에 참여함으로써 임금격차를 최소화하고 고용 안정성을 높여 조직의 지속가능성을 높이는 데도 기여하고 있다. 개방적인 경영은 글로벌 시장 경쟁력을 높이기 위한 해외 생산기지의 확장과 기술혁신 투자로 이어진다. 실제로 해외 시장에서의 매출도 높고 해외에서의 명성도 높다. 협동조합에서의 참여, 네트워크, 포용, 개방 등의 가치가 큰 사회적 영향력과 긴밀한 공동체 형성, 주민의 삶의 질 제고를 가져올 수 있음을 보여준다.

마을기업과 자활기업

"산 밑에 있다 보니까 집들이 위험하고 진짜 비가 오고 바람이 불면 집이 이렇게 쓰러져서
상에 젓가락 놓으면 굴러갈 정도로 취약했어요. 12가구는 이주를 시키고 집수리하고
지붕 개량하고 도시가스 들어오고 마을이 완전히 180도 변했죠. 이 자리도 곧 쓰러져 갈 집이었는데
시에서 이 집을 인수를 해서 이렇게 개조를 해서 처음에 카페로 시작했어요."

(이○○, 순천 청수골마을 주민협의체 위원장, 2020.1.9.)

마을기업은 지역 주민이 주도해서 설립·운영하는 기업으로 지역의 자원을 활용해서 삶의 질을 개선하고 지역경제를 활성화하는 조직 유형이다. 따라서 대부분의 마을기업이 지역 내 일자리 창출 또는 지역 자원의 활용을 주된 과업으로 수행한다. 지역 내 다양한 문제를 해결하는 과정에서 지방자치단체와 협력해서 지역거버넌스를 형성하고 경제활성화를 위한 중요한 역할을 수행한다. 자활기업은 저소득층과 취약계층이 경제적 자립과 사회통합을 목표로 설립되는 기업이다. 주로 복지, 돌봄, 경제 영역에서 취약계층의 경제적 자립을 지원한다. 이들 기업은 지역에서 공동체 의식을 높이고, 사회적 자본을 형성하며 지역사회 거버넌스에 참여하는 사회적경제 활성화의 핵심 주체이다.

이 장에서는 마을기업과 자활기업의 개념과 발전과정, 현황 그리고 발전을 위한 과제가 무엇인지 설명한다. 마을기업은 영국에서 시작된 커뮤니티 비즈니스의 개념과 연결하여 한국에서 강조되는 가치와 발전과정을 중심으로 설명한다. 자활기업은 모태가 된 생산공동체와의 관계를 설명하고 국민기초생활보장법에 규정된 자활지원의 제도화와 자활기업으로의 발전과정을 설명한다. 마지막으로 마을기업과 자활기업의 문제점과 과제를 설명함으로써 이 장을 마무리한다.

마을기업의 개념과 발전과정

1) 마을기업의 개념

마을기업은 영국에서 시작된 커뮤니티 비즈니스(community business)에서 유래를 찾을 수 있다. 그 유래는 1970년대 스코틀랜드의 '커뮤니티 비즈니스 스코틀랜드'라는 중간지원조직에서 찾을 수 있고 지역사회를 중심으로 지역의 고용과 발전을 위해 운영되는 조직을 지칭한다(김상민, 2016). 일반적으로 마을기업은 지역 내에서 상호 신뢰의 공동체를 만들고 공동의 목표를 달성하기 위해 협력하는 구조로써 지역 내 자원을 활용하여 수익성과 공익성을 동시에 달성하는 지리적 범위 내에 위치한 기업이다. 한국에서는 2006년에 시작된 행정안전부의 '살기 좋은 지역 만들기', 건설교통부의 '살고 싶은 도시 만들기', 서울시의 '마을공동체 만들기'와 같은 선행사업을 통해 마을기업의 제도화를 시작하였다. 2010년에 열린 제6차 일자리 창출 전략회의 결과 커뮤니티 비즈니스를 자립형 지역공동체 사업으로 명칭을 바꾸어 시작된 이후 2011년부터 마을기업이라는 이름으로 불리게 되었다.

한국에서 마을기업의 법제적 정의는 "지역주민이 각종 지역자원을 활용한 수익사업을 통해 공동의 지역문제를 해결하고, 소득 및 일자리를 창출하여 지역공동체 공동의 이익을 효과적으로 실현하기 위해 설립·운영하는 마을 단위의 기업"이다(행정안전부, 2023). 행정안전부에서는 마을기업 육성사업을 시행하면서 지역주민, 지역자원, 지역문제, 지역공동체 이익, 마을을 <표 14-1>과 같이 명확하게 정의한다.

표 14-1 ▸ 마을기업 관련 용어의 정의

구분	정의
지역주민	• 동일한 생활권(읍·면·동)에서 공동의 목표와 가치를 가지고 실제 상호교류하는 공동체의 구성원

지역자원	• 지역에 존재하는 유·무형의 인적·물적 자원
지역문제	• 지역 내 충족되지 않은 필요(요구) 사항이나, 지역 주민 삶의 질 향상을 위해 필요한 사항
지역공동체 이익	• 마을기업의 이익분만 아니라 이해관계자 또는 지역사회 전체가 얻게 되는 편익의 총합
마을	• 지리적으로 타 지역과 구분되거나 일상적 생활을 공유하는 범위 내에서 상호 관계나 정서적 공감대가 형성되어 있는 곳

자료: 행정안전부(2023)

마을기업은 공동체성, 공공성, 지역성, 기업성 등 중요한 가치를 명시함으로써 조직이 나아가야 할 지향점을 밝히고 있다. 공동체성은 공동체가 주도하고 출자하여 기업을 설립해야하며 기업설립과 운영에 공동체가 참여하고 결정해야 함을 의미한다. 공공성은 지역문제를 해결하고 지역사회에 공헌 및 상생하여야 함을 의미하며, 지역성은 지역의 자원을 활용하고 동일한 생활권(읍·면·동)을 기반으로 거주하는 주민들이 참여해야함을 의미한다. 마지막으로 기업성은 지속가능한 수익구조를 갖추어, 정부 및 자치단체의 재정지원이 종료된 후에도 자립 운영할 수 있어야 함을 의미한다.

사회적경제와 관련된 다른 조직 유형은 정부의 법제적 제도화를 통해서 확립된 반면, 마을기업은 법률로 정의된 개념이 아니다. 행정안전부의 사업시행 지침인 마을기업 육성사업 시행지침으로 그 개념과 특성이 정의되고 있어서 정부의 정책목표 변화에 따라서 그 개념도 변화하였다. 시행 초기인 2011년부터 2016년까지 시행 지침에 규정된 마을기업의 개념은 <표 14-2>와 같다.

표 14-2 ▸ 마을기업 육성사업 시행지침의 마을기업 개념의 변화

연도	개념
2011	• 지역공동체에 산재한 각종 특화자원(향토·문화·자연자원 등)을 활용, 주민주도의 비즈니스를 통해 안정적 소득 및 일자리를 창출하는 마을단위의 기업
2012	• 마을주민이 주도적으로 지역의 각종 자원을 활용, 안정적 소득 및 일자리를 창출하는 마을단위의 기업
2013-2015	• 마을주민이 주도적으로 지역의 각종 자원을 활용한 수익사업을(기업성) 통해

	지역공동체를 활성화하고 지역주민에게 소득 및 일자리를 제공하여 지역발전에 기여하는 마을단위의 기업
2016	• 지역주민이 각종 지역자원을 활용한 수익사업을 통해 공동의 지역문제를 해결하고, 소득 및 일자리를 창출하여 지역공동체 이익을 효과적으로 실현하기 위해 설립·운영하는 마을단위의 기업

2) 마을기업의 발전과정

마을기업이 시작된 계기는 2009년 6월에 시작된 공공부문 일자리 제공 사업인 '희망근로 프로젝트'에서 찾는다. 이 사업도 1997년 글로벌 외환 위기로 인해 초래된 일자리 문제를 해결하기 위한 대안이었으며 시간이 흐름에 따라서 저성장 체제 진입 후 새롭고 혁신적인 일자리를 발굴하기 위한 과정에서 나타나게 되었다. 희망근로 프로젝트는 시행 다음해인 2010년에 '지역 커뮤니티 비즈니스 사업'으로 이름을 변경하여 추진되었다. 그러나 이 명칭에 대해 일자리 사업을 지칭하는 용어로 부적절하다는 문제제기가 있었고 다시 '자립형 지역공동체 사업'으로 사업명이 변경된다. 현재 사용되고 있는 명칭인 마을기업은 2013년부터 사용되기 시작했고 마을공동체 단위에서 작은 기업을 육성해서 지역사회에 안정된 일자리를 제공할 목적으로 운영되기 시작하였다.

〈들여다보기〉 경상북도 의성군의 마을기업 농뜨락

농뜨락은 경상북도 의성군 비안면에서 심각한 고령화와 농산물의 판매량 감소 문제를 해결하기 위해 2017년에 설립된 마을기업이다. 의성군은 농산물 판로 확보가 어려워 지역 경제와 농업 소득이 지속적으로 감소하는 상황이었다. 이를 극복하기 위해 지역에서 여섯 명의 청년이 중심이 되어 농뜨락 농업회사법인을 설립하게 되었다. 농뜨락은 지역 농산물을 활용하여 가공식품을 생산·판매하기 위해, 초기에는 사과즙과 배즙을 주력 상품으로 제작했다. 이후 다양한 상품군(양배추 브로콜리즙, 호박즙 등)으로 확장하며, 체계적인 사업 구조를 갖추게 되었으며 이를 통해 지역의 청년 농업인들과 협력하며 지역 소득 증대와 고용 창출에 기여하였다. 현재 농뜨락은 생산·가공·유통을 넘어 물류, 기획, 컨설팅으로 사업을 다각화하며 지역 농업의 가치를 높이고, 지역 경제 활성화에 중점을 두고 있다. 특히, 못난이 과일 638톤 중 200여 톤을 시중가 대비 20~30% 높은 가격에 수매하며 지역 농가의 매출 증대에 기여한다.

마을기업 사업이 본격화된 2011년에 시행지침은 예시를 통해서 지역자원 활용형 공동체 사업과 친환경·녹색에너지 공동체사업, 생활지원·복지형 공동체 사업을 제시하였다. 그 이후 사회적으로 많은 관심을 끌었던 분야를 강조하여 사업의 주안점은 지속적으로 변해 왔다. 그러나 최근 들어 공공성, 공동체성, 지역성, 기업성 등이 주된 가치로 정해졌고 그 중에서 공동체성과 지역성이 핵심가치로 인정되고 있다. 이러한 가치를 중심으로 마을기업은 <그림 14-1>의 유형으로 다양하게 발전하였다. 중간지원 조직 또는 네트워크를 매개로, 마을재생을 위한 지역개발 분야, 지역의 특산품과 자연환경을 활용한 지역자원 활용 분야, 교육, 육아, 시설관리, 복지 등에서의 공공 서비스 분야, 재활용, 대안에너지 등과 관련된 친환경 공동체 분야 등을 중심으로 공공자산활용과 일자리 창출 등의 분야가 주종을 이룬다.

그림 14-1 ▸ **지역성과 공공성을 기준으로 한 마을기업 유형분류**

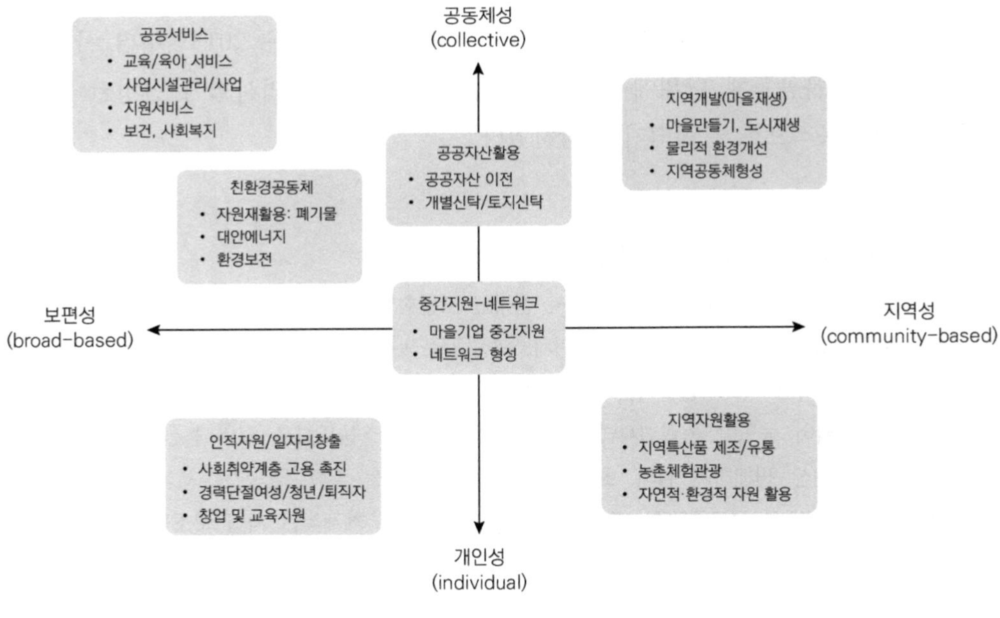

자료: 한국지방행정연구원(2016, 179)

2 자활기업의 개념과 발전과정

1) 자활기업의 개념

자활기업은 "자활사업을 통해 수급자 및 저소득층이 공동으로 출자해서 협동조합 방식으로 창업하여 스스로 자활을 이루고, 나아가 취약 계층에게 일자리를 나누고 지역사회에 필요한 서비스를 제공하며 사회적 가치를 실현하는 기업"으로 정의된다(행정안전부, 2023). 따라서 자활기업은 취약계층들이 스스로 기업을 설립하여 일자리를 만드는 협동경제공동체로 공동으로 노동하고, 경영하며 배분하는 경제공동체 기업이다. 자활기업도 지역성을 중시한다. 지역의 취약계층과 일자리를 나누고, 지역에 필요한 공공서비스를 제공하여 사회적 가치를 실현하는 사회적경제 조직이다. 따라서 신규 직원을 채용할 때 지역자활센터의 자활근로사업단 참여자 또는 취약계층을 우선 고용하며 고령자에게도 근로의 기회를 제공한다. 이를 통해 취약계층에게 복지서비스를 연계할 수 있으며 복지사각지대 해소에 기여하는 것을 목적으로 한다.

자활기업의 모태는 1990년대에 조성된 생산공동체에서 그 기원을 찾을 수 있고 이 조직들이 과거 사회적경제 형성의 주요 행위자였다는 점에서 사회적경제의 핵심을 이루는 조직형태로 인식된다. 그 시작이 함께 일하고, 경영하며, 공동으로 나누는 협동조합 방식이었다는 점에서 사회적경제가 지향하는 호혜적인 것에 가장 잘 부합하며 결사체 사회주의자들이 꿈꾸고 실험했던 방식의 공동체와 가장 가까운 유형의 조직이다. 주로 돌봄, 청소, 주거 복지, 재활용, 정부양곡 배송 등의 영역에서 공공서비스를 담당하며 취약계층 관련 서비스와 연관하여 복지사각지대 해소에 기여하는 사회적경제 조직의 한 유형이다.

2) 자활기업의 발전과정

1990년대 초 수도권에서 조성된 노동자 협동조합의 조직화에서 그 기원을 찾을 수 있다(김정원·황덕순, 2016). 1980년대부터 생산공동체 운동으로 조직화되었던 노동자 협동조합은 1990년 후반 자활 생산공동체라는 용어로 불리다 국민기초생활보장법에 자활공동체가 명시적으로 언급되며 제도화된다. 지역단위에서 진행되던 생산공동체가 정책 대상이 된 출발점은 1996년 김영삼 정부가 자활지원센터 시범사업을 실시하면서부터이다. 자활지원센터는 1996년부터 1999년까지 20개 기관이 지정되었고 2000년까지 50개 기관이 추가로 지정된다. 1차년도인 1996년에 서울관악, 서울노원, 서울마포, 인천동구, 대전동구 등 5개소가 주로 대한성공회 소속의 종교단체 참여로 개소하였다. 1997년에는 서울성북, 부산사상, 대구북구, 광주남구, 경기광명, 1998년에는 부산동구, 대구남구, 울산남구, 울산북구, 충남천안, 전북전주, 전남해남 등 전라도와 경상도 지역까지 확대되었고 1999년까지 사회복지법인 7개소, 종교단체 9개소, 사단법인 2개소, 학교법인 1개소, 시민사회단체 1개소가 지정되어 총 20개가 되었다(조경식, 2019).

자활사업에 대한 본격적인 지원은 1997년 외환위기로 인한 대량실업이 발생한 후 2000년에 제정된 국민기초생활보장법에서 자활지원사업이 시작되면서부터이다. 국민기초생활보장법은 복지의 관점을 노동연계 복지의 성격을 포괄하면서 자활사업이 사회정책의 틀 속에서 운영된다. 따라서 전국의 모든 기초지자체에 한 개소 이상의 지역자활센터를 만드는 것을 목표로 대규모 지정을 시작한다(김정원·황덕순, 2016). 이 과정에서 지역자활센터는 과거의 생산공동체의 성격이 퇴색하고 국민기초생활보장법상 전달체계로서의 역할을 수행하게 된다. 지역자활센터는 자활기업을 조직화하는 역할을 하게 된다.

자활공동체가 자활기업으로 명칭을 변경한 것은 2012년이었다. 2007년 사회적기업육성법이 제정되면서 인증 사회적 기업 중 상당 수가 자활공동체에서 발전하였다. 그리고 마을기업, 협동조합 등이 2010년과 2012년에 각각 공식적으로 제도화됨에 따라 자활공동체의 이름을 자활기업으로 변경하자는 의견이 제기되었다. 국민기초생활보장법의 개정에 따라 명칭을 자활기업으로 변경하고 설립요건을 2인 이상 사업자에서 1인 이상 사업자로 완화하였다. 그 이후 자활기업은 일을 통해 빈곤을 극복한다는 복지의 패러다임을 실현하는 모형으로 의미를 갖게 되었다. 2018년 보건복지부는 '자활기업 활성화 대책'을 통해 구성원의 1/3 이상을 기초생활 수급자로 고용하도록 제한했던 제약을 차상위계층까지 포함하여 1/3(수급자는 1/5)로 제한을 완화하여 자활기업 창업과 유지를 더 쉽도록 하였다.

그리고 평균 고용 인원이 10여 명에 불과했던 자활기업의 고용확대와 경쟁력 강화를 위해 사회서비스, 재활용 업종 등을 중심으로 지자체와 협력하여 전국화와 규모화를 지원하였다.

〈들여다보기〉 자활기업 제주 담다

제주 담다는 2019년 제주 이어도 지역자활센터가 주도하여 설립된 자활기업으로, 비상품 감귤을 활용해 가공식품을 생산하고 지역사회를 지원하고 있다. 특히, 친환경 영농과 무농약 농산물을 활용하여 농가 소득 증대와 취약계층의 자립을 지원한다. 제주 담다는 감귤, 당근, 곡물 등을 가공해 건조 과자, 풋귤차 등의 제품을 제작하며, HACCP 인증 등 식품제조 가공업 법적 요건을 충족하기 위한 노력을 기울였다. 초기에는 소규모 설비로 시작했으나, 국·도비와 자부담을 통해 제조 공장을 신축하고 최신 설비를 도입하여 생산량을 확대했다. 제주 담다는 지역 생태 관광서비스와 연계하여 '제주힐림캠프'를 운영하며 전국 자활센터 종사자들을 초대하는 한편, 독거노인들에게 무농약 감귤을 지원하는 등 지역 환원을 실천하며 곶자왈 보전 기금을 기탁하는 등 환경 보호에도 기여한다. 현재 제주 담다는 연 매출 3억 9천만 원(2021년 기준)을 기록하는 등 성공적인 성과를 거두고 있으며 2023년 보건복지부에서 개최한 '자활기업 성과대회'에서 최우수 자활기업에 선정되었다.

3 한국 마을기업과 자활기업의 현황

1) 마을기업 현황

<표 14-3>과 같이 2022년 현재 전국에는 총 1,770개소의 마을기업이 설립되어 있다. 시행 첫해에 385개의 마을기업이 선정되었고 매년 100에서 300개가량의 마을기업이 선정되면서 현재에 이르게 되었다. 가장 많은 지역은 경기도로 183곳이 있으며, 그다음으로는 전라남도에 161개소가 설치되어 있다.

표 14-3 ▸ 전국 마을기업 현황

지역	기업 수	지역	기업 수
서울	109	강원	140
부산	73	충북	94
대구	98	충남	158
인천	58	전북	113
광주	67	전남	201
대전	59	경북	141
울산	48	경남	128
세종	35	제주	40
경기	208	합계	1,770

<표 14-4>에 나타난 바와 같이 시행 첫해에 196억 원이던 매출액이 8.4 배 상승했으며 일자리는 6.1배 상승하여 현재 19,261명이 마을기업에 고용되어 있다.

표 14-4 ▸ 마을기업 매출 및 일자리 현황

구분	2011	2012	2013	2014	2015	2016	2017	2018
매출(억 원)	196	492	736	1,003	1,183	1,266	1,599	1,645
일자리(명)	3,145	6,533	10,117	10,218	11,500	16,101	17,438	19,261

마을기업은 발전단계와 목적에 따라 유형이 구분된다. 단계별로 예비, 신규, 재지정, 고도화, 재도약, 우수, 모두愛 등의 유형이 있고, 사업성격에 따라서 지역 자원 활용형, 사회서비스 제공형, 마을 관리형 등의 유형이 존재한다.[1] 단계와 유 형, 그리고 지역에 따라서 다른 지원을 받도록 제도화되어 있으며 우수한 성과를

---

[1] 지역자원 활용형은 지역자원을 활용하여 재화나 서비스를 생산, 판매하는 기업으로 지역특산물 가공, 관광·체험, 로컬푸드 분야가 해당한다. 사회서비스 제공형은 지역주민을 대상으로 교육 및 복지를 제공하는 기업이며 마을 관리형은 마을자산 운영, 지역재생 등 마을 공동의 이익이 나 마을 발전을 위한 사업을 진행하는 기업이다(행정안전부, 2023).

한국의 사회적경제

기록하는 경우 인센티브를 제공하는 방식으로 운영된다.[2]

그림 14-2 ▸ **마을기업의 성장단계별 유형**

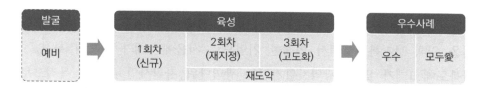

자료: 행정안전부(2023, 11)

2) 자활기업 현황

<표 14-5>와 같이 2023년 현재 전국에는 총 1,170개소의 자활기업이 설립되어 있다. 가장 많은 지역은 경기도로 175곳이 있으며, 그다음으로는 서울에 147개소가 설치되어 있다. 이들 자활기업에 대해서는 창업기금, 한시적 인건비, 사업개발비 등의 지원이 이루어진다.

표 14-5 ▸ **전국 자활기업 현황**

지역	기업 수	지역	기업 수
서울	147	전남	84
인천	44	전북	101
경기	175	부산	79
강원	77	울산	18
대전	22	경남	81
세종	10	대구	44
충남	52	경북	105

---

2) 2018년부터 '마을기업 고도화 사업'을 추가해서 2차년도 지정 마을기업까지 사업비를 지원했으나 더욱 안정적인 자립을 위한 기반 조성을 위해 실적이 좋은 마을기업을 선정해서 보조금을 지원하는 제도를 추가했다. 그러나 운영의 효율성이 높은 기업에 대한 인센티브는 의미가 낮을 수 있다는 견해가 존재한다(김진찬, 2020).

충북	56	제주	20	
광주	55	합계	1,170	

 2022년을 기준으로 볼 때 자활기업의 유형은 규모별, 형태별, 업종별로 <표 14-6>과 같이 구분된다. 규모별 분포에서 전국자활기업은 전국단위 자활사업 추진을 위해 보건복지부에서 인정한 기업으로 서울에 2개가 있으며 부산, 대전, 전라북도에 1개가 있다. 광역자활기업은 광역단위 자활사업 추진을 목적으로 광역 지방자치단체에서 인정한 기업으로 전라북도에 6개, 경기에 5개, 부산에 5개 기업이 있다. <표14-6>에서 업종별, 형태별 기업 수는 지역자활기준을 기준으로 작성되었다.

표 14-6 ▸ 자활기업의 업종별, 형태별, 규모별 현황

유형	구분	개수	비율	유형	구분		개수	비율
업종	청소	227	23.6%	형태	개인사업자		789	67.5%
	집수리	200	17.1%		법인 사업자	유한회사	66	5.6%
	배송·유통	179	15.3%			주식회사	208	17.7%
	사회서비스	104	8.9%			협동조합	107	9.1%
	음식점·식품	209	17.8%			법인합계	381	32.5%
	재활용	54	4.6%	규모	지역		1,170	96.6%
	세탁·생활용품	76	6.5%		광역		38	3.1%
	농산물	28	2.4%		전국		3	0.2%
	기타	43	3.9%		합계		1,211	100%

4 한국 마을기업과 자활기업의 문제점과 과제

1) 한국 마을기업의 문제와 과제

마을기업은 시작과 함께 시행지침상 개념과 유형의 변경으로 인해 온전한 제도화를 이루지 못한 것으로 평가된다. 법률적 기반이 없다는 점도 마을기업이 갖는 문제 중 하나로 평가된다. 현재 한국의 마을기업이 가진 몇 가지 문제와 과제를 다음과 같이 설명할 수 있다.

(1) 타 사회적경제 조직과의 차별성 및 고유의 정체성 확립

마을기업은 2010년에 시범사업이 시작되고 그 용어가 본격적으로 사용된 이후 시행지침을 통해 그 개념이 정의되었으나 개념이 지속적으로 변화하였다. 따라서 마을기업의 목표는 무엇인지에 대한 불명확성이 여전히 존재한다. 연도와 사회적 이슈에 따라서 평가의 주안점이 바뀌고 지역마다 다른 환경에 대응하는 과정에서 사업영역도 다양화되었다. 이 가운데 다양한 유형을 관통하는 가치와 역할을 바탕으로 정체성을 확립하는 것이 필요할 것이다. 특히 타 사회적 기업과는 다른 차별성을 바탕으로 정체성을 확립할 때 조직 설립과 제도화의 혼란을 줄일 수 있을 것이다.

(2) 공동체성의 강화와 일자리 창출 목표의 축소

마을기업의 본질은 공동체 형성에 있다. 시행지침의 개념과 평가지표의 구성에서도 공동체성이 강조되어 있다. 마을이 보유한 자산을 활용해서 지역사회의 지속가능한 발전을 도모하거나 주민들의 공통된 수요충족을 위한 기업가적 활동은 지역의 공동체 형성과 보존에 본질이 있다. 이를 통해 마을 전체의 이익을 확보하고 지역순환경제를 구축하는 것이 사회적경제의 구성에서 마을기업이 가질 수 있는 차별성이 된다. 고용문제가 중요한 사회이슈임에도 불구하고 마을기업에서 일자리 창출 목표를 정해서 추구하는 것은 그 본질을 훼손하는 방향성일 수 있다. 따라서 마을기업 사업에서 일자리 창출에 대해서는 재검토할 필요가 있고 평가에도 고려할 여지가 있다.

(3) 다양한 사회적경제 조직과의 연계를 통한 생태계 조성

마을기업의 중요한 목표는 지역사회의 사회적경제 체제에 편입되어 지속가능한 발전을 위한 생태계 일부로 기능하는 것이다. 따라서 지역사회의 생태계 구축을 통해서 지역에서 협력체계를 구축할 수 있도록 다른 사회적경제 조직과의 연계가 필요하다. 특히 마을의 사회적경제를 활성화하기 위해 구축된 협력적 거버넌스를 통한 지역사회 혁신에 기여할 수 있도록 연대와 협력을 통한 사회적 자본 창출의 주된 행위자로 자리매김하는 것이 중요하다. 지역에서 지방자치단체, 사회적경제 조직, 민간기업 등이 거버넌스를 구축하고 공동생산을 통해 지역혁신을 촉진할 수 있도록 아이디어를 발굴하고 프로젝트로 성장시키는 주역으로 자리잡을 필요가 있다.

2) 한국 자활기업의 문제와 과제

한국의 자활기업은 국가의 정책과 제도의 수립으로 공식적 제도화하는 과정에서 다양한 문제에 직면한다. 국가의 법제적 제도화의 결과로 자활기업의 요건과 인증의 기준, 일상적인 관리와 통제를 수용하며 정체성의 혼란을 경험한다. 많은 연구에서 그 문제에 주목했으며 앞으로의 과제는 다음과 같이 요약할 수 있다.

(1) 사회적경제 조직으로서의 정체성 확립

자활기업은 사회적경제의 발전과정에서 대표적인 실천사례였으며 가장 핵심적인 논쟁의 대상이었음에도 사회적경제 조직으로서의 정체성을 충분히 갖추지 못한 경향이 있다. 자활기업은 취약계층이 창업한 기업으로서의 정체성보다는 지역사회에 기여하는 기업으로서의 정체성을 확립할 필요가 있다. 이를 위해 지역사회의 집합적 의사결정 참여를 통해 지역사회에 유용한 기여를 할 수 있도록 인식을 바꾸고 이해관계자의 참여를 확대할 제도적 개선이 필요하다. 자활기업의 창업과 운영에 국가와 시민사회의 다양한 지원이 이루어진다는 점에서 지역사회의 집합적 소유권이 행사될 수 있는 근거를 모색할 필요도 있다. 지역사회와 영향을 주고받음으로써 자활기업 참여자들의 노동경험, 기능의 습득, 사회적 관계 형성이 가능할 수 있으며 시장으로의 온전한 진입이 가능할 것이다.

(2) 훈련과 지원의 고도화

자활기업은 대부분 빈곤층으로 구성된 영리추구 저임금 사업장의 성격이 강하다. 많은 자활기업에서 참여자의 근로능력 저하 문제를 토로하고 있고 참여자의 수도 획기적으로 늘지 않고 있는 상황이다. 따라서 자본력이 취약하여 혁신적인 비즈니스 모형의 구현, 체계적인 훈련과 역량개발의 기회를 얻기가 어렵다. 생산품의 품질개선, 판로 개척 및 마케팅 활성화, 지역사회에서의 공감대 형성 등을 위한 사후지원이 확대되어야 할 것이다. 창업 초기에 주어지는 한시적인 인건비나 사업자금 융자지원을 넘어 지속가능성을 높일 수 있는 포괄적인 지원이 필요하다.

(3) 네트워크와 파트너십의 강화

조직역량의 강화를 위해서 지역사회 내의 다양한 이해관계자의 참여를 유도하기 위한 네트워크와 파트너십의 강화가 필요하다. 빈곤층인 참여자가 지니는 사회적 역량의 취약성을 극복하기 위해서 지역의 이해관계자가 참여할 수 있는 법인으로의 창업 및 전환이 필요하다. 더 많은 지역사회 비즈니스 참여를 통해 자활기업 참여자들에게는 지역사회에 기여한다는 자부심을 갖게 하고 지역주민들은 자활기업에 대한 인지도를 높일 수 있다. 나아가서 자활기업 간의 파트너십을 강화할 필요가 있다. 유사한 업종을 기반으로 네트워크가 조직될 때 자원, 정보, 경험 등을 공유하고 서로 협력하는 데 효과적일 수 있다.

제14장의 핵심 요약

✓ 마을기업은 "지역주민이 각종 지역자원을 활용한 수익사업을 통해 공동의 지역문제를 해결하고, 소득 및 일자리를 창출하여 지역공동체 공동의 이익을 효과적으로 실현하기 위해 설립·운영하는 마을 단위의 기업"이다(행정안전부, 2023).

✓ 마을기업은 2009년 시작된 '희망근로 프로젝트'에서 기원을 찾을 수 있다.

✓ 자활기업은 "자활사업을 통해 수급자 및 저소득층이 공동으로 출자해서 협동조합 방식으로 창업하여 스스로 자활을 이루고, 나아가 취약 계층에게 일자리를 나누고 지역사회에 필요한 서비스를 제공하며 사회적 가치를 실현하는 기업"이다(보건복지부, 2023).

✓ 자활기업은 1990년대 노동자 협동조합의 조직화에서 시작되었고, 2000년에 제정된 국민기초생활보장법, 자활기업의 제도화의 과정을 거쳐 발전하였다.

사례분석: 경기도 남양주시 ㈜일과나눔

2024년 보건복지부 선정 우수 자활기업 10개소 중 하나로 선정된 ㈜일과나눔은 2001년에 남양주 자활후견기관에서 배출된 돌봄사업, 환경사업, 영농사업, 건축사업 등의 자활공동체가 통합해서 설립된 기업이다. 이 기업은 1990년대 글로벌경제위기 이후 증가한 저소득 취약계층의 자활과 자립을 위해 만들어진 자활공동체를 선도적으로 통합한 자활기업이라는 의미가 있다.

2008년부터 남양주시 자활공동체의 대표자들이 정기 모임을 진행하면서 통합을 준비했고 2009년 3월에 자활공동체의 합동총회를 진행하면서 통합논의를 본격화했으며 2009년 12월 29일에 통합된 조직으로 출범하였다. 2015년에 사회적협동조합으로 조직변경을 한 일과나눔은 취약계층 주민을 고용의 대상일 뿐만 아니라 경영의 주체로 자리매김시키기 위한 지속적인 노력 끝에 많은 직원들이 조합원으로 참여한다.

현재 ㈜일과나눔은 협동조합기본법 제2조에 입각한 사회적협동조합, 사회적기업육성법 제7조에 입각한 사회적 기업, 국민기초생활보장법 제18조에 근거한 자활기업으로의 정체성을 동시에 갖고 있다. 2021년 기준 전체 직원 152명 중에서 취약계층은 97명(64%)이며 건물위생관리사업, 주거복지 및 실내 인테리어(수선유지 급여사업, 에너지효율 개선 사업), 돌봄 사회서비스(장애인활동 지원 서비스, 방문요양, 가사간병 방문지원 서비스) 등의 업무를 주로 수행한다.

앞으로 ㈜일과나눔은 임직원뿐만 아니라 지역의 다양한 이해관계자가 함께 경영하는 다중이해관계자 협동조합을 지향하며 지역이 필요로 하는 서비스를 직접 개발해서 지역경제 활성화에 기여할 것을 계획 중이다. 직원, 이용자, 후원자, 자원봉사자가 함께 결정하고 사업을 수행하는 방식으로 주민들이 일상적으로 필요로 하는 재화와 서비스를 제공하는 생활 밀착형 사회적경제 조직으로의 성장을 계획한다. ㈜일과나눔은 더욱 큰 사회적 기여를 위해 ESG 평가 측정을 적극적으로 시행함으로써 사회적 공헌을 추진한다. 2023년 사회적협동조합 일과나눔 지속가능경영보고서는 다음과 같이 서술하며 조직이 나아갈 방향을 제시한다.

"돈을 많이 벌지는 못하지만 사람의 자존감을 소중하게 생각하는 사람들,
고용주가 따로 없는, 일하는 사람 모두가 경영에 참여하고 지역사회가
공동으로 소유하는 사회적협동조합 그리고 지역사회가 함께
책임을 나누는 지역사회와 함께 하는 사회적 기업"

(일과나눔, 2023)

㈜일과나눔은 지역의 위기를 함께 극복하기 위한 거버넌스를 고민하며 실천하는 사례이다. 이 사례에서 협력, 연대, 통합을 통한 시너지를 기반으로 지역사회 기반 사회적경제의 주된 목표인 주민이 필요로 하는 생활 속 문제해결이 가능함을 알 수 있다.

제6부

발전을 위한 과제와 전망

사회혁신, 리빙랩 그리고 한국의 사회적경제의 발전

> "태양광발전량이랑 전기소비량 그다음에 날씨 같은 거 IoT로 이제 기능이 되니까
> 인식해서 내일 태양광발전값 예측값 이런 것들을 볼 수 있는 스마트 미터기를
> 분전반에 설치하는 일을 하고 있어요."
>
> (김○○, 성대골 에너지슈퍼마켙 대표, 2018.11.30.)

사회혁신은 기존 정부·시장·시민사회가 해결하지 못한 문제를 창의적으로 해결하는 플랫폼, 해결 과정 그리고 해결 방안을 의미한다. 지역사회의 자원과 역량을 활용해서 공동의 목적을 달성하며 경제적 이익뿐만 아니라 사회적 포용과 환경적 지속가능성과 같은 사회적 가치의 달성을 지향한다. 한국의 많은 지방자치단체와 사회적 기업진흥원은 혁신의 효과를 확산하기 위해 사회적경제와 사회혁신을 결합한 지원정책을 도입하고 있다. 리빙랩은 지역주민, 전문가, 공공기관, 교육기관 등이 참여하여 지역문제를 실시간으로 연구하고 해결방안을 실험하는 혁신 모형이다. 특히 새로운 기술을 도입하고 실험하는 혁신적 접근법은 경제적·사회적 성과 목표의 동시 달성과 연결된다. 그리고 지역의 환경, 교통, 복지, 돌봄 문제를 해결하기 위해 주민의 참여뿐만 아니라 지역사회 구성원의 연대와 협력을 강조한다는 점에서 사회적경제 발전에 중요한 수단이 된다.

이 장에서는 사회혁신과 리빙랩의 개념과 사회적경제와의 관계를 설명한다. 그리고 사회혁신, 리빙랩 그리고 사회적경제가 지속가능한 선순환 구조를 만들기 위한 발전방향을 제시한다.

사회적경제와 사회혁신

현대사회에서 발생하는 사회문제는 다양하고 복잡하다. 불안한 고용과 소득, 주거의 문제, 저출산 고령화의 문제, 자연재해와 안전의 문제 등에 직면하고 있다. 일자리와 관련해서는 일하는 방식이 많이 달라지면서 고용 불안정이 심해지고 있다. 특히 4차 산업혁명으로 대표되는 인공지능, 사물인터넷, 가상현실과 같은 기술이 인간의 노동에도 영향을 주고 있다. 기존의 직업이 사라지고 새로운 직업이 나타나고 있다. 과거와 같이 사람을 대량으로 고용해서 대량생산하는 방식이 점차 사라져가고 있다. 고용과 노동에서 많은 변화가 일어나면서 우리의 소득이 어떻게 달라질지 불확실한 상황이 될 것이다. 그렇다면 이런 문제들은 어떻게 해결할 수 있을까?

두 번째 문제는 인구변화에서 나타난다. 이미 한국사회에서 저출산·고령화는 심각한 사회문제가 되었다. 여러 가지 이유로 출산율이 낮아지는 반면 의료기술이 발전하고 삶의 질이 높아지면서 본격적인 고령화 사회로 접어들고 있다. 이제 인구가 감소하더라도 경제는 지속가능하게 성장할 수 있는 체제로 전환해야 할 시점이 되었다. 저출산·고령화 시대에 인구가 많은 기성세대가 많은 자원을 사용하면 미래세대의 경제적, 사회적 자원은 부족하게 될 것이다. 이런 현상은 세대 간 갈등이라는 결과까지 유발할 수 있다. 이러한 인구구조가 만들어낸 여러 가지 복잡한 문제들은 어떻게 해결할 수 있는가?

세 번째로 환경문제와 기후변화도 심각해지고 있다. 매년 연례행사처럼 우리를 위협하는 미세먼지 수치에 촉각을 곤두세울 수밖에 없는 상황이다. 원자력발전의 안전문제는 실생활에서 우리의 생명과 안전을 위협하는 현실적인 문제로 다가오고 있다. 세계 여러 나라에서 지진과 쓰나미, 폭우와 가뭄과 같은 자연재해가 심각해지고 있다. 한국에서도 환경을 보전하면서 경제적 효율성도 달성할 수 있는 신재생에너지의 개발과 확산이 필요한 시점이 되었다. 환경문제는 정부뿐만 아니라 시민사회와 기업, 일반시민들까지도 협력해야 해결할 수 있는 문제이다. 그렇다면 환경문제를 해결하기 위한 공감대는 어떻게 만들어야 하는가? 그리고 환경을 보전하기 위한 활동은 어떻게 전개할 때 가장 효과적인가?

　　이런 문제들은 정부나 기업이 혼자서 해결할 수 있는 문제가 아니며 정부와 시민 그리고 기업을 포함한 사회 구성원이 협력하는 방식으로 해결되는 문제이다. 특히 문제가 발생하는 현장에 살고 있는 시민들의 역할이 중요하다. 시민들이 문제에 공감하고 해결을 위해서 협력한다면 새로운 방식을 도입해서 혁신적으로 해결할 수 있다. 그래서 사회혁신에 시민들의 참여가 중요하고 사회적경제의 역할이 중요해진다.

　　다양한 사회문제를 혁신적으로 해결할 때 필요한 개념이 사회혁신이다. 사회혁신에 대해서 오래전부터 여러 학자들이 설명을 했으며, 독일의 사회학자 막스 베버는 사회적 창조라는 용어를 쓰면서 "새로운 형태의 관계에 부합하는 조직화의 원리"라고 설명했다. 경제학자 조셉 슘페터는 기존 질서를 인정하지 않고 더 발전된 미래를 창조하기 위해서 생산수단을 새롭게 조합해 나가는 과정이라고 설명한다. 그리고 이런 활동을 창조적 파괴라고 불렀다.

　　사회혁신이 본격적으로 논의된 것은 1980년대 이후이다. 피터 드러커는 사회혁신의 개념에서 지식기반사회에서의 새로운 기술이나 기업가정신을 통한 사회시스템의 혁신을 강조하였다. 1980년대 이후에는 신자유주의 이념이 확산되면서 전 세계적으로 중앙정부의 역할은 줄이고 지방자치단체나 공동체가 많은 책임을 지는 방식으로 정책기조가 변화한다. 분권화와 지방화가 본격적으로 이루어진 것이다. 이런 상황 속에서 사회적 기업가정신이 확산되고 사회적 기업이 증가하면서 정부, 기업, 공동체가 협력하면서 사회문제를 해결하는 파트너십에 관심이 많아졌다.

　　특히 1990년대 후반 글로벌경제위기 이후에 사회적경제가 새롭게 주목받기 시작한다. 이때부터 사회적경제는 사회혁신을 실현하는 중요한 매개체로 인정받는다. 21세기로 접어든 이후 유럽연합, OECD, 세계은행, 국제연합 등에서 사회혁신을 새롭게 정의하면서 사회적경제의 개념에 접목한다. 유럽연합은 사회혁신을 사회적 필요를 충족시키면서 동시에 새로운 사회적 관계와 협력을 만들어 낼 수 있는 새로운 발상으로써 문제해결을 위한 사회적 역량을 축적하는 과정으로 강조한다. 그리고 대부분의 개념에서 시민사회의 역할, 협력적 관계, 새로운 발상과 전략을 강조하고 있다. 따라서 사회적경제가 추구하는 협동과 참여, 네트워크의 개념과 잘 연결되는 개념이 사회혁신이다. 이렇게 지역사회가 직면한 다양한 문제를 해결하는 데 사회혁신이 중요해지고 사회적경제의 네트워크가 사회혁신의 촉진제가 되는 것이다.

한국에서는 2000년대 후반부터 사회혁신의 개념이 본격적으로 사용된다. 2000년대 후반부터 정부는 재정이 제한된 상황에서 정부가 해야 할 일을 완수하기 위해 국가혁신의 차원에서 사회혁신을 장려한다. 기업은 경제적인 이윤추구에서 더 나아가 사회적 가치를 만들면서 사회에 기여하는 활동에 관심을 갖게 된다. 시민사회는 협력의 파트너를 탐색하는 과정에서 사회혁신의 기회를 만들어낸다. 이렇게 각기 다른 목적으로 다양한 양상으로 사회혁신은 발전하고 있지만 공통된 특징은 시민들이 참여하는 방식, 서로 협력하는 방식으로 사회를 변화시켜 나간다는 점이다.

그러면 어떻게 사회혁신은 실현될 수 있는가? 사회혁신을 더 쉽게 만드는 데 디자인 씽킹, 시스템 씽킹이 중요하다. 말 그대로 디자인 씽킹은 디자이너들이 문제를 푸는 방식대로 사고하는 것이다. 문제가 무엇인지를 정의하고 해결을 위한 아이디어를 도출하고 해결책을 제시하고 테스트해 보는 단계를 거치는 것이다. 사회문제를 해결함에 있어서 사람들이 느끼는 욕구가 무엇인지 알아내고, 해결책을 마련해서 반복적으로 실험해 보는 것이다. 그러기 위해서는 공감하고, 정의하고, 아이디어를 내고, 구체화하고 실험하는 단계를 거친다.

시스템 씽킹은 어떤 문제의 원인을 단선적으로 생각하는 것이 아니고 원인과 결과에 영향을 주는 시스템 안의 여러 요소들을 함께 고려하는 사고방식을 말한다. 우리가 직면하는 여러 가지 문제들은 다양한 현상이 동시에 연결되어 복잡한 모습으로 나타난다. 침체되어가는 지역경제를 활성화하려면 여러 가지 원인들이 어떻게 영향을 주고받는지 생각해 보아야 하며 그 지역의 경제는 인구와 산업의 변화, 기술적인 발전, 지리적 위치와 같은 다양한 요소들과 연결되어 있다. 이 중에서 가장 근본적인 원인이 무엇인지 찾아내고 복잡한 관계를 이해한 뒤 본질적인 해결책을 마련해야 하는 것이다. 그러기 위해서는 하나의 현상과 그 원인을 깊게 성찰하는 자세가 필요하다. 이 과정에서 정부와 시민사회와 민간기업이 각자 어떤 역할을 하고 어떻게 협력할지에 대한 구체적인 방안을 생각해 낼 수 있다. 정부보조금의 지급이나 일시적인 경기부양과 같은 단순한 접근보다 전체적인 해결방안을 모색해야 할 것이다.

2. 리빙랩: 시민이 만들어가는 사회혁신

리빙랩은 일상생활의 실험실을 의미한다. 공공부문, 민간기업, 시민사회가 협력해서 혁신활동을 실천하는 혁신플랫폼이다. 리빙랩은 사회문제와 관련된 조직들과 이해관계자들에 정보통신기술과 같은 전문성을 갖춘 연구 인력의 역량을 더해서 실제로 문제해결을 시도해 보는 활동 그리고 그 공간이다. 유럽에는 이미 리빙랩 네트워크가 만들여졌다. 대표적으로 벨기에 플랑드르 지방에는 iMinds리빙랩이라는 혁신플랫폼이 만들어져서 21,000명 이상의 사용자가 참여하고 있다. iMinds리빙랩에서는 건강과 스마트시티 같은 분야의 새로운 시스템의 개발단계부터 사용자가 참여하는 방식으로 운영된다.

한국에서도 성남시의 성남시니어리빙랩, 서울의 북촌 리빙랩, 대전시 건너유 리빙랩을 비롯해서 많은 지역에서 활발한 활동이 전개되고 있다. 서울시 동작구 상도동에 성대골이라는 마을은 꾸준히 에너지 전환 운동을 진행해 온 곳이다. 최근에 우리에게 많은 걱정을 안겨주고 있는 지구온난화, 미세먼지, 방사능 위험과 같은 문제를 해결하고자 노력하는 마을이다. 지속가능하지 않은 현재의 에너지 시스템을 지속가능한 방식으로 전환하려는 시도를 한다는 점에서 에너지 전환마을이라고 불린다. 그런데 지속가능한 새로운 에너지 시스템을 만들려면 실험이 필요하다. 그래서 성대골 사람들은 리빙랩을 만들고 혁신적인 제품과 금융서비스를 직접 실험하고 개발했다. 주민들이 참여해서 집집마다 미니태양광을 설치해 보고 쉽게 설치하기 위한 케이블도 제작했다. '우리집 솔라론'이라는 금융상품을 개발해서 더 쉽게 태양광을 확산하는 실험도 했다.

성대골 에너지전환 리빙랩에는 에너지슈퍼마켈, 성대골에너지전환마을, 연세대학교 지속가능한도시전환연구실, 주식회사 마이크로발전소, 동작신협과 같은 여러 기관들이 참여했다. 이 기관들과 주민들을 중심으로 에너지를 아끼고 재생가능한 에너지를 늘려가기 위한 실험을 하고 있다. 이렇게 여러 기관이 협력해서 문제해결을 위한 실험을 하고 해결책을 적용해 보는 플랫폼을 리빙랩이라고 한다.

리빙랩은 시민들이 실제로 생활하는 공간에서 연구를 진행하는 실험실이다.

리빙랩라는 말은 2004년 미국 MIT의 윌리엄 미첼교수가 처음 사용했다. 특정 아파트에 사람들을 살게 하면서 이들이 기술을 어떻게 사용하는지 관찰하는 실험을 진행했다. 새로운 기술개발을 위해서 사용자를 관찰하는 공간이었던 것이다. 리빙랩이 유럽으로 건너가면서 공동체가 연결된 사회운동으로 변화하였다. 시스템을 개발하는 사람뿐만 아니라 정부, 기업, 시민, 지역사회 조직들이 함께 참여하면서 모두가 개발단계부터 적극적으로 개입한다. 그 과정에서 혁신을 추구하는 하나의 공동체가 형성되는 것이다.

〈들여다보기〉 벨기에의 LiCaLab

벨기에의 투른호트라는 곳에는 LiCaLab이라는 리빙랩이 있다. "생활과 돌봄의 랩"이라는 뜻이다. 고령자들의 건강문제를 해결하기 위해서 정부와 기업, 대학 그리고 헬스케어 관련 기관이 파트너십을 체결해서 혁신을 검증하고 실험한다. 대학과 기업이 협력해서 새로운 제품을 만들면 사용자들이 피드백을 제공하도록 지원한다. 설문조사, 컨설팅, 공동제작 워크숍, 실생활에서의 실험을 지원해서 손쉽게 제품을 만들 수 있게 하는 것이다. 리카랩에서는 음식을 삼키기 어려운 노약자를 위한 식품 개발을 지원했다. 탑 푸드(Top foods)라는 식품회사가 토마스모어대학의 보건의료기술지식센터인 모비랩과 루뱅대학의 식품개발연구소인 랩포푸드와 협력해서 개발을 시작했다. 고령자들이 음식을 잘 삼키지 못해서 영양실조에 빠지는 문제를 해결하려고 식사대용 셰이크를 개발했는데 셰이크의 묽기와 질감을 개선하기 위해서 12개 요양시설에 있는 80여 명의 고령자를 대상으로 4주 간 실험을 했다. 고령자들과 요양시설에서 활발하게 의견을 제시했고 결국 탑셰이크라는 아침식사용 셰이크가 개발되었다. 많은 사람의 협력으로 만들어진 이 제품을 섭취한 노인들은 영양섭취가 10%가량 증가하는 성과가 있었다.

한국에서는 2013년부터 본격적으로 리빙랩이 도입되기 시작한다. 연구개발사업이 기술개발에 그치지 않고 실질적으로 사회문제가 해결되는 데 기여할 수 있도록 사용자와 연구자가 협업하는 수단으로 활용되었다. 그 이후에는 성대골처럼 지역 주민들이 직접 참여해서 삶의 질을 높이기 위한 기술을 수용하고 실험하는 방식으로 확산되었다.

리빙랩이 중요한 이유는 다음과 같이 세 가지로 요약된다.

> **〈리빙랩이 중요한 세 가지 이유〉**
> ① 주민의 참여가 시작되고 그들의 역량이 커진다.
> ② 문제해결을 통한 지역혁신의 모델이 된다.
> ③ 협력적 거버넌스를 강화하고 지역에서의 성과를 실질적으로 높일 수 있다.

첫 번째 이유는 철저하게 사용자나 주민의 참여에서 시작되고 그래서 주민의 역량이 커진다. 사회문제를 해결하려는 욕구가 가장 강한 사람들은 바로 주민들이다. 주민들이 직접 해결책을 마련하기도 하고 적극적으로 의견을 개진하면서 문제해결의 가능성이 높아진다. 그 과정에서 시민들의 역량이 커진다는 중요한 효과가 나타난다. 리빙랩에서의 다양한 활동을 통해서 지역 전체가 학습할 수 있다. 지역학습 과정에서 지식과 노하우를 서로 교환하면서 주민들은 역량을 키워 갈 수 있다. 성대골에서도 많은 주민들이 참여했고, 서로에게 새로운 지식을 전달하고 함께 공유하는 활동을 해 나갔다. 인근의 국사봉 중학교, 성대시장, 지역 내 어린이집 등이 모두 협력했다는 점에서 리빙랩은 지역 전체가 학습하는 장이었다.

두 번째로 중요한 이유는 문제해결을 통한 지역혁신의 모델이 될 수 있기 때문이다. 리빙랩은 지역의 문제를 해결하기 위해서 바로 그 지역을 실험대상으로 삼고 기술을 개발하고 검증한다. 교육경쟁력강화, 도시재생, 스마트시티까지도 리빙랩으로 이루어낸다. 대만에는 리빙랩스 타이완이라는 리빙랩이 있다. 대만에서 경쟁력이 높은 정보통신기술을 실생활에 접목하기 위한 플랫폼으로 만들어진 리빙랩이다. 여기서 future classroom이라는 디지털 교육시스템이 개발되었고, Greenlife 투어가이드라는 녹지공간에 시민들의 접근성을 높이는 서비스가 개발되었다. 이런 구체적인 성과물을 통해서 지역의 환경을 개선하고 경쟁력을 높일 수 있었다.

세 번째로 중요한 이유는 리빙랩을 통해서 협력적 거버넌스를 강화하고 지역에서의 성과를 실질적으로 높일 수 있기 때문이다. 리빙랩은 현장의 여러 기관과 주민들이 지역의 문제에 집중해서 해결의 실마리를 찾아나가는 과정이다. 리빙랩은 사람들과 함께 진행하는 과정이다. 더 많은 사람들이 참여하고 그들의 자원을 활용할 수 있다. 그리고 사회적경제가 의미 있게 발전하려면 지역에 도움이 되는 결과를 얻어야 한다. 사회적경제가 문제제기만 하고 해결방안을 제시하지 못하면 지속가능한 발전이 이루어질 수 없다. 리빙랩은 다양한 기관이 협력하는 과정이고 그 결실은 성과로 이어진다.

리빙랩은 사회적경제 조직이나 사회혁신 기업은 연구 개발된 제품과 서비스를 실용화하거나 사용하는 역할을 한다. 그 효과는 취약계층, 일반시민 그리고 개발도상국에서 나타나지만 사회적경제 조직은 중간과정에서 최종 사용자가 적극적으로 참여하도록 하는 방법을 마련한다. 이를 위해 사회적경제 조직은 사용자들이 제시한 의견을 반영하면서 이들을 동기 부여할 방안을 구체적으로 마련해야한다. 지역화폐나 상품권과 같은 활동비를 지급하거나 시민 연구원을 위촉하는 방식이 가능할 것이다. 예를 들어 성대골 에너지 전환 리빙랩에서는 지역주민을 마을 연구원으로 위촉해서 리빙랩 활동에 지속적인 참여를 독려한다. 성남시의 고령친화종합체험관에서는 액티브시니어 평가단을 구성해서 고령친화 제품 및 서비스 개발을 위한 아이디어, 디자인, 성능, 사용성 등의 평가과정에 적극적으로 참여하도록 유도한다.

리빙랩을 실현하기 위해서는 여러 단계를 거쳐야 한다. 먼저 운영을 위한 인프라가 필요하다. 공공정보 데이터, 와이파이망, 안정적인 활동공간이 있어야 한다. 그리고 사용자의 인식과 행태를 분석하고 이해하기 위한 방식을 결정해야 한다. 사용자로부터의 피드백을 받기 위해서는 설문조사, 인터뷰, 포커스 그룹 인터뷰, 디자인 씽킹, 온라인 의견수집 등을 활용해야 한다. 설문조사 앱이나 공공토론 앱이 있으면 유용하다. 이렇게 자료를 공유하고 조사하기 위해서 안전과 윤리 문제에도 적절하게 대비해야한다. 생명윤리 심의위원회나 표준화와 안정성과 관련된 위원회가 구성될 필요가 있다. 여러 제품이나 서비스를 개선하는 과정에서 필요한 제도적 규제를 관리해야 한다. 서울의 북촌 한옥마을에는 사물 인터넷에 기반을 두고 관광객 체험형 서비스를 제공하는 리빙랩이 만들어졌으며, 실제로는 통행방해와 같은 민원이 발생했고 예산부족으로 인해 서비스가 중단될 수밖에 없었다. 따라서 리빙랩은 규제개혁, 제도개선 그리고 환경개선의 문제까지 고려해야 하는 것이다.

마지막으로 리빙랩의 성과를 확산하기 위한 방안이 마련되어야 한다. 다양한 홍보도 이루어져야 하고 새로운 시장을 만들기 위한 법률과 조례의 제정도 필요하다. 대전시 유성구의 갑천이라는 하천에 있는 징검다리는 때때로 범람하고 있다. 안전을 위해서 건너유 리빙랩이 만들어진다. IP카메라(Internet Protocol Camera)를 활용해서 범람현황을 실시간으로 확인하는 앱이 만들어진 것이다. 그러나 관련 법령이 없어 카메라는 비인가 시설물이 되었고, 철거될 수밖에 없었다. 이처럼 리빙랩의 확산을 위해서는 제도의 개선이 필요하고 민원발생의 문제, 이해관계자의 반대를 극복해야 한다.

리빙랩은 하나의 플랫폼이지만 지속가능하게 활용되기 위해서는 리빙랩과 관련된 생태계가 형성되어야 한다. 한국 리빙랩의 대표적인 사례로 평가되는 성남 고령친화종합체험관의 시니어 리빙랩의 경우 노인 사용자들을 조직화해서 다양한 연구기관과 외부기업의 사용성 평가를 진행하는 혁신센터로 발전하게 된다. 리빙랩은 최종 사용자와 이해관계자가 참여하는 연구개발 추진체계이기도 하고 지역사회의 문제를 해결하는 플랫폼이기도 하다. 다양한 참여자들이 실질적인 해결책을 논의하고 개발하는 과정이다. 여러 가지 지식과 노하우, 개발의 방향을 공유하면서 전문성과 시민성이 공유하는 공간이 된다. 이 두 가지 특성이 리빙랩에서 만날 때 기존의 전문가 중심의 접근과 시민사회 중심의 접근이 각각 따로 진행될 때 생기는 문제가 해결될 수 있다. 시민과 전문가가 함께하는 혁신 그것이 바로 리빙랩이 추구하는 목적이다.

제15장의 핵심 요약

✓ 사회혁신은 지식기반사회에서 새로운 기술이나 기업가정신을 통한 사회시스템의 혁신으로 다양한 사회적 요구를 충족할 새로운 전략, 개념, 아이디어, 조직적 패턴 등을 의미한다.

✓ 리빙랩은 일상생활의 실험실을 의미하며, 공공부문·민간기업·시민사회가 협력해서 혁신활동을 하는 혁신 플랫폼이다.

사례분석: 유럽 리빙랩 네트워크(ENoLL)

유럽이사회는 유럽연합 기구 중 하나이고 2000년에 리스본전략을 발표했다. 리스본전략이 발표된 2000년대 초반은 유럽에서 실업문제가 심각해지고 경제의 활력이 떨어져간 시기였다. 리스본전략의 목적은 2010년까지 유럽에서 "더 많고 더 좋은 일자리와 더 나아진 사회통합으로 지속가능한 경제성장을 달성할 수 있는 세계에서 가장 경쟁력 있고 역동적인 지식기반사회를 만드는 것"이다. 이 목적을 달성하기 위한 세부목표는 혁신, 지식경제, 사회와 환경의 재생이었다. 하지만 리스본 전략을 수립한 이후에도 유럽경제는 더 나아지지 않았고 리스본 전략은 보완이 필요했다. 리스본 전략을 수정하기 위한 방안으로 2006년에 헬싱키 매니페스토가 발표된다. 헬싱키 매니페스토에서는 혁신을 실제로 구현할 혁신 생태계와 플랫폼으로써 리빙랩을 강화할 것을 강조한다. 그 결과로 2006년 11월, 열아홉 개 유럽 도시가 연대하면서 유럽 리빙랩 네트워크를 설립된다.

유럽 리빙랩 네트워크는 유럽의 여러 지역에서 운영되는 리빙랩을 연결하고 새로운 리빙랩을 지원해서 유럽 전체를 사회혁신의 장으로 만들기 위해서 운영된다. 다양한 교육자료를 공유하고, 전문지식을 제공하고, 세미나를 개최해서 여러 분야의 프로젝트를 지원하고 서로간의 시너지를 만들어 낸다. 지금은 보건, 복지, 서비스 혁신, 에너지 효율향상과 같은 문제해결형 혁신활동을 지원하는 중간조직의 역할을 수행하고 있다. 리빙랩은 일상생활의 실험실이라는 뜻이다. 공공기관, 기업, 시민 등 다양한 구성원이 혁신의 주체로 참여해서 직접 문제를 해결해 나가는 혁신플랫폼이다. 지역별로 다르게 나타나는 문제를 해결하기 위해서 새로운 아이디어를 모아서 실행에 옮겨볼 수 있도록 지원하는 시스템이다.

이런 방식은 유럽뿐만 아니라 미국이나 타이완 그리고 우리나라에서도 리빙랩은 널리 활용되고 있다. 리빙랩을 운영하는 데 중요한 부분이 사회적경제이다. 사회적경제는 서로 돕고 협력하는 공동체로 구현되는 새로운 형태의 경제영역이다. 따라서 사회적경제는 사회혁신이나 리빙랩과 밀접한 관련이 있다. 지금까지는 정부와 시장이 우리사회의 많은 문제들을 해결해 왔다. 그런데 사회적경제는 시민들이 중심이 되는 공동체를 바탕으로 각자의 자원을 공유하면서 새로운 방식으로 문제를 해결해 나간다. 이런 새로운 문제해결방식을 바로 사회혁신이라고 부른다. 그리고 우리의 생활 속에서 사회혁신을 만들어 내는 플랫폼이 리빙랩이다.

사회적경제와 국제개발협력

"타워빌과 가야가야 지역주민들의 역량강화에 힘써 지금은 사업상의 수치를 넘어
타워빌의 가난한 사람들이 다시 마닐라 빈곤의 땅으로 돌아가지 않는 것으로 그 결실을 맺었다.
지역의 리더들, 현지의 스태프들, 자원봉사자의 역량은 이제 지역의 도전과제들과
요구에 응답할 수 있을 정도로 발휘되고 있다."

(부치 압리르, 2017, 17)

국제개발협력에서 사회적경제는 빈곤 퇴치, 지역사회 개발, 포용적 경제 달성, 지속가능성 제고 등 다양한 측면에서 중요한 역할을 한다. 사회적경제는 단기적인 원조의 성과를 내는 것을 넘어 개발도상국가의 지속가능성과 내생적 발전을 강화하는 핵심 수단이다. 개발도상국가의 취약계층은 협동조합과 사회적 기업을 통해 소득증대를 하고 경제적 참여를 강화할 수 있다. 사회적경제는 여성, 청년, 장애인, 소수민족 등이 사회에 참여하도록 지원함으로써 사회적 통합과 포용성을 높이는데 기여할 수 있다. 뿐만 아니라 사회적경제는 지속가능한목표 달성에 핵심적인 역할을 하는 영역으로 불평등 감소, 소득증대, 양질의 일자리 창출, 환경보호 등을 위한 새로운 기술의 도입, 양질의 일자리 창출, 지속가능성의 증대 등을 촉진하는 역할을 할 수 있다.

이 장은 개발도상국가에서 사회적경제가 중요한 이유로 시작한다. 다음으로 개도국에서의 사회적경제의 활성화 전략을 지역역량개발 전략과 사회적경제 형성 전략, 사회적경제 형성을 위한 자산과 욕구 평가, 사회적경제 형성을 위한 절차 수립·집행·평가를 중심으로 살펴본다. 마지막으로 한국국제협력단의 사회적경제 조성 전략을 설명함으로써 이 장을 마무리한다.

한국의 사회적경제

개발도상국가에서 사회적경제가 중요한 이유

1) 개발도상국가 맥락에서 사회적경제의 중요성

최근 사회적경제가 개발도상국가의 지역단위에서 다양한 사회경제적 문제해결에 효과적인 수단으로 인식되고 있으며 그 배경은 다음과 같은 세 가지가 있다.

첫째, 세계화와 신자유주의가 도래한 이후 글로벌 경제체제에서의 경쟁이 치열해지고 효율성이 주된 가치로 강조됨과 동시에 자본, 생산, 노동의 이동이 자유로워지면서 개발도상국가의 지역에 남아있는 경제주체의 경쟁력이 매우 낮아지게 되었다. 개도국 지역사회의 소규모 기업의 경쟁력이 약화되면서 지역사회가 공동화되고 기초적인 공공서비스나 사회서비스가 제공되지 못하는 결과를 낳았다. 결국 이런 상황에서 주민의 참여로 스스로 문제를 인식하고 자생적인 발전의 노력을 통해 자본과 재화, 서비스의 이동을 활성화하는 것이 사회적경제의 개념이다. 사회적경제 속에서 협동조합과 사회적 기업이 활성화될 때 개발도상국가 지역경제의 공동화를 막을 수 있으며 외부 환경의 변화에 자생적으로 대응할 수 있는 자원이 확보된다.

둘째, 개발도상국가에서도 인구구조가 변화하고 있으며 도시지역에서는 산업화 없는 인구증가가 발생하고 그 증가추세가 매우 빠르게 나타난다. 농촌 지역의 인구도 증가하지만 청년층은 도시지역으로 유출하여 작은 도시공동체나 소규모 도시에 위기를 유발한다. 역량이 부족한 개도국 지역에는 의료서비스가 열악해지고 지방정부는 증가하는 수요를 충족할 만큼 충분한 자원을 갖지 못하게 된다. 민간기업도 이러한 상황에서 자금을 투자할만한 인센티브를 찾지 못할 때 지역에는 충족되지 못하는 사회적 수요가 남아있게 된다. 개발도상국가의 맥락에서 의료서비스 및 사회서비스의 공급이 원활하지 못한 한편 이주와 다문화현상의 가속화로 인한 인구구조의 왜곡은 지역사회에 적합한 사회서비스의 제공을 필요로 하게 된다. 이러한 상황에서 지역사회에 적합한 사회서비스의 공급은 사회적경제 체제를 통해서 대응할 수 있을 것으로 기대되었다.

셋째, 인구구조와 가족구조, 그리고 노동의 양식이 다양화되면서 개발도상국가의 사회적 수요도 다양하게 변화한다. 그러나 개도국 중앙정부나 지방자치단체 모두 사회적 보호를 위해 제공할 수 있는 서비스의 역량에 한계가 있다. 주기적으로 도래하는 경기침체는 국가의 규모와 역량을 축소시키며 이러한 변화는 산업구조와 인구구조의 변화로 인해 지역에 촉발되는 다양한 수요를 충족시키는데 부정적인 영향을 주게 된다. 이러한 변화는 국제기구나 원조 공여국의 역량도 감소시키고 결국 개발도상국가에서도 외부자원에 대한 의존성을 줄여야 하는 상황에 직면하게 된다. 따라서 선진국과 개발도상국가 모두에서 사회적경제가 지역사회의 사회적 수요충족에 유용한 수단으로 주목받게 되었다.

2) 글로벌 환경변화와 개발도상국가에서 사회적경제의 중요성

사회적경제는 글로벌 환경 변화의 맥락에서도 중요한 발전 대안으로 고려되고 있다. 글로벌 난제 확산, SDGs 이행강화, 개발협력 참여자의 다양화 및 지역사회 혁신이 확산하는 배경 속에서(관계부처합동, 2021a), 국내 사회적경제 조직의 개발협력 분야 참여를 장려하고 개도국에 새로운 사회적경제를 형성하거나 기존 사회적경제를 지원하는 노력이 확산되었다.

코로나19를 비롯한 글로벌 감염병이 확산하고 기후변화가 심해지며 국가 간·지역 간 갈등이 심화되는 글로벌 난제가 매우 다양한 방식으로 나타나고 이는 개도국의 지속가능성에 부정적인 영향을 유발한다(World Economic Forum, 2023). 이처럼 다양한 문제에 단일한 정책 대안은 유효하지 않고 각 지역의 특성을 반영하는 해결방안이 모색되어야 하며 이러한 해결방안을 가장 잘 활용할 수 있는 방식이 지역사회의 사회적경제가 형성되어 지역 생태계 속에서 이해관계자들이 협력하는 방안이다.

UN이 선포한 SDGs는 2030년까지 달성할 것으로 계획되어 있고 이에 대한 국제사회의 요구도 커지고 있다. 이러한 상황속에서 지역별로 다양한 환경에 부합하는 목표를 재정립하고 각 목표별 결과달성을 평가하는 지역화가 필요하게 되었다. 따라서 국제개발협력에 다양한 주체가 참여하고 지원수단도 다양해질 필요가 있다. 개도국 지역사회에서 다양한 사회적경제 조직들이 지방자치단체, 지역

주민을 비롯한 다양한 주체와 협력하여 지속가능한 발전을 지향하는 대응이 중요해진다.

최근 국제개발협력의 수요는 확대되고 있으며 사업영역이 다양해지고 있다. 점차 시민사회와 기업의 역할이 커지고 서로 연결성이 높아지는 추세가 강화되어 시민사회, 정부, 기업의 협력을 통한 사회혁신이 난제 해결의 핵심으로 자리잡고 있다. 따라서 지역의 사회적경제 조직이 파트너십을 형성하고 다차원, 다수준 거버넌스의 형성을 통한 체계적인 대응이 필요하게 되었다.

2 개발도상국가에서의 사회적경제 활성화 전략

1) 지역역량형성전략

사회적경제가 지역사회의 내생적인 발전을 도모하는 다양한 개인과 조직으로 구성된 제도적 환경이라고 생각할 때 지역역량형성이 중요한 전략으로 고려될 수 있다. 지역역량형성은 1970년대 초반부터 국제연합을 비롯한 국제기구에서 개발도상국가의 제도형성을 강조하면서 시작된 개념이다. 1970년대 개발도상국가에 진출한 다양한 기관들은 보건, 농업, 기상, 영양보급 등을 담당할 기관을 필요로 했으며 이들의 조직화를 제도형성의 시각에서 접근하였다. 본격적으로 역량형성의 개념이 활용되기 시작한 것은 1990년대부터이다. 국제연합개발프로그램은 이 개념을 적절한 환경과 정책이 작동할 수 있는 환경조성, 제도의 발전, 인적자원개발, 관리체계의 형성 등을 이루어 낼 수 있는 단계로서 제시한다(UNDP, 2009).

국제연합개발프로그램의 지역역량형성전략은 <그림 16-1>과 같이 나타낼 수 있다. 일련의 과정으로 표현된 역량형성전략은 총 5단계로 구성된다. 첫 번째 단계가 이해관계자의 참여이고, 두 번째가 자산과 욕구의 평가, 세 번째가 역량개발방안의 형성이며, 네 번째가 역량개발방안의 집행, 다섯 번째가 역량개발방안의 평가이다. 평가의 결과는 다시 이해관계자들의 참여와 방안의 수립에서 고려된다.

여기서 중요한 것은 역량형성의 단계인데 이때 중요한 고려사항으로 제도적 구성, 리더십, 지식, 책임성 등의 요소이며 이들이 역량변화의 지렛대로 불린다.

그림 16-1 ▸ **지역역량형성의 단계**

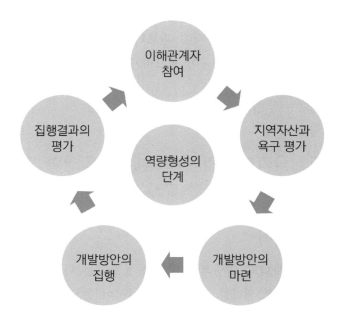

2) 사회적경제의 형성을 위한 이해관계자의 참여 제고

사회적경제의 형성을 위한 첫 번째 단계로 이해관계자들이 의사결정에 참여하도록 다양한 수단을 동원하는 것이 중요하다. 특히 사회적경제를 구성하는 사회적 기업이나 비영리조직들은 공통의 경제적, 사회적, 문화적 욕구를 가진 개인들이 자발적으로 조직에 참여하는 방식으로 운영된다. 이러한 조직들에서 중요한 것은 조직구성원이 갖는 다양한 욕구이다. 사회적경제가 중요해진 이유 가운데 지역사회의 수요를 충족시키는 것이 매우 중요한 요소이다. 따라서 사회적경제와 개별조직에 이해관계자들이 참여하여 그들의 목소리를 전달하는 과정은 매우 중요하다.

일반적으로 이해관계자는 "조직의 목적달성을 위한 과정에 영향을 주거나, 영

한국의 사회적경제

향을 받을 수 있는 어떤 집단이나 개인들"로 정의된다(Freeman, 1984: 46). 많은 경우에 이해관계자의 활동은 그들이 처한 상황과 환경에 따라 달라진다. 따라서 이해관계자들이 사회적경제에 참여하는 방식도 매우 다양할 수 있다. 사회적경제가 형성되는 지역의 역사적 배경이 다양하기 때문에 역사적, 문화적, 정치적, 인구학적, 사회적 요인에 따라서 역량이 다르고 다양한 역량에 따라서 다른 방식의 참여가 이루어질 수 있다.

<그림 16-2>는 사회적경제에 이해관계자가 참여하는 과정을 나타내는 그림이다. 먼저 사회적경제에서는 누가 이해관계자인지를 발굴하고 인식하는 과정이 필요하다. 개별 조직수준에서 전체 사회적경제 수준에서 이해관계자를 밝히고 그들이 참여해야하는 이유, 역할, 그들이 기여할 수 있는 그들만의 역량 등을 찾는 것이 중요하다. 그리고 이들의 참여는 의제선정과정뿐만 아니라 사업이 마련되고 집행되고 평가하는 전 과정에서 이루어져야 한다. 이들이 형성하는 파트너십은 서로 이익이 되는 방식으로 작동해야 할 것이며 참여에 장애가 되는 목표의 차이, 권력의 차이와 배분의 불평등, 신뢰문제, 리더십 위기 등의 다양한 문제들이 반복되는 참여과정에서 극복될 것으로 기대된다.

그림 16-2 ▸ **이해관계자 참여의 방식**

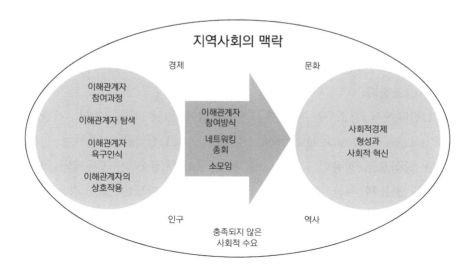

3) 사회적경제의 형성을 위한 지역자산과 욕구의 평가

지역에서 이해관계자들의 참여가 활성화되면 지역에 소재한 지역자산과 욕구를 분석하고 평가하는 것이 필요하다. 지역자산의 분석과 활용에 대해서는 자산기반 지역공동체 발전전략(asset-based community development: ABCD)에 주목할 필요가 있다. 이 방법은 원래 미국에서 발전된 방식임에도 불구하고 최근에는 아프리카 지역을 비롯한 개발도상국가의 발전에도 응용되고 있다. 여기서 강조되는 것은 지역의 강점은 물론이고 낙후되고 소외된 부분으로 여겨졌던 요인들이 지역에 기여할 수 있는 방법을 찾고 동기유발하는 것으로 정부나 기업 등 외부의 지원보다 내부적인 역량개발에 초점을 맞추는 태도이다.

이 관점은 지역공동체는 정부나 시장과 협력적인 관계를 유지하기보다 독자적인 발전을 추구하는 것이 바람직하다고 주장한다. 그러한 발전은 지역의 역량을 개발함으로써 가능하다. 지역공동체는 지역의 부정적 측면보다 긍정적 측면을 먼저 발견하고 그러한 긍정적인 자산을 더 발전시켜야 한다는 것이다. 자산의 발견과 역량의 개발에 역점을 둔다고 해서 지역의 문제를 무시하는 것은 아니라고 한다(Kretzmann & McKnight, 1993). 단지 지역에서 먼저 해야 할 일이 스스로 가진 자산을 발견하고 그것을 활용할 것을 장려하는 것이라는 주장이다. 이러한 관점을 취할 때 얻을 수 있는 가장 큰 강점은 그동안 소외되고 활용되지 않았던 자산을 활용할 수 있다는 점이다. 장애인이나 노인, 저소득층 등은 그동안 지역의 문제로 인식되면서 지역의 문제를 해결할 수 있는 주체로 여겨지지 못했다. 그러나 이 접근은 이들의 역량을 적극적으로 파악하여 문제해결에 참여할 수 있도록 독려할 것을 강조한다.

ABCD전략에서 강조하는 자산은 "지역사회에 있는 개인, 조직, 기관의 기술과 역량"(Kretzmann & McKnight, 1993: 25)이다. ABCD전략을 개발하여 실제 사례에 다양한 방식으로 적용한 Kretzmann & McKnight(1993)는 공동체의 역량을 이해하기 위해 공동체 자산지도(community asset map)를 만드는 것을 강조한다. 공동체 자산 지도를 통해 지역 내에서 활용할 수 있는 자산을 파악하면 지역 공동체 조직화의 방향과 전략을 정할 수가 있으며 해결할 수 있는 문제를 분석할 수 있는 것이다.

그림 16-3 ▸ **지역사회 욕구와 자산지도**

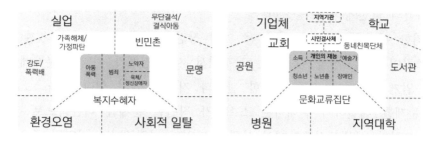

자료: Kretzmann & McKnight(1993)

　　Kretzmann & McKnight(1993)는 공동체의 자산을 크게 개인, 기관, 그리고 물리적 자산으로 구분한다. 첫째, 개인은 지역공동체의 구성원들이 갖고 있는 지식, 기술, 재능 등을 말한다. 이러한 개인적 자산에는 성인만 포함되는 것이 아니라 어린이와 청소년도 포함된다. 나아가서 장애인, 저소득층, 노인, 이민자들을 적극적으로 접촉하여 이들이 갖고 있는 역량을 찾아내는 것이 매우 중요하다. 주된 개인적 자산에는 노동시장에서 널리 활용되는 기술, 개인적 재능, 교육적 배경, 예술적 능력, 의료서비스와 관련된 능력, 등이 광범위하게 포함된다.

　　둘째, 공동체의 기관에는 공공기관, 비영리조직, 사회적 기업, 일반기업 등이 존재한다. 특히 지역 내의 지방자치단체나 기타 공공기관의 적극적인 참여나 다른 비영리조직과의 연계, 지역 내 기업의 사회적 책임활동 등이 지역의 발전에 중요하다. 지역 밖에 존재하는 기관들과 연계를 맺고 의존하기보다 지역과 함께 성장할 다양한 기관의 기여를 이끌어낼 필요가 있다. 지방자치단체, 학교, 경찰, 도서관, 박물관, 종교단체, 이익집단, 사회적 기업 등의 목록을 작성하고 그동안 지역 공동체의 사회적 결속을 다지고 경제적 기회를 포착하는 데 적절하게 기여하지 못했던 기관이 있었다면 적극적인 개입을 독려하는 것이 중요하다.

　　마지막으로 Kretzmann & McKnight(1993)가 강조한 공동체 자산은 물리적 자산이다. 그동안 활용되지 못했던 공간이나 사회간접자본, 자연자원 등이 물리적 자산에 포함된다. 공터, 주거지역, 공원, 도로, 학교건물, 공공건물 등 중에서 활용되지 못했던 곳을 발굴하여 공동체의 일에 적극적으로 활용하는 것이 중요하다. 물리적 자산은 지역에 위치한 장소로서 지역의 정체성을 결정하고 공동체 의식을 높일 수 있다. 따라서 사용되지 않고 있던 공간을 스스로 가꾸어 활용하는 것이 지역의 발전에 매우 중요하다.

이러한 관점을 가질 때 다음 세 가지 장점을 기대할 수 있다. 첫째, 사회적경제 조직이 지역자산을 활용하는 과정에서 지역 전체가 지역의 문제에 대해서 스스로 알게 되고 그 활동에 대한 관심과 지원을 얻기 쉽다(Phillips & Pittman, 2009). 문제를 해결하기 위해서는 스스로가 직면한 문제를 객관적으로 분석하는 것이 중요하다. 개발도상국가에서 사회적 기업이 지역주민과 지역의 중요한 기관을 접촉하고 교류하는 과정에서 지역의 문제가 무엇인지 스스로 알아가게 되며 그 결과로 사회적경제의 활동에 많은 관심을 얻게 된다.

둘째, 지역 공동체가 지역의 문제를 인식하면 공동체 구성원의 활발한 참여가 이루어지고 그들 사이에 의사소통이 원활해진다. 사회적경제 조직을 운영하는 과정에서 가장 중요한 것은 많은 이해관계자들의 참여이다(Münkner, 2004). 사회적경제 조직은 일반적으로 부족한 자원을 최대한 동원해서 경제적으로 독창적인 수익모델을 추구하여 사회적으로 필요한 목적을 달성한다. 특히 개발도상국가의 지역에는 그간 적극적으로 참여하고 많이 활용되었던 자원이 있는 반면 소외되어 널리 활용되지 않는 자원들이 많이 있다. 이러한 자원을 최대한 활용하는 것은 사회적경제의 본연의 취지에 부합하는 만큼 매우 중요한 과업이 된다.

셋째, 지역의 자산을 활용하는 과정에서 사회적경제의 활동가들에 대한 신뢰가 높아지고 상호이해의 수준이 높아진다(Mattessich, 2009). 사회적경제에서 직원이나 활동가들의 역할은 매우 중요하다. 이들의 역량과 창의력이 조직의 성패를 좌우한다. 이들이 지역사회 구성원에게 많은 기회를 부여하고 함께 일할 때 많은 신뢰가 축적되며 이것은 사회적경제의 역량으로 직결된다. 결국 사회적경제가 지역자산을 많이 활용할수록 지역의 역량이 향상되고 지속가능성도 높아질 가능성이 많기 때문에 지역자산의 활용도를 높이는 것이 매우 중요하다.

4) 사회적경제의 형성을 위한 절차의 수립

국제연합 개발프로그램에서 제안한 역량개발의 단계 가운데 가장 핵심적인 부분은 역량개발을 위한 절차를 수립하는 것이다. 이 과정은 네 가지 핵심과정으로 구성된다. 각각 제도적 구조(institutional arrangement), 리더십(leadership), 지식(knowledge) 그리고 책임성(accountability)이다.

(1) 사회적경제를 위한 제도적 구조 설계

먼저 사회적경제가 자리잡을 제도적 구조에 대한 고려가 필요하다. 사회적 구조의 공식적 제도설계에 대해서 Murray, Mulgan & Caulier-Grice(2009)는 <그림 16-4>를 제시하였다. 사회적경제는 일반적으로 국가, 시장, 가계, 재정지원 체계로 구성된다고 한다. 여기서 독특한 설명은 재정지원체계에 대한 구조 설계이다. 재정지원체계는 지역 내부나 외부에서 조성된 투자를 위한 재원을 공급하는 영역을 말한다.

그림 16-4 ▸ **사회적경제의 제도적 구조**

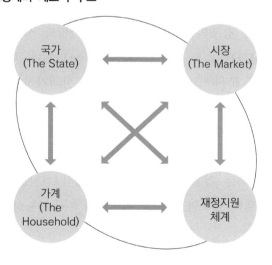

자료: Murray, Mulgan & Caulier-Grice(2009)

사회적경제가 활성화되기 위해서는 사업모델을 마련해야 하며 사업모델을 지속하기 위해서는 재원의 투자가 필요하다. 이 경우 중앙이나 지방정부 또는 국제기구의 재정지원을 받을 수 있다. 그러나 더 내생적인 발전을 도모하기 위해서는 스스로 재원조달모형을 구축하는 것이 바람직하다. 아프리카 지역의 자산기반 개발전략을 설명한 한 연구(Ssewamala et al., 2010)에 따르면 아프리카 지역의 경우 비공식적인 순환출자 저축시스템(rotating savings and credit associations: RoSCAs), 마을 은행(village banking), 금융서비스를 이용하지 않는 주민에 대한 금융서비스 제공(banking the unbanked), 개인별 개발 계좌(individual development account) 그리고 어린이 개발 계좌(Children's development account: CDA) 등이 지역발전을 위한 중요한 메카니즘으로 기능하고 있다고 설명한다. 따라서 이들의 구조를 설계하고 규제와 감독의 기능을 도입하는 시스템이 재정지원체계 내에서 이루어져야 할 것이다. 이처럼 국가, 시장, 가구, 재정지원체계가 협력해서 개발에 참여하는 것은 사회경제적 영역의 시너지 효과가 있을 것으로 기대된다.

(2) 사회적경제 형성을 위한 사회적 기업가정신의 확산

사회적경제의 형성을 위해서 중요한 리더십은 사회적 기업가정신일 것이다. 사회적 기업가정신에서 강조되는 개념은 사회적 사명과 사회적 가치이며 통상적인 의미의 기업가정신과는 <표 16-1>과 같이 구별된다. Dees(1998)는 "사회문제에 적합한 해결책을 모색하고자 하는 과정에서 사회가치를 창출하고 유지시키면서 미션을 추구하고 지속적으로 적응하고 배우며 기업적 사고와 비영리적 사고에 모두 적합한 조직 운영을 하는 과정"으로 정의한다. 따라서 사회적 기업가정신을 배양한다 함은 사회적 가치를 탐색하고 발전시키면서 그에 필요한 경제적 가치는 수단적으로 수용하는 것을 전제한다. 즉 경제적 가치를 추구하는 것은 사회적 가치를 추구하기 위해 필요한 재원을 확보하여 지속가능성을 높이는 활동이다.

표 16-1 ▸ 기업가정신과 사회적 기업가정신

저자	기업가정신	사회적 기업가정신
Thalhuber (1998)	개인적 지식과 기술의 강화	집합적 지혜를 통해서 얻어짐
	단기적 재정적 수익에 초점	장기적 역량향상에 초점
	아이디어 범위에 제한 없음	주요 목적은 사회에 긍정적 영향력을 행사하는 데 초점
	이익(수익)창출이 목적	이익(수익)창출이 수단
	이익이 미래의 수익창출을 위해 재투자됨	이익이 사람들을 돕고 섬기는 데 사용됨
Austin, Stevenson & Wei-Skillern (2006)	수익창출에 있어서 기회에 대한 확인, 평가/탐색 활동	사회적 가치 창출에 있어서 기회에 대한 확인, 평가/탐색 활동
	수익성 및 판매량과 같은 재무성과로 성과측정	비재무적 성과로 측정
	자산 처분할 권리, 인적자원확보할 수 있는 능력보유	자원 동원방법에 있어 기금확보에 주력해야 함

자료: 김나연(2012)

　　따라서 이 정신은 사회적 기업 내에서 갖추어야 될 특유한 기업가정신으로, 우선적으로 사회변혁에 대한 사회적 소명감뿐만 아니라 사회적 기업이 기업으로서 완전한 경쟁력을 갖추도록 새로운 아이디어를 창출하고 위험을 감내하는 것을 포함하는 것이다. 구체적으로 기업가정신은 1) 업무관련 경험과 지식, 2) 혁신적 사고와 적용능력, 3) 업무관련 끈기와 결단력, 4) 지역사회 발전에 기여, 5) 공익과 영리 간의 균형감각, 6) 가치지향의 솔선수범, 7) 새로운 사회질서에 대한 비전, 8) 리더십의 공유 등으로 설명된다.

(3) 지식의 공유와 학습을 통한 사회적경제의 지속가능성 제고

　　21세기의 새로운 환경변화는 글로벌경제체제의 심화, 지식기반사회로의 이행, 저출산고령화사회로의 진입 등으로 요약할 수 있다. 이러한 변화에 개발도상국가가 능동적으로 대응하기 위해서는 소수의 리더들에 의해서 주도되는 혁신보다는 조직구성원이 일상적으로 일하는 과정에서의 자발적이고 창의적인 혁신이다. 복잡하고 급격하게 변화하는 환경에서 소수 리더들만의 혁신적인 아이디어의 개발은 그 한계가 있다. 따라서 사회적경제에 속한 조직들은 시스템으로서 구성원들의 일하는 과정에서의 상시적이며 지속가능한 혁신이 가능한 학습조직으로의 전환이 절대적으로 중요하다.

학습조직에서는 조직학습은 물론 개인학습을 기본으로 한다. 그러나 개인학습의 단순한 합이 조직학습이 아니다. 조직학습은 개인의 지식과 역량이 강화되면서 동시에 조직의 시스템에 의해 일어나는 집합적 학습을 의미한다. 개인의 역량과 조직의 학습 시스템과 상호 유기적으로 결합되어 시너지를 발휘하는 것이 조직학습이고 이것이 제도화된 조직을 학습조직이라고 한다.

따라서 학습조직은 구성원이 일하는 과정에서 행동에 의한 학습(learning-by-action)과 상호작용에 의한 학습(learning-by-interaction)이 조직 내의 개인들 사이에서뿐만 아니라 조직 간에도 유기적으로 일어나는 조직을 의미 한다. 따라서 이러한 학습의 논리가 지역, 국가 단위에서 확산될 수 있는 시스템을 구축하고 혁신을 제도화시키는 것이 국가혁신체제(National Innovation System: NIS), 지역혁신체제(Regional Innovation System, RIS)라고 하는 것이며, 지식기반사회에서 경쟁력 강화의 중요한 요소로서 간주되고 있는 것이다(Cooke & Morgan, 1998).

결국 사회적경제의 구성원이 혁신의 지도자로서 자리를 확고히 하고 변화하는 환경과 증가하는 사회적 수요에 책임성 있게 대응하기 위해서 중앙의 획일적인 지침과 일방적인 지원에 의한 지역발전 패러다임에서 벗어나야 한다. 지역 클러스터의 형성을 통한 산업발전, 지역대학 등 교육기관과 연계한 산학협력 모델, 지역주민들의 사회적 자본향상 등이 결과적으로 사회적경제의 역량강화를 통한 삶의 질을 향상하는 중요한 요인이 될 것이다. 이러한 역량의 강화가 <그림 16-5>에 제시된 지속가능한 역량강화모형으로 설명될 수 있다.

그림 16-5 ▸ 학습과 혁신을 통한 지속가능한 역량강화 모형

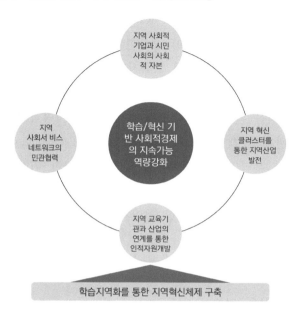

(4) 협력적 책임성 향상을 통한 미래지향적 사회적경제 형성

사회적경제에서의 책임성은 일반적인 책임성 개념으로 설명하기 어려운 복잡성이 존재한다. 사회적경제에 다양한 기관들이 참여하면 협력적 활동이 증가한다. 따라서 고전적 책임성이 가정하는 단일한 조직이 단일한 정책을 한 사람의 책임자를 정해두고 작동하는 상황보다 훨씬 많은 조직이 참여하고 여러 정책조합을 만들고 여러 명의 책임자가 집행하는 상황이 많이 발생한다. 이러한 상황에서 중시되어야 할 개념이 협력적 책임성이다. 일반적으로 책임성은 계층제적 관료제에서의 책임성 개념에 편중되었지만 이제 협력적 의사결정에서 공동으로 책임성이 부과되는 경우에 대한 대응방안이 모색되어야 할 것이다. 실무적으로도 앞으로의 책임성은 Behn(2001)과 김흥회(2005)가 강조한 360° 책임이론에 입각하여 공동으로 문제를 인지하고 대안을 탐색하여 대안을 마련한 후 공동으로 책임지는 방식이 된다. 이와 같은 책임성을 강화하기 위해서는 암묵적 규범의 공유와 상호존중, 호혜성과 공정성에 기반한 내부통제 등이 중요하다(엄석진, 2009). 조직 내, 조직 간 상호학습의 과정이 필수적이며 특히 비형식학습에 기반한 상호 이해가 필요하

다. 비형식학습이란 "공식적으로 구조화되거나, 제도적으로 지원받거나, 교실을 중심으로 한 활동 이외의 활동"(Marsick & Watkins, 1990, 6)을 말한다. 협력적 책임성을 확보하는데 이러한 유형의 활동이 중요한 것은 성찰(reflection)을 통한 상호이해에 도움이 되기 때문이다. 교실에서 교육자가 피교육자에게 전달하는 교육을 이용하기보다 비형식 학습을 통해서 자신을 돌아보고 새로운 발전의 계기를 발견할 뿐만 아니라 상호협력을 활성화할 수 있다. 이와 같은 비형식 학습의 개념이 강조된다면 다중 이해관계자 책임성(multi-stakeholder accountability)의 개념에 주목할 필요가 있다. 조직이 운영되는 과정에서 개입하는 다양한 이해관계자들을 나열하고 이들과의 관계를 고려하여 의사결정에서 이들의 참여와 개입을 보장할 경우 협력적 책임성의 체계는 어떻게 구현할 것인지에 대한 고민이 필요할 것이다.

5) 사회적경제의 형성을 위한 역량개발 절차의 집행

사회적경제의 형성을 위해서는 시스템, 국가, 지방, 제도적 체계를 망라하여 다양한 참여자가 개입하기 때문에 이들 사이의 역동적인 관계형성과 호혜적 상호작용이 필요하다. 집행과정에서도 이해관계자들의 참여를 주축으로 한 지역사회의 역량활성화를 도모하고 향후 다양성이 높아질 인구구조에 기반한 통합을 지향하는 시스템을 필요로 할 것으로 예상된다. 이 가운데 지역의 발전에 기여할 수 있는 중요한 사회적 자본이 확충되고 지역중심의 경제와 문화가 구축될 때 사회적경제의 집행이 원활해질 것으로 예상된다.

그림 16-6 ▸ 지역역량개발을 위한 사회적 구조와 가치

6) 사회적경제의 형성을 위한 평가

역량개발에 대한 엄밀한 평가는 책임성을 높이는 데 기여할 것이고 엄밀한 평가를 위해 합리적인 지표 선정이 있어야 할 것이다. 위에서 언급한 이해관계자의 활발한 참여와 지역자산과 수요에 대한 충분한 측정을 통한 지역자산 활용의 극대화, 아울러 제도적 환경, 리더십, 지식 공유와 학습, 책임성, 원활한 집행을 지역문화의 확충 등에서 다양한 양적 평가지표와 질적 분석이 필요할 것이다. 이해관계자의 참여와 제도적 환경, 리더십 등의 측정을 위하여 Elements of Effectively Managed Organization(EEMO) 지표가 활용될 수 있고, 지식 공유와 학습 그리고 책임성을 평가하기 위해 Dimensions of Learning Organization Characteristics Questionnaire(DLOQ)가 활용될 수 있으며, 지역자산의 측정에 대해 Community Asset Inventory(CAI)가 활용될 수 있고, 기타 제도적 환경, 리더십, 지역문화를 평가하기 위해서도 다양한 지표가 활용될 수 있다.

3 한국국제협력단의 사회적경제 진흥 전략

한국국제협력단(KOICA)에서는 민관협력 인큐베이팅 사업의 사회적경제 프로그램을 통해 개발도상국가의 사회적경제 진흥을 지원한다. 이 프로그램은 국내 시민사회조직 또는 사회적경제 조직이 개발도상국가 지역사회와 파트너십을 형성하여 현지에서 사회적 가치창출이 가능한 소셜 비즈니스 사업모델을 발굴하는 사업이다(KOICA, 2022). 일반적인 정부 주도 ODA 사업은 수원국 요청과 한국정부의 필요성이 부합한 경우 포괄적 사전조사를 진행하며 이를 기반으로 한 사업의 설계, 공모, 사업주체 선정, PDM(Project Design Matrix)에 입각한 평가가 진행된다. 그러나 민관협력 인큐베이팅 사회적연대경제 사업은 국내 사회적경제 조직이 사전 활동과 조사를 수행하고 각기 작성한 제안서를 바탕으로 선정이 이루어지는 특성을 갖는다.

이 사업은 사람의 가치, 연대의 가치, 사회적 가치, 민주적 가치를 지향하며 포용적, 참여적, 민주적 거버넌스를 형성하고 현지 사회문제 해결에 직접적으로 기여할 것을 목표로 삼는다. 따라서 궁극적으로 개도국 지역사회 중심의 선순환적 사회적 자본을 창출하고, 현지 파트너십을 중심으로 민주적, 참여적 거버넌스를 확산하며, 지역사회의 포용적이고 지속가능한 발전에 기여하는 것이 최종 목표이다. 지역사회의 문제해결을 위한 수단으로는 비즈니스 모형의 도출을 지향한다. 여기서 비즈니스 모형이란 지역사회 문제해결에 필요한 주민의 역량강화, 이해관계자의 참여 확대, 민주적·참여적 문화 확산, 필요한 재정의 공급 등을 통해 사업의 지속가능성을 확보하고 사회적 가치창출을 극대화하는 것이다.

이 프로그램은 한국의 사회적경제 조직이 개발도상국가에 진출하여 현지 지역사회 문제해결을 위한 연대와 역량 강화를 진행한 후 소유권을 이관하거나 자산의 지역사회 잠금을 함으로써 사업을 마무리하도록 설계되어 있다. 지역사회의 비즈니스를 통해 이익이 창출되는 경우 이익을 분배하고 운영구조를 지속할 수 있도록 하는 것을 지향하기 때문에 유효한 비즈니스 모형을 구성하고 지속가능성을 제고하며, 이익 창출을 확고히 하는 것이 사업 출구전략의 전제가 된다. 사업을 이관할 경우 비즈니스 역량을 갖추고 민주적·참여적 조직구조에 의해 운영되는 조직을 대상으로 선정한다.

제16장의 핵심 요약

✓ 사회적경제는 단기적인 원조의 성과를 내는 것을 넘어 개발도상국가의 지속가능성과 내생적 발전을 강화하는 수단이 된다는 점에서 국제개발협력의 중요한 영역이다.

✓ 개발도상국가에서 사회적경제를 활성화하기 위해서는 지역역량 개발을 위한 단계(이해관계자 참여 → 지역자산과 욕구 평가 → 개발방안의 마련 → 개발 방안의 집행 → 집행결과의 평가)를 거치는 것이 중요하다.

✓ 한국국제협력단에서는 민관협력 인큐베이팅 사업의 사회적연대경제 프로그램을 비롯하여 다방면에서 사회적경제를 활용한 개발협력 사업을 진행한다.

사례분석: 스마일 타워빌!

필리핀의 수도 마닐라에서 동북쪽으로 약 40km가량 떨어진 곳에 있는 타워빌(Towerville)은 불리칸(Bulacan)주의 인구 60만 규모의 도시 산호세 델몬테(San Jose del Monte)시에 위치한 빈곤층 주거단지이다. 이 지역은 2010년부터 사회적경제와 국제개발협력(ODA)의 성공적 융합을 통해 지역사회의 경제적 자립과 지속가능성을 실현한 사례로 주목받고 있다. 한국의 비영리단체 캠프(Center for Mission for the Poor)가 주도한 이 프로젝트는 주민들이 주체적으로 경제 활동에 참여하고 지역사회의 지속가능한 발전을 도모한 대표적 모델이다.

필리핀의 마닐라와 같은 대도시 주변 지역은 경제적 자립 기회 부족과 열악한 생활환경으로 인한 빈곤 문제가 심각하다. 타워빌도 이러한 문제를 안고 있는 대표적인 빈곤 지역이며, 대부분의 주민은 비공식 노동 시장에 종사하거나 실업 상태에 있다. 이러한 상황에서 2010년 캠프는 타워빌 프로젝트를 시작하였다. 프로젝트의 목표는 주민들에게 일자리와 경제적 기회를 제공하며, 지역사회가 자생적으로 운영할 사회적경제 생태계를 구축하는 것이었다. 이를 위해 봉제센터와 같은 경제활동 기반을 마련하고, 주민 교육과 기술훈련을 병행하여 지속가능한 발전을 도모했다.

타워빌에서의 첫 사회적경제 조직인 Igting 봉제센터가 2011년 설립되었다. 봉제센터는 주민에게 봉제 기술을 가르치고, 생산된 제품을 지역 시장에 판매하여 소득을 창출하는 구조를 도입하였다. 이 조직은 빠르게 지역 주민의 경제적 자립을 지원하는 중심축으로 자리 잡았으며, 2016년에는 필리핀 주택청으로부터 베스트 파트너상(Best Partner Award)을 수상하며 그 성과를 인정받았다. 봉제센터의 성공을 기반으로, 타워빌 프로젝트는 농업과 유기농 프로젝트, 베이커리 운영, 유치원 설립 등 다양한 경제활동으로 확장되었다. 양계 및 양돈 사업은 주민들에게 안정적인 식량 공급과 소득 창출의 기회를 제공했으며, 베이커리와 유치원은 지역 주민의 생활 질을 향상시키는 데 기여했다. 응급 의료 시스템 구축과 청소년 리더십 교육은 주민들에게 건강과 자립 역량을 강화할 수 있는 기회를 제공했다. 특히, 청소년 리더 양성 프로그램은 지속가능한 지역사회 관리를 위한 인재를 육성하며, 타워빌의 장기적인 발전을 위한 기반을 마련하였다.

2023년을 기준으로 타워빌 프로젝트는 약 300개의 직접 고용과 수백 명의 간접 고용을 창출하며 지역 경제에 크게 기여하고 있다. 주민들의 평균 소득은 프로젝트 시작 당시보다 약 30% 증가했고, 빈곤율은 크게 감소하였다. 봉제센터와 농업 프로젝트에서 생산된 제품은 지역 시장뿐만 아니라 필리핀 주요 도시로 유통되며, 지속가능한 수익모델을 구축하였다. 타워빌 프로젝트는 주민들의 자존감을 높이고, 청소년과 여성의 경제적 자립을 돕는 프로그램을 통해 지역사회의 연대와 협력을 강화하였다. 주민들은 이제 단순히 프로젝트의 수혜자가 아니라, 지역사회의 문제를 해결하는 주체로 자리 잡았다.

필리핀 정부와 KOICA는 타워빌을 사회적경제를 활용한 빈곤 완화의 모범 사례로 인정하고 있다. 봉제센터에서 시작된 경제 활동은 다각화된 사업 모델로 확장되었으며, 지역 주민의 자립과 지속가능성을 강화하는 데 기여하였다. 타워빌 사례는 개발도상국의 빈곤 문제해결에 ODA와 사회적경제가 효과적으로 작동할 수 있음을 보여주며, 글로벌 차원에서도 벤치마킹할 가치가 있는 모범 사례로 자리 잡았다.

한국 사회적경제의 과제와 발전전략

21세기 사회적경제는 전세계적으로 지속가능한 발전을 추구하는 대안적 경제 모델로 주목받고 있다. 한국에서도 사회적경제는 지역사회 문제를 해결하고 취약계층의 경제적 자립을 돕는 중요한 역할을 수행하였다. 특히, 지속가능성에 대한 국제적 관심이 증가하는 시대적 흐름은 한국 사회적경제의 성장을 위한 중요한 기회가 될것이다. 더불어, 지역 경제 위기 속에서 나타나는 창업 열기와 퇴직자 창업에 대한 관심도 사회적경제 조직의 다양성과 역동성을 확대할 기회가 된다.

그러나 한국 사회적경제는 여전히 여러가지 도전에 직면해 있다. 글로벌경제 위기의 주기가 짧아지고, 사회적경제 조직은 환경 변화에 유연하게 대응하지 못하며 지속가능성이 위협받고 있다. 사회적경제에 대한 대중적 인지도는 여전히 낮고 소비자와 기업의 신뢰를 얻는 데도 어려움을 겪고 있다. 법률적·제도적 기반은 여전히 취약해서 사회적경제 조직이 성장하고 확장하는 과정에서 구조적 문제에 직면하고 있다.

이러한 도전을 극복하고 사회적경제의 지속가능성을 강화하기 위해서는 사회적경제 생태계 조성과 스케일업(scale-up)이 필요하다. 사회적경제 생태계 조성을 위해 정부, 민간, 지역사회의 협력을 통해 사회적경제 조직의 상호작용과 지원체계를 강화되어야 한다. 스케일업은 사회적경제 조직이 지역적 범위를 넘어 더 넓은 시장에서 활동할 수 있도록 지원하여 그 영향력을 확대하는 전략이다. 이 장에서 이러한 기회와 도전, 그리고 과제를 중심으로 한국 사회적경제가 나아가야 할 방향을 모색하며 이 장을 마무리하고자 한다.

한국 사회적경제의 기회와 위기

1) 한국 사회적경제에 찾아온 기회

지난 10년간 사회적경제는 많은 국제기구의 관심의 대상이었다. 2015년 국제연합이 SDGs를 채택하며 새로운 발전방향을 제시하면서 사회적경제는 지속가능성을 달성하는 데 필요한 정책수단으로 주목받게 되었다. 최근 국제기구는 코로나19 대유행 이후 심각해진 양극화와 실업문제에 대해 사회적경제가 포용적인 해결방안을 제시할 수 있음을 강조한다. 2022년 6월 OECD는 '사회연대경제 및 사회혁신 권고안'을 발표하면서 지역사회 모임, 자생적 모임 및 비영리 조직까지 포함한 사회연대경제의 재개념화를 통해 연대의 가치, 인간의 우선성 그리고 민주적·참여적 거버넌스를 강조하였다. 이러한 추세는 2022년 6월 ILO 제110차 총회에서 정의된 사회연대경제의 개념과 국제연합의 UN Inter-agency Task Force on Social and Solidarity Economy의 개념화에서도 확인되고 있다.

그동안 사회적경제는 시민사회의 자율적이고 독립적인 영역으로 정부나 국제기구의 정책적 지원대상이 아닌 것으로 인식되었다. 그러나 최근 국제기구 및 선진국은 사회적경제 진흥정책을 제시하면서 사회문제 해결 주체로써 사회적경제의 역할을 강조하고 있다. 이런 추세는 한국 사회적경제가 국제기구와의 협력을 통해 글로벌 동향을 학습함으로써 역량을 키울 기회가 될 수 있으며 정부와의 협력을 통해 더욱 효과적인 성과도출을 위한 기회가 될 수 있다.

최근 한국 사회는 고령화, 지역 간 격차 확대, 계층 간 불평등 심화 등으로 인해 세대 간, 계층 간 갈등으로 인한 사회적 위험과 불확실성이 커지고 있다. 환경문제, 지방소멸, 돌봄수요 증가 등과 같은 문제는 과거와 같은 방식으로 해결할 수 없고 더욱 혁신적이고 효과적인 대응이 필요로 한다. 특히 지역에서 당면하고 있는 다양한 문제의 해결을 위해서는 지방자치단체와 지역사회의 역량이 높아야 한다. 20세기 이후 강조된 청년층의 창업열기, 장년층의 퇴직 후 사회적 기여도 증가와 맞물려 정부의 지원정책이 고도화되면서 사회적경제에 대한 인지도가 높아지고 있다.

이러한 글로벌, 국가적 맥락은 사회적경제가 사회문제를 해결할 새로운 방안이 될 수 있다는 긍정적 인식을 낳는다. 사회적경제에 대한 긍정적 인식은 더 많은 참여와 제품 및 서비스 구매로 이어진다. 이를 바탕으로 사회적 영역에서 새로운 기회가 창출되는 선순환 구조 형성을 기대할 수 있다. 사회문제가 다양해지고 있지만 국가와 시장, 시민사회가 서로 협력하면서 혁신적으로 대응할 수 있다는 낙관적인 예상이 확산되고 있다. 이를 바탕으로 더 나은 사회적경제 생태계를 만들고 더 큰 효과를 낳는 사회적경제 조직이 생겨날 것을 기대할 수 있다.

2) 한국 사회적경제가 직면한 위기

최근 한국 사회적경제는 새로운 기회를 맞이했지만 여전히 다양한 위기에 직면하고 있다. 사회적경제는 본연의 모순을 안고 있다. 경제적 가치와 사회적 가치를 동시에 추구하며 지속가능한 경제를 만드는 것은 가능한가? 기존연구에 따르면 한국의 사회적경제 조직에서 제도적 자산을 지속적으로 활용할수록 경제적 성과는 낮아진다는 결과를 확인할 수 있다. 경제·사회·환경의 트리플 바텀라인을 달성하는 것은 언제나 어렵고 한국의 경우에도 대부분의 조직에서 실현되지 못한 것으로 확인된다.

21세기로 접어든 이후 글로벌경제위기의 주기가 짧아지고 한국경제는 저성장 기조에 진입하였다. 이런 환경 속에서 사회적경제는 재정 역량이 약해지기 쉽다. 지역의 경제 역량이 약해지고 지역사회가 공동화되면 사회적경제가 발전할 경제적 기반이 취약해진다. 그리고 비슷한 종류의 사회적경제 조직이 증가할 때, 경쟁이 심해지고 경쟁력이 약해진 사회적경제 조직의 지속가능성이 낮아진다. 사회적경제 모형이 논의되고 연구된지 오랜 시간이 흘렀지만 여전히 관리 역량의 강화와 수익모형의 다각화는 중요한 과제로 인식되고 있다.

사회적경제에 대한 인지도는 높아지고 있지만 인지도 제고의 속도는 느리고 자발적 비영리 영역에 대한 부정적 인식도 커지고 있다. 사회적경제의 개념, 가치, 긍정적 효과가 일반대중에게 충분히 알려지지 않았고 사회적경제가 만드는 사회적 가치는 측정하고 입증하는 것이 어렵다. 사회적경제의 긍정적 효과가 덜 인식될 경우 기존 시장에서 경쟁하고 제품과 서비스를 홍보함으로써 시장을 확보하는 것이 어려워진다. 따라서 사회적경제의 가치에 대한 일반 대중의 인식을 높이기 위한 교육 및 의식 제고 활동이 필요하다.

한국 사회는 더욱 다양해지고 불평등은 심화되고 있다. 이러한 변화는 사회적경제에 더욱 다양한 사회경제적 배경을 가진 사람을 수용하고 그들의 필요를 충족하기 위한 포용적인 노력을 요구한다. 더욱 다양한 이해관계자의 참여를 유도하고 지역사회의 자원을 활용을 위한 제도화와 거버넌스의 구축이 필요하다.

사회적경제 활동을 지원하고 보호하기 위한 적절한 법률적·제도적 기반이 여전히 미흡한 점도 중요한 위기요인이다. 사회적경제가 지속가능하게 성장하고 영향력을 확대하기 위해서는 지속가능한 지원과 사회적 투자가 필요하다. 부처별로, 지자체별로 다양한 지원제도가 도입되고 있지만 지원의 지속가능성을 보장할 제도의 체계성은 부족한 상황이다. 정부주도 제도화의 문제점과 정치적 수단으로의 변질을 우려하는 시각도 증가하고 있다. 특히 지방자치단체장의 교체와 함께 정책기조가 변화하고 그에 따른 급격한 정책전환은 사회적경제의 제도화에 중요한 위기가 될 것으로 예상된다.

 ## 2 한국 사회적경제의 과제

한국의 사회적경제는 빠르게 발전했지만 여전히 많은 과제에 직면하고 있다. 오랜 시간 동안 해결되지 못한 과제도 있고 새로운 변화에의 대응을 위한 과제도 있다. 그 가운데 많은 학자와 실무자가 지적하는 생태계 조성, 스케일업 등을 중심으로 설명하고자 한다.

1) 사회적경제 생태계의 조성

신자유주의 시장경제의 도래와 함께 심화된 불평등과 양극화에 대응할 새로운 경제구조에 대한 관심이 높아졌고 사회적경제가 경제민주화를 달성할 대안경제체제로 주목받게 되었다. 실제로 사회적경제 생태계는 지역의 일자리 창출, 불평등해소를 지향한다. 사회적경제 생태계의 조성을 위해서는 다양한 사회적경제 조직들의 역할분담이 반드시 필요하다. 다양한 사회적경제 조직의 협력 네트워크가 적절한 수요와 공급에 기반을 둔 밸류 체인 속에서 순환과 자립의 경제활동을 운영할 때 지속가능한 생태계가 조성되기 때문이다.

사회적경제가 어떻게 지역사회에 뿌리내리고 지속가능할 수 있는지에 대한 해답을 찾고자 한다면 그 생태계의 조성과 진화에 대한 고민이 뒤따라야 한다. 사회적경제는 지역의 여러 주체들과 유기적으로 상호작용하며 사회적 가치를 창출하고 지속가능성을 높일 수 있기 때문이다. 무엇보다 사회적경제 조직의 독자적인 역량계발을 넘어 이들이 성장할 수 있는 환경이 조성될 때 호혜적이고 상호적인 발전이 가능하다. 일반적으로 사회적경제 생태계는 "사회적경제기업의 설립 및 발전, 시장조성 및 이해관계자의 다양한 참여, 재생산과 재투자 등이 선순환적으로 이루어 지는 시스템"으로 정의된다(서울시 사회적경제 기본조례 제3조 제5항). 사회적경제의 지속가능성을 위한 생태계 조성의 중요성은 많은 연구에서 강조되었다(이해진, 2015a; 이경미·정원오, 2017; 이흥택, 2018). 이흥택에 따르면 호혜, 배려 그리고 공공정책의 토대 위에 사회적 관계와 거래관계가 지역사회 참여자들을 연결할 때 지역사회 생태계가 유지될 것을 설명하였다. 이러한 생태계 조성에 필요한 조건으로 이경미·정원오(2017)는 네트워크의 결집력, 주도성, 정치력으로 구성되는 민간의 네트워킹 역량과 사회적경제 행정 의지, 민관 네트워크 형성, 사회적경제 인프라 구축 등으로 구성되는 사회적경제 정책 추진 역량 등을 제시하였다. 이해진(2015a)은 <그림 1-2>에서 설명한 경제성, 공동체성, 호혜성을 강조하며 기업가주의, 사회적 자본, 호혜적 분배가 적절하게 조합될 때 지역사회의 사회적경제 생태계 조성이 가능함을 강조한다.

그림 17-1 ▸ 사회적경제의 지속가능한 지역생태계 구조

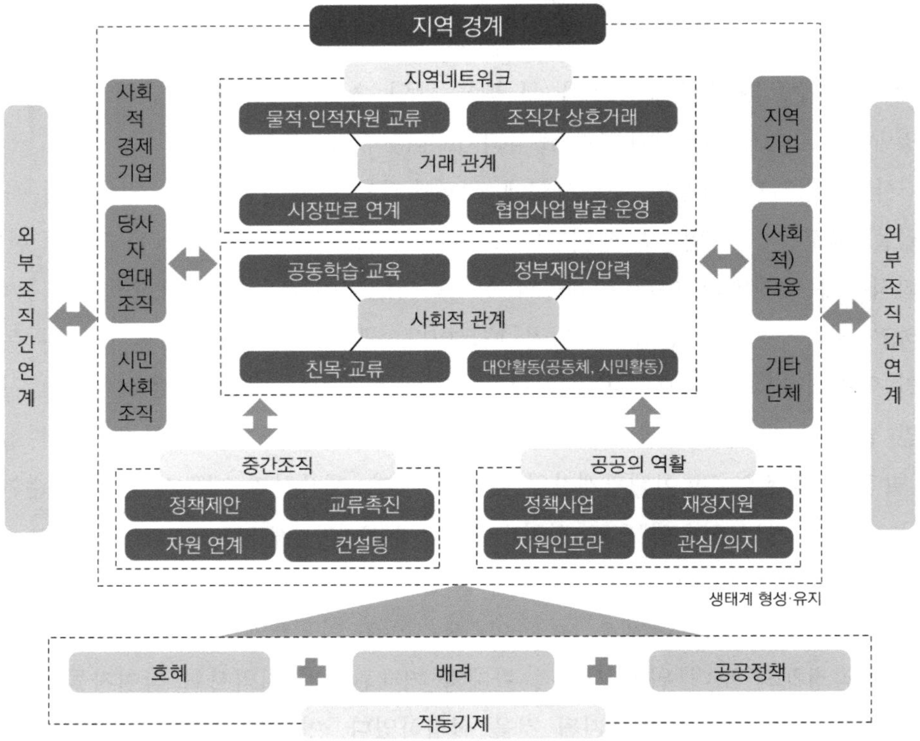

지역 경계

지역네트워크

물적·인적자원 교류 | 조직간 상호거래

거래 관계

시장판로 연계 | 협업사업 발굴·운영

공동학습·교육 | 정부제안/압력

사회적 관계

친목·교류 | 대안활동(공동체, 시민활동)

사회적경제기업 | 당사자연대조직 | 시민사회조직

지역기업 | (사회적)금융 | 기타단체

외부조직간연계

중간조직

정책제안 | 교류촉진

자원 연계 | 컨설팅

공공의 역할

정책사업 | 재정지원

지원인프라 | 관심/의지

생태계 형성·유지

호혜 + 배려 + 공공정책

작동기제

자료: 이홍택(2018, 257)

실제로 한국에서 사회적경제 생태계 조성의 중요성에 대한 인식은 높다. 지자체에 따라서 사회적경제 지역생태계 조성을 위한 정책지원이 제공되기도 하였다. 특히 서울시에서는 2013년부터 '사회적경제 지역생태계 구축 지원사업'이라는 이름으로, 2014년부터는 '사회적경제 지역생태계 조성사업'이라는 이름으로 지원정책이 추진되었다. 그러나 최조순·강현철(2015)은 지역생태계 사업의 경우 지식, 네트워크 자원동원을 위한 촉매제 역할을 수행하지만 다양한 주체들이 만드는 네트워크, 자원의 다양성확보 등을 촉진하지는 못한다고 평가한다. 무엇보다 한국사회적기업진흥원의 지역자원 조사 결과에 따르면 국민 가운데 사회적경제를 인지하는 사람의 비율은 20% 내외에 해당한다. 여전히 사회적경제에 대한 인지도가 낮을 뿐만 아니라 사회적경제를 통해 대안적인 지역발전 모형을 발전시킨 사례를

찾기는 어렵다. 사회적경제에 대한 인지도가 낮고 시장과의 연계가 취약한 상황 속에서 정부의 정책적 지원만으로 지속가능한 생태계 조성에 한계가 있는 것이 사실이다. 그런 의미에서 사회적·호혜적·혁신적 생태계 조성을 위한 장기적 기반 구축은 한국의 사회적경제 발전에 중요한 과제이다.

2) 사회적경제 스케일업

지속가능한 사회혁신 생태계의 구조는 새롭게 창업한 조직부터 글로벌 스타까지 다양한 규모의 조직들을 가정한다. 한국의 사회적경제에서 다양한 정책적 지원하에 많은 조직들이 창업하고 성장했다. 사회적 창업을 늘리고 지원을 확대하며 발전을 지원하는 정책과 제도는 많았지만 이들의 네트워크 형성과 확대를 지원하는 정책은 많지 않았으며 전국적, 국제적 규모를 갖춘 조직은 많지 않다. 따라서 <그림 17-2>와 같이 새로운 시장에 진출하여 사회적경제 생태계의 번영을 주도할 스케일업 지원이 필요하다.

그림 17-2 ▸ **지속가능한 사회적경제 생태계의 구조**

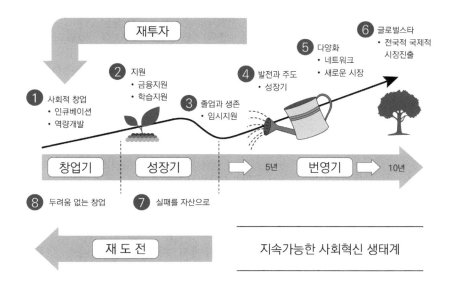

한국에서도 사회적경제 생태계 조성의 정책적 지원의 일환으로 잠재력 높은 기업의 스케일업을 지원한다. 특히 프랜차이즈 협동조합의 육성을 위해 자금조달, 기술개발, 판로지원등을 구분하여 지원하였다(이로운넷, 2019). 특히 프랜차이즈 협동조합을 육성함으로써 규모의 경제 효과를 활용하고 경영 노하우 공유, 조합 간 네트워킹 지원을 위한 협업 아카데미 운영 등을 지원하고 있다.

이러한 지원에서 중요한 것은 협력을 위한 학습이다. 지역에서 조성되는 사회적경제 생태계를 넘어서 전국적·글로벌 네트워크를 바탕으로 큰 임팩트를 갖는 사회적경제는 다른 지역 간, 다른 업종 간 협력 체계에 기반을 두고 형성된다. 따라서 한 지역에서 성장한 사회적경제 조직이 다른 지역으로 영역을 확산하고, 관련이 있는 다른 업종의 조직들과의 협력을 위해서는 지역 간, 영역 간 학습이 필요하다. <표 17-1>에 제시된 Conway & Steward(1988)의 혁신 네트워크 모형의 분류를 기준으로 볼 때 행위자 네트워크에서 사회적 네트워크로, 특정 분야 혁신에서 전반적 혁신으로 발전하는 과정이 필요하다.

표 17-1 ▸ Conway & Steward의 혁신 네트워크 모형의 분류기준 및 특징

분류기준	분류	특징
네트워크의 범위	행위자 네트워크	– 개인 행위자의 관계에 초점을 두는 경우 – 개인 수준의 개인적 네트워크/조직 네트워크
	사회적 네트워크	– 전체 구성원이 광범위하게 네트워크를 형성하는 경우 – 특정 개인이나 조직의 범위를 넘어 다양한 행위자가 참여 – 지역을 넘어선 전체 사회로 확산된 조직 범위
혁신의 초점	전반적 혁신	– 다양한 분야에서 사회적 교환이 이루어지는 경우
	특정분야 혁신	– 조직 내 행위자들의 공통된 규칙과 규범에 따라 사회적 교환이 이루어지는 경우

자료: Conway & Steward(1998), Tidd, Bessant & Pavitt(2005, 308)에서 재인용.

특히 <그림 17-3>의 동원된 네트워크에서 지역 및 비즈니스 그룹의 사회적 조직화가 가능할 때 사회 전반에 큰 영향력을 주는 전반적 혁신이 가능하다. 특정분야에서 개별 행위자가 혁신하는 것이 중요하지만 사회적경제 생태계의 다

양성과 영향력 강화를 위해서 전반적 혁신과 사회적 네트워크가 결합되어 지역 내·외부의 다양한 집단이 하나의 공동체를 이루어 문제를 해결하고 발전을 이루어 나가는 방식이 고려되어야 한다. <그림 17-3>의 사분면 I로의 성장을 위해서는 제품과 서비스의 상품화와 교환을 넘어서 혁신적 아이디어가 대화와 토론을 통해 공유되고 사회적경제 전체가 함께 학습하여 지역을 넘어 전체 사회로 확산될 필요가 있다.

그림 17-3 ▸ **혁신 네트워크의 유형화**

자료: Conway & Steward(1998), Tidd, Bessant & Pavitt(2005, 308)에서 재인용.

3 책을 마무리하며

21세기에 접어든 이후 한국의 지역사회는 다양한 환경변화 속에서 심각한 위기에 직면하였다. 농어촌 공동체의 공동화, 저출산·고령화의 추세, 실업과 비정규직 일자리의 증가, 주거위기 등과 같은 환경의 도전에 많은 지역사회 사회적경제가 다양한 모습으로 변용하면서 새롭고 효과적인 대안을 모색하였다. 이러한 변용은 사회적 기업가정신과 연결되면서 확대 재생산되어 지역사회의 혁신, 창업 등과 연계되어 다양성을 높이고 있다. 특히 돌봄, 교육, 의료, 취약계층을 위한 일자리 제공 등의 분야에서는 매우 혁신적이고 체계적인 대응이 발생하는 공동체가 발견되고 있다. 이 저술에서는 지역사회의 혁신적 대응 가운데 가장 두드러진 사례를 중심으로 설명하고 사회적경제의 다양성을 유형별로 제시하고자 하였다.

한국의 사회적경제는 지역별 정치·경제·사회·문화적 특성에 따라 다양한 방식으로 성장하고 있다. 이 연구는 글로벌 위기 시대에 한국 사회적경제의 다양한 제도형성을 유발한 원인과 성과를 분석하고 정부와의 다차원적 협력체계도 분석하면서 한국의 사회적경제에 부합하는 연구분석의 틀을 제공하였다. 이 저술이 제공한 분석의 구조를 바탕으로 후속 연구자들이 지역 간 비교분석, 사례분석, 실증분석을 할 수 있을 것이다. 사회적경제에서 중요한 점은 지역이 정부의 영향력에서 벗어나 자발적인 생존능력을 갖추고 지속적인 발전을 추구하는 데 있다. 이 연구의 비교분석은 사회경제적 성과분석과도 연결된다. 그런 의미에서 어떤 유형의 사회적경제가 지속가능하게 발전할 가능성이 있는지 제시하였다. 이 모형은 한국 사회적경제의 발전과정과 유형을 설명하며 한국적 이론 모형 개발에도 기여할 것이다.

한국 학계에서는 사회적경제가 과연 개인의 삶, 지역사회의 여건, 국가 전체에 어떤 기여를 하는지 평가할 지표가 부족한 상태이다. 현재 한국에서 다양한 사례분석과 실증연구가 진행되고 있다. 많은 성과가 있었지만 사회적 성과와 경제적 성과, 지역사회에서의 사회적 영향력에 대한 포괄적인 분석은 없었다. 이 저술에서는 이론분석을 바탕으로 유형화의 기준을 모색함으로써 다양한 측정지표로 응용될 수 있는 기반을 구축함으로써 학계의 시급한 문제를 해결할 수 있다.

사회적경제의 성장속도가 빠르고 양식이 다양한 반면 학계의 연구는 그 성장세를 충분히 따라잡지 못하고 있다. 사회적경제 조직의 성공과 실패에 대한 연구뿐 아니라, 이 조직들이 지역사회, 나아가 국민 경제와 사회에 미치는 영향, 그리고 더불어 형성되는 사회적경제가 거시적으로 국가, 시장과의 관계에서 어떤 영향을 줄지에 대한 연구가 부족하다. 특히 사회적 기업의 지속가능성을 높이는 데 정부의 역할은 무엇인가에 대한 충분한 연구가 이루어지지 못하고 있다. 현재 한국의 공공부문은 새로운 사회 서비스를 제공하는 데 사회적경제 조직을 활용하고 있으며 법제적 제도도 점차 갖추어 가고 있다. 그런 가운데 한국에서 사회적경제의 생성과 제도화는 어떻게 진행된 것인지를 지역화, 공식화 그리고 혁신의 시각에서 연구한 것은 학계에 큰 기여가 될 것이다.

사회적경제가 직면한 토양은 척박하고 환경은 도전적이며 급변하는 경우가 많다. 그런데도 한국에서는 다양한 사회적경제 조직이 빠르게 성장하였다. 이들을 지원하기 위해 광역·기초지방자치단체는 지원을 위한 정책을 입안하고 기관을 설립하였다. 직면한 법제적 제약, 사회적 성과와 경제적 성과를 동시에 달성할 이 중성과의 요구 등을 극복하기 위해 활발한 정책학습이 필요하다. 환경이 어려울수록 지역사회의 협력적·포용적 거버넌스를 수립하고 다양한 지역의 자산을 활용할 때 사회적경제의 영향력이 커지기 때문이다.

제17장의 핵심 요약

✓ 한국 사회적경제가 맞이한 기회는 많은 국제기구가 사회적경제에 관심을 표명하고 있다는 점, 사회문제를 사회적경제를 통해 해결하고자 하는 정부의 정책 등에서 찾을 수 있다.

✓ 한국 사회적경제의 위기는 한국 경제의 저성장, 사회적 다양성과 불평등의 심화, 사회적경제 지원을 위한 법률적 기반의 미흡 등에서 찾을 수 있다.

✓ 한국 사회적경제의 과제는 생태계의 조성, 스케일업 등에서 찾을 수 있다.

참고문헌

공혜원, 추승엽. (2020). 공감, 사회기업가적 자기효능감과 사회적 기업가 의도의 관계. 대한경영학회지, 33(5), 817-840.

공혜원. (2020). 사회적 기업가 지향성과 사회적 기업가 의도 및 네트워킹 관계에 대한 메커니즘 연구. 조직과 인사관리연구, 44(2), 26-52.

관계부처합동. (2017). 「사회적경제 활성화 방안」. 일자리위원회 관계부처 합동.

관계부처합동. (2021a). '21년 사회적경제 정책방향.

관계부처합동. (2021b). 문재인 정부 사회적경제 정책모음집. 성남: 한국사회적기업진흥원.

국회기획재정위원회. (2016). 「사회적경제 기본법안」 및 「공공기관의 사회적 가치 실현에 관한 기본법안」에 대한 공청회.

권기환, 김진홍. (2017). 선량한 마음은 사회적 기업 창업 의도에 영향을 미치는가? 기업경영연구, 24(6), 101-121.

기획재정부. (2012). 협동조합 업무지침. 세종: 기획재정부.

기획재정부. (2017). 제2차 협동조합 기본계획. 세종: 기획재정부.

기획재정부, 한국사회적기업진흥원. (2021). 2021년 사회적경제 유관기관 간 협력 강화를 위한 워크숍. 성남: 한국사회적기업진흥원.

기획재정위원회. (2014). 사회적경제기본법안(신계륜 의원 대표발의) 검토보고. 기획재정위원회.

김경례, 윤영선. (2015). 사회적경제에서 공동체운동의 가능성과 한계. 지역사회연구, 23(2), 1-25.

김기태. (2012). 한국협동조합의 역사와 동향. 일하는 여성, 71, 4-9.

김기태. (2018). 지역 단위 사회적경제 거버넌스의 의미와 추진방향. 협동조합네트워크, 75, 215-228.

김기태. (2019). 사회적경제 정책의 현황과 전망. 생협평론, 35, 56-66.

김나연. (2012). 사회적 사명과 사회적 기업가정신이 기업성과에 미치는 영향에 관한 연구. 숭실대학교 석사학위 논문.

김범수, 김현희. (2005). 안성의료생활협동조합 실무자들의 참여과정에 관한 연구:

초창기 실무자인 의료인을 중심으로. 한국사회복지행정학, 7(1), 137-172.

김상민. (2016). 주민자치와 협력적 마을만들기: 협력적 마을 거버넌스의 관점에서. 한국지방자치학회보, 28(1), 181-209.

김선희. (2009). 주민자치 의료복지모델로서 의료생협에 대한 탐색적 평가: 안성의료생협 사례분석을 중심으로. 지방행정연구, 23(1), 119-155.

김성기. (2012). 서울 사회적경제 목표 및 비전, 정책과제. 서울: 서울특별시의회 정책연구위원회.

김신양. (2011). 사회적경제의 이상과 현실. 충남사회적경제연구회 자료집. 충남연구원.

김신양. (2016). 사회적경제의 의미와 관점. In 김신양, 신명호, 김기섭, 김정원, 황덕순, 박승옥, 노대명 (Eds.), 한국 사회적경제의 역사: 이론의 모색과 경험의 성찰 (pp. 35-62). 파주: 한울 아카데미.

김신양, 신명호, 김기섭, 김정원, 황덕순, 박승옥, 노대명. (2016). 한국 사회적경제의 역사: 이론의 모색과 경험의 성찰. 파주: 한울 아카데미.

김영, 하창현. (2002). 지역불균형 성장에 따른 인구 및 산업분포 패턴 분석: 회귀분석을 이용한 경남지역의 공간구조분석을 중심으로. 국토계획, 37(6), 51-64.

김영일. (2000). 계약사상의 두 흐름과 새로운 공동생활의 질서의 모색: 근대 자유주의적 계약사상의 문제점과 상호주의적 계약에 기초한 새로운 공동생활의 틀의 이론적 모색. 21세기 정치학회보, 10(1), 1-22.

김영일. (2001). 프루동(P.‑J. Proudhon)의 연방주의와 민주주의 이해: 연방주의적 유럽 질서의 모색. 한국정치논총, 41(1), 7-28.

김영진. (2004). 칼 폴라니의 시장사회비판 연구: 이중운동 개념을 중심으로. 국제지역연구, 8(3), 61-88.

김의영, 미우라 히로키. (편). (2015). 한·중·일 사회적경제 Mapping. 서울: 진인진.

김재기. (1993). 푸리에의 사회철학의 기본원리. 김재기, 백금서, 김영숙, 김창호, 안현수, 김진, 이상훈, 김형철, 이한구, 민강국, 이인탁, 박정순, 황경식 (편), 사회철학대계2: 사회주의와 자유주의. 서울: 민음사. 123-145.

김재훈. (2007). 참여정부의 균형발전정책 평가: 균특회계 지역개발계정을 중심으로. 한국행정학보, 41(4), 113-128.

김정원. (2015). 빈곤 문제에 대한 대응과 사회적경제. 경제와사회, 106, 171-203.

김정원. (2017). 한국의 사회적경제 조직화 특성에 대한 분석. 경제와사회, 114, 79-121.

김정원. (2018). 노동통합사회적 기업의 측면에서 살펴본 자활기업의 현실과 과제. 경제와사회, 118, 213-239.

김정원. (2022). 사회적경제 기업은 어떻게 만들어지는가?: 사회적경제 생태계와 사회적 기업가의 결합을 중심으로. 동향과전망, 115, 339-378.

김정원, 남궁명희. (2021). 한국의 돌봄사회서비스와 사회적경제: 공급장의 성격과 사회적경제의 대응을 중심으로 한 고찰. 경제와사회, 131, 279-316.

김정원, 황덕순. (2016). 한국 사회적 기업의 역사와 현실. 김신양, 신명호, 김기섭, 김정원, 황덕순, 박승옥, 노대명 (편), 한국 사회적경제의 역사: 이론의 모색과 경험의 성찰. 파주: 한울 아카데미. 145 – 210.

김종걸. (2014). 한국과 일본의 사회적경제: 사회적 기업과 협동조합. 일본학보, 100, 181-197.

김주환. (2016). 한국에서 사회적 기업과 신자유주의 통치: 사회적인 것의 통치 메커니즘을 중심으로. 경제와사회, 110, 154-200.

김진영. (2022). 사회적경제기업 경기동향지수 개발 연구. 사회적경제와 정책연구, 12(1), 121-149.

김진찬. (2020). 마을기업 사업 방향성에 관한 연구. 지역사회연구, 28(2), 39-60.

김태일. (2009). 불균형성장론 관점에서 본 정부의 역할. 정부학연구, 15(2), 217-236.

김필두, 류영아. (2009). 지방자치단체의 국가정책 집행 실효성 확보를 위한 사례연구. 서울: 한국지방행정연구원.

김형미. (2012). 한국 생활협동조합운동의 기원: 식민지 시대의 소비조합운동을 찾아서. 김형미, 염찬희, 이미연, 정원각, 정은미 (편), 한국 생활협동조합운동의 기원과 전개. 파주: 푸른나무. 14-51

김형미. (2013). 협동조합운동의 역사/5부 협동조합 경영의 전도사, 윌리엄 킹. https://m.blog.naver.com/icoopkorea/20191729481에서 2024.12.8에 검색

김형빈. (2008). 참여정부 국가균형발전정책 성과 분석. 한국행정학보, 42(3), 313-332.

김흥회. (2005). 협동 거버넌스에서의 부패, 신뢰, 그리고 책임성. 한국행정논집, 17(4), 1123-1136.

남춘호, 김정석. (2022). 지역사회 통합돌봄에서 의료복지사회적협동조합의 역할에 관한 탐색적 연구: 성북의료복지사회적협동조합 사례를 중심으로. 사회적경제와 정책연구, 12(2), 117-149.

노대명. (2007a). 한국 사회적경제(Social Economy)의 현황과 과제: 사회적경제의 정착과정을 중심으로. 시민사회와 NGO, 5(2), 35-73.

노대명. (2007b). 한국 사회적경제의 현황과 과제: 사회적경제의 정책과정을 중심으로. 시민사회와 NGO, 5(2), 35-71.

노대명. (2010). 제3섹터의 정통성 위기와 사회적경제: 유럽과 미국의 제3섹터를 중심으로. 보건복지포럼, 162, 87-96.

노동부. (2003). 사회적 일자리 창출방안 연구. 노동부.

동아일보. (1922). 소비조합. 동아일보. 1922.12.2.

동아일보. (1932). 전조선협동조합조사. 동아일보. 1932.4.6.

문남희, 김명소. (2016). 사회적 기업가정신 척도 개발 및 타당화 연구: 친사회성을 중심으로. 사회적 기업연구, 9(2), 3-30.

문다영. (2021). 사회적경제 활성화에 대한 주민의 주관적 인식유형 연구. 사회적경제와 정책연구, 11(1), 131-158.

박기철. (2012). PR 정치학 가능성 모색과 제안: 루소, 프루동, 레논의 사상을 바탕으로. Speech & Communication, 17, 99-139.

박대호. (2013). 충북의 사회적경제 현황과 과제. 사회적경제와 정책연구, 3(1), 47-72.

박봉희. (2008). 한국의료생협의 과제와 전망. https://ksif.kr 에서 2024.12.9.에 검색

박양식. (1986). 로버트 오웬의 새로운 사회. 서양사론, 27, 43-72.

박정민. (2022). 노동통합정책으로서의 사회적 기업에 대한 탐색적 연구. 사회과학논총, 25, 55-87.

박주원. (2003). 푸리에에서 맑스로? 맑스에서 푸리에로: '팔랑쥬(phalange)', 즐거운 노동공동체의 가능성과 한계. 한국정치학회보, 37(2), 149-171.

박주원. (2013). 19세기 유토피아 사상의 정치철학적 토대: 푸리에(Pourier) 사상에서 열정, 열정의 계열, 열정인력법칙의 개념적 연구. 시민사회와 NGO, 11(2), 177-206.

박주원. (2016). '뉴 라나크'와 '뉴 하모니' 사이에서: 오웬의 유토피아 실험에서 정치이념의 전환. 현상과 인식, 225-249.

박주희. (2017). 협동조합이 가진 편견을 넘다. 핸리 한스만, 「기업소유권의 진화」. 산위의 마을, 33, 102-106.

박준식, 안동규. (2014). 사회적 기업의 발전 경로 비교: 동아시아를 중심으로. 지역사회학, 15(2), 33-57.

박홍규. (2011). 욕망의 해방과 공생의 연대: 지금 왜 푸리에인가? 석당논집, 49, 29-54.

배귀희. (2011). 사회적 기업가정신(Social Entrepreneurship) 개념 구성에 관한 연구: 구조방정식 모형을 중심으로. 한국정책과학학회보, 15(2), 199-227.

변기찬. (2011). 샤를 푸리에(Charles Fourier)의 정념: 조화 혹은 사회성을 향한 욕망. 석당논집, 49, 239-270.

송규진. (2018). 통계로 보는 일제강점기 사회경제사. 서울: 고려대학교 출판문화원.

송두범. (2011). 지방자치단체 사회적경제 정책 추진현황 및 향후과제. 사회적경제와 정책연구, 1(1), 97-129.

송두범. (2013). 충남 사회적경제 현황과 과제. 서울: iCOOP협동조합연구소.

송창용, 성양경. (2009). 지역 공동체 활성화를 통한 일자리 창출. The HRD Review, Summer, 107-129.

신명호. (2009). 한국의 '사회적경제' 개념 정립을 위한 시론. 동향과 전망, 75, 11-46.

신명호. (2014). 사회적경제 출현과 70년대의 부활. 이코노미21. http://www.economy21.co.kr에서 2024.12.9.에 검색

신명호. (2016). 개괄적인 한국 사회적경제의 역사. 김신양, 신명호, 김기섭, 김정원, 황덕순, 박승옥, 노대명 (편), 한국 사회적경제의 역사: 이론의 모색과 경험의 성찰. 파주: 한울 아카데미. 49 – 103.

신지은. (2016). 푸리에의 팔랑스테르를 통해 본 노동과 열정, 정치와 문화의 관계. 인문연구, 78, 185-216.

신철영, 이혜라. (2002). 한국의 생협역사와 생협연대의 설립. (사)한국생협연대 (편), 새로운 생협운동. 서울: 글샘사.

아이쿱협동조합연구소. (2014). 생협평론. 서울: 아이쿱협동조합연구소.

안병영. (2000). 국민기초생활보장법의 제정과정에 관한 연구. 행정논총, 38(1), 1-50.

양재혁. (2015). 유럽 문명에 대한 앙리 생시몽(Henri Saint – Simon)의 역사 분석. 서양사론, 127, 173-198.

양재혁. (2023). 앙리 생시몽(Henri Saint – Simon)의 공동체적 상상력: 산업 시스템의 유럽 공동체. 사림, 84, 301-328.

양훈도. (2023). 복음자리 빈민운동. https://siheung.grandculture.net/siheung/toc/GC 06900736에서 2023.10.30.에 검색

엄석진. (2009). 행정의 책임성: 행정이론간 충돌과 논쟁. 한국행정학보, 43(4), 19-45.

엄한진, 권종희. (2014). 대안운동으로서의 강원지역 사회적경제: '연대의 경제'론을 중심으로. 경제와 사회, 104, 358-392.

엄한진, 박준식, 안동규. (2010). 대안운동으로서의 사회적경제: 플아스 지역관리기업의 사례를 중심으로. 사회와 이론, 18, 169-203.

엄형식. (2008). 한국의 사회적경제와 사회적 기업. (재)실업극복국민재단 함께 일하는 사회.

염찬희. (2012). 협동교육연구원에 대한 재평가: 한국 협동조합들의 산실. 김형미, 염찬희, 이미연, 정원각, 정은미 (편), 한국 생활협동조합운동의 기원과 전개. 파주: 푸른나무. 14-51.

오단이, 원도연, 전예지. (2017). 지역 사회적경제 생태계 실상과 고찰: 동작구를 중심으로. 사회적경제와 정책연구, 7(3), 1-26.

오단이, 정무성. (2015). 지역사회문제 해결을 위해 창업한 사회적 기업가가 바라본 한국 중간지원조직 연구: 지속가능한 사회적 기업 활성화를 위해. 한국사회복지행정학, 46, 189-212.

오춘희, 김선화, 이상윤. (2020). 의료복지사회적협동조합의 제도변화. 한국협동조합연구, 38(1), 155-184.

오헌석, 이상훈, 류정현, 박한림, 최윤미. (2015). 사회적 기업가정신 측정도구 개발 및 타당화 연구. 직업교육연구, 34(2), 109-133.

오환종. (1996). 협동조합원칙의 변천과정에 관한 고찰. 논문집, 23, 687-704.

유현종, 정무권. (2020). 한국 사회적경제 거버넌스와 지역발전. 지역발전연구, 27(2), 33-82.

육영수. (1995). 생시몽주의의 "총체성"과 현실참여, 1828-32년. 서양사론, 47, 135-174.

이경미, 정원오. (2017). 서울시 사회적경제 생태계의 유형 및 특성 연구: 퍼지셋 이상형 분석의 적용. 사회복지정책, 44(1), 135-160.

이동수. (2004). 탈현대사회 대안공동체. 한국정치학회보, 38(1), 105-125.

이로운넷. (2019). [정부, 사회적경제와 함께 – ⑥중소벤처기업부] "잠재력 높은 사회적경제기업에 스케일업 지원할 것." 2019.06.29. https://www.eroun.net/news/articleView.html?idxno=6770 에서 2023.10.30.에 검색

이로운넷. (2022). "ILO, 사회연대경제 공식 정의 채택." 2022.6.28. https://www.eroun.net/news/articleView.html?idxno=28816 에서 2022.11.1.에 검색

이영아. (2009). 지역역량 강화에 영향을 미치는 주민참여 요소 분석. 한국 지역지리 학회지, 15(2), 261-272.

이용재. (2006). '도둑질'인가,'자유'인가: 소유를 사유하기 – P. –J. 프루동의 소유 이론에 대한 고찰. 전북사학, 29, 99-125.

이은선, 석호원. (2017). 국내 사회적경제조직의 유형에 관한 연구. 한국사회와 행정 연구, 27(4).

이은선, 이현지. (2017). 사회적경제의 개념과 발전, 제도화: 폴라니의 이중적 운동을 중심으로. 한국사회와 행정연구, 28(1), 109-138.

이이. (1593). 성학집요 권8.

이이. (1814). 율곡전서 권16.

이재희. (2021). 사회적경제 협력 활성화 유형 및 특성 연구. 성남: 한국사회적기업 진흥원.

이창대, 노용숙. (2020). 사회적경제 기업의 특성과 사회적 성과간의 관계에 관한 연구: 사회적가치지표(SVI) 측정을 중심으로. 사회적가치와 기업연구, 13(3), 3-41.

이채원, 오혜미. (2017). 공감, 도덕적 의무감, 사회적 지지에 대한 인식이 사회적 기업가적 의도에 미치는 영향. 벤처창업연구, 12(5), 127-139.

이해진. (2015a). 사회적경제와 지역발전: 혁신, 호혜, 협력의 원리를 중심으로. 한국 사회학, 49(5), 77-111.

이해진. (2015b). 한국의 사회적경제 – 제도화의 정치과정과 지역화 전략. 지역사회 학, 16(1), 135-180.

이해진. (2017). 사회적경제 생태계 조성을 위한 지역 시민사회의 조건 탐색: 춘천시 에서 누가 사회적경제를 지지하는가? 지역사회학, 18(3), 31-68.

이호. (1996). 도시서민의 삶과 주민운동. 서울: 발언.

이홍택. (2018). 사회적경제 기업의 지속가능한 지역생태계에 관한 개념 틀: 호혜, 배려와 공공정책. 한국경제지리학회지, 21(3), 254-269.

이환규. (1985). 1920년대 한국협동조합운동의 실태: 협동조합운동사, 함창협동조합, 평안협동조합을 중심으로. 한국협동조합연구, 3, 119-156.

일과나눔. (2023). 2023 사회적협동조합 일과나눔 Sustainability Report. 일과나눔.

임상헌. (2022). 칼 폴라니의 공동체와 국가, 그리고 민주주의: 사회적경제에 대한 함의. 현상과 인식, 46(2), 113-128.

임성은, 문철우, 이은선, 윤길순, 김진희. (2018). 사회적경제의 사회·경제적 가치 측정을 위한 통합 지표 개발 연구. 세종특별자치시: 한국보건사회연구원.

임욱빈, 신용준, 안상봉. (2016). 우리나라 사회적경제 협동조합의 역사와 발전 방안에 관한 연구: 소상공인협동조합을 중심으로. 경영사학, 31(4), 119-139.

장규식. (1995). 1920-30년대 YMCA 농촌사업의 전개와 그 성격. 한국기독교와 역사, 4, 207-261.

장원봉. (2006). '사회적경제'의 의미와 발전과제. 도시와 빈곤, 80, 92-115.

장원봉. (2007). 사회적경제의 대안적 개념화: 쟁점과 과제. 시민사회와 NGO, 5(2), 5-34.

장원봉. (2008). 새로운 고용전략으로서 사회적경제: 노동통합사회적 기업을 중심으로. 보건복지포럼, 10, 55-63.

장일순. (2016). 나락 한 알 속의 우주: 무위당 장일순의 이야기 모음. 서울: 녹색평론.

장종익. (2015). 협동조합의 유형화 분석: 과학기술 분야의 신설협동조합 사례를 중심으로. 한국협동조합연구, 33(2), 79-98.

장종익. (2017). 협동조합기본법으로 설립된 협동조합의 특성과 정책적 함의. 한국협동조합연구, 35(2), 81-101.

장종익. (2023). 협동조합 경영론. 서울: 박영사.

전지훈, 강현철. (2015). 지역기반 사회적경제를 위한 이론적 기반의 탐색적 연구: 공동체주의(Communitarian) 사상을 중심으로. 지역과 세계, 39(1), 201-238.

전현수, 최균. (2020). 사회적 기업의 조직역량이 사회적 성과에 미치는 효과: 경제적 성과의 조절효과 분석. 사회적가치와 기업연구, 13(3), 139-166.

정동준. (1989). 루이 블랑의 사회이론연구: 그의 [노동의 조직]을 중심으로. 충남대학교 석사학위논문.

정무권. (2020). 복지국가의 미래와 사회적경제의 새로운 역할: 지역공동체 복지레짐의 형성. 지역발전연구, 29(3), 191-249.

정무권, 박주희. (2023). 공론장, 지역공동체형성, 지역발전의 상호 관계: 충북 옥천군 사례가 주는 이론적, 실천적 함의. 사회적경제와 정책연구, 13(1), 1-70.

정소윤, 한상일. (2014). 한국 의료생활협동조합의 생성과 제도화: 상호작용이론에 따른 비교사례분석. 지역발전연구, 23(1), 193-222.

정원각. (2012). 노동운동과 소비자 협동조합 운동. 김형미, 염찬희, 이미연, 정원각,

정은미. (재)아이쿱협동조합연구소, 한국 생활협동조합운동의 기원과 전개. 파주: 푸른나무.

정진철, 심명섭, 이규봉. (2014). 사회적경제 현황과 발전적 개선 방안에 관한 소고. 한국비영리연구, 13(2), 3-18.

조경식. (2019). 한국의 자활사업 제도화에 관한 연구. 한국행정사학지, 45(45), 23-49.

조상미, 김진숙. (2014). 일본, 홍콩, 한국의 사회적 기업 지원체계 및 지원방법 비교 연구. 한국사회복지학, 66(2), 287-317.

주성수. (2019). 사회적경제: 이론, 제도, 정책 (개정판). 서울: 한양대학교 출판부.

주희선, 조정훈. (2018). 2018년 경남도 도시재생 뉴딜사업 분석과 향후 추진방향. 창원: 경남발전연구원.

채형복. (2015). 프루동의 연방사상: '아나키'에서 '연방'으로: 저서 「연방의 원리에 관하여」(Du Principe fédératif)를 중심으로. 유럽연구, 33(3), 199-226.

최나래, 김의영. (2014). 자본주의의 다양성과 사회적 기업: 영국과 스웨덴 비교연구. 평화연구, 22(1), 309-343.

최무현. (2014). 사회적 기업의 조직역량(organizational competences)에 관한 실증 분석. 한국조직학회보, 11(3), 135-157.

최무현, 정무권. (2013). 사회적 기업가정신과 성과 간 관계에 대한 실증적 연구. 창조와혁신, 6(2), 29-55.

최석현, 남승연. (2015). 사회적 기업의 성과모델에 대한 탐색적 연구. 사회과학연구, 26(1), 133-155.

최영출. (2013). 한국의 사회적 기업의 현황과 과제. 사회적경제와 정책연구, 3(1), 105-158.

최윤미, 류정현, 이상훈, 박한림, 오헌석. (2015). 사회적 기업가정신의 구성요소와 형성과정에 관한 연구. HRD 연구, 17(1), 189-221.

최조순, 강현철. (2015). 사회적경제 지역생태계사업의 진화론적 접근. 한국자치행정학보, 29(3), 305-322.

최지혜, 이찬영. (2019). 한국 사회적 기업의 노동통합 가치 평가: 생산함수 및 노동의 한계생산성 추정에 기초하여. 한국경제연구, 37(2), 5-36.

티에리 장테. (2019). 프랑스의 사회적경제: 효율성에 도전하는 연대 (편혜원, 역). 알마. (원저 2016년 출판)

폴라니. (2009). 거대한 전환 (홍기빈, 역). 길. (원저 1944년 출판)

하영진. (2009). 샤르 푸리에의 유토피아. 현대사상, 5, 19-38.

한국사회적기업진흥원. (2019). 사회적경제 우수사례 성공요인분석. 성남: 한국사회적
    기업진흥원.

한국사회적기업진흥원. (2022a). 2022년 6월 사회적 기업 인증 현황. 성남: 한국사회
    적기업진흥원.

한국사회적기업진흥원. (2022b). 사회적경제의 의의. https://www.socialenterprise.or.kr/
    social/econ/concept.do?m_cd=E021 에서 2022.4.22.에 검색

한국사회적기업진흥원. (2023). 한 손에 잡히는 사회적 기업. 성남: 한국사회적기업
    진흥원.

한국수출입은행. (2012). 숫자로 보는 ODA. 한국수출입은행 경협기획본부.

한국의료사협연합회. (2019). 2019 통합18차 정기총회 자료집. 한국의료사협연합회.

한국자활복지개발원. (2023). https://kdissw.or.kr/menu.es?mid=a10601070000 에서
    2023.10.30.에 검색

한국지방행정연구원. (2016). 마을기업 신유형 연구. 한국지방행정연구원.

한상일. (2010). 사회적 기업과 지역공동체 발전. 창조와 혁신, 3(1), 223 – 246.

한상일. (2019). 한국 사회적경제 조직의 기업가정신과 지역 자산 활용: 사회적 성과
    와 재정성과에 대한 효과를 중심으로. 협동조합경제경영연구, 50, 1 – 23.

한상일, 이경미. (2023). 사회적자본이 지역경제 발전 인식과 가치 지향성에 미치는
    영향: 사회적경제 이용 경험의 조절효과를 중심으로. 지역개발연구, 55(2),
    131 – 158.

한상일, 이재희. (2018). 사회적경제와 지역발전: 연구의 경향과 과제. 지역발전연구,
    27(2), 1-31.

한상일, 이현옥. (2016). 학습지역과 사회적 혁신: 개념화와 척도화 그리고 인과관계
    분석. 정부학연구, 22(1), 113-140.

한상일, 조인영. (2022). 빈곤 및 복지에 대한 인식이 사회적경제 참여에 미치는 영
    향. 사회적경제와 정책연구, 12(2), 29-57.

함상훈. (1933). 조선협동조합운동소사. 협동조합운동사, 1(3), 6-7.

함창모, 김숙연. (2015). 충북 사회적경제 발전방안. 사회적경제와 정책연구, 4(2),
    125-147.

행정안전부. (2023). 2023년 마을기업 육성사업 시행 지침. 행정안전부.

히로타 야스유키. (2020). 사회적경제에서 연대경제로: 가치관의 차이를 알아보기. LIFEIN. https://www.lifein.news/news/articleView.html?idxno=1062 에서 2020.6.15.에 검색

Ajzen, I. (1991). The theory of planned behavior. In P. A. M. Lange, A. W. Kruglanski, & E. T. Higgins (Eds.), *Organizational Behavior and Human Decision Processes* (pp. 179–211).

Allison, M., & Kaye, J. (2005). *Strategic planning for nonprofit organizations: A practical guide and workbook.* San Francisco, CA: Compass Point Nonprofit Services.

Andreasen, A. R., & Kotler, P. (2008). *Strategic marketing for nonprofit organizations*(7th ed.). Upper Saddle River, NJ: Prentice–Hall.

Ansell, C., & Gash, A. (2008). Collaborative governance in theory and practice. *Journal of Public Administration Research and Theory*, 18(4), 543–571. https://doi.org/10.1093/jopart/mum032

Astley, W. G., & Fombrun, C. J. (1983). Collective strategy: Social ecology of organizational environments. *Academy of Management Review*, 8(4), 576–587. https://doi.org/10.5465/amr.1983.4284649

Aure, P. A. H. (2018). Exploring the social entrepreneurial intentions of senior high school and college students in a Philippine university: A PLS–SEM approach. *Journal of Legal, Ethical and Regulatory Issues*, 21(2), 1–11.

Austin, J., Stevenson, H., & Wei–Skillern, J. (2006). Social and commercial entrepreneurship: Same, different, or both? *Entrepreneurship: Theory & Practice*, 30(1), 1–22. https://doi.org/10.1111/j.1540–6520.2006.00107.x

Beecher, J. (1986). *Charles Fourier: The visionary and his work.* Berkeley, CA: University of California Press.

Behn, R. D. (2001). *Rethinking democratic accountability.* Washington, DC: Brookings Institution Press.

Benevolo, L. (1967). *Origins of modern town planning.* Cambridge, MA: MIT Press.

Berry, J. M., Portney, K. E., & Thomson, K. (1993). *The rebirth of urban democracy*. Washington, DC: Brookings Institution Press.

Bidet, E. (2002). Explaining the third sector in South Korea. *Voluntas: International Journal of Voluntary and Nonprofit Organizations*, 13(2), 131–147. https://doi.org/10.1023/A:1016003319645

Bidet, E., & Eum, H. (2011). Social enterprise in South Korea: History and university. *Social Enterprise Journal*, 7(1), 69–85. https://doi.org/10.1108/175086 11111130167

Bidet, E. and Eum, H. (2015). Social enterprise in South Korea: General presentation of the phenomenon, ICSEM Working Papers, No. 06, Liege: The International Comparative Social Enterprise Models (ICSEM) Project.

Birchall, J. (2011). *People−centered businesses: Cooperatives, mutuals and the idea of membership*. Houndmills, UK: Palgrave Macmillan.

Bornstein, D. (2004). *How to change the world: Social entrepreneurs and the power of new ideas*. Oxford: Oxford University Press.

Borzaga, C., & Defourny, J. (Eds.). (2001). *The emergence of social enterprise*. London: Routledge.

Borzaga, C., & Defourny, J. (Eds.). (1999). *Social enterprises and the third sector: Changing European landscapes in a comparative perspective*. London: Routledge.

Brandsen, T., & Pestoff, V. (2006). Co−production, the third sector and the delivery of public services. *Public Management Review*, 8(4), 493–501.

Bronowski, J., & Mazlish, B. (1975). *The western intellectual tradition: From Leonardo to Hegel*. New York, NY: Harper Colophon Books.

Bryson, J. M. (2001). *Strategic planning for public and nonprofit organizations: A guide to strengthening and sustaining organizational achievement*. Hoboken, NJ: John Wiley & Sons.

Buchholz, T. G. (2007). *New ideas from dead economists: An introduction to modern economic thought* (Revised ed.). London: Penguin Books

Chan, K. T., Kuan, Y. Y., & Wang, S. T. (2011). Similarities and divergences:

Comparison of social enterprises in Hong Kong and Taiwan. Social Enterprise Journal, 7(1), 33–49. https://doi.org/10.1108/17508611111130149

Chaskin, R. J. (1997). Perspectives on neighborhood and community: A review of the literature. *Social Service Review*, 71(4), 521–547. https://doi.org/10.1086/604275

Cole, G. D. H. (1962). *Socialist thought: The forerunners 1789 – 1850*. London: Macmillan.

Collings, D. G., & Wood, G. (2009). Human resource management: A critical approach. In D. G. Collings & G. Wood (Eds.), *Human resource management: A critical approach* (pp. 1–16). London: Routledge.

Conway, S., & Steward, F. (1998). Mapping innovation networks. *International Journal of Innovation Management*, 2(2), 223–254. https://doi.org/10.1142/S1363919698000137

Cooke, P., & Morgan, K. (1998). *The associational economy: Firms, regions and innovation*. Oxford: Oxford University Press.

Cooper, T. L., & Musso, J. A. (1999). The potential for neighborhood council involvement in American metropolitan governance. *International Journal of Organizational Theory and Behavior*, 2(1/2), 199–232.

Cooper, T. L., Musso, J. A., & Kitsuse, A. (2000, July 7). Neighborhood councils aren't made in a day. *Los Angeles Times*, p. B9.

Daskalaki, M., Hjorth, D., & Mair, J. (2015). Are entrepreneurship, communities, and social transformation related? *Journal of Management Inquiry*, 24(4), 419–423. https://doi.org/10.1177/1056492615579012

Dees, J. G. (1998). Enterprising nonprofits. *Harvard Business Review*, 76(1), 54–67.

Dees, J. G., & Anderson, B. B. (2006). Framing a theory of social entrepreneurship: Building on two schools of practice and thought. In R. Mosher – Williams (Ed.), *Research on social entrepreneurship: Understanding and contributing to an emerging field* (pp. 39–66). ARNOVA Occasional Paper Series, 1(3).

Defourny, J., & Develtere, P. (1999). *The social economy: The worldwide making of a third sector.* Liege, Belgium: Centre D'économie Sociale, Université de Liège.

Defourny, J., & Nyssens, M. (2008). Social enterprise in Europe: Recent trends and developments. *Social Enterprise Journal,* 4(3), 202–228. https://doi.org/10.1108/17508610810922703

Defourny, J., Nyssens, M., & Brolis, O. (2021). Testing social enterprise models across the world: Evidence from the "International Comparative Social Enterprise Models (ICSEM) Project." *Nonprofit and Voluntary Sector Quarterly,* 50(2), 420–440. https://doi.org/10.1177/0899764020942490

Demoustier, D., & Rousselière, D. (2004). *Social economy as social science and practice: Historical perspectives on France.* HAL Archives. https://hal.archives−ouvertes.fr/hal−00130667

Drayton, W. (2002). The citizen sector: Becoming as entrepreneurial and competitive as business. *California Management Review,* 44(3), 120–132. https://doi.org/10.2307/41166141

Drayton, W. (2006). Everyone a changemaker: Social entrepreneurship's ultimate goal. *Innovations: Technology, Governance, Globalization,* 1(1), 80–96. https://doi.org/10.1162/itgg.2006.1.1.80

Drucker, P. F. (1985). *Innovation and entrepreneurship.* New York, NY: Harper & Row.

Dunoyer, C. (1830). *Nouveau traité d'économie sociale: Ou simple exposition des causes sous l'influence desquelles les hommes parviennent à user de leurs forces avec le plus de liberté, c'est−à−dire avec le plus de facilité et de puissance.* Paris: Chez Paulin.

Ernst, K. (2011). Heart over mind: An empirical analysis of social entrepreneurial intention formation on the basis of the theory of planned behaviour [Unpublished doctoral dissertation]. University of Wuppertal, Wuppertal, Germany.

Evers, A., & Laville, J.−L. (Eds.). (1999). *The third sector in Europe.* Cheltenham, UK: Edward Elgar Publishing.

Ferguson, R. F., & Dickens, W. T. (1999). *Urban problems and community development.* Washington, DC: Brookings Institution Press.

Field, A. (2005). S. *Discovering statistics using SPSS.* London: Sage Publications.

Forster, F., & Grichnik, D. (2013). Why social entrepreneurs act: The intention formation of corporate volunteers. *Journal of Social Entrepreneurship,* 4(2), 153–181. https://doi.org/10.1080/19420676.2013.777361

Frank, P. M., & Shockley, G. E. (2016). A critical assessment of social entrepreneurship: Ostromian polycentricity and Hayekian knowledge. *Nonprofit and Voluntary Sector Quarterly,* 45(4_suppl), 61S–77S. https://doi.org/10.1177/0899764016643611

Freeman, R. E. (1984). *Strategic management: A stakeholder approach.* Boston, MA: Pitman.

Gibb, A. A., & Manu, G. (1990). Design of extension and related support services for small−scale enterprise development. *International Small Business Journal,* 8(3), 10–26. https://doi.org/10.1177/026624269000800302

Granovetter, M. (1985). Economic action and social structure: The problem of embeddedness. *American Journal of Sociology,* 91(3), 481–510. https://doi.org/10.1086/228311

Grimes, W. W. (2009). The global financial crisis and East Asia: Testing the regional financial architecture. EAI Fellows Program Working Paper Series No. 20. East Asia Institute.

Hansmann, H. (1996). *The ownership of enterprise.* Cambridge, MA: Harvard University Press.

Hockerts, K. (2015). The Social Entrepreneurial Antecedents Scale (SEAS): A validation study. *Social Enterprise Journal,* 11(3), 260–280. https://doi.org/10.1108/SEJ−05−2014−0026

Hockerts, K. (2017). Determinants of social entrepreneurial intentions. *Entrepreneurship Theory and Practice,* 41(1), 105–130. https://doi.org/10.1111/etap.12171

Holyoake, G. J. (2009). *The history of the Rochdale Pioneers.* New York, NY:

Cambridge University Press. (Original work published 1857)

International Cooperative Alliance. (1995). *Review of International Co−operation, 1995.* Geneva: International Cooperative Alliance.

International Labour Office. (2022). *Decent work and the social and solidarity economy.* Geneva: International Labour Organization.

Ip, C. Y., Wu, S. C., Liu, H. C., & Liang, C. (2017). Revisiting the antecedents of social entrepreneurial intentions in Hong Kong. *International Journal of Educational Psychology, 6*(3), 301−323. https://doi.org/10.17583/ijep.2017.2434

Jeantet, T. (2016). *Économie sociale: La solidarité au défi de l'efficacité* (3e éd.). Paris: La Documentation française.

Kärrylä, I. (2021). *Democracy and the economy in Finland and Sweden since 1960: A Nordic perspective on neoliberalism.* Basingstoke, UK: Palgrave Macmillan.

Kerlin, J. A. (2006). Social enterprise in the United States and Europe: Understanding and learning from the differences. *Voluntas: International Journal of Voluntary and Nonprofit Organizations, 17*(3), 246−262. https://doi.org/10.1007/s11266−006−9016−2

Korea Social Enterprise Promotion Agency. (2019). *Analyzing the success factors of best practices in the Korean social economy.* Seongnam, South Korea: Korea Social Enterprise Promotion Agency.

Kretzman, J. P., & McKnight, J. L. (1993). *Building communities from the inside out: A path toward finding and mobilizing a community's assets.* Chicago, IL: ACTA Publications.

Kuan, Y. Y., Chan, K. T., & Wang, S. T. (2011). The governance of social enterprise in Taiwan and Hong Kong: A comparison. *Journal of Asian Public Policy, 4*(2), 149−170. https://doi.org/10.1080/17516234.2011.598551

Lerner, R. M., & Benson, P. L. (Eds.). (2003). *Developmental assets and asset−building communities.* New York, NY: Kluwer Academic.

Letts, C. W., Ryan, W. P., & Grossman, A. (1999). *High performance nonprofit organizations: Managing upstream for greater impact.* New York, NY: Wiley.

Light, P. C. (2004). *Sustaining nonprofit performance: The case for capacity building and the evidence to support it*. Washington, DC: Brookings Institution Press.

Light, P. C. (2008). *The search for social entrepreneurship*. Washington, DC: Brookings Institution Press.

Low, C. (2006). A framework for the governance of social enterprise. *International Journal of Social Economics*, 33(5/6), 376‒385. https://doi.org/ 10.1108/03068290610660691

Lukman, S., Bao, P. X., Kweku-Lugu, B., Arkorful, V. E., Latif, A., Gadabu, A., & Sadiq, M. A. (2021). Diasporan students' social entrepreneurship intention: The moderating role of institutional support. *Journal of Public Affairs*, 21(1), e2108. https://doi.org/10.1002/pa.2108

Mair, J., & Noboa, E. (2006). Social entrepreneurship: How intentions to create a social venture are formed. In J. Mair, J. Robinson, & K. Hockerts (Eds.), *Social entrepreneurship* (pp. 121‒136). New York, NY: Palgrave MacMillan.

Marsh, H. W., & Hocevar, D. (1985). Application of confirmatory factor analysis to the study of self−concept: First− and higher−order factor models and their invariance across groups. *Psychological Bulletin*, 97(3), 562‒582. https://doi.org/10.1037/0033−2909.97.3.562

Marsick, V. J., & Watkins, K. E. (1990). *Informal and incidental learning in the workplace*. London, UK: Routledge.

Mason, C., Kirkbride, J., & Bryde, D. (2007). From stakeholders to institutions: The changing face of social enterprise governance theory. *Management Decision*, 45(2), 284‒301. https://doi.org/10.1108/00251740710727296

Mattessich, P. W. (2009). Social capital and community building. In R. Phillips & R. H. Pittman (Eds.), *An introduction to community development* (pp. 49‒57). New York, NY: Routledge.

McKnight, J. (1995). *The careless society: Community and its counterfeits*. New York, NY: Basic Books.

McMichael, P. (2012). *Development and social change: A global perspective*.

Thousand Oaks, CA: Sage Publications, Inc.

Mill, J. S. (1920). *The principles of political economy: With some of their applications to social philosophy*. New York, NY: Appleton.

Münkner, H. (2004). Multi−stakeholder co−operatives and their legal framework. In C. Borzaga & R. Spear (Eds.), *Trends and challenges for co−operatives and social enterprises in developed and transition countries* (pp. 49−81). Trento, Italy: Edizioni 31.

Murray, R., Mulgan, G., & Caulier−Grice, J. (2009). *How to innovate: The tools for social innovation*. London, UK: NESTA and the Young Foundation.

Nash, M. T. A. (2010). Social entrepreneurship and social enterprise. In D. Renz & R. D. Herman (Eds.), *The Jossey−Bass handbook of nonprofit leadership and management* (pp. 262−300). San Francisco, CA: Jossey−Bass.

Nyssens, M. (Ed.). (2006). *Social enterprise: At the crossroads of market, public policies and civil society*. London, UK: Routledge.

OECD. (2007). *Social economy: Building inclusive economies*. Paris, France: OECD.

OECD. (2022). *Social economy*. Retrieved April 13, 2022, from https://www.oecd.org/employment/leed/social−economy.htm

Osborne, S. P. (2010). *The new public governance? Emerging perspectives on the theory and practice of public governance*. New York, NY: Routledge.

Ostrom, E. (1996). Crossing the great divide: Coproduction, synergy, and development. *World Development*, 24(6), 1073−1087.

Owen, R. (1816). *A new view of society: Essays on the formation of human character*. London, UK: J. M. Dent & Sons. (Original work published 1813−1814)

Peredo, A. M., & Chrisman, J. J. (2006). Toward a theory of community−based enterprise. *Academy of Management Review*, 31(2), 309−328. https://doi.org/10.5465/amr.2006.20208683

Pestoff, V. (2008). *A democratic architecture for the welfare state*. London, UK: Routledge.

Phillips, R., & Pittman, R. H. (Eds.). (2009). *An introduction to community development*. New York, NY: Routledge.

Polanyi, K. (2009). *The great transformation: The political and economic origins of our time*. Boston, MA: Beacon Press. (Original work published 1944)

Radelet, S., & Sachs, J. D. (1998). The East Asian financial crisis: Diagnosis, remedies, prospects. *Brookings Papers on Economic Activity*, 1998(1), 1–90. https://doi.org/10.2307/2534649

Rainey, D. V., Robinson, K. L., Allen, I., & Christy, R. D. (2003). Essential forms of capital for sustainable community development. *American Journal of Agricultural Economics*, 85(3), 708–715. https://doi.org/10.1111/1467–8276.00480

Rambe, P., & Ndofirepi, T. M. (2019). Explaining social entrepreneurial intentions among college students in Zimbabwe. *Journal of Social Entrepreneurship*, 10(1), 1–22. https://doi.org/10.1080/19420676.2018.1541003

Robson, J. M. (1968). *The improvement of mankind: The social and political thought of John Stuart Mill*. Toronto, Canada: University of Toronto Press.

Sampson, R. J., Morenoff, J., & Earls, F. (1999). Beyond social capital: Spatial dynamics of collective efficacy for children. *American Sociological Review*, 64(5), 633–660. https://doi.org/10.2307/2657367

Schumpeter, J. A. (1942). *Capitalism, socialism, and democracy*. New York, NY: Harper & Row.

Sen, A. (1999). *Development as freedom*. New York, NY: Alfred A. Knopf.

Sepulveda, L. (2015). Social enterprise: A new phenomenon in the field of economic and social welfare? *Social Policy & Administration*, 49(7), 842–861. https://doi.org/10.1111/spol.12098

Sherraden, M. (1991). *Assets and the poor: A new American welfare policy*. Armonk, NY: M. E. Sharpe, Inc.

Shin, S., Han, S., & Chung, S. (2014). Mobilizing community assets in Tikapur, Nepal: Applying asset–based community development strategy. *Journal of South Asian Studies*, 20(2), 227–251.

Sim, H. (2016). Children of the Enlightenment: Henri de Saint–Simon and Karl Marx. S*ocial Science Review*, 47(1), 220–237.

Simpson, L., Wood, L., & Daws, L. (2003). Community capacity building:

Starting with people not projects. *Community Development Journal*, 38(4), 277–286. https://doi.org/10.1093/cdj/38.4.277

Smith, B. R., Kistruck, G. M., & Cannatelli, B. (2016). The impact of moral intensity and desire for control on scaling decisions in social entrepreneurship. *Journal of Business Ethics*, 133(4), 677–689. https://doi.org/10.1007/s10551−014−2405−4

Ssewamala, F. M., Sperber, E., Zimmerman, J. M., & Karimli, L. (2010). The potential of asset−based development strategies for poverty alleviation in Sub−Saharan Africa. *International Journal of Social Welfare*, 19(4), 433–443. https://doi.org/10.1111/j.1468−2397.2010.00738.x

Tabachnick, B. G., Fidell, L. S., & Ullman, J. B. (2007). *Using multivariate statistics* (5th ed.). Boston, MA: Pearson.

Tan, L. P., Le, A. N. H., & Xuan, L. P. (2020). A systematic literature review on social entrepreneurial intention. *Journal of Social Entrepreneurship*, 11(3), 241–256. https://doi.org/10.1080/19420676.2019.1640770

Thalhuber, J. (1998). The definition of a social entrepreneur. Retrieved from the National Centre for Social Entrepreneurs website.

Thomson, K. (2001). *From neighborhood to nation: The democratic foundations of civil society*. Lebanon, NH: University Press of New England.

Tidd, J., Bessant, J., & Pavitt, K. (2005). *Managing innovation: Integrating technological, market, and organizational change* (3rd ed.). Hoboken, NJ: John Wiley & Sons.

Tiwari, P., Bhat, A. K., & Tikoria, J. (2017). An empirical analysis of the factors affecting social entrepreneurial intentions. *Journal of Global Entrepreneurship Research*, 7(1), 1–25. https://doi.org/10.1186/s40497−017−0067−1

Tocqueville, A. de. (2000). *Democracy in America* (H. Reeve, Trans.). New York, NY: Bantam Books. (Original work published 1835)

Tukamushaba, E., Orobia, L., & George, B. (2011). Development of a conceptual model to understand international social entrepreneurship and its application in the Ugandan context. *Journal of International*

Entrepreneurship, 9(4), 282–298. https://doi.org/10.1007/s10843−011−0079−8

UNDP. (2009). *Capacity development: A UNDP primer*. New York, NY: United Nations Development Programme.

United Nations Conference on Environment and Development (UNCED). (1992). *Rio Declaration on Environment and Development*. New York, NY: United Nations.

United Nations. (1987). *Our common future: Report of the World Commission on Environment and Development*. New York, NY: United Nations.

United Nations. (2015). *Transforming our world: The 2030 Agenda for Sustainable Development*. New York, NY: United Nations.

UNRISD. (2016). *Social and solidarity economy for the Sustainable Development Goals: Spotlight on the social economy in Seoul*. Geneva, Switzerland: UNRISD.

UNTFSSE. (2014). *Social and solidarity economy and the challenge of sustainable development*. UNTFSSE.

Utting, P. (2015). *Social and solidarity economy: Beyond the fringe*. London, UK: Zed Books.

Vanecko, J. J. (1969). Community mobilization and institutional change: The influence on the CAP in large cities. *Social Science Quarterly*, 50(4), 609–630.

vic Van Vuuren. (2017). *Cooperatives and social and solidarity economy* (SSE)*: An ILO perspective*. Geneva: International Labour Organization.

Walras, L. (1896). *Études d'économie sociale: Théorie de la répartition de la richesse sociale*. Lausanne, Switzerland: F. Rouge.

Weerawardena, J., & Mort, G. (2007). Social entrepreneurship. In A. Shaw & M. Harris (Eds.), *The Routledge companion to nonprofit marketing* (pp. 209–224). London, UK: Routledge.

Woolcock, M. (1998). Social capital and economic development: Toward a theoretical synthesis and policy framework. *Theory and Society*, 27(2), 151–208. https://doi.org/10.1023/A:1006884930135

World Commission on Environment and Development (WCED). (1987). *Our *common future*. Oxford, UK: Oxford University Press.

Yu, T. L., & Wang, J. H. (2019). Factors affecting social entrepreneurship intentions among agricultural university students in Taiwan. *International Food and Agribusiness Management Review*, 22(1030–2019–621), 107–118. https://doi.org/10.22434/ifamr2018.0144

Zamagni, V. (2012). Interpreting the roles and economic importance of cooperative enterprises in a historical perspective. *Journal of Entrepreneurial and Organizational Diversity*, 1(1), 21–36. https://doi.org/10.5947/jeod.2012.002

색인

저자소개

한상일

현직
• 연세대학교 미래캠퍼스 글로벌행정학과 교수

연구분야
• 사회적경제, 조직론, 지역개발

학력
• 미국 Univ. of Southern California, Sol Price 공공정책대학원 졸업(행정학박사, 2003)
• 연세대학교 일반대학원 행정학과 졸업(행정학사, 1996)
• 연세대학교 사회과학대학 행정학과 졸업(문학사, 1994)

경력 및 수상
• (현) 연세대학교 미래캠퍼스 원주기획처장(2024 – 현재)
• (현) 연세대학교 글로벌행정학과 4단계 BK21 교육연구단장(2020 – 현재)
• (현) 한국행정이론학회 회장(2024.9 – 현재)
• (전) 한국정책학회 ODA정책특별위원장(2022)
• (전) 한국행정학회 편집이사(2023 – 2024)
• (전) 연세대학교 글로벌행정학과 BK21 플러스 교육연구팀장(2013 – 2020)
• 연세대학교 미래캠퍼스 우수업적 교수상(저역서 부문 최우수, 2021)
• 연세대학교 미래캠퍼스 우수업적 교수상(연구비 부문 우수, 2023)
• 대한민국 학술원 우수 학술도서상(원주의료기기클러스터의 이해, 2010)

한국의 사회적경제
-발전경로와 비교분석-

초판발행	2025년 2월 28일
지은이	한상일
펴낸이	안종만·안상준
편 집	이수연
기획/마케팅	정성혁
표지디자인	BEN STORY
제 작	고철민·김원표
펴낸곳	(주) 박영사
	서울특별시 금천구 가산디지털2로 53, 210호(가산동, 한라시그마밸리)
	등록 1959. 3. 11. 제300-1959-1호(倫)
전 화	02)733-6771
f a x	02)736-4818
e-mail	pys@pybook.co.kr
homepage	www.pybook.co.kr
ISBN	979-11-303-2225-4 93350

* 파본은 구입하신 곳에서 교환해 드립니다. 본서의 무단복제행위를 금합니다.

정 가   27,000원